W0049420

Harald Ringstorff

Mit freundlicher Unterstützung der Friedrich-Ebert-Stiftung,
Landesbüro Schwerin/Mecklenburg-Vorpommern

Christoph Wunnicke

Harald Ringstorff

Von der Werft in die Staatskanzlei
Ministerpräsident in Mecklenburg-Vorpommern

Bibliografische Information der Deutschen Nationalbibliothek

Die Deutsche Nationalbibliothek verzeichnet
diese Publikation in der Deutschen Nationalbibliografie;
detaillierte bibliografische Daten sind im Internet
unter *http://dnb.dnb.de* abrufbar.

ISBN 978-3-8012-0526-3

Copyright © 2018 by
Verlag J. H. W. Dietz Nachf. GmbH
Dreizehnmorgenweg 24, 53175 Bonn

Umschlaggestaltung: Jens Vogelsang, Aachen
Umschlagbild: Copyright © dpa-Report/Jens Büttner

Satz:
Kempken DTP-Service | Satztechnik · Druckvorstufe · Mediengestaltung, Marburg

Druck und Verarbeitung: CPI books, Leck

Alle Rechte vorbehalten
Printed in Germany 2018

Besuchen Sie uns im Internet: *www.dietz-verlag.de*

Inhaltsverzeichnis

Liebe Leserinnen und Leser,

H arald Ringstorff hat die Entwicklung des Landes Mecklenburg-Vorpommern nach 1990 entscheidend geprägt. 13 Jahre, von 1990 bis 2003, stand er an der Spitze der SPD in Mecklenburg-Vorpommern. Fast 10 Jahre, von 1998 bis 2008 und damit länger als jeder andere, war er Ministerpräsident unseres Bundeslandes. Ich freue mich sehr, dass seine herausragende Arbeit für unser Land jetzt mit dieser Biografie gewürdigt wird. Das Buch führt uns zunächst zurück in den Herbst 1989. Damals gehörte Harald Ringstorff zu den Mitgründern der Rostocker Sozialdemokratie. Es folgt ihm dann auf seinen weiteren Stationen: als Abgeordneter in der ersten frei gewählten Volkskammer der DDR, als Oppositionsführer im ersten Schweriner Landtag, als Wirtschaftsminister und wiederum SPD-Fraktionsvorsitzender in den Zeiten der schwierigen Regierung von CDU und SPD. 1998 schrieb Harald Ringstorff Geschichte. Er wurde Ministerpräsident der ersten Landesregierung aus SPD und PDS in Deutschland. Sie regierte das Land acht Jahre mit beachtlichem Erfolg. Nach der Landtagswahl 2006 wurde dann eine Regierung aus SPD und CDU gebildet, die auch dank seiner Erfahrung und Umsicht deutlich besser funktionierte als das erste Bündnis zwischen diesen Parteien. Im Herbst 2008 übergab Harald Ringstorff – weit über die Grenzen seiner Partei hinaus geachtet und in der Bevölkerung sehr geschätzt – sein Amt an seinen Nachfolger Erwin Sellering.

Dieses Buch schildert seinen Weg und seine Erfolge. Es zeigt aber auch die Schwierigkeiten und harten Konflikte auf, denen er auf diesem Weg ausgesetzt war. Das Buch ist beides: eine spannende Biografie und ein Einblick in die Geschichte des Landes Mecklenburg-Vorpommern in den ersten beiden Jahrzehnten nach der Deutschen Einheit.

Ich stamme aus einer ganz anderen Generation als Harald Ringstorff, aus der Generation der Wendekinder. Ich war 15, als die Menschen in Ostdeutschland im Herbst 1989 Demokratie, Freiheit und offene Grenzen erkämpft haben. Die Generation von Harald Ringstorff hat auch für uns, die wir damals noch Kinder waren und für alle nachfolgenden Generationen Freiheit und Demokratie erkämpft. Und sie hat nach 1990, unter oft schwierigen Bedingungen, unser Land erfolgreich aufgebaut. Dafür gebührt allen, die daran mitgewirkt haben, unser herzlicher Dank!

Meine erste Begegnung mit Harald Ringstorff fand 2004 statt. Damals wurde ich Schweriner Stadtvertreterin und bald darauf auch Mitglied im SPD-Landesvorstand. Im Landtagswahlkampf 2006 hatte ich die Gelegenheit, Harald Ringstorff für einige Tage auf seiner Tour durchs Land zu begleiten. Es war für mich sehr lehrreich. Vor allem aber habe ich ihn sehr schätzen gelernt: mit seiner ruhigen Art, seiner Bodenständigkeit, seiner Fähigkeit, auf Menschen zuzugehen, ohne sich aufzudrängen. 2017 saß Harald Ringstorff auf der Besuchertribüne, als ich als Nachfolgerin von Erwin Sellering zur Ministerpräsidentin gewählt wurde. Darüber habe ich mich sehr gefreut.

Für mich sind es vor allem vier Punkte, die Harald Ringstorff auszeichnen:

1. Da sind zunächst seine tiefe Verwurzelung im Land, seine Heimatverbundenheit und seine Liebe zur plattdeutschen Sprache. Ein typischer Mecklenburger. Gradlinig, verlässlich und – davon können seine Gegner ein Lied singen – sehr hartnäckig bei der Verfolgung seiner Ziele. Kein Mann großer Worte, aber vieler Taten.

2. In diesem Buch wird Ringstorff als »ostdeutsch sozialisierter Sozialdemokrat« beschrieben. Auch das zeichnet ihn aus. Der Aufbau des Landes nach der Deutschen Einheit, die Versöhnung

in der ostdeutschen Gesellschaft und das Zusammenwachsen im vereinten Deutschland – das waren seine großen Themen. Er ist diese Aufgaben sehr selbstbewusst angegangen und hat seinem Land damit neues Selbstbewusstsein gegeben.

3. Sein klarer politischer Kompass. »Man kann nur verteilen, was man vorher erwirtschaftet hat«, pflegte er zu sagen, wenn allzu viele Forderungen nach Mehrausgaben laut wurden. Harald Ringstorff stand für die Verbindung einer vernünftigen Wirtschaftspolitik mit einem konsequenten Eintreten für das Soziale.

4. Sein Erfolg als Ministerpräsident: In seine Regierungszeit fallen wichtige Weichenstellungen, von denen wir bis heute profitieren: die Erschließung der Gesundheitswirtschaft, die ersten Schritte zu mehr Kinder- und Familienfreundlichkeit, der Kurs der soliden Finanzpolitik.

So ist es zu einem erheblichen Teil Harald Ringstorff zu verdanken, dass sich Mecklenburg-Vorpommern seit der Jahrtausendwende gut entwickelt hat, dass sich die Zahl der Arbeitslosen mehr als halbiert hat und dass unser Land schon seit Jahren Schulden abbaut. Ebenso hat er die Grundlagen dafür gelegt, dass die SPD seit 20 Jahren stärkste Kraft in unserem Land ist. Ich habe allergrößten Respekt vor dem, was Harald Ringstorff für unser Land und für seine Partei geleistet hat. Und dafür danke ich ihm von ganzem Herzen.

Bedanken möchte ich mich auch bei allen, die zum Gelingen dieses Buches beigetragen haben: dem Autor Christoph Wunnicke, der Friedrich-Ebert-Stiftung in Mecklenburg-Vorpommern und dem Verlag J. H. W. Dietz. Allen Leserinnen und Lesern wünsche ich viel Spaß bei der Lektüre.

Manuela Schwesig
Ministerpräsidentin des Landes Mecklenburg-Vorpommern

Vorwort

D ie Friedrich-Ebert-Stiftung Mecklenburg-Vorpommern bemüht sich seit Langem, die Wurzeln der Sozialdemokratie im Nordosten der Bundesrepublik offen zu legen. Neben der Veröffentlichung einer »Karte der Sozialdemokratie in Mecklenburg-Vorpommern« wurden beispielsweise Bustouren zu Orten der Sozialdemokratie unternommen oder Vorträge über herausragende Sozialdemokraten der Region zu Gehör gebracht. Mit einer politischen Biografie wird dieses Spektrum der Vergegenwärtigung sozialdemokratischen Wirkens um eine lebendige Dimension erweitert.

Das vorliegende Buch verfolgt zwei Anliegen. Einerseits will es das politische Leben Harald Ringstorffs, des ersten sozialdemokratischen Ministerpräsidenten Mecklenburg-Vorpommerns nach der Friedlichen Revolution, in seinen wesentlichen Zügen nachvollziehbar und greifbar machen. Daneben soll vor allem anhand dieser Biografie die noch ungeschriebene Geschichte der politischen Entwicklung Mecklenburg-Vorpommerns ab 1989 bis ins Jahr 2008 in ihren prägenden Strukturen und Personen dargestellt werden.

Dabei liegt der Fokus auf der Entwicklung der Sozialdemokratie Mecklenburg-Vorpommerns. Seit 1994 Regierungspartei und ab 1998 durchgehend in der Verantwortung, den Ministerpräsidenten zu stellen, hat sie großen Anteil an der bemerkenswerten gesellschaftlichen und politischen Entwicklung des Bundeslandes.

Dies ist auch das Verdienst von Harald Ringstorff. Einem Politiker, der auf ganz eigene Weise die Geschicke des Landes übernahm und für zehn Jahre erfolgreich lenkte. Harald Ringstorff zeichnet aus, dass er selbst nicht an seine Historisierung, sein Nachleben denkt. Weder verfasste er während seiner politischen Laufbahn autobiografische Aufsätze noch beauftragte er andere damit. Leider ist Harald Ringstorff heute zu krank, um nachträglich und erschöpfend Auskunft über sein politisches Leben zu geben. So bleibt vieles, was eine politische Biografie ausmacht offen. Handlungsmotive, das persönliche Empfinden von Niederlagen oder politischen Freundschaften, aber auch die Frage nach möglichen metaphysischen Antrieben, konnten nur annäherungsweise beziehungsweise gar nicht herausgearbeitet werden.

Deshalb stützt sich das vorliegende Werk überwiegend auf Quellen wie Literatur zu Sozialdemokratie oder Landesgeschichte, Zeitungsartikel, Dokumente aus unterschiedlichen Privatarchiven sowie ausführliche Interviews mit vor allem politischen Weggefährten Ringstorffs. Diesen sei für ihre teilweise aufopfernde Mitarbeit herzlich gedankt.

Ganz besonderer Dank gilt Harald Ringstorff und seiner Ehefrau Dagmar Dark-Ringstorff selbst. Gemeinsam haben beide mehrmals für längere Interviews zur Verfügung gestanden. Jedes einzelne Mal war es dem Autor eine dankbar entgegengenommene Freude!

Die Friedrich-Ebert-Stiftung und der Autor wünschen viel Freude beim Lesen und verweisen alle, die an weitergehenden Informationen zu Harald Ringstorff interessiert sind, auf die parallel zum Buch eingerichtete Website www.fes.de/lnk/ringstorff. Hier werden Vorgänge und Personen näher beschrieben, für die im Rahmen der eng gefassten Biografie kein Raum war.

Frederic Werner und Christoph Wunnicke
Schwerin, Juni 2018

Von der SDP-Gründung zur Volkskammerwahl

Sozialdemokratischer Neubeginn in Rostock und MV

E in kleiner Teil von Herta Däubler-Gmelins Familie wohnte in den 1980er-Jahren in der Gegend um Rostock. Die Verwandten der damaligen stellvertretenden Vorsitzenden der SPD-Bundestagsfraktion hatten einen Ausreiseantrag gestellt und erhielten wie viele andere nach den Kommunalwahlen vom 7. Mai 1989 die Genehmigung, in die Bundesrepublik auszuwandern. So zogen sie vorübergehend zu der damals auch in der DDR schon recht bekannten Politikerin in den Westen. Hier berichteten sie vom gesellschaftlichen Gärungsprozess in der Region, die für den Protagonisten dieses Buches seit drei Jahrzehnten Heimat war. Däubler-Gmelin fand es im Rückblick faszinierend, dass trotz vieler ähnlicher Berichte selbst der Außenpolitikexperte der SPD-Bundestagsfraktion, Horst Ehmke, im August 1989 die Auffassung vertrat, dass SED und DDR stabil seien.[1] Waren sie aber nicht!

Dafür sorgten am 7. Oktober 1989 auch die Gründer der SDP in Schwante. Als Erste stellten diese mutigen Vierzig mit einer Parteigründung konkret die Machtfrage an die SED. Im märkischen Pfarrhaus waren zwar knapp die Hälfte der Teilnehmer Berliner, trotzdem finden wir viele (auch ehemalige) Mecklenburger und Vorpommern unter den tonangebenden Köpfen. Im Frühjahr 1988 war beispielsweise Markus Meckel aus Vipperow an der Müritz nach Niederndodeleben bei Magdeburg gezogen, wo er als Pfarrer eine ökumenische Begegnungsstätte leitete. Gemeinsam mit seinem Freund, dem ehemaligen Pfarrer Martin Gutzeit aus Schwarz bei Vipperow verfasste er am 24. Juli 1989 einen mit »Vorlage zur Bildung einer Initiativgruppe mit dem Ziel, eine sozialdemokratische Partei in der DDR ins Leben zu rufen« überschriebenen Aufruf. Erstunterzeichner des Gründungsaufrufs wurden Ende August der Greifswalder Studentenpfarrer Arndt Noack sowie der ehemalige Neustrelitzer Theatermitarbeiter und Ministerium für Staatssicherheit-IM Ibrahim Böhme, der 1989 bereits seit einigen Jahren in Berlin lebte. Auch den Güstrower Theologen und Oppositionellen Heiko Lietz hatten die Schwante-Initiatoren angefragt. Der jedoch lehnte ab und engagierte sich im Neuen Forum. Neben der Stralsunder Architektin Ursula Kaden finden wir unter den Schwanter Gründern noch Arno Behrend, einen Neubrandenburger Maschinenbauingenieur und Johannes Kwaschik, Theologe aus Schwerin. Den Röbeler Pastor und späteren mecklenburgischen Innenminister Gottfried Timm hatte das Ministerium für Staatssicherheit wegen dessen erwarteter Teilnahme am Schwanter Gründungstreffen ebenfalls unter Beobachtung. Er verbrachte diesen 40. Geburtstag der DDR jedoch in Berlin und trat unmittelbar nach ihrer Gründung der SDP bei. Eine Woche später, am 14. Oktober 1989, veröffentlichte der im märkischen Pfarrhaus gewählte vorläufige SDP-Vorstand seinen Gründungsaufruf sowie eine Liste mit Kontaktadressen, die bei der Gründung von Ortsverbänden hilfreich sein sollten. Darunter drei Namen aus dem späteren Mecklenburg-Vorpommern: eben jene Ursula Kaden/Stralsund, Arndt Noack/Greifswald und Arno Behrend/Neubrandenburg. Die sozialdemokratische Saat war im Nordosten der DDR gelegt.

Unter anderem bei Horst Denkmann in Warnemünde ging sie auf. Im Jahr 1942 geboren erhielt der Abiturient wegen versuchter Republikflucht Studienverbot und drei Jahre »Bewährung« in der Produktion bei BUNA im sächsischen Schkopau. Anschließend studierte er Germanistik sowie Musikwissenschaft in Rostock und wurde später Lehrer am Konservatorium der Hansestadt. Im Herbst 1989 engagierte er sich anfangs im Neuen Forum. Ende Oktober fand in der Rostocker Petrikirche jedoch eine erste Informationsveranstaltung der SDP statt, in der Gottfried Timm, der mittlerweile die Partei in Röbel gegründet hatte, die neue sozialdemokratische Kraft vorstellte. Denkmanns Frau Christiane besuchte diese Veranstaltung, während Horst Denkmann gleichzeitig nach Greifswald zu Arndt Noack fuhr. Hier erfuhr er »Schwanter Geschichten«, erhielt aber auch auf Maschine geschriebene »Erklärungen der Mitgliedschaft«. Christiane Denkmann wiederum nahm nach ihrem Besuch in der Petrikirche Kontakt zum Medizinstudenten Jens-Uwe Jerichow und zu Dr. Ingo Richter, Oberarzt in der Universitätskinderklinik Rostock, auf.

Ingo Richter ist ein Kind des Jahrgangs 1936 und in Tessin aufgewachsen. Dass er eine altsprachliche Schule besuchte, ist im Interview nicht zu überhören und kam sicher auch seinem Medizinstudium in Rostock zugute. Hier habilitierte er sich im Jahre 1983 und wurde 1992 zum Professor für Kinderheilkunde wie auch zum Leiter der Abteilung Pädiatrische Onkologie der Universitätsklinik berufen. Mitte Oktober 1989 erfuhr er durch das »ZDF« von der SDP-Gründung in Schwante und ging später in besagte Informationsveranstaltung der SDP in der Petrikirche, wo er mit Christiane Denkmann in Kontakt kam. Diese beherbergte am 8. November 1989 (und nicht, wie verschiedentlich behauptet, bereits am 8. Oktober 1989[2]) in ihrer Warnemünder Küche neben Richter und Fritz Gosselck auch Jens-Uwe Jerichow, Roman Biernat, Helmut Aude, und Lothar Thurmann anlässlich der Gründungsveranstaltung der Rostocker SDP. Noch am selben Tag meldeten einige von ihnen im Rathaus die SDP bei der Abteilung Inneres an. Ingo Richter erinnert sich:

»Wir gingen mit der Gründungsurkunde zu Dr. Bölkow (SED), dem stellvertretenden Bürgermeister und Ratsherren für die Abteilung Inneres. Dieser wollte die Gruppe abwehrend auf dem Flur abfertigen, was jedoch kategorisch mit dem Hinweis abgelehnt wurde, dass im nächsten Jahr ohnehin ein Sozialdemokrat an seiner Stelle säße.«[3]

An Richters Arbeitsstelle, der Universitätskinderklinik, wurde zwei Tage später, am Tag eins nach dem Mauerfall, die Bildung der SDP in Rostock offiziell bekanntgegeben. Im Studentenklub in der Schlesinger Straße informierten anschließend anlässlich der öffentlichen SDP-Gründungsversammlung einige Parteimitglieder über ihre politischen Vorstellungen. Etwa 30 Personen traten zu diesem Anlass der SDP bei. Unter ihnen ein promovierter Chemiker, der wenige

Wochen zuvor seinen 50. Geburtstag gefeiert und sich kurz beim »Neuen Forum« engagiert hatte. Harald Ringstorff. Erste sozialdemokratische Arbeitsgruppen wurden alsbald gebildet. Im selben Studentenklub führten die Rostocker Sozialdemokraten später weitere Informationsveranstaltungen für die interessierte Öffentlichkeit durch. In Ingo Richters Wohnung in der Schliemannstraße hingegen sollten die meisten der folgenden internen Treffen der Rostocker SDP-Führung stattfinden. Harald Ringstorff war unmittelbar nach seinem Parteibeitritt ein fleißiger Teil dieses überschaubaren Zirkels.

Abb. 1 Harald Ringstorff im Februar 1990 mit Ingo Richter (rechts). (Mitte: unbekannt).

Bald erfuhren die Rostocker Sozialdemokraten Unterstützung durch westdeutsche Genossen. Am 14. November 1989 veröffentlichte beispielsweise die Bremer SPD in der »Ostsee-Zeitung« ein Grußwort an die Rostocker Bürger. Sie gratulierte zum Mauerfall, rief zum Besuch in Bremen auf und bot Hilfe bei Kontaktsuchen verschiedenster Art in Bremen an. Daraufhin erhielten die Genossen an der Weser Tausende Briefe aus Rostock mit den unterschiedlichsten Anliegen. Jörg Wendland, westdeutscher Lokaljournalist aus Oer-Erkenschwick, berichtet außerdem:

»Ich lernte weitere Männer und Frauen des Widerstandes kennen. Dr. Rainer Ohff, zum Beispiel, Horst Denkmann, Dr. Harald Ringstorff. Die damalige SDP in Rostock benötigte dringend technisches Equipment. Ich besorgte es, schmuggelte bei meinen Besuchen kiloweise Tonerkassetten für den ersten Kopierer sowie Kopierpapier herüber. Ich nahm auch an der ersten öffentlichen Versammlung im Grünen Ungeheuer am Platz der Freundschaft teil und lernte dort Dr. Ingo Richter kennen. Es herrschte eine gewaltige Aufbruchsstimmung«[4]

Harald Ringstorffs Ehefrau Dagmar berichtet, dass ihr Mann in dieser Zeit manchmal tagelang nicht zu Hause war. Einmal fuhr er nach Bremen, um Druckpapier zu holen. Ein Bremer Sozialdemokrat stellte ihm dabei das örtliche Nachtleben vor. Aber schon in Rostock interessierte den Ruhe und Vertrautheit schätzenden Ringstorff spätes Ausgehen nur mäßig.

Bei Familie Denkmann in Warnemünde ging derweil der regionale Aufbruch weiter. Hier wurde der Heiligendammer Thomas Leuchert SDP-Mitglied, woraufhin er mit anderen eine Doberaner SDP-Ortsgruppe gründete. Knut Wiek wiederum erhielt seine Anregung zur Gründung der SDP-Ortsgruppe Kühlungsborn Anfang November auf einer Veranstaltung des Neuen Forums: »Dort habe ich mich entschlossen, die SPD zu gründen, weil mir das Neue Forum nicht als politische Richtung erschien. Man kochte so in sich und sah sich selbst, aber es fehlte eine Generallinie.«[5] Zeitgleich gründete sich in Rerik nach einem Friedensgebet die SDP-Ortsgruppe. Mitte Oktober formierte sich auch in Parchim eine noch informelle sozialdemokratische Basisgruppe, die sich am 27. November 1989 offiziell anmeldete. In Güstrow führte eine SDP-Informationsveranstaltung von Gottfried Timm und Ursula Kaden am 15. November zur SDP-Ortsgruppengründung. In Wismar wiederum hatten bereits im August 1989 »sozialdemokratisch orientierte Intellektuelle« Kontakt zur SPD in Lübeck gesucht und gefunden. Die Sozialdemokratie nahm in Mecklenburg Fahrt auf.

Und in Vorpommern? Etwas verhaltener aber stetig. Der geborene Ostpreuße, Theologe und langjährige Vorwendegeschäftsführer des Diakonischen Werkes der Landeskirche Greifswald, Hinrich Kuessner, erinnert sich:

»Die SDP ist im Oktober in Greifswald gegründet worden, sehr bald nach dem 7. Oktober, ich glaube so um den 20. Oktober herum. Die Personalfragen [...] wurden harmonisch geregelt. Es wurde basisdemokratisch gewählt, aber es gab kein Problem. Diese Konkurrenz um Posten spielte bis zum Ende des Jahres 1989 keine erhebliche Rolle. Ich selbst bin am 6. Dezember 1989 in die SDP eingetreten. Zwei Tage zuvor hatte ich bei der Stasi-Besetzung in Greifswald mitgewirkt, und da ist mir deutlich geworden: Jetzt ist der Zeitpunkt gekommen, an dem wir Parteien brauchen.«[6]

Vor allem von Greifswald gingen Impulse ins weitere Vorpommern aus. Paul Limberg, Mitbegründer des Neuen Forums, wie auch der SDP in Wolgast, fasst zusammen:

»Eine öffentliche Vorstellung der SDP gemeinsam mit dem Greifswalder Thomas Fuhrmann während eines Friedensgebetes in der Wolgaster St. Jürgen Kapelle, zwei, drei Wochen nach der Gründung verlief ziemlich erfolglos. Neugier war da, aber die übervorsichtige Distanz und Vorsicht noch allgegenwärtig. Von Arndt Noack hatte ich zwischenzeitlich einen ganzen Packen der Statuten von Schwante [...] besorgt, die auch die Kontaktadressen des ganzen Landes enthielten. Nachdem die allerersten in Berlin noch über die alten Kopierer gezogen worden waren, kamen diese nun als Computerausdrucke und in Mengen. Aber was heißt Mengen? Vielleicht 150 Stück verteilten Tom Skibbe, den ich in der Kirche kennen gelernt hatte [...] und ich in der Stadt und versuchten, mit den Leuten ins Gespräch zu kommen. [...] Mitte November organisierten Arndt Noack und Martin Gutzeit, die beiden Initiatoren der SDP, ein Treffen der Kontaktadressen des Raumes nördlich von Berlin in der Dorfgaststätte Luehmannsdorf. Da hatte ich es ausnahmsweise nicht weit. Ich nahm Tom Skibbe mit.«[7]

Keine 30 Kilometer von Luehmannsdorf entfernt wurde gut 60 Jahre zuvor das Mitglied des Zentralkomitees der SED, Günter Schabowski, in Anklam geboren. Dessen verunglückte »Maueröffnungserklärung« trug der gebürtige Thüringer Egon Bahr am Abend des 9. November 1989 ins Plenum des Deutschen Bundestages. Herta Däubler-

Gmelin, in Pressburg (Bratislava) auf die Welt gekommen, saß hier als diensthabende stellvertretende Fraktionsvorsitzende neben Willy Brandt, der sich in Rostock bald als von den Wurzeln her Mecklenburger beschreiben sollte. Alle drei waren einmal mehr überrascht vom sich überstürzenden Fortgang der Dinge im ihnen eigentlich vertraut erscheinenden Osten Deutschlands.

Zwei Tage später, am 11. November, fand in Schwerin eine vom evangelischen Altbischof Heinrich Rathke moderierte Podiumsdiskussion zwischen Mitgliedern des Neuen Forums und Vertretern der Blockparteien statt. Der SED-Oberbürgermeister stellte dafür Lautsprecherwagen und Megaphone nur unter der Bedingung zur Verfügung, dass nicht für die sich auch in Schwerin bildende Sozialdemokratische Partei geworben werden dürfe.[8] Trotzdem gründete sich am 28. November im Wichernsaal eine SDP-Ortsgruppe.[9] Angeregt vom Theologen und Schwante-Teilnehmer Johannes Kwaschik sowie dem Juristen Hans-Joachim Hacker hatte sie bald mehrere Hundert Mitglieder. Eine der ersten Maßnahmen der Schweriner Sozialdemokraten war Widerstand gegen den auch aus dem Kreisverband des neuen CDU-Vorsitzenden Lothar de Maizière in Berlin-Treptow inspirierten und durch Intellektuelle bekannt gemachten Aufruf »Für unser Land« gegen die deutsche Wiedervereinigung. Andere Schweriner wie der spätere CDU-Innenminister Georg Diederich verabschiedeten in dieser Sache einen Gegenaufruf unter dem Titel »Wir sind ein Volk.«[10] Zur selben Zeit analysierte Harald Ringstorff, im mutmaßlich ersten Medienbericht außerhalb Mecklenburg-Vorpommerns über ihn, dass trotz der Wende die alten Machtstrukturen erhalten geblieben seien. Sein düsteres Fazit: »Wenn die SED schlau ist, lässt sie so schnell wie möglich wählen.«[11]

Einig waren sich die allermeisten Menschen und Parteien hingegen beim Sturz des Ministeriums für Staatssicherheit. Am 4. Dezember 1989 wurde ab 19 Uhr das Gebäude des Staatssicherheitsdienstes in der Rostocker August-Bebel-Straße besetzt. Horst Denkmann rief von dort Ingo Richter an und sagte: »Komm bitte sofort im weißen Kittel her und bringe einen Notfall-Koffer mit, es sind alle noch bewaffnet!«[12] So untersuchte Richter etwa 20 Gefangene und legte Protokolle darüber an. Unter den Besetzern war auch Harald Ringstorff. Seine Frau erfuhr zufällig durch einen Fernsehbeitrag davon.

Die Rostocker Montagsdemonstrationen führten am Gebäude des Staatssicherheitsdienstes vorbei, von dem die Rostocker sich unter der Hand furchterregende Geschichten erzählten. Mutige Bürger drängten sich am 4. Dezember vor dem videoüberwachten Haupteingang und skandierten:»Wir wollen rein.« In dieser aufgebrachten Menge erkannte Dagmar Ringstorff vor dem Fernseher sitzend ihren Ehemann. Der sagt Jahrzehnte später, er hätte das Gebäude durch einen Seiteneingang betreten, dort Akten gesichtet und gesichert. Bereits zuvor sagte er jedoch zu überflüssig gewordenen Systemkadern, denen in naher Zukunft die Arbeitslosigkeit drohte:

>»Man müsste ihnen eine Chance zur Qualifizierung bei halbem Gehalt geben [...]‹. In Rostock wären das zum Beispiel alle Posten, die bisher im Häuschen im Hafen saßen und nur die Schiffe bewachten. Nachdem niemand mehr die Flucht über ausländische Pötte wagen muss, sind sie überflüssig. [...] Wir stehen erst ganz am Anfang der moralischen Aufarbeitung all des Schmutzes.«

Nachdem er außerdem ehemalige Systemträger, die nun ihre Fahne in den»richtigen Wind« hielten, kritisiert hatte, formulierte er einen seiner künftigen gesellschaftspolitischen Grundsätze:»Kein Artenschutz für Wendehälse.«[13]
Es musste aber nicht nur gestürmt, sondern auch neu aufgebaut werden. So meldete sich in dieser Zeit der frühere Hamburger SPD-Bürgermeister und gebürtige Rostocker Peter Schulz in einem Brief beim SDP-Vorstandsmitglied Steffen Reiche. Er hätte keine politischen Ämter mehr und wolle der mecklenburgischen Sozialdemokratie hilfreich sein. Schulz fand Verwendung nicht nur als SPD-Aufbauhelfer, sondern auch als juristischer Berater der Rostocker Stadtführung. Noch prominentere Hilfe aus Westdeutschland meldete sich bei Ingo Richter:

»Als am 20. November, morgens um 7.00 Uhr, unser Telefon klingelte und sich eine Stimme mit ›Büro Willy Brandt‹ meldete, sind mir vor Freude fast die Tränen gekommen. Da sprach ich nun mit einem Mitarbeiter des Mannes, der wie kaum ein anderer in der deutschen Nachkriegsgeschichte mit seiner Ostpolitik den Weg geebnet hatte, dass Mauer und Stacheldraht zwischen beiden Teilen Deutschlands niedergerissen werden konnten.«[14]

Richter und der Rostocker Pastor Joachim Gauck, die sich bereits seit der gemeinsamen Schulzeit kannten, bereiteten anschließend einen Besuch Brandts in der Hansestadt vor. Anfangs lehnte die Stadtspitze die Aufstellung von Lautsprechern rund um die Marienkirche ab, bevor SED-Oberbürgermeister Henning Schleiff sie doch noch genehmigte. Tausende Menschen hatten sich am 6. Dezember 1989 in und um die Marienkirche versammelt. Begrüßt von Richter und Gauck sprach Brandt anschließend über seine mecklenburgischen Wurzeln, die Vorgeschichte des Mauerbaus oder auch Gorbatschows Reformpolitik. Später diskutierten Brandt, Richter, Gauck, der mecklenburgische Anwalt, Ministerium für Staatssicherheits-IM und Vorsitzende des Demokratischen Aufbruchs, Wolfgang Schnur, sowie der neue Leiter der Akademie für Gesellschaftswissenschaften beim ZK der SED, Prof. Rolf Reissig, live im »ZDF«. »Kennzeichen D – Deutsches aus Ost und West« wurde an diesem Abend aus dem Warnemünder Teepott übertragen und Studenten des vierten Studienjahres des Faches Geschichte der Rostocker Universität so wie auch lokale Berufsschüler waren eingeladen Fragen zu stellen.

Spät abends traf Willy Brandt noch seine Diskussionspartner, aber auch Rostocker Sozialdemokraten wie Horst Denkmann und Harald Ringstorff im Hotel »Neptun«. Brandt gab der Runde unter anderem zu verstehen, dass der Tage zuvor von Kanzler Helmut Kohl präsentierte Plan zur deutschen Einheit mit ihm abgestimmt sei. Er habe Kohl aber geraten, die Oder-Neiße-Grenze in die Erklärung aufzunehmen. Bis zur ersten freien Volkskammerwahl im März 1990 sollte Brandt noch mehrmals in Ostdeutschland auftreten und dabei immer auch die Aussöhnung mit Mecklenburg-Vorpommerns Nachbarland Polen betonen.

Nach knapp einem Monat Parteimitgliedschaft war Harald Ringstorff in den kleinen Kreis der Rostocker SDP-Wortführer um Ingo Richter und Horst Denkmann aufgestiegen. Gottfried Timm, der Ringstorff beim Besuch Brandts erstmals über den Weg lief und einer seiner engen politischen Weggefährten werden sollte, meint zu Ringstorffs Parteiwahl: Er war Machtmensch im guten Sinne. Und die SDP

Abb. 2 Harald Ringstorff am 16. März 1990 mit Willy Brandt und Ibrahim Böhme während des Wahlkampfs in Wismar.

war die einzige Partei, die sich mit einem klaren Machtanspruch sowie ohne ein Übermaß an basisdemokratischem Verzetteln jenseits der Blockparteien aufstellte.[15] Markus Meckel berichtet daran anschließend, dass der in Schwante gewählte Vorstand sich lediglich als vorläufige SDP-Führung verstand. Es galt jedoch, einerseits die Führungsfunktion für die SDP landesweit wahrzunehmen, gleichzeitig aber auch die neu entstehenden regionalen Strukturen so weit wie möglich einzubinden. Vertreter aus den Bezirken wurden deshalb zu den Vorstandssitzungen eingeladen. In dieser Funktion nahm Harald Ringstorff noch 1989 mehrmals als Vertreter des Bezirks Rostock an SDP-Vorstandssitzungen teil und arbeitete in der Erinnerung Meckels intensiv mit.[16] Ringstorff selbst sagt, er hätte dort vor allem am Wirtschaftsteil des neuen SDP-Statuts mitgeschrieben. Tatsächlich finden sich in seinem Privatarchiv aus dieser Zeit mit »Diskussionsmaterial zu wirtschaftspolitischen Fragen« überschriebene und von »Dr. Harald Ringstorff, SPD Ortsverband Rostock« unterschriebene Papiere. Diese arbeiteten sich noch an der Misswirtschaft der SED und ihrem trotzdem aufrechterhaltenen Anspruch »schon wieder wissen zu wollen was für das Volk gut sei« ab. Der Bremer »Weser-Kurier« berichtete über ein Gespräch mit Ringstorff, in dem er die bisherigen Verwaltungsstrukturen noch nicht einmal angetastet sah und stark wirtschaftstheoretisch argumentierte. Er wollte vor allem kein »Herumwerkeln« mit ein bisschen Marktwirtschaft mehr.[17] Klare Verhältnisse, zügige Entscheidungen ohne überlanges Reflektieren und Verzetteln wurden sein politisches Handlungsprinzip.

Eventuell auch deshalb fremdelte Ringstorff mit vielem innerhalb der SDP und meinte später rückblickend:

»Man wurde schon fast schief angesehen, wenn man weder Sandalen noch einen Rucksack trug. Da existierten Parallelen zum Kreis der SDP-Gründer beziehungsweise zum ersten Vorstand der SDP. Auch dort wurde viel zu viel und zu lange diskutiert und zu wenig entschieden.«[18]

Der Autor Peter Gohle bringt es auf den folgenden Punkt:

»Gerade Ringstorff repräsentiert mit seiner pointierten Kritik an dem in seinen Augen realitätsfernen Philosophieren des Vorstands in Berlin, seiner Orientierung auf die baldige Deutsche Einheit sowie den Schulterschluss mit der westdeutschen SPD idealtypisch die Exponenten aus der technischen Intelligenz der DDR, die die SDP und ihr Gründungsprofil mit seiner alternativen Grundierung vehement umzuformen und zu erden trachteten.«[19]

Sich selbst betrachtete Harald Ringstorff als geerdet. Seine Großeltern väterlicherseits hatten eine Büdnerei im mecklenburgischen Püttelkow. Der spätere Ministerpräsident wurde am 25. September 1939 aber nicht dort, sondern im nahen Wittenburg geboren, wo die Großeltern mütterlicherseits eine Kolonialwarenhandlung führten. Mit seinen vier Geschwistern wuchs er in diesem Laden und dabei zweisprachig auf. Die Kunden der Großeltern sprachen überwiegend plattdeutsch, was er zukünftig neben dem Hochdeutschen pflegte, aber vor allem zeitlebens liebte. Ringstorffs Vater, ein konservativer

Mann und gelernter Drogist, kehrte 1949 aus der Kriegsgefangenschaft zurück und übernahm das Geschäft der Schwiegereltern. Früh mussten ihm Harald und seine Geschwister im Laden helfen. Schüttware in kleine Portionen verpacken, Butterblöcke zerkleinern, Lebensmittelmarken auf Zeitungspapier kleben. Daneben trieb der gute Schüler Sport und erging sich in Naturbeobachtungen. Die nur wenige Jahre jüngere Sigrid Keler, später eine politische Vertraute, sieht sich gemeinsam mit Ringstorff einer bescheidenen Generation angehörig, die auch in ihrem politischen Handeln stark von entbehrungsreichen Kriegs- und Nachkriegserfahrungen geprägt war.[20] An der Erweiterten Oberschule in Hagenow legte Ringstorff 1958 das Abitur ab. Seine ältere Schwester hingegen durfte diese Schule, wohl aus politischen Gründen, nie besuchen. Ringstorffs Berufswunsch war Förster. Als er diesen vortrug, wurde ihm von Lehrern gesagt: Wir brauchen keine Förster, wir brauchen Forstarbeiter. So leistete er stattdessen seinen dreijährigen Wehrdienst im vorpommerschen Drögeheide ab und studierte anschließend in Rostock Chemie. In seiner Freizeit spielte er in der Volleyballbezirksliga für die Universitätsauswahl. Als wissenschaftlicher Mitarbeiter promovierte er 1969 mit der Arbeit »Voltametrische Untersuchungen über einen neuartigen Einsatz der stationären Quecksilberelektrode zur Spurenanalyse« an derselben Hochschule in Analytischer Chemie und fand eine Anstellung beim VEB Kombinat Schiffbau, ebenfalls in der Hansestadt. Hier entwickelte sich eine Freundschaft zum vietnamesischen Doktoranden Trinh Xuan Gian. Als Ministerpräsident traf er Jahrzehnte später in Hanoi den zum Professor avancierten Freund wieder. Trotz Freunden und noch mehr Bekannten blieb er zeitlebens ein Mann, der das Wesentliche mit sich selbst abmachte und gern allein war. Vor allem in der Natur. Ohne Begleitung auf den See hinter seinem Anfang der 1990er-Jahre gebauten Haus hinaus zu rudern und zu angeln gehörte zu seinen Lieblingsbeschäftigungen. Ab 1987 leitete Ringstorff die Außenstelle »Schiffsfarben Küste« im VEB-Kombinat Lacke und Farben, wo Rostschutzanstriche für Schiffe entwickelt wurden. Mindestens einmal fuhr er auch für mehrere Wochen auf einem Schiff zu Farbforschungszwecken in Richtung Afrika. Im Arbeitsalltag waren jedoch Labore und Werften sein Zuhause. Letztes Monatseinkommen: 1.280 DDR-Mark.

Dort war Ringstorff noch angestellt, als er und die übrige Rosto-cker SDP ihre »Umformung« am Parteinamen ansetzten. Anfang Dezember 1989 gab es bereits unterschiedliche Handhabungen der Parteibezeichnung. Markus Meckel berichtet, dass der SDP-Vorstand am 3. Dezember 1989 beschlossen hatte, sich bei der Delegiertenver-sammlung im Januar 1990 in »Sozialdemokratische Partei in der DDR (SPD)« umzubenennen, um sich so diese traditionsreiche Abkürzung zu sichern. Die Umbenennung sollte mit einer breiten demokratischen Legitimation erfolgen und wurde vom Vorstand deshalb nur ange-kündigt. Bis zum Januar wollte man weiter unter dem bis dahin gültigen Kürzel »SDP« firmieren. Knut Wiek, Mitbegründer der Kühlungsborner SDP-Ortsgruppe meint, man habe mit diesem Kür-zel die Unabhängigkeit zur westdeutschen Partei demonstrieren wollen. Während manche Mitglieder tatsächlich von der SDP sprachen, verwendete Thomas Leuchert aus Heiligendamm konsequent den Namen SPD. Auch Willy Brandt hatte bei seinem Besuch am 6. De-zember die Rostocker Sozialdemokraten gefragt: »Warum versteckt Ihr Euch eigentlich, warum nennt Ihr Euch SDP und nicht SPD?« Zwei Tage nach dieser Frage benannte sich die Rostocker SDP am 8. Dezember 1989, an dessen Abend Harald Ringstorff auf einer Ver-anstaltung der Friedrich-Ebert-Stiftung in Berlin seinen zukünftigen engen politischen Begleiter Otto Ebnet kennenlernte[21], offiziell in »Sozialdemokratische Partei Deutschlands« um. In einer Presserklä-rung vom selben Tag ist zu lesen:

»Die Sozialdemokratische Partei in der DDR kann ab sofort in jedem Ortsverband den Namen Sozialdemokratische Partei Deutschlands in der DDR tragen. Die Abkürzung des Namens dieser Partei erfolgt durch die drei Buchstaben S P D. Wir gehen damit einen Schritt auf die Sozialdemokratische Partei Deutschlands in der Bundesrepublik zu, betrachten uns aber nach wie vor als eine eigenständige Sozial-demokratische Partei in der DDR. Wir stehen aber in der Tradition der Sozialdemokratischen Partei Deutschlands seit ihrer Gründung und der Sozialdemokratischen Parteien Europas und der Welt. Die ursprüngliche Namensgebung am 7.10.1989 als Sozialdemokratische Partei in der DDR und deren Abkürzung S D P erfolgte in der Illegali-tät und sollte die Legalisierung unter dem damaligen Regime erleichtern. In der Arbeiterschaft und in breiten Schichten der Bevölkerung sowie bei den Mitgliedern unserer Partei besteht aber der Wunsch, dass wir wieder den ursprünglichen Namen – Sozialdemokratische Partei Deutschlands mit der Abkürzung SPD – tragen. Diesem verständlichen Wunsch wurde Rechnung getragen, vorbehaltlich einer späteren Bestätigung durch einen Parteitag. [...] Wir halten die Bekanntgabe dieser Namensänderung auch deswegen für wichtig, um kundzutun, dass der Name SOZIALDEMOKRATISCHE PARTEI DEUTSCHLANDS und vor allem die Abkürzung S P D damit für andere Parteien gesperrt sind. Wie das Vorstandsmitglied unserer Partei in Berlin, Ibrahim Böhme, mitteilte, auch in Übereinstimmung in den Gesprächen mit Willy Brandt, anlässlich seines Besuches in Rostock – sind wir damit wieder die Sozialdemokratische Partei Deutschlands. [...] Wir Sozialdemokraten wollen und müssen in gemeinsamer Verantwortung mit allen demokratischen Kräften unseres Landes – ohne Aggressionen, ohne Ausgrenzung einzelner Menschen und Gruppen – friedlich und mit Besonnenheit wie bisher die Probleme der Gegenwart aufgreifen, um eine menschliche und gerechte Zukunft zu gestalten. Im Namen des Vorstands der Sozialdemokraten in Rostock, Dr. Ingo Richter«.[22]

Was hier nicht nur nach Namensänderung, sondern auch nach Programmatik klingt, stieß in der Berliner SDP-Zentrale auf entschiedenen Widerstand. Ringstorff erinnert sich:

»Als ich wenig später zu einer Vorstandssitzung nach Berlin fuhr, verwiesen Meckel und andere mich auf das Statut und warfen uns vor, eigenmächtig gehandelt zu haben. Selbst mein Hinweis auf Willy Brandt half nichts. Es war gar vom Ausschluss der Rostocker die Rede, wobei sich das schnell erledigte. Brandt hatte sich intern eingeschaltet und für uns Partei ergriffen.«[23]

Nach Rostocker Vorbild wurde auf der Delegiertenkonferenz der SDP vom 12. bis 14. Januar 1990 in Berlin die Änderung des Parteinamens von SDP in SPD für die gesamte DDR beschlossen. Zuvor trat die »große alte Dame der Ost-Sozialdemokraten«, die Rostockerin Käthe Woltemath, ans Mikrofon und erzählte aus ihrem Leben. Auch von der Zwangsvereinigung von SPD und KPD zur SED im April 1946, welche aus der Sozialdemokratin Woltemath das SED-Mitglied Woltemath werden ließ. Ihr Fazit: Verfolgungen und Verhaftungen stünden für den alten, sauberen Namen SPD. Den Delegierten gab Woltemath mit auf den Weg: »Ich habe in all den Jahren nicht gelernt, zu Fehlern, Fehlverhalten zu schweigen.« Das spornte an und genügte offenbar, sie umgehend zur SPD-Ehrenvorsitzenden zu wählen.[24] Außerdem wurden in Berlin für die norddeutschen Bezirke Hans-Joachim Hacker, Gottfried Timm und der Greifswalder Mathematikprofessor Frank Terpe in den SPD-Vorstand gewählt. Die Sozialdemokratie der DDR hatte somit drei Monate nach ihrer Gründung eine umfassend legitimierte Zentralführung und ihren alten Namen.

Es fehlten die alten Parteiimmobilien. Noch vor Weihnachten 1989 forderten die Rostocker Sozialdemokraten deshalb vom Oberbürgermeister ein eigenes Parteihaus. Sollte dies nicht bewilligt werden, würden sie sein Rathaus besetzen. So kam das Haus der Nationalen Front in der Thomas-Mann-Straße 15 in den Besitz der SPD. Den Mitarbeitern der Nationalen Front wurde am 23. Dezember mitgeteilt, dass sie bis Anfang Januar 1990 das Haus zu räumen hätten. Ein Vertreter des Vorsitzenden der Nationalen Front der DDR kam zwischen den Jahren nach Rostock, um die Vertragsunterzeichnung und die Hausübergabe zu besiegeln. Für rund 20.000 D-Mark sollte das Haus nach seiner Vorstellung den Besitzer wechseln. Ingo Richter sagte ihm jedoch: Das Haus gehört weder ihnen noch uns. Ich gebe ihnen eine symbolische Mark und sie unterschreiben den Vertrag.[25] Am 6. Januar 1990 wurde das SPD-Haus offiziell eingeweiht. Auf ähnliche Weise »eroberte« zeitnah die SPD in Wismar das Haus der Nationalen Front.[26]

Der »Spiegel« beschrieb das Wirken Harald Ringstorffs in dieser Zeit mit den Worten:

> »Während andere im Osten lieber dem durchreisenden Willy Brandt die Hand schüttelten, blieb der Mecklenburger im Hintergrund und begann, Akten zu wälzen. Zäh und systematisch lernte er, wie eine Landesverwaltung funktioniert. Ringstorff sei ›ein Wühler‹, sagt ein ehemaliger Mitarbeiter, ›sein Fleiß ist ungeheuerlich, und er vergisst nichts‹«.[27]

Hans-Joachim Hacker schreibt es darüber hinaus Ringstorffs natürlicher Autorität zu, dass er sehr insistierend auftreten konnte. Noch war er aber nicht mit Autoritätsausübung, sondern dem parteipolitischen Kleinklein beschäftigt. Der Rostocker Theologieprofessor Gottfried Kiesow erinnert sich, Ende 1989 nach einem aufmunternden Gespräch mit seinem Universitätskollegen Ingo Richter in die Thomas-Mann-Straße gegangen zu sein, wo er bei dem damals noch wenig bekannten Harald Ringstorff in die Partei eintrat. Ingo Richter wiederum beschreibt die Rostocker SDP-Führung in diesen Tagen mit den Worten, dass er und Horst Denkmann die Partei nach außen hin geführt hätten. Ringstorff, sich ihrer überlegenen Eloquenz bewusst, hätte beiden gern den Vortritt gelassen und sich im Übrigen an Käthe Woltemath gehalten, die im Hintergrund vor allem ihr organisatorisches Wissen ausspielte und zur grauen Eminenz beziehungsweise letzten Instanz der Rostocker SPD wurde.[28]

Auch wegen des bereits in Schwante gefassten »Abschottungsbeschlusses« durften in jener Zeit keine ehemaligen SED-Mitglieder in die SPD aufgenommen werden. Dies wurde vielerorts unterlaufen und Käthe Woltemath beschreibt ihr Zuwiderhandeln:

»[…] so tat ich etwas, was ich eigentlich nicht durfte. Ich nahm in der nächsten Zeit die alten Genossen, die zum Teil, wie auch wir anderen, früher in die SED übernommen worden waren, entgegen dem Parteibeschluss wieder in die SPD auf. Manchem alten früheren Parteimitglied standen die Tränen in den Augen, wer konnte da sagen, wir nehmen Euch nicht.«[29]

Auch der Wismarer Ingenieur Rolf Eggert berichtet, dass sein Kreisverband bereits zu diesem Zeitpunkt ehemalige SED-Mitglieder in die Partei aufnahm. Man hätte in der Hansestadt eben weniger moralisiert.[30] Hier wie auch in der Frage des Umgangs mit der PDS oder dem Parteinamen offenbarte sich ein Riss zwischen Sozialdemokraten der »ersten und zweiten Stunde«. Die Schwanter Gründer lehnten die Aufnahme ehemaliger SED-Mitglieder überwiegend strikt ab, während andere pragmatischer agierten. Die Ökonomin Sigrid Keler aus Ribnitz-Damgarten berichtet, auch sie hätte gern schon zu diesem Zeitpunkt ehemalige SED-Mitglieder in die Partei aufgenommen, aber die »Pastoren« wie Gottfried Timm oder Hinrich Kuessner wären rhetorisch geschulter, durchsetzungsstärker und dagegen gewesen.[31] Dieser innerparteiliche Auffassungsunterschied zog sich in manchen Fällen noch über Jahre. Ringstorff bedauerte später gegenüber seinem Mitarbeiter Detlef Lindemann, dass er sich erst ab 1994 für den Parteibeitritt von ehemaligen SED-Mitgliedern geöffnet hätte.[32] Die »Schwanter« hingegen blieben Ringstorff sein politisches Leben lang suspekt.

Nachdem aber die Ersten Sekretäre der Bezirksleitungen der SED und ihre Gefolgsleute in den drei Nordbezirken abgesetzt und die Stürmungen von Bezirksverwaltungen des Ministeriums für Staatssicherheit abgeschlossen waren, erhielten ab Anfang Dezember 1989 Runde Tische vorübergehend eine bedeutende Rolle. Dem Runden Tisch in Rostock gehörte Ringstorff für eine Sitzung an, bevor er ihn wegen »zu viel Gequassel« verließ. Die Macht ging trotzdem auch in Rostock sukzessiv an demokratischere Institutionen über. So auch die Macht der bewaffneten Kräfte. Der neue Chef der Volksmarine, Vizeadmiral Hendrik Born, lud offiziell zu einem »Runden Tisch über Probleme der Sicherheit im Ostseebezirk und in Rostock«. In der Rostocker SPD-Zentrale traf sein Entsandter auf Käthe Woltemath, die versprach, sich dafür einzusetzen, dass ein kompetentes SPD-Mitglied ihrer Partei an dem Gespräch teilnehmen werde. Beauftragt wurde hiermit Harald Ringstorff.[33] Nach und nach übernahm er eine Vertrauensstellung nach der anderen.

SPD-Landesvorsitzender

Anfangs bildeten sich SPD-Bezirksorganisationen, die aber Ende Mai 1990 wieder aufgelöst wurden. Früh im Januar 1990 gründete sich der SDP-Bezirksverband Neubrandenburg, dem Gottfried Timm als Vorsitzender und Arno Behrend als Geschäftsführer vorstanden. Ab dem 17. Januar 1990 räumte auch die SED-Kreisleitung Schwerin der SPD Räume in ihrem Gebäude frei. Hans-Joachim Hacker, bis dahin Justitiar in der Wirtschaftsvereinigung Obst, Gemüse und Speisekartoffeln, war seit Oktober 1989 SDP-Mitglied und stand zwischen November 1989 und Februar 1990 dem Ortsverein Schwerin vor. SPD-Bezirksgeschäftsführer bereits seit Anfang Januar 1990

wurde er kurz darauf bis zum Mai 1990 auch Schweriner Bezirksvor-
standschef, um anschließend bis zum Jahr 2000 dem SPD-Kreisver-
band vorzustehen. Ingo Richter wiederum ließ sich auf der ersten
Delegiertenkonferenz der SPD Rostocks am 28. Januar 1990 zum
Vorsitzenden des Ortsverbandes wählen. Die 200 Delegierten lausch-
ten hier außerdem Ex-Bürgermeister Hans Koschnick aus der Part-
nerstadt Bremen, der Unterstützung für Parteiaufbau und Wahlkämpfe zusagte. Einige Wochen später wurde Harald Ringstorff zum
neuen Rostocker SPD-Vorsitzenden erkoren. Zuvor, am 3. Februar,
wählte die SPD-Bezirksdelegiertenkonferenz Rostock Ingo Richter
zu ihrem Vorsitzenden. Stellvertreter wurden Hinrich Kuessner aus
Greifswald und Ingeborg Stock aus Grevesmühlen. Bezirksdelegier-
tenkonferenzen fanden zur gleichen Zeit auch in Neubrandenburg
und Rostock statt. Die SPD im Norden der DDR hatte sich auf Be-
zirksebene institutionalisiert.

Aber wie konnte der Wähler von ihr erfahren? Seit dem 1. Dezember 1989 wurde vom noch SED-gelenkten Rostocker Funkhaus
die zweistündige Informationssendung»Nordjournal« ausgestrahlt.
Fünf Tage später bereits berichtete es live vom Auftritt Willy Brandts
vor der Marienkirche. Immer öfter waren nun Politiker wie Joachim
Gauck vom Neuen Forum, Conrad-Michael Lehment für die Liberal-
demokraten oder der Sozialdemokrat Harald Ringstorff auf dieser
Welle zu hören.[34] Das genügte der SPD aber nicht. Ingo Richter und
Horst Denkmann erhielten vom Rostocker Runden Tisch ein Papier-
kontingent für die Neugründung der sozialdemokratischen»Mecklenburgischen Volks-Zeitung«, die 1933 auf Veranlassung der Nationalsozialisten eingestellt werden musste. Durch die Mithilfe Björn
Engholms, des sozialdemokratischen schleswig-holsteinischen Ministerpräsidenten, kam auch unternehmerische Unterstützung aus
der Bundesrepublik für die»Stimme der neuen Demokratie für Mecklenburg-Vorpommern«. So erschien am 15. Februar 1990 die erste
Ausgabe der»Mecklenburgischen Volks-Zeitung«. Bereits am 15. September 1990 wurde wegen Absatzproblemen jedoch beschlossen, ihr
Erscheinen wieder einzustellen.

Ähnlich fragil war die wirtschaftliche Gesamtsituation der DDR.
Der SDP-Vorstand warnte am 3. Dezember 1989 trotz Bekenntnis zur
Deutschen Einheit vor einer schnellen Wiedervereinigung»im Sinne

eines Anschlusses«. Um die DDR wirtschaftlich zu sanieren, sei vielmehr eine demokratisch gewählte Regierung notwendig, welche die Einheit nicht nur beschließt, sondern auch verhandelt. Der Bremer »Weser-Kurier« zitierte auch Harald Ringstorff noch im November 1989 mit seiner Zukunftsvision einer Konföderation beider deutscher Staaten innerhalb der EG mit völlig freier Entfaltung der Marktkräfte.[35] Wenige Wochen später, im Januar 1990, umriss jedoch die finanzpolitische Sprecherin der Bonner SPD-Fraktion, Ingrid Matthäus-Meier, in einem Aufsatz in der »Zeit« einen von ihrem Mitarbeiter Otto Ebnet erarbeiten Vorschlag einer Währungsunion zwischen beiden deutschen Staaten. Sie schlug vor, »die D-Mark als offizielles Zahlungsmittel in der DDR zuzulassen.« Dabei müsse für Ersparnisse und Schulden ein fester Wechselkurs »politisch vorgegeben« sein. Matthäus-Meiers Vorstoß war auch auf ihre Gespräche mit SDP-Gründerin Angelika Barbe zurückzuführen, die gemeinsam mit ihrer Familie die Weihnachtsferien in Matthäus-Meiers Haus in Bonn verbracht hatte.[36] Harald Ringstorff war dort ebenfalls zu Gast und drängte gegenüber der westdeutschen Sozialdemokratin auf eine rasche deutsche Einheit.

Wenig später, noch im Januar 1990, wurde außerdem von SPD-Ost und -West eine länderübergreifende Kommission gegründet, deren Mitglied aus der DDR neben den »Schwantern« Markus Meckel, Stephan Hilsberg und Martin Gutzeit auch Ingo Richter war. Bei einem der ersten Treffen mit der Kommission angehörenden führenden Sozialdemokraten aus Westdeutschland im Rathaus Schöneberg in Westberlin präsentierte laut Ingo Richter Kommissionsmitglied Markus Meckel ein Papier zur Schaffung der Einheit Deutschlands. Dieser Prozess sollte etwa fünf bis acht Jahre dauern, was Ingo Richter empört sagen ließ:

> »Wir sind nicht angetreten, um die Wiedervereinigung Deutschlands in fünf Jahren herzustellen, sondern jetzt und sofort! Wenn einige führende Sozialdemokraten der Bundesrepublik Deutschland das nicht begreifen, dann lassen sie den goldenen Apfel, den wir ihnen auf einem silbernen Tablett reichen, verfaulen. Mit einer solchen Haltung zerstört die SPD ihren Führungsanspruch in einem vereinigten Deutschland bei der nächsten Wahl und für dieses Jahrhundert.«[37]

Markus Meckel kann sich an diesen Vorgang nicht erinnern, traf aber wie Ingo Richter in dieser Zeit folgenreich in Berlin auf den Staatsrechtler Prof. Dr. Dieter Schröder, Leiter der Senatskanzlei Westberlins. Viele Sozialdemokraten nannten eine mittelfristige statt kurzfristige deutsche Einheit mittlerweile »Dritter Weg«. Und der war mit Rostocker Sozialdemokraten wie Harald Ringstorff nicht zu machen. Auf einer Zusammenkunft der sozialdemokratischen Bezirksvorsitzenden in der DDR am 3. Februar in Ostberlin sprachen sich mehrere Bezirksvorsitzende, vor allem der gerade frisch gewählte Ingo Richter, für einen Beitritt der DDR, oder auch nur einzelner Bezirke zur Bundesrepublik Deutschland, nach Artikel 23 des Grundgesetzes aus. Am darauffolgenden Tag, in der Sitzung des gemeinsamen Ausschusses beider SPD-en, erklärte wiederum Harald Ringstorff den westdeutschen Vertretern: »Wenn ihr weiter über Form und Tempo diskutiert, werden wir einfach nach Artikel 23 des Grundgesetzes beitreten.«[38] Ringstorff sagte später: »Diese Drohung war insofern fragwürdig, als unklar blieb, wer einen solchen Beitritt beschließen sollte.«[39]

Zur rechtlichen Lösung dieser verfahrenen Situation wurde der neue Bekannte Ingo Richters, der Leiter der Senatskanzlei Westberlins, Dieter Schröder, nach Rostock eingeladen. Schröder, Verwandter einer von Uwe Johnson unter dem Namen »Ingrid Babendererde« in die Weltliteratur eingeschriebenen Güstrower Schülerin[40], hielt darüber fest:

»Am 10. Februar fuhr ich nach Rostock. Mein Sohn Sebastian begleitete mich, er sollte die wichtigsten Punkte gleich notieren. Im Gepäck hatte ich die Reproduktionen der Länderkarten und Kopien der ersten Landesverfassungen aus der unmittelbaren Nachkriegszeit, die für den Anfang gar nicht so schlecht schienen. Dazu hatte ich eine neue Ausarbeitung der Ministerpräsidenten über die Rolle der Länder eingesteckt und eine Ausarbeitung der sozialdemokratischen Bundestagsfraktion über die zeitlichen Perspektiven der verschiedenen Verfahren. Die Schaffung eines einheitlichen Wirtschafts- und Sozialraumes wurde darin vor allem anderen empfohlen. Das setzte allerdings stabile Strukturen in der DDR voraus. Zunächst begaben wir uns in die Geschäftsstelle der SPD in der Thomas-Mann-Straße. Dort herrschte ein Kommen und Gehen wie in einem Bienenhaus. Gerade wurden aus Schleswig-Holstein Kartons mit Informationsmaterial angeliefert. Ein konzentriertes Gespräch war nicht möglich. Bald zogen wir uns in Ingo Richters Wohnung in der Schliemannstraße zurück. Das Gespräch wurde mit der Erwartung eingeleitet, man hoffe von mir eine Handlungsanweisung für ein Verfahren nach ›Paragraph 23‹ zu bekommen. Diese Ausdrucksweise deutete schon auf nur sehr grobe Kenntnisse des Grundgesetzes hin. Auf meine Frage, von welcher Kenntnis der Materie ich ausgehen dürfte, stellten sich die Versammelten kurz vor: der Kinderarzt Ingo Richter, der Englischlehrer Helmut Aude und der Regieassistent Knut Degner, später kam der Chemiker Harald Ringstorff hinzu. Alle vier verband der Wunsch, ohne weitere Umwege und ohne langes Zögern das drohende Chaos in der DDR abzuwenden und zur Einheit Deutschlands zu gelangen. […] Ich hielt also privatissime eine Vorlesung über Artikel 23 des Grundgesetzes und die Rechte und Pflichten der Länder unter dieser Verfassung. Selten habe ich aufmerksamere Zuhörer gehabt. Am liebsten wollten sie Satz für Satz mitschreiben, auch die Zitate aus dem Grundgesetz. Das machte mich stutzig. Auf Rückfrage erfuhr ich, dass keiner bis dahin ein Grundgesetz in der Hand gehabt, geschweige denn gelesen hatte. Das warf kein gutes Licht auf die politischen Helfer aus dem Westen, die in die DDR ausgeschwärmt waren. An das Wichtigste hatten sie nicht gedacht: das Grundgesetz zu verteilen. Die D-Mark schien vielen wesentlicher. Vor uns türmten sich bald Fragen über Fragen auf. Es ging nicht nur um die eigentlichen Probleme der Erneuerung der Länder und ihres Beitritts. Die Rostocker Sozialdemokraten schienen fast noch mehr von der Frage umgetrieben, wo denn in der Zukunft die Hauptstadt von Mecklenburg sein würde. Sie waren für Rostock. Da war mit hartem Widerstand der Schweriner Freunde zu rechnen. […] Endlich hatte ich die Runde soweit, dass wir ein Argumentationspapier für den geordneten Beitritt der auf dem Gebiet der DDR zu bildenden Länder formulieren konnten. Es sollte am nächsten Morgen mit den beiden anderen mecklenburgischen Bezirksvorständen der SPD beraten und dann am Nachmittag den in Ost-Berlin versammelten Parteivorständen aller Bezirke der DDR vorgelegt werden. Ich finde immer noch, dass es ein gutes Papier war. Es ging davon aus, dass eine Mehrheit in der DDR die Einheit Deutschlands wollte. Sie sollte schnellstmöglich hergestellt werden, zuerst die Währungseinheit, dann die Anpassung der Lebensverhältnisse. Die deutsche Staatsangehörigkeit sollte sofort für alle gelten. Das Grundgesetz sollte zum Maßstab des fortgeltenden Rechts der DDR werden. Die Eigentumsfrage sollte schnell geregelt, Löhne und Mieten langfristig und kontinuierlich angepasst werden. Die neuen Länderhaushalte sollten vorübergehend gestützt werden, bis der Beitritt ganz vollzogen war. […] Wir hatten nicht nur wesentliche Fragen des Einigungsprozesses formuliert, sondern, da wir zu den ersten gehörten, die die Struktur des neuen deutschen Staates beschreiben mussten, auch den bis heute für den Osten gebräuchlichen Begriff ›die neuen Bundesländer‹ gefunden. Politisch ist unsere Aktion ohne Folgen geblieben. Die Bezirksvorstände der Sozialdemokraten in Schwerin und Neubrandenburg haben sich der Initiative zwar angeschlossen, aber als der Plan dann den Parteivorständen aus der ganzen DDR vorgelegt wurde, hat Ibrahim Böhme, damals der führende Kopf der SPD in der DDR, gebeten, eine Entscheidung zurückzustellen, damit er sich in Bonn beraten könne. Dabei ist es geblieben. Bundeskanzler Kohl, der an demselben 10. Februar, als wir in Rostock in der Schliemannstraße berieten, in Moskau mit Gorbatschow über die Lage gesprochen hatte, ist dann den Weg gegangen, den wir der SPD vorgeschlagen hatten. […] Die Rostocker Initiative war für mich trotz ihres Scheiterns ein wichtiges Erlebnis. Es begründete meine Skepsis hinsichtlich der Ernsthaftigkeit mancher Westdeutschen beim Umgang mit dem Wiedervereinigungsgebot des Grundgesetzes und meine Dankbarkeit dafür, dass die Menschen der DDR die Einheit vorangetrieben haben.«[41]

Mehrfach wurde am Tag nach Dieter Schröders Rostocker Privatvorlesung eine SPD/Ost-Vorstandssitzung wegen der »Deutschen Frage« unterbrochen. Der »Schwanter« Martin Gutzeit fragte zwischenzeitlich in die Runde: »Warum haben wir uns immer einen Kopf gemacht, wenn es bloß um eine einfache Angliederung geht?« Hans-Jochen Vogel lud zur »Entspannung« der Situation Ibrahim Böhme, Stephan Hilsberg, Markus Meckel und Harald Ringstorff für den

12. Februar in das West-SPD-Präsidium sowie den Parteivorstand ein. Laut Ringstorff warnte Vogel hier vor übereilten und unüberlegten Schritten. Willy Brandt wandte sich ebenfalls dagegen, Alleingänge von noch nicht existierenden Ländern zu erwägen. Käthe Woltemath beschwerte sich später bei Vogel: »Unserem Vorstandsmitglied, Dr. Ringstorff, wurde in Bonn vom Parteivorstand wie zuvor auch in Berlin erklärt, dass die Einheit Deutschlands nur über Art. 146 angestrebt werden solle.«[42] Das Beitrittsverfahren über diesen Artikel schien den Rostockern aber zu langwierig. Zehn Tage später fuhr die noch immer zu einer raschen deutschen Einheit entschlossene Führung der Rostocker Sozialdemokraten gemeinsam in einem »Barkas« zum SPD-Parteitag nach Leipzig. Hier war Ringstorff im »Umformungssinne« bemüht, den Begriff der »Basisgruppen« aus dem SPD-Statut zu entfernen.[43] Der Greifswalder Hinrich Kuessner bewarb sich außerdem um das Amt des SPD-Geschäftsführers, unterlag jedoch Stephan Hilsberg mit 181 zu 296 Stimmen.

Nach dem Parteitag verkündete der SPD-Bezirksvorsitzende Ingo Richter auf einer Rostocker SPD-Versammlung, dass er keine politische Karriere anstrebe und zurück in die Klinik gehen wolle. Als seinen Nachfolger schlug er Harald Ringstorff vor. Der war mittlerweile für die SPD im Regionalausschuss für Mecklenburg-Vorpommern und Schleswig-Holstein sowie anderen Gremien aktiv. Immer mehr Ämter wuchsen ihm zu.

Am 9. März 1990 wurde auf der ersten Landeskonferenz der SPD im Güstrower Schloss der SPD-Landesverband Mecklenburg-Vorpommern gegründet. Um das Amt des Vorsitzenden kandidierte, mittlerweile irgendwie selbstverständlich, Harald Ringstorff gegen den Geologen und Denkmalschützer Nils Rühberg aus Schwerin. Ringstorff erhielt 136, Rühberg 45 Stimmen. Sigrid Keler aus Rostock, Thomas Fuhrmann aus Greifswald, Joachim Lübbert aus Neubrandenburg und Nils Rühberg wurden seine Stellvertreter. Das Schatzmeisteramt versah kurzzeitig Sonja Witte aus Hagenow und Christian Timm jenes des Landesgeschäftsführers. Björn Engholm, Ministerpräsident von Schleswig-Holstein sagte den Delegierten Unterstützung für den laufenden Volkskammerwahlkampf sowie den folgenden Landtagswahlkampf zu. In seiner Rede führte Harald Ringstorff unter anderem zur anstehenden Neugliederung Nordostdeutschlands aus:

»Im Ergebnis der Friedlichen Revolution in unserem Land verliert die Zentralgewalt zunehmend an Bedeutung. Damit werden auch das aufgezwungene Verwaltungssystem und die jetzige territoriale Gliederung zunehmend und berechtigt infrage gestellt. Jahrzehntelang wurden in der DDR territoriale Besonderheiten unterdrückt. Einzelne Wirtschaftsregionen wurden ungleichmäßig entwickelt und gefördert, die historischen Wurzeln ignoriert. Als Reaktion ist jetzt ein gewisser Hang zur Kleinstaaterei nicht zu übersehen. [...] Das trifft nicht nur auf unsere drei Nordbezirke zu, wo neben den Varianten Land Mecklenburg-Vorpommern, Länder Mecklenburg und Vorpommern, Land Mecklenburg und Anschluss Vorpommerns an ein künftiges Land Brandenburg auch noch die freie und selbstständige Hansestadt Rostock im Gespräch ist. [...] Geht man einmal von dieser zukünftigen Ländergliederung aus, würde selbst ein Land Mecklenburg-Vorpommern im zukünftigen Konzert der Länder nur eine kleinere Rolle spielen, besonders wenn man an den gesamtdeutschen Bundesstaat mit Ländern wie Nordrhein-Westfalen, Baden-Württemberg, Bayern oder Hessen denkt. Deshalb kommt es in einem marktwirtschaftlichen System für den Norden der jetzigen DDR besonders darauf an, gleichartige wirtschaftliche Interessen zu bündeln, um nicht von Anfang an das ohnehin schon vorhandene Nord-Süd-Gefälle noch zu verstärken. [...] Nach meiner Auffassung hätte nur ein Land Mecklenburg-Vorpommern die Chance, den Herausforderungen der sozialen Marktwirtschaft gewachsen zu sein. [...] Wie sie aus meinen Worten unschwer entnommen haben, bin ich also der Ansicht, dass die Chance zur Bildung eines Landes Mecklenburg-Vorpommern genutzt werden sollte, wobei zur Betonung der territorialen Identität und zur Wahrung der wirtschaftlichen Interessen die Region Vorpommern einen eigenen Regierungsbezirk bilden könnte.«

Ringstorffs Rede verweist auf eine Parteineugründung auf noch vollkommen unklarer territorialer Grundlage.

Der neue SPD-Landeschef Harald Ringstorff wurde in der Woche darauf in die Volkskammer gewählt und fragte deshalb Sigrid Keler, Abteilungsleiterin im Faserplattenwerk Ribnitz-Damgarten, ob sie nicht ab dem 1. Mai die SPD-Geschäftsstelle in Rostock leiten wolle.

Keler hatte fünf Geschwister, von denen drei unabhängig von ihr Ende 1989/Anfang 1990 – wie sie – in die SPD eingetreten waren. Diesen Impuls galt es fortzuführen. Da Sonja Witte das Schatzmeisteramt nicht ausüben konnte, war Keler, nach der Kündigung ihrer Tätigkeit im Faserplattenwerk ab dem 1. Mai nicht nur Landesgeschäftsstellenleiterin, sondern auch amtierende Schatzmeisterin des SPD-Landesverbandes. Der nächste Landesparteitag wählte sie später zur ordentlichen Schatzmeisterin.[44] Finanzen wurden ihr Thema, fast Schicksal.

Was hier nach umfassendem Aufbruch klang, blieb jedoch lückenhaft. Eine vom Bonner Parteivorstand herausgegebene Anschriftenliste von Partnerorganisationen mit Datum 2. März 1990 wies für die SPD-Kreisverbände in den drei Nordbezirken zu diesem Zeitpunkt noch viele »weiße Flecken« auf.[45] Mit Landesparteitag, Landesparteirat und Landesvorstand entwickelten sich trotzdem nach und nach die zentralen Instanzen der SPD Mecklenburg-Vorpommerns. Während der Landesparteitag das oberste Beschlussgremium der Partei wurde, hatte der Landesvorstand zukünftig die politische Leitung des Landesverbands inne. Er besteht seitdem aus Landesvorsitzendem, Schatzmeister und Beisitzern, während der Landesparteirat von den Vorsitzenden der SPD-Kreisverbände gebildet wird und vornehmlich berät.

Ein Volkskammermandat und Probleme
mit Stasi-Vergangenheiten

So organisiert konnte die eigentliche politische Arbeit beginnen.
Der Berliner Tagesspiegel informierte am 23. Januar 1990:

>»34 Funktionsträger und Mitglieder der SPD aus den Bezirken
>Schwerin, Rostock und Neubrandenburg sind am Wochenende auf
>Einladung des schleswig-holsteinischen SPD-Landesverbandes zu
>einem ersten Wahlkampfseminar in der Bundesrepublik in Malente
>(Kreis Ostholstein) zusammengetroffen.«[1]

Erstmals konnten die nun geschulten Sozialdemokraten ihre Fähigkeiten in den Volkskammerwahlkampf einbringen. Die Bremer SPD
druckte zu diesem Zweck Wahlkampfflugblätter für die Rostocker
Kandidaten um ihren Vorsitzenden Harald Ringstorff, versorgte sie
aber auch mit Fotokopierern und Computern. Bereits im Januar
richtete die Ostsee-Zeitung die Rubrik »Wahlkampf 90« ein. Jede
Partei, aber auch die verbliebenen und sich neu bildenden Opposi-
tionsgruppen, stellten hier ihre Wahlprogramme vor. Das konservative Wahlbündnis »Allianz für Deutschland« aus der Christlich Demokratischen Union (CDU-Ost), der neu gegründeten Deutschen
Sozialen Union (DSU) und dem Demokratischen Aufbruch (DA),
präferierte wie auch die Rostocker SPD eine möglichst schnelle Wiedervereinigung durch den Beitritt der DDR nach Artikel 23 des Grundgesetzes.

Eine der zentralen sozialdemokratischen Aussagen des Wahlkampfes war, NIEMALS, und das reichte über den Wahltag hinaus, eine Koalition mit der PDS einzugehen! Diese Exklusionsstrategie, damals »Konsens aller Demokraten« genannt, konterkarierte die »Allianz für Deutschland«, indem sie mit der Losung »Nie wieder Sozialismus« vor allem gegen die lange favorisierte SPD kämpfte. Sozialismus war aber nicht Sache der Sozialdemokratie. Sie war auch keine Arbeiterpartei. Ihre Gründungsmitglieder wie Harald Ringstorff kamen, ähnlich wie die der Bürgerbewegungen, aus Mittelschichtberufen wie Ärzten, Ingenieuren oder Pastoren. Unter den SPD-Kandidaten für die Volkskammerwahlen am 18. März 1990 waren im Bezirk Rostock lediglich zwei Arbeiter, aber 16 Angehörige der sogenannten Intelligenz. Im Bezirk Schwerin kandidierte neben 13 Neupolitikern aus Intelligenzberufen ein Arbeiter.[2] Und so las in Neubrandenburg in der Hochschulmensa und nicht einer Werkskantine Günter Grass im Wahlkampf für die SPD aus seinen Werken. Begleitet vom berühmten DDR-Perkussionisten Günter »Baby« Sommer diskutierte er anschließend mit Gottfried Timm, dem Bezirksspitzenkandidaten und Gerd Kruse, dem Kandidaten aus Neubrandenburg. Einen Tag vor der Volkskammerwahl stand Harald Ringstorff außerdem zusammen mit dem ostdeutschen SPD-Parteivorsitzenden Ibrahim Böhme und Willy Brandt vor 35.000 Menschen auf dem Rostocker Universitätsplatz. Brandt rief sein »Jetzt wächst zusammen, was zusammengehört« und die »Mecklenburger Volkszeitung« schrieb später, Brandt »sieht die schwarz-rot-goldenen Fahnen (Am besten ohne Gemüse), er sieht die Fahne Mecklenburg-Vorpommerns.«

Die »Norddeutschen Neuesten Nachrichten« berichteten am selben Tag von einer dreistündigen Wahlkampfveranstaltung Ringstorffs im Saal des ABC-Jugendzentrums in Rostock-Reutershagen. Hier behauptete er etwas euphorisch, dass die Sozialdemokratie der DDR bereits 100.000 Mitglieder hätte. Die SPD sei außerdem gegen eine Bebauung der Ostseeküste mit Hotelburgen. Außerdem wandte er sich gegen die Demagogie im Wahlkampf der PDS. Er zeigte zur Untermalung seiner Vorwürfe ein Flugblatt der Linkssozialisten, mit dem diese sich um die Zukunft der Schulspeisung sorgten. Auch seine Frau Dagmar Dark-Ringstorff hatte derweil bei einem Kinderfest in der Rostocker Südstadt für die SPD Wahlkampf gemacht.[3] Die familiäre Mobilisierung war erfolgreich, sollte sie auch zum Wahlerfolg führen?

Egon Bahr sagte am Wahlabend nach der ersten Prognose im westdeutschen Fernsehen, der Wahlkampf der CDU hätte »faschistoide Züge« getragen, weil ihn die Materialschlacht »an den Einmarsch der Nazis in das rote Berlin erinnert« habe. Das DDR-Fernsehen hatte zeitgleich die Spitzenkandidaten und Parteivorsitzenden aus dem Wahlbezirk Rostock im Hotel »Warnow« versammelt. Die einfache Mehrheit der »Allianz für Deutschland«, die bereits bei der ersten Prognose um 18 Uhr deutlich wurde und nur vom Allensbacher Umfrageinstitut vorhergesagt worden war, näherte sich im Laufe des Abends der absoluten Mehrheit. Die SPD hingegen erhielt nur etwa halb so viele Stimmen. Im Bezirk Rostock hatte die »Allianz für Deutschland« die Wahl immerhin mit weniger Stimmen als im DDR-Durchschnitt gewonnen. In Rostock selbst lag die SPD vorn.

»Der Bezirkskorrespondent der Aktuellen Kamera ging seinem Beruf nach, holte die Gewinner und Verlierer heran: den PDS-Bezirksvorsitzenden Ulrich Peck, offenes Hemd, keine Krawatte, Joachim Gauck, dunkler Anzug, mit Krawatte. Und der aufrechte, kleine Mann mit dem intensiven tiefliegenden Blick, wer war das? Das war der Wahlsieger Günther Krause. Man sah den Spitzenkandidaten der SPD, Harald Ringstorff, um Fassung ringen. Er hoffe, sagte er, dass viele, die jetzt CDU gewählt haben, bei der Landtagswahl im Sommer SPD wählten.«[4]

Er hatte »eher 40 als 30 Prozent« für die SPD erwartet.

Weit gefehlt. Die SPD erhielt im Bezirk Rostock 24,8 Prozent, im Wahlkreis Neubrandenburg 21,1 Prozent und im Wahlkreis Schwerin 25,4 Prozent der Wählerstimmen. Die drei Nordbezirke entsandten damit zwölf von insgesamt 88 sozialdemokratischen Volkskammerabgeordneten. Die SPD ging nach schwierigen Verhandlungen eine Koalitionsregierung mit der »Allianz für Deutschland« und dem »Bund Freier Demokraten« unter der Führung des CDU-Ministerpräsidenten Lothar de Maizière ein. Sie stellte acht Minister. Die Regierung sollte nicht allzu harmonisch arbeiten und hielt auch nicht lange.

Gegenüber der »Mecklenburgischen Volkszeitung« charakterisierte der frisch in die Volkskammer gewählte Ringstorff den Koalitionsvertrag der de Maizière-Regierung mit den Worten, dass eine Reihe von Passagen aus dem SPD-Wahlprogramm durch zähes Ringen in das Papier eingeflossen sei. Sozialdemokratische Positionen würden sich vor allem in den Bereichen Wirtschaft, Landwirtschaft und Soziales finden. Die Anerkennung der Bodenreform, der Grundsatz zur Gleichzeitigkeit von Wirtschafts-, Währungs- und Sozialunion zwischen beiden deutschen Staaten wie auch der Erhalt von Krippen und Kindergärten seien hier hervorzuheben. Ringstorff plädierte außerdem dafür, die Mietpreisbindung in Relation zu den Einkommen zu sehen und bei den anstehenden Privatisierungen von Volkseigentum auch eine Bevölkerungsbeteiligung zu ermöglichen.[5]

Der Absturz der Sozialdemokraten in Umfragen bis hin zum schlechten Wahlergebnis musste jedoch noch nach innen und außen erklärt werden. Schnell war man sich innerhalb der SPD einig, dass die skeptischen Äußerungen prominenter Sozialdemokraten zur deutschen Wiedervereinigung den Meinungsumschwung zugunsten der Konservativen eingeleitet hätten. Die Wahlforschung war sich daneben überwiegend sicher, dass die DDR-Bevölkerung »traditionslos« gewählt hätte. Alte Bindungen griffen nicht mehr, wirtschaftlicher Aufschwung und schnelle Wiedervereinigung wurden wahlentscheidend.

Wirtschaft blieb Trumpf. Für Ringstorff aber auch die Rechte der Arbeitnehmer. Als SPD-Landesvorsitzender sagte er anlässlich des 1. Mai, der in diesem Jahr zum 100. Mal als Tag der Arbeit gefeiert wurde, dass gerade in der Phase des Übergangs das Land starke unabhängige Einzelgewerkschaften brauche. Eine mit Rechten versehene Interessenvertretung der Arbeitnehmer wäre besonders wichtig, weil viele Betriebsleiter in frühkapitalistischer Manier willkürlich Betriebskindergärten schließen oder sozial Schwache entlassen würden. Vor allem alte SED-Bonzen täten sich hier hervor.

Die Kommunalwahlen am 6. Mai 1990 gewann, trotz genereller Niederlage im Land, die Rostocker SPD mit 28,1 Prozent und 37 Mandaten. Auch in Schwerin lag sie mit 26,3 Prozent und 29 Sitzen vorn. Deutlich wurde an diesem Tag, dass die Sozialdemokraten in Mecklenburg-Vorpommern nicht genügend Mitglieder und Sympathisanten hatten, um überall die Listen auf den aussichtsreichen Plätzen mit Kandidaten besetzen zu können. Wenig später, Mitte Juni, räumte Landeschef Ringstorff außerdem ein, keine exakte Übersicht über den SPD-Mitgliederstand in Mecklenburg-Vorpommern zu besitzen. Klaus Kilimann in Rostock, Johannes Kwaschik in Schwerin und Rosemarie Wilcken in Wismar errangen immerhin für die Sozialdemokraten Oberbürgermeisterämter größerer Städte. Wenig später wurden die letzten Runden Tische aufgelöst, schon warfen die Landtags- und Bundestagswahlen ihre Schatten voraus. Aber erst einmal nahm die Auseinandersetzung mit der Stasi-Problematik, welche die ostdeutsche Politik für die kommenden Jahrzehnte beschäftigen sollte, erheblich an Fahrt auf.

Rostocker Bürgerrechtler fanden im Frühjahr 1990 noch vor der Volkskammerwahl in den Bezirksverwaltungsarchiven des Ministeriums für Staatssicherheit Akten über den Vorsitzenden des Demokratischen Aufbruchs (DA), Wolfgang Schnur, alias IM»Torsten«. Angela Merkel, damalige Parteisprecherin des DA, zukünftiges CDU-Mitglied und für die kommenden Jahre Ringstorffs Gegenspielerin vor allem auf Ebene der Parteivorsitzenden in Mecklenburg-Vorpommern, sagte:

»Schockiert war ich nicht, weil man mit derlei Dingen ja jederzeit hatte rechnen müssen. Aber es war wirklich nicht angenehm, in eine neue Partei zu gehen, um dann kurz vor der Wahl festzustellen, dass der Mann, der sie führt, bei der Stasi mitgearbeitet hat. Ein Problem waren allerdings auch die vielen Berater aus dem Westen. Ständig wurde uns geraten, wir sollten doch endlich mit diesem angeblich alles zersetzenden Misstrauen aufhören. Wir aber wollten Gewissheit haben.«[6]

Schnur gab auf und wurde zum Sinnbild des politischen Verrats an der Wiege der jungen Demokratie in Ostdeutschland.

Schnurs Nachfolger, der kommissarische DA-Vorsitzende Rainer Eppelmann, wurde am 22. April auf dem DA-Parteitag in Schwerin zum ordentlichen Vorsitzenden gewählt. Angela Merkel, mittlerweile stellvertretende Regierungssprecherin der DDR-Regierung, erklärte in einer dem Parteitag vorangegangenen Vorstandssitzung, durch ihre neue Tätigkeit »ihre alten Aufgaben nicht mehr erfüllen« zu können, erhielt aber mit 118 Stimmen das beste Ergebnis bei der Beisitzerwahl. DA-Generalsekretär Oswald Wutzke aus Gartz an der Oder, bald Kultusminister in Mecklenburg-Vorpommern, wiederum hoffte, dass der DA in einem vereinigten Deutschland in das gesamte Bundesgebiet ausgedehnt werden könne. Zunehmend formierte sich der konservative Volksparteigegenpart zur SPD in Mecklenburg-Vorpommern. Noch im Sommer 1990 traten Deutsche Soziale Union und Demokratischer Aufbruch neben der aus dem »Demokratischen Block« bereits vertrauten Bauernpartei (DBD) der CDU-Ost bei, bevor diese Anfang Oktober 1990 Teil der westdeutschen CDU wurde.

Nach Schnur flog auch die Vergangenheit des SPD-Spitzenkandidaten Ibrahim Böhme auf. Der Volkskammerabgeordnete Harald Ringstorff, für einige Monate nun Berlin-Pendler, war mittlerweile Beauftragter der SPD-Volkskammerfraktion für die möglichen MfS-Verstrickungen der SPD-Abgeordneten. Diese wurden im Fall von zurückliegender Tätigkeit für das Ministerium für Staatssicherheit aufgefordert, sich der Fraktionsführung gegenüber zu erklären oder ihr Mandat niederzulegen. Alle Volkskammerabgeordneten sollten durch Akteneinsicht ihr Verhältnis zur Staatssicherheit offenlegen. Harald Ringstorff beschreibt:

> »Wenn ich mich richtig entsinne, wusste ich damals zum Zeitpunkt der Überprüfung gar nicht, dass Böhme mit bürgerlichem Namen Manfred heißt. Ich gehe also davon aus, dass bei der Überprüfung der Fraktion Ibrahim Böhme überprüft worden ist, aber ich kann mich für das Ganze nicht verbürgen.«[7]

Am 2. April trat der SPD-Vorsitzende Ibrahim Böhme wegen Stasi-Verdachts von seinem Abgeordnetenmandat sowie sämtlichen Parteiämtern zurück. Markus Meckel wurde am 8. April Interimsvorsitzender der SPD. Anfang Juni wählte ein Parteitag den katholischen Kulturwissenschaftler Wolfgang Thierse zum ordentlichen Vorsitzenden. Sein mecklenburgischer Gegenkandidat Gottfried Timm unterlag ihm deutlich. Böhme starb Jahre später, nach kurzem weiterem Engagement in der SPD, vereinsamt in Neustrelitz.

Abb. 3 Volkskammermitglied Harald Ringstorff im September 1990.

Die halbjährige Volkskammerphase in Berlin war Ringstorffs einziges wirkliches politisches Parlamentsmandat außerhalb Mecklenburg-Vorpommerns. Für jemanden, der auch als Ministerpräsident gern zu Hause im Dorf hinterm Waldsee schlief, eher Opfer als Lust. Die Nächte im ehemaligen Berliner Stasi-Wohnheim zwischen Abgeordneten aller Fraktionen aus sämtlichen Bezirken der DDR waren nicht nur für ihn gewöhnungsbedürftig. In der Volkskammerfraktion, vor allem aber im kleinen Büro im Palast der Republik, wurde der Rostocker Theatermann Knut Degner, ein in den Augen des ehemaligen »Spiegel«-Journalisten Bert Gamerschlag »für jede parteipolitische Arbeit herzlich unbrauchbarer Mann«[8], sein engster Mitarbeiter. Geprägt durch seine persönliche Verfolgungsgeschichte während der DDR-Zeit pflegte Degner ein besonderes Interesse an Ringstorffs Zuständigkeit für die Aufarbeitung der Stasi-Verstrickungen betroffener Abgeordneter. Dieses Engagement dankte ihm Ringstorff später, indem er ihn in Mecklenburg-Vorpommern zum ersten SPD-Fraktionspressesprecher ernennen ließ. Daneben wurden auch seine zukünftigen mecklenburgischen Weggefährten, die Agrarexperten Peter Kauffold und Till Backhaus für Ringstorff zu wichtigen Volkskammerkollegen. Diese letzten Monate der DDR waren politisch wilde Zeiten. Ringstorffs Fixstern blieb bei allem Parteienkampf die gleichberechtigte deutsche Einheit. Er bearbeitete sie nicht nur in Reden, sondern auch im Wirtschaftsausschuss der Volkskammer und anderen Gremien.

Am 19. April, auf der dritten Tagung der Volkskammer, lag dem Plenum das Regierungsprogramm vor. In der Debatte des Folgetages sprachen neben Wolfgang Thierse auch Hans-Joachim Hacker und Harald Ringstorff. Dieser redete über Wirtschafts-, Umwelt- und Agrarpolitik und hob hierbei den Zusammenhang zwischen Privatisierung und Vermögensbildung hervor. Themen, die er bis zu seinem Karriereende bevorzugt und gern bediente. In den folgenden Tagen begann auf Ministerebene zwischen den beiden deutschen Staaten der Dialog über die Herstellung der deutschen Einheit. Ministerpräsident de Maizière vereinbarte bereits am 24. April mit Bundeskanzler Helmut Kohl die Einführung einer Währungs-, Wirtschafts- und Sozialunion zum 1. Juli 1990. Ganz im Sinne der Konzeption von Ingrid Matthäus-Meier vom Anfang des Jahres. Am 25. April 1990 konstituierten sich die ständigen Ausschüsse der Volkskammer und am 23. Mai trafen sich die Ausschüsse »Deutsche Ein-

heit« von beiden deutschen Parlamenten in Bonn zu ihrer ersten
gemeinsamen Sitzung. Mittendrin für die die Rostocker SPD: Christine Lucyga und Harald Ringstorff. Der monierte hier, dass bei den
Hilfen für die DDR-Landwirtschaft ein großes Finanzierungsloch
klaffe und den Agrariern der DDR gut zwei Milliarden D-Mark mehr
zuständen, wenn für sie die gleichen Regeln gelten würden wie für
ihre Kollegen in der Bundesrepublik. Bundesfinanzminister Theo
Waigel von der CSU konterte:

>[...] stellen Sie sich einmal vor, wir würden [...] diese Summe auf-
bringen, das darstellen und auch gegenüber der Landwirtschaft in
der Bundesrepublik vertreten müssen. Das schafft ein ungeheures
Potential an Verwirrung und auch an Emotionen. Im Klartext: Wo
kämen wir eigentlich hin, wenn wir eure Bauern so behandeln
würden wie unsere.«[9]

Gleichberechtigung für von ihm als benachteiligt angesehene Gruppen
einzufordern oder zu erkämpfen, egal in welchem Politikfeld, wurde
zu Harald Ringstorffs politischem Kontinuum. Eine explizite und
umfassende politische Mission oder gar Vision hatte er hingegen nicht.
   In der ersten Verhandlungsrunde zwischen DDR und Bundesrepublik über den Einigungsvertrag hatte die DDR-Regierung gelernt,
dass durch die Hinzuziehung von Ländervertretern größerer Druck
auf die Gegenseite ausgeübt, beziehungsweise den eigenen Argu-
menten mehr Gewicht gegeben werden konnte. So wurden aus jedem
neu gegründeten Bundesland Parlamentarier zur Mitarbeit eingeladen. Für Mecklenburg-Vorpommern war das Harald Ringstorff. Der
sorgte nun beim Einigungsvertrag und anderen Gesetzesakten bevorzugt dafür, dass Maßgaben der sozialdemokratischen Landwirt-
schafts- und Bodenpolitik festgeschrieben wurden. Am 21. Juni verwies Ringstorff in der Volkskammer deshalb bezüglich des zweiten
Staatsvertrages mit der Bundesrepublik Deutschland auf die verbliebenen Probleme der Ost-SPD in Bezug auf Eigentums- und Bo-
denreformfragen, »aber auch insgesamt die Regelung der offenen
Vermögensfragen im Sinne der DDR-Bürger.«[10]
   Die Streitigkeiten innerhalb der Koalition nahmen parallel erheblich zu. Immer wieder mussten sich SPD-Parteivorstand wie auch

die Fraktionsführung für eine Fortsetzung des Zweckbündnisses mit den Konservativen und Liberalen aussprechen. Viele westdeutsche Sozialdemokraten wie Johannes Rau oder Heidemarie Wieczorek-Zeul empfahlen den ostdeutschen Sozialdemokraten hingegen, die Regierung zu verlassen. Vor allem der in Sachsen geborene Theologe und SPD-Fraktionschef Richard Schröder wandte sich gegen diesen Vorschlag. Eine Abstimmung in der Fraktion vom 7. August 1990 aber zeigte bereits deren Spaltung. Ringstorff stimmte hier für den Austritt aus der Koalition. Wenige Tage später platzte sie endgültig.

Ministerpräsident Lothar de Maizière beantragte trotzdem kurze Zeit später, am Abend des 22. August 1990, eine Sondersitzung der Volkskammer zur Beschlussfassung über den Termin der deutschen Einheit. Die Sitzung begann um 21.10 Uhr und der parlamentarische Staatssekretär beziehungsweise mecklenburgische CDU-Chef Günther Krause terminierte hier die deutsche Einheit mit »nicht eher als den 3. Oktober«. Am frühen Morgen des 23. August verlas Sitzungspräsident Reinhard Höppner von der SPD den Antrag der Fraktionen CDU/DA, FDP und SPD über den Beitritt zu eben jenem 3. Oktober 1990. Der erhielt eine deutliche Mehrheit.[11] Auch mit Ringstorffs Stimme. Gegen die der PDS.

Gottfried Timm meinte viele Jahre später rückblickend: Friedliche Revolution bedeutet auch, wir verbieten die SED nicht und lassen ihr einen Teil ihres Vermögens.[12] Zum Zweck der Aufklärung des Verbleibs dieses SED-Vermögens forderte SPD-Landeschef Harald Ringstorff Mitte Mai 1990 den Einsatz von Zwang durch das Parlament gegen die PDS. Er erklärte vor Journalisten in Rostock, dass die SPD in der nächsten Volkskammersitzung deshalb den Antrag einbringen werde, zur Überprüfung des SED-Vermögens einen parlamentarischen Untersuchungsausschuss einzusetzen. Dieser sollte die Macht besitzen, den SED-Nachfolgern bis zur Klärung der Rechtmäßigkeit ihres Vermögens die Geschäftstätigkeit zu untersagen.[13] Am 12. Juni erklärte die stellvertretende Regierungssprecherin Angela Merkel, dass die Kommission zur Überprüfung der Parteivermögen in der DDR umgehend ihre Arbeit aufnehmen werde. Ministerpräsident Lothar de Maizière hatte den Berliner Rechtsanwalt Georg Reinicke zum Vorsitzenden der Kommission berufen, während

Volkskammerpräsidentin Sabine Bergmann-Pohl die Beauftragten der sieben Volkskammerfraktionen für diese Kommission benennen sollte.[14] Das vollständige Vermögen wurde jedoch nie aufgefunden oder gar zurückgeholt. Zuvor hatte Ringstorff angesichts der noch immer prekären SPD-Organisation auch die Rückgabe des von den Nationalsozialisten 1933 enteigneten Eigentums der organisierten Arbeiterbewegung verlangt. Etwa drei Viertel des damals enteigneten Besitzes hätten der SPD gehört.[15] Auch hiervon erhielt die SPD Mecklenburg-Vorpommerns nur Bruchstücke zurück.

Die Parteieinheit mit der SPD-West aber gelang. Am 17. Juni 1990 tagte erstmals die Gemeinsame Kommission zur Parteivereinigung. Neben Hans-Jochen Vogel, Anke Fuchs oder Herta Däubler-Gmelin aus Westdeutschland waren von östlicher Seite Wolfgang Thierse, Stephan Hilsberg, Hinrich Kuessner und Harald Ringstorff anwesend. Einerseits ging es um Strukturfragen wie den hauptamtlichen Personalbestand innerhalb der SPD der DDR, der abgebaut werden musste. Andererseits auch um Ämter in der zu formenden gemeinsamen SPD. Ringstorff und Kuessner sprachen sich hier explizit gegen eine Befragung der SPD-Basis zum Thema Parteivereinigung aus. Zuviel Basisdemokratie war Ringstorffs Sache auch zukünftig nicht. Bei der einen oder anderen Richtungsentscheidung seines SPD-Landesverbandes brauchte er sie aber selbst, wie am Beispiel des Jahres 1996 gezeigt wird.

Im September 1990 reichten die einzelnen ostdeutschen SPD-Landesverbände ihre Kandidatennominierungen für den gesamtdeutschen SPD-Vorstand ein. Für Mecklenburg-Vorpommern waren dies Käte Woltemath und Hinrich Kuessner. Auf getrennten Parteitagen in Westberlin billigten Ende des Monats die Delegierten einmütig die notwendigen Satzungsänderungen. Der unmittelbar anschließende Berliner Vereinigungsparteitag vom 26. bis 28. September 1990 hörte in der Aussprache auch Reden von Käthe Woltemath und Harald Ringstorff. Für die Ost-SPD sollte zukünftig Thierse als stellvertretender Vorsitzender in der vereinigten SPD fungieren. Im Vorstand sollten aus Ostdeutschland unter anderem Ibrahim Böhme, Martin Gutzeit, Regine Hildebrandt und Harald Ringstorff arbeiten.[16] Wenige Tage später wurde die Deutsche Einheit Wirklichkeit und die Volkskammer aufgelöst.

Für manche begann erst jetzt die »eigentliche Politik« beziehungsweise politische Karriere. Volkskammerabgeordnete des Jahres 1990
wie Harald Ringstorff, Alfred Gomolka oder Gerd Gies regierten
später als Ministerpräsidenten ihre jeweiligen Bundesländer. Weitere ehemalige Abgeordnete wie Till Backhaus oder Peter Kauffold
wurden Landesminister. Überwiegend in Ressorts, die keine fach-
lichen Kompetenzen in Bezug auf Ökonomie oder Jurisprudenz
verlangten. Diese wurden noch jahrzehntelang bevorzugt mit Westdeutschen besetzt.

Die erste Legislaturperiode

Auf Listenplatz 1 und doch nicht Spitzenkandidat

Der »Welt«-Journalist Daniel Friedrich Sturm meint rückblickend: »Ringstorff fühlte sich als Volkskammerabgeordneter in Berlin nicht ausgelastet und organisierte daher seine Truppen für Mecklenburg-Vorpommern.«[1] Tatsächlich hatte sich Ringstorff im Laufe der Volkskammermonate für die Fortsetzung seiner politischen Laufbahn in Mecklenburg-Vorpommern entschieden. Alternativen wären ein Bundestags- oder Europaparlamentsmandat gewesen. Ringstorff sagt über den Landtagswahlkampf 1990: »Wir hatten kaum Organisationsstrukturen, wenig Geld, keine Telefone, während die Konkurrenz dank alter Strukturen über alles verfügte. Bisweilen standen wir uns jedoch auch selbst im Weg.«[2] Dies gilt vor allem für die Sturms These eigentlich widersprechende Auswahl des SPD-Spitzenkandidaten. Kein Befragter weiß heute mehr genau, wie die SPD zu Klaus Klingner, den in Potsdam geborenen und in Mecklenburg aufgewachsenen Justizminister von Schleswig-Holstein kam. Sigrid Keler stellt immerhin fest, nach dem Sieg des westdeutschen Sozialdemokraten Hinrich Lehmann-Grube bei der Kommunalwahl in Leipzig sei der »Lehmann-Grube-Effekt« durch die ostdeutsche Sozialdemokratie gegangen.[3] Westdeutsche »Politimporte« kamen so nicht nur bei der SPD im Nordosten der DDR in Mode. Harald Ringstorff selbst sagt rückblickend, die SPD-Politiker Rainer Beckmann und Klaus Gerloff aus Mecklenburg-Vorpommern wären der Ansicht gewesen, dass er, der

Landesvorsitzende nicht der richtige Mann für das Spitzenamt sei. Deshalb hätten sie Kontakte in die westdeutsche SPD aufgenommen. Tatsächlich räumt Rainer Beckmann ein, dass er auf einer Landesvorstandssitzung explizit äußerte, dass er nicht glaube, mit Harald Ringstorff eine Wahl gewinnen zu können. Seine Außenwirkung würde dafür nicht genügen. Beckmann favorisierte deshalb den ehemaligen Hamburger Bürgermeister Klaus von Dohnanyi, der aber nicht zur Verfügung stand.[4] Hans Koschnick, ehemaliger Oberbürgermeister Bremens, war anschließend der Erste, der nun für die sozialdemokratische Spitzenkandidatur in Mecklenburg-Vorpommern länger im Gespräch war. Er winkte später offiziell aus privaten Gründen ab. Für eine kurze Zeit war auch Claus Möller, der schleswigholsteinische Sozialstaatssekretär hoch gehandelter Kandidat. Bis er absagte. Ringstorff meint, er selbst hätte sich nicht nach der Spitzenkandidatur gedrängt. Als aber ein westdeutscher Kandidat nach dem anderen abgesagt hatte, fragte der SPD-Landesvorstand seinen Vorsitzenden Ringstorff doch, ob er nicht zur Spitzenkandidatur bereit wäre. Der aber antwortete, in seinem Stolz bereits ein wenig verletzt: Macht das mal alleine! Nikolaus Voss, später SPD-Landesgeschäftsführer, sagt, Klingner wurde anschließend von der westdeutschen SPD »reingedrückt«, weil sie nicht glaubte, dass die »Neupolitiker« beziehungsweise Ringstorff das »gebacken bekommen«.[5] Auch Ringstorff dachte, dass es eventuell gut wäre, wenn ein erfahrenerer Politiker als er antreten würde. Bei einer Anfrage gleich zu Beginn der Kandidatensuche gefragt, hätte er aber auch nicht Nein gesagt.[6] Eine sich verflüchtigende Unsicherheit bezwang noch den sich sukzessiv ausprägenden Machtwillen.

Klingners Vorstellungsgespräch beim SPD-Landesvorstand in einem Schweriner Hotel verlief dementsprechend erfolgreich. Mit SPD-Landeschef Harald Ringstorff wurde er jedoch nie richtig warm. Oder war es andersherum? Sigrid Keler musste oft zwischen beiden vermitteln.[7] Alle hierzu Befragten, auch Rainer Beckmann, sind sich rückblickend sicher, dass Klingner und nicht Ringstorff zum Spitzenkandidaten zu bestimmen, ein Fehler war. Während viele ehemalige SPD-Vorstandsmitglieder wie Keler sich vorwerfen, den Landesvorsitzenden nicht ausreichend zur Übernahme der Spitzenkandidatur gedrängt zu haben, meinen andere, dieser hätte gar nicht gewollt, wäre viel zu bescheiden gewesen, im Grunde noch nicht bereit. Gegenüber seinem Mitarbeiter, dem Juristen Sebastian Schröder sagte Ringstorff viel später außerdem, dass er sich ursprünglich nicht als Mann der ersten Reihe gesehen habe, sondern mehr als jemanden, der Sachen umsetzt. Im Nachhinein mutet der gesamte Kandidatenfindungsvorgang des Sommers 1990 wie ein Akt verworrener Hinterzimmerpolitik an. Hinterzimmerpolitik ohne den SPD-Landesvorsitzenden. Das sollte sich ändern.

Am letzten Augustsonntag des Jahres 1990 wurde Klingner auf einem Landesparteitag in Neubrandenburg mit 74 von 82 Stimmen zum SPD-Spitzenkandidaten für das Amt des Ministerpräsidenten von Mecklenburg-Vorpommern gewählt. Wegen des noch gültigen DDR-Rechts durfte er als Bundesbürger selbst jedoch nicht für den Landtag kandidieren. Auf Listenplatz 1 wählten die Delegierten Harald Ringstorff, ihren Landesvorsitzenden. In seiner Rede unter dem Slogan »Aufräumen und aufbauen« forderte Klingner gleichwertige Lebensverhältnisse in allen Teilen Deutschlands ein. »Aufräumen mit den Restbeständen alter SED-Strukturen, Aufbauen demokratischer Formen der Bürgerbeteiligung, einer effektiven Landesverwaltung und Infrastruktur.«[8] Seine Partei sei hierbei Anwalt der Mecklenburger und Vorpommern für eine gerechte Finanzausstattung »gegen das CDU-Finanzdiktat«.[9] Am Samstag hatte der Parteitag bereits das Wahlprogramm, das Landeschef Ringstorff »hart an den Problemen der Menschen« orientiert nannte, beschlossen. Die SPD setzte sich in den unterschiedlichen Programmpunkten für einen ökonomisch notwendigen Strukturwandel ein, der »sozial verträglich, das heißt über Zeiträume gestreckt und finanziell abgefedert« vonstattengehen müsse.[10] Im Agrarprogramm forderte der Parteitag außerdem einen Anpassungszeitraum für die Landwirtschaft von mindestens drei bis fünf Jahren. Ende September 1990 tagten die Landtagskandidaten der SPD in Rostock. Klingner warf der CDU hier vor, kein Programm für die Zukunft des Landes anzubieten und Helmut Kohl in den Mittelpunkt des Wahlkampfs zu stellen. Ringstorff sagte daran anschließend, dass die Mächte von gestern zum wiederholten Male in der Volkskammer eine gemeinsame Fraktion gebildet hätten.[11] Die Stoßrichtung stand fest. Das Personal musste noch justiert werden. Anfang Oktober 1990 kooptierte Klingner Gottfried Timm, den Ingenieur Wulf Lammert aus Schwerin und den Greifswalder Arzt Tilo Braune als Vertreter der drei großen Regionen in sein »Schattenkabinett«. Harald Ringstorff war im Fall einer Regierungsbeteiligung für das Wirtschaftsministerium vorgesehen. Noch waren die Genossen guter Hoffnung.

Ringstorff warb in seinem Wahlkampf unter anderen mit einem Flyer, der mit den Worten »Ein offenes Wort ihres Kandidaten zur Landtagswahl!« überschrieben war. In seiner Diagnose der Zustände im Land kam er zu dem Ergebnis, dass 1989 Verhältnisse wie in Rumänien, Polen oder der Sowjetunion absehbar gewesen wären. Diese für immer abzuwenden, legte er ein Zehn-Punkte-Programm vor, welches sich eng an Fördermittel und Förderprogramme, den guten Standort Mecklenburg-Vorpommern, Umschulungen und Ausbildungsplätze hielt. Sätze wie »für Altlastenbeseitigung und Vorbereitung eines neuen Standortes brauchen wir keine Fremdfirmen, wo eigene Arbeitskräfte bereitstehen«, gaben den Kurs für sein zukünftiges Verständnis von »Wirtschaftspatriotismus« vor. Auf die eigenen Kräfte zu vertrauen wurde Ringstorffs langanhaltendes Credo.

Die SPD schaltete am 7. Oktober 1990 im »Rostocker Blitz« eine großflächige Anzeige in der unter anderem zu lesen war:

»Käti Woltemath und Dr. Harald Ringstorff stehen gemeinsam für eine solidarische Gesellschaft und soziale Gerechtigkeit, ein ökologisch und wirtschaftlich starkes Mecklenburg-Vorpommern ein. Ihre Mitgliedschaft im Bundesvorstand der SPD garantiert die Unterstützung dieser Ziele durch eine starke SPD. Liebe Wählerinnen und Wähler! Wir wissen, dass die Bevölkerung in Mecklenburg-Vorpommern der vielen Wahlen müde ist. Wenn sie sich mit Käti Woltemath und Dr. Harald Ringstorff und ihren politischen Zielen identifizieren können, bitte gehen Sie zur Wahl.«

Neben diesem Aufruf lächelte Spitzenkandidat Klingner den Leser an. Er wurde unter den Landtagsspitzenkandidaten laut Umfragen am besten bewertet.[12]

Der sozialdemokratische Wahlkampf wurde in erster Linie gegen die CDU geführt. Deren Landeschef Günther Krause hatte anfangs seinen Volkskammerkollegen, das ehemalige Bauernparteimitglied

Werner Meyer-Bodemann, zum geeigneten CDU-Spitzenkandidaten für die Landtagswahl erkoren. Nach Debatten über eine mögliche Tätigkeit für die Staatssicherheit zog er sich jedoch zurück, bevor Meyer-Bodemann einige Jahre später während der BSE-Krise posthum und unrühmlich noch einmal in die Schlagzeilen geriet. Der an der Spitzenkandidatur nicht uninteressierte Schweriner Christdemokrat Georg Diederich wiederum war wegen seiner entschlossenen Haltung für Schwerin als zukünftiger Landeshauptstadt an der Parteibasis nicht mehrheitsfähig.[13] So wurde der katholische Greifswalder Geologieprofessor Alfred Gomolka, auf dem Nominierungsparteitag eher überraschend vom CDU-Volkskammerabgeordneten Lorenz Caffier vorgeschlagen, zum Spitzenkandidaten gewählt, der »ungeschickt und schüchtern in den Wahlkampf einstieg«.[14]

Kein Wahlsieg und ein Überläufer

Das SPD-»Schattenkabinett« des Politikprofis Klingner blieb trotz Gomolkas Unerfahrenheit erfolglos. Die Sozialdemokraten erhielten bei der Landtagswahl am 14. Oktober nur 27 Prozent der Zweitstimmen, während die CDU mit 38,3 Prozent deutlich vorne lag. Der Vorsprung auf die PDS betrug für die SPD immerhin über 10 Prozent. Während die CDU 29 Wahlkreise direkt gewann, gelang dies der SPD nur in vieren von 33. Neben Rolf Eggert in Wismar waren auch Wolfgang Schulz, Rainer Thomas und Harald Ringstorff in Rostock mit einem Direktmandat erfolgreich. Beide Orte sollten auch zukünftig die stärksten Hochburgen der SPD sein. Die PDS hatte in Vorpommern im Vergleich zur Volkskammerwahl stark verloren, während die CDU ebendort sehr zulegte. Auf dem eher flachen Land konnte die SPD an Zustimmung gewinnen. Dieser »bescheidene Aufwärtstrend« wurde laut Klingner trotz der organisatorischen und finanziellen Überlegenheit der »alten Blockparteien« errungen.[15] Der Landesvorsitzende Harald Ringstorff wollte nun zur Regierbarkeit des Landes beitragen.

SPD und PDS waren zusammen genauso stark wie CDU und FDP. Beide vereinten 33 der 66 Landtagssitze in ihrem jeweiligen Lager. Ein Patt. Aber der mit einem Direktmandat erfolgreiche Wolfgang Schulz hatte bereits vor dem Wahltag die SPD verlassen und seinen

Wahlkampf eingestellt. Während einer Bürgerschaftssitzung in Rostock hatte er einen Monat vor der Wahl, am 11. September 1990, als Fraktionsvorsitzender seinen Parteiaustritt erklärt. Grund waren unüberbrückbare Meinungsverschiedenheiten mit dem SPD-Kreisvorstand Rostock. Dieses Gremium warf ihm vor, mit dem Ministerium für Staatssicherheit zusammengearbeitet zu haben. Andere mutmaßten, er hätte sich mit Käte Woltemath überworfen, die ihm das Mandat streitig machen wollte. Dennoch wurde er im Wahlkreis Rostock II in Lütten Klein mit 30,6 Prozent als nun Parteiloser direkt in den Landtag gewählt.

Schulz, wie Ringstorff promovierter Chemiker aus Rostock, war 1961 wegen staatsgefährdender Hetze und Propaganda zu einer zweieinhalbjährigen Gefängnisstrafe verurteilt worden, von der er neun Monate absaß. Er war Mitbegründer des Neuen Forums in Rostock, des dortigen Runden Tisches und des Bürgerrates gewesen. Aus dem Neuen Forum kommend, trat Schulz im Januar 1990 der SPD bei. Bereits am Montag nach der Landtagswahl war Sigrid Keler, Mitglied des SPD-Landesvorstandes und Schatzmeisterin, in das Zentralinstitut für anorganische Chemie in Rostock geeilt, um einerseits Schulz zu gratulieren und ihn anderseits zu fragen, wie er im Landtag zu votieren gedenke. Er bat sich Bedenkzeit aus. Selbst der stellvertretende SPD-Parteivorsitzende Wolfgang Thierse aus Berlin sprach anschließend mit Schulz, denn es könnte ja nicht sein, dass er zum Mehrheitsbeschaffer für eine Koalition werde, die vom Wähler keine Mehrheit erhalten hatte. Gleichzeitig sprach auch der mecklenburgische SPD-Vorstand noch einmal mit Schulz. Parteivorsitzender Ringstorff erklärte ihn außerdem in Bezug auf die gegen ihn erhobenen Stasi-Vorwürfe als rehabilitiert. Der gescheiterte SPD-Spitzenkandidat Klingner nannte ein mögliches Zusammengehen von Schulz mit CDU und FDP eine »Albrecht-Lösung«. Der niedersächsische Ministerpräsident Ernst Albrecht war im Januar 1976 nur durch einen unbekannten Seitenwechsler ins Amt gewählt worden. Dies galt es in Mecklenburg-Vorpommern zu verhindern.

Denn an Mecklenburgs Landtagsmehrheit hing auch die zukünftige Mehrheit im Bundesrat. Während es mit den ostdeutschen Stimmen aus Sachsen, Sachsen-Anhalt, Thüringen und Brandenburg im Bundesrat noch 33 zu 32 für die SPD stand, könnte eine bürgerliche

Mehrheit aus CDU und FDP in Mecklenburg mit ihren drei Stimmen die Mehrheitsverhältnisse kippen. Der CDU-Landesvorstand hatte sich eventuell auch deshalb früh und prinzipiell gegen eine von der SPD vorgeschlagene Große Koalition mit den Sozialdemokraten ausgesprochen. CDU und FDP begannen stattdessen trotz des Patts informelle Gespräche über eine Koalition. Harald Ringstorff zeigte sich hiervon überrascht, konnte es aber nicht ändern, nur kritisieren. SPD-Landesverbandsprecher Thomas Schneider sagte, dass die CDU eventuell mit einer stillen Tolerierung durch die SPD rechne, worauf sie aber nicht bauen könne. Die CDU ging wohl tatsächlich ohne Absprachen davon aus, dass ein CDU-FDP-Minderheitskabinett von der SPD toleriert werde. CDU-Sprecher Michael Bednorz meinte, sonst würden sich »die Sozialdemokraten als potentielle Bündnispartner der PDS sehen«.[16] Tatsächlich einigten sich CDU und FDP noch vor der endgültigen Entscheidung von Schulz auf eine Koalitionsregierung. Ringstorff nannte diese Kleine Koalition völligen Unsinn.

Der SPD-Landesparteitag am 20. und 21. Oktober 1990 in Güstrow wiederum stellte fest, dass der Wählerauftrag für die Sozialdemokratie »Opposition« laute. Hier spielten wohl auch die schlechten Erfahrungen, die einige der Delegierten in der Volkskammer mit der CDU gemacht hatten, eine Rolle. Der Parteitag stellte im Fall Wolfgang Schulz außerdem fest, dass er für die Partei stimmen sollte, der er das Mandat verdanke oder er solle dieses zurückgeben. Damit wäre die SPD aber nicht mehr Oppositionspartei gewesen. Schulz allein hatte die Entscheidung in der Hand. Die von Gottfried Timm dem Parteitag vorgestellte Kandidatenliste des Landesvorstands für die erste gesamtdeutsche Bundestagswahl am 2. Dezember veränderten die Delegierten anschließend noch leicht. Auf Platz 1 stand nun Hinrich Kuessner.[17] Einige Tage später, am 24. Oktober besuchte der SPD-Kanzlerkandidat Oskar Lafontaine Mecklenburg und eröffnete hier seinen Wahlkampf. Lafontaine wurde in Ostdeutschland mittlerweile aber als einer der Hauptgründe für das schlechte Abschneiden der Sozialdemokraten bei den ostdeutschen Landtagswahlen gesehen. Manche der Kritiker sollten ihn 1995 trotzdem hoffnungsvoll zum Parteivorsitzenden wählen.

Wolfgang Schulz, der innerhalb der SPD ehemals dem »linken Lager« angehörte, wurde auch wegen dieser Flügelverortung eigent-

Abb. 4 Harald Ringstorff mit SPD-Bundestagsspitzenkandidat Oskar Lafontaine im Herbst 1990.

lich ein Übertreten zur CDU nicht zugetraut. CDU-Spitzenkandidat Alfred Gomolka bestätigte aber bald nach der Wahl intensive Gespräche mit dem potenziellen Überläufer und bezeichnete eine Große Koalition mit der SPD nur als allerletzte Möglichkeit. Seine Präferenz lag auf einer Mehrheitsbildung für Schwarz-Gelb mit der Stimme des parteilosen Schulz'. Gomolka verwies außerdem darauf, dass Schulz aus dem Neuen Forum komme, dem die CDU schon vor den Landtagswahlen Koalitionsangebote gemacht habe. Diese würden nun gegenüber Schulz erneuert. Der stimmte fortan als fraktionsloser Abgeordneter für CDU und FDP und erhielt für diese Kooperation das Amt des Bürgerbeauftragten des Landes. Nach dieser Entscheidung von Schulz fühlte sich die SPD um ihre Teilhabe am Wahlergebnis betrogen. Als einzige Landtagspartei ohne belastende DDR-Vergangenheit blieb sie von der Macht ausgeschlossen.

CDU und FDP einigten sich nach heftigem Streit über Zuständigkeiten auf eine gemeinsame Landesregierung unter der Führung von Ministerpräsident Alfred Gomolka, in welcher der CDU acht und der FDP zwei Ressorts zustehen sollten. Die Liberalen erhielten die

Ministerien Wirtschaft/Arbeit sowie Soziales/Gesundheit. Für das Wirtschaftsressort wurde der Rostocker Brauingenieur Conrad-Michael Lehment aus dem Deutschen Bundestag geholt. Der Wolgaster Chirurg Klaus Gollert wiederum übernahm das Sozialministerium. Das Kabinett bestand mit Ausnahme des Justizministers Ulrich Born, einem westfälischen Pfarrerssohn und früheren Mitarbeiter Helmut Kohls, der außerdem kein Abgeordneter war, ausschließlich aus Politikern, die Mecklenburg-Vorpommern entstammten. Für die CDU kamen unter anderem die ehemaligen Bezirksbevollmächtigten aus der Zeit der Friedlichen Revolution in einflussreiche Ämter: Georg Diederich wurde Innenminister, Hans-Joachim Kalendrusch parlamentarischer Staatssekretär und Martin Brick Landwirtschaftsminister. Die CDU-Fraktion führte der Informatiker Eckhardt Rehberg gemeinsam mit dem Parlamentarischen Geschäftsführer Lorenz Caffier, einem studierten Land- und Forstwirt. Er war ein Verwandter des ehemaligen Regierenden Bürgermeisters von Westberlin, dem Sozialdemokraten Otto Suhr. Scherzhaft bot er deshalb später Harald Ringstorff und anderen Sozialdemokraten Autogrammkarten von einem »richtigen Sozialdemokraten« an.

Die erste gesamtdeutsche Bundestagswahl am 2. Dezember 1990 endete für die Sozialdemokraten ähnlich erfolglos wie die drei vorangegangenen Wahlen des Jahres 1990. Bundesgeschäftsführerin Anke Fuchs, zuvor bei den Landtagswahlen in Sachsen mit weniger als 20 Prozent der Stimmen am ebenfalls westdeutschen CDU-Gegenkandidaten Kurt Biedenkopf deutlich gescheitert, führte dies später auf »Schwachstellen in der Parteikommunikation« zurück, die sich aber beheben ließen. Das einzige Direktmandat gewann für die SPD im Nordosten die Sprachwissenschaftlerin Christine Lucyga in Rostock. Klaus Klingner schied in dieser Zeit aus der mecklenburgischen Landespolitik aus und wurde wieder Minister in Schleswig-Holstein. Angesichts des Wahlergebnisses sagte Harald Ringstorff noch am Wahlabend, dass sich die Sozialdemokratie auf einem langsamen Marsch nach oben befinde.[18] Er wollte sie zukünftig allein auf dem Weg dorthin anführen! Sein persönliches Ziel: Ministerpräsident.

Der von Ringstorff geleitete SPD-Landesvorstand Mecklenburg-Vorpommerns bilanzierte später die Arbeit des Jahres 1990 mit den Worten:

»Die Alternative der SPD ist für die Bewältigung der Probleme der deutschen Einigung beim Wähler nicht klar angekommen. Die Materialien für die neuen Bundesländer waren mehr darauf zugeschnitten, den Bürgern bei der Lösung anwachsender Alltagsprobleme zu helfen. [...] Die politische Arbeit erstreckte sich vorwiegend auf Wahlkampf. Die eigene politische Bildungsarbeit kam zu kurz.«[19]

Aber die großen Probleme für die Partei und das Land zogen langsam am Horizont auf. Im Jahr 1990 war Mecklenburg-Vorpommern das jüngste Bundesland. Es hatte aber perspektivisch keine Arbeitsplätze für die nachrückende Generation und schon sehr bald nicht für deren Eltern.

Eine Fraktion findet sich und beginnt zu opponieren

SPD-Landeschef Harald Ringstorff wurde auch von den lediglich vier weiblichen Abgeordneten zum Fraktionschef gewählt. Manche Parteimitglieder sahen darin bereits eine Ämterhäufung in seinen Händen. Vor allem am Beginn der Legislaturperiode bestimmten außerdem innerparteiliche Diskussionen über den Umgang mit ehemaligen Stasi-Mitarbeitern das Fraktionsleben. Insgesamt war es eine Zeit des Sich-Findens: einerseits zueinander, andererseits in den noch jungen Parlamentsbetrieb. Denn nicht nur die Abgeordneten, auch die Fraktionsmitarbeiter waren neu im Schweriner Schloss. Aus Westdeutschland kamen Rolf Christiansen, Reinhard Meyer oder später Thomas Freund. Sie und auch ostdeutsche Mitarbeiter wie Margret Seemann arbeiteten für denselben Osttariflohn. Reinhard Meyer betont im Rückblick das kollegiale Miteinander, auch zwischen Ost und West. Obwohl ihn der Landtagsabgeordnete Rainer Beckmann bei seinem ersten, noch fehlgeschlagenen Bewerbungsgespräch eingangs fragte: Sind sie aus Ost- oder Westdeutschland? Als der frisch diplomierte Politikwissenschaftler Meyer daraufhin glaubte, gescheitert zu sein, antwortete Beckmann: Westdeutscher, das ist gut, wir wollen hier keine Verstrickten. Bei seinem zweiten Bewerbungsgespräch wenige Wochen später ging es um die Stelle des persönlichen Referenten des Fraktionsvorsitzenden Ringstorff. Dieser schaute während der Unterhaltung fortwährend auf Meyers Swatch-Uhr und seine spitzen Schu-

Abb. 5 Harald Ringstorff mit Reinhard Meyer während der ersten Legislaturperiode.

he. Später erklärte Ringstorff ihm, dass er ein ähnliches Uhrenmodell, allerdings aus Russland, selbst besitze und die Schuhe hinreichend eigenartig fände. Er nannte sie fortan Salatstecher, während Meyer ihm seine Termine sortierte und Reden entwarf.[20] Alle befragten Mitarbeiter beschreiben Ringstorff als zugewandten Vorgesetzten, der weder tatsächlich noch in Erzählungen sein Privatleben mit ihnen teilte. Reserviertheit als bevorzugtes Mittel der Autonomiewahrung. Übte er Kritik, dann gern auf Plattdeutsch, weil das weniger verletzend war. Nannte er eine Frau »Madame«, wusste diese, dass es ernst um sie stand. Die Linken-Politikerin Angelika Gramkow meint, er konnte Menschen kritisieren, ohne sie zu verletzen.

Alle zugezogenen Mitarbeiter standen gemeinsam vor dem Wohnungsproblem. Das Gästehaus »Fritz Reuter« war überwiegend für Regierungsmitarbeiter gedacht. Fraktionsgeschäftsführer Gottfried Timm ging deshalb eines Tages mit einigen der Betroffenen zum Schweriner SPD-Oberbürgermeister Johannes Kwaschik und bat ihn um Wohnungen für sie aus dem Bestand der Stadt. So zogen Meyer und andere teilweise für Jahre in das Neubaugebiet auf dem Großen Dreesch.[21]

Als zweites Parlament innerhalb der neuen Bundesländer konstituierte sich am 26. Oktober 1990 der Landtag von Mecklenburg-Vorpommern. Im Schweriner Schloss, wo für ihn in den Wochen zuvor ein Plenarsaal und Büros eingerichtet wurden. Diese erste Sitzung eröffnete der 1920 in Plau am See geborene christdemokratische Alterspräsident Friedrich Täubrich. Ein Westdeutscher, der nach seiner Kampffliegerzeit im Zweiten Weltkrieg als Veterinärmediziner unter anderem bei Hamburg gelebt hatte und durch den Mauerfall in seine Heimat zurückkehrte. Er war der einzige »westdeutsche« Landtagsabgeordnete dieser Legislaturperiode. Nach Täubrichs Rede wurde der Vorsitzende der CDU-Fraktion im Stadtparlament Neubrandenburgs, der Katholik und Ökonom Rainer Prachtl, zum Parlamentspräsidenten gewählt. Das Amt des ersten Vizepräsidenten des Landtages bekleidete für die Sozialdemokraten fortan der Wismarer Forschungsingenieur und rechtspolitische Sprecher der SPD-Fraktion, Rolf Eggert. Der gebürtige Mecklenburger war während der Friedlichen Revolution Stadtpräsident von Wismar und erhielt 1992 den Lehrstuhl für Steuerungstechnik an der dortigen Hochschule. Er sollte sich zu einem herausragenden innerparteilichen Gegenspieler Harald Ringstorffs entwickeln.

Die Abstimmung über die Geschäftsordnung des Landtages gewannen CDU und FDP mit der Stimme von Schulz gegen SPD und PDS. Auf dieser konstituierenden Sitzung musste das Parlament in Ermangelung einer Verfassung aber auch ein vorläufiges Statut als Arbeitsgrundlage festlegen. Während die SPD-Fraktion dafür eine Zweidrittelmehrheit forderte, beschlossen CDU und FDP hierfür das Prinzip der einfachen Mehrheit. So wurde mit den 34 Stimmen von FDP und CDU sowie der von Wolfgang Schulz gegen die 32 Stimmen der Opposition das Landesstatut verabschiedet. Vor allem die mangelnde zeitliche Befristung des vorläufigen Statuts störte die Sozialdemokraten. Manche nannten es »Ermächtigungsgesetz«. Fraktionschef Ringstorff wollte beim Bundesverfassungsgericht dagegen klagen.[22] Ein Instrument, welches er so vorher noch nie benutzt hatte und auch später kaum in die Hand nahm.

Am folgenden Tag stand die Abstimmung über die zukünftige Landeshauptstadt zwischen Rostock und Schwerin sowie die Festlegung des Namens des Bundeslandes an. Außerdem sollte Alfred

Gomolka zum Ministerpräsidenten gewählt werden. Schwerin setzte sich durch, das neue Bundesland hieß ab sofort Mecklenburg-Vorpommern und auch Gomolka erhielt eine Mehrheit. Sogar zwei Abgeordnete der Opposition stimmten für ihn. Dominierende Themen der beginnenden Legislaturperiode sollten die neue Landesverfassung, der Untersuchungsausschuss zu den Pogromen in Rostock-Lichtenhagen im Jahr 1992 und die Werftenkrise werden. Am Abend vor der ersten 100-Tage-Bilanz der Regierung Gomolka beriefen sowohl die SPD-Fraktion wie auch die Regierung die Presse ein, um zur Regierungspolitik der letzten Monate Stellung zu beziehen. Harald Ringstorff kritisierte hier vor allem die Verharmlosung der Massenarbeitslosigkeit durch die Landesregierung, woraufhin ihm später Gomolka antwortete, er sei gerade in Wolgast gewesen, was besonders von Arbeitslosigkeit betroffen sei. Außerdem bemängelte Ringstorff, dass Gomolka nicht das Gespräch mit der Opposition suche, woraufhin Gomolka später konterte, dass ihm nicht bewusst sei, dass ein solcher Wunsch ausdrücklich bestünde. Er hätte jedenfalls keine böse Absicht.[23]

Bereits nach 100 Tagen Regierung Gomolka wurde von Ringstorff ein prägendes Element des Regierungsstils der bürgerlichen Landesregierung wie auch des Ärgers der SPD in der ersten Legislaturperiode deutlich ausgesprochen. Die CDU und mit ihr die FDP regierten mit ihrer knappen Einstimmenmehrheit, ohne nur einen Gedanken an die Vorschläge der Opposition zu verschwenden. Aber auch diese beiden Parteien arbeiteten eher für sich als zusammen. Gelegentlich kam es aber, wie beim Misstrauensantrag gegen Kultusminister Oswald Wutzke von der CDU, dem Ringstorff »Inkompetenz und Intoleranz« unterstellte, zur punktuellen Zusammenarbeit zwischen den beiden Oppositionsparteien SPD und PDS.

SPD-Fraktionsgeschäftsführer Gottfried Timm und sein CDU-Gegenüber Lorenz Caffier hielten nicht nur wegen ihrer Herkunft aus dem kirchlichen Milieu und dem Landkreis Müritz einen der wenigen belastbaren Arbeitskontakte zwischen den beiden Fraktionen.[24] Was gar nicht funktionierte, und hier kann die Ähnlichkeit der beiden Charaktere wahrscheinlich mehr erklären als ihr unterschiedliches Temperament, war ein wie auch immer geartetes Miteinander zwischen dem SPD-Fraktionschef Ringstorff und seinem CDU-Gegenüber Eckhardt Rehberg. Eine »taz«-Journalistin beschrieb Rehberg als »geselligen Killerwal«. Killerinstinkte gingen seinem Kontrahenten Ringstorff hingegen völlig ab. Zeitzeugen beschreiben nicht nur deshalb ihr Verhältnis mit Worten wie Ablehnung, Hass und Feindschaft. Ein Nichtverhältnis! Das ganz offenbar kein Ende fand und auch jahrelang auf die Fraktionen ausstrahlte. Landtagsvizepräsident Rolf Eggert, dem Parlamentspräsident Prachtl gern die Leitung hitziger Debatten überließ, musste beide regelmäßig während solcher Debatten zur Ordnung rufen. Später findet man in jeder Parteitagsrede Ringstorffs eine Passage, in der er stellvertretend für die Partei verbal seinen »guten alten Freund Rehberg« aufs Korn nahm. Ringstorffs Zuhörer warteten zunehmend auf diese zur komödiantischen Parteifolklore mutierte Attacke.[25]

Auch die Zwietracht innerhalb der Regierungskoalition war früh zum Tragen gekommen. FDP-Wirtschaftsminister Conrad-Michael Lehment hielt bereits nach wenigen Wochen Koalition über den Partner fest, dass die CDU den Eindruck zu erwecken suche, sie wisse alles, sie könne alles, sie allein bewege die Bürger und dürfe deshalb auch Koalitionsentscheidungen vorgreifen. Bei einem Beschluss über die Rundfunkpolitik stimmte die FDP folgerichtig gemeinsam mit einem CDU-Abgeordneten gegen die CDU. Als ausgerechnet die christdemokratische Vorsitzende des Kulturausschusses, Heide Großnick, bei anderer Gelegenheit der Verabschiedung des Schulreformgesetzes ihre Zustimmung verweigerte, sprang dafür der mit Stasi-Vorwürfen belastete PDS-Abgeordnete Peter Stadermann ein und verhalf dem Gesetz zu seiner Landtagsmehrheit, indem er den Abstimmungssaal verließ.[26] Gomolkas gelegentlich fehlende – aber immer fragile – Mehrheit war nicht nur von der FDP oder dem Überläufer Wolfgang Schulz, sondern generell von ehemaligen Stasi-Zuträgern abhängig. Etwa ein Dutzend belasteter Abgeordneter vermutete die Öffentlichkeit in den Fraktionen. Es sollte sich bald klären.

Und die SPD? Oppositionsführer Ringstorff wirkte im Vergleich zu Ministerpräsident Gomolka eher unpopulär.[27] Die Medien beschrieben Ringstorff seit Beginn seiner öffentlichen politischen Karriere als eher verschlossen, hölzern, abwartend oder beobachtend. Wohlwollende Stimmen nannten ihn bescheiden. Nirgends jedoch

findet man Hinweise darauf, dass er auf die Medien zuging, um sie
für sich einzunehmen, sie zu manipulieren. Generell bot er persönlich
so gut wie nie Angriffsfläche. Diesen Part übernahmen in der Landespolitik überwiegend CDU-Politiker. All dies änderte sich in den
folgenden Jahren im Allgemeinen nicht. Sacharbeit sollte der SPD
helfen, das nicht auf das Populäre zielende Wesen des Frontmanns
zu kompensieren. Aber Sigrid Keler führte nicht mehr die Landesgeschäftsstelle, sondern saß als Vorsitzende des Finanzausschusses
im Landtag. Kurz vor Weihnachten 1990 bewarb sich deshalb der
Leipziger Theologiestudent Nikolaus Voss, zuvor Geschäftsführer
des SPD-Bezirksverbandes Leipzig und kurzzeitiger Landesgeschäftsführer in Sachsen, um das ausgeschriebene Amt des Landesgeschäftsführers der Sozialdemokraten in Mecklenburg-Vorpommern. Unter
den fünf Bewerbern war er das einzige Landeskind mit »Berufserfah-
rung« und wohl auch deshalb setzte er sich durch.[28] Fragt man Ringstorff heute nach seinen politischen Freunden, fällt zuerst der Name
Voss. Ergänzt um das Prädikat: Arbeitstier.[29] In der Erinnerung von
Voss legte Ringstorff nicht viel Energie in den Landesvorsitz und ließ
ihm dementsprechend erheblichen Freiraum. Voss strukturierte
bis 1994 die Partei um und organisierte die Parteitage. Ursprünglich
war die Landesgeschäftsstelle der SPD in Rostock, im Haus in der
Doberaner Straße 6. Von da aus zog sie auf den Großen Dreesch in
Schwerin. In die Hamburger Allee, nahe dem Fernsehturm, in Räume
der Stadtverwaltung, die nicht mehr gebraucht wurden. Von dort
aus wechselte die Landesgeschäftsstelle später in die Lübecker Straße zwischen dem Platz der Freiheit und Obotritenring. Später, erst
nach dem Einzug Harald Ringstorffs in die Staatskanzlei, bekam die
SPD ihr ehemaliges Parteihaus in der Wismarschen Straße 152 zurück.
Anfangs war die Geschäftsstelle noch mit acht Mitarbeitern besetzt,
nach und nach wurden es weniger.

Im Oktober 1990 gründete sich unter dem Vorsitz des Rostocker
Oberbürgermeistern Klaus Kilimann, einem habilitierten Physiker,
im Rostocker Ständehaus die Sozialdemokratische Gemeinschaft für
Kommunalpolitik (SGK). Erster Landesgeschäftsführer wurde der
Rostocker Peter Magdanz. Auch der eher der Provinz als der Metro-
pole verbundene Ringstorff vergaß die kommunalen Anliegen nicht.
Mit einem Festakt fanden beispielsweise Anfang November 1990

Vertreter der neuen Bundesländer Aufnahme in die Konferenz der SPD-Fraktionsvorsitzenden. Ringstorff nannte hier die Finanzausstattung der ostdeutschen Länder das Kardinalproblem der ostdeutschen Politik. Den Kommunen im Osten stünden pro Kopf nur 1.500 Mark zur Verfügung, in Westdeutschland waren es 2.500 Mark.[30] Ringstorff sagte außerdem, dass die neuen Länder wenig Wert darauf legen würden, sich mit langem Arm aus Bonn regieren zu lassen.

Auch deshalb forderte in dieser Zeit das politische Mecklenburg-Vorpommern wegen eines befürchteten Haushaltsdefizits von bis zu 5 Milliarden Mark mehr finanzielle Hilfe vom Bund. Der Landtag billigte dafür einstimmig einen Dringlichkeitsantrag der CDU in dieser Sache. Kern der Forderung war, den gesamtdeutschem Länderfinanzausgleich nicht wie im Einigungsvertrag festgeschrieben erst 1993, sondern schon 1991 beginnen zu lassen. Ringstorff unterließ es in der Debatte nicht, Bundesverkehrsminister Günther Krause vorzuwerfen, beim Aushandeln des Einigungsvertrags versagt zu haben.[31] Wenig später, Ende Januar 1991 verhandelte der Landtag in erster Lesung den Haushaltsplanentwurf. Einerseits waren sich die Parteien einig, dass die Gelder für den Aufbau des Landes nicht ausreichen würden und deshalb Bundesmittel hinzugezogen werden müssten. Die Finanzierungslücke betrug immerhin drei Milliarden Mark. Ein Defizit, das sich zu vergrößern drohte. Auch deshalb wurde bereits ein Nachtragshaushalt vorbereitet. Ringstorff fragte Finanzministerin Bärbel Kleedehn von der CDU, ob sie im letzten Schritt bereit sei, vor dem Bundesverfassungsgericht eine Angleichung der unterschiedlichen Lebensverhältnisse zwischen den Bürgern der alten Bundesländer und der neuen einzuklagen. Sie antwortete, dass sie sich gegenwärtig einen Überblick verschaffe, welche Möglichkeiten ihr hier gegeben seien. Eine sah sie darin, die von Mecklenburg-Vorpommern getragenen Altlasten als Kriegsfolgen zu bewerten.[32] Sigrid Keler meint rückblickend, dass das finanzpolitische Hauptproblem dieser Zeit der Fonds Deutsche Einheit gewesen sei, der unterfinanziert war. Westdeutsche Berater hätten deshalb zur Verschuldung geraten: Man müsse erst einmal investieren, der Rest würde sich schon ergeben. Durch die Wirtschaftskrise Mitte der 1990er-Jahre hätte aber das Geld hinten und vorne nicht mehr gereicht.[33] Noch anderthalb Jahrzehnte später, beim Ausscheiden von

Keler und Ringstorff aus der Regierung, nährte sich Mecklenburg-Vorpommerns Haushalt wesentlich aus Finanztransfers. Ob aus Europa oder dem Länderfinanzausgleich, Mecklenburg-Vorpommern stand finanziell nicht auf eigenen Beinen.

Die Vergangenheit holt manchen ein

Da war es geboten, die Landesstruktur einfacher und kostengünstiger zu gestalten. Kurze Zeit nach der Haushaltsdebatte wurde eine erste Kommunalreform diskutiert. Im Kern sah diese Kreisgebietsreform die Einführung von 13 Landkreisen und fünf kreisfreien Städten vor. Da die Anzahl der Kreise reduziert wurde, verloren viele Städte ihren Kreisstadtstatus, was zu heftigen Auseinandersetzungen führte. Eine Stadt sollte immerhin kreisfrei bleiben dürfen, wenn sie mehr als 30 Prozent der Bevölkerung eines zu bildenden Landkreises beheimaten würde oder Landeshauptstadt war. Die Kreise sollten zwischen 2.000 und 2.500 Quadratkilometer groß sein, was das Ziel verfolgte, dass jeder Bürger innerhalb von maximal zwei Stunden seine Kreisstadt erreichen könnte. Wo möglich, sollten die Landkreise von vor 1952, dem Jahr der Einführung von Bezirken und Kreisen in der DDR, wiederhergestellt werden. Während die CDU davon ausging, dass diese 1994 in Kraft getretene Reform Jahrzehnte überdauere, sagte Ringstorff so prophetisch wie zutreffend, dass die Reform zu kurz greife und demnächst eine weitere notwendig sein würde.[34]

Ein erster Erfolg der SPD gegen die Koalitionsmehrheit auf Landesebene war die von Ringstorff betriebene Bildung des Werftenuntersuchungsausschusses. Ende Februar 1991 entrollten während einer Aktuellen Stunde zur Finanz- und Werftenkrise im Schweriner Landtag Arbeiter der Elbewerft Boizenburg Transparente auf der Besuchertribüne des Plenarsaals. Alfred Gomolka plädierte während der Debatte für eine »wesentlich geschrumpfte, aber lebensfähige Werftindustrie« und einen sozialverträglichen Abbau von Subventionen. Ringstorff wiederum sprach über die anstehenden 28.000 Entlassungen.[35] Im Frühjahr 1991 trafen sich außerdem die Vorstände der SPD-Landtagsfraktionen Norddeutschlands in Schwerin. Sie besprachen vor allem die Situation der Werften in Mecklenburg-Vorpommern und kritisierten die diesbezügliche Entscheidungsunlust und Verharmlosungspolitik der Regierung Mecklenburg-Vorpommerns. Das Werftenproblem wurde für den Schiffsfarbenfachmann Ringstorff zum ständigen Begleiter. Lösen konnte er es auch gemeinsam mit anderen nicht. Aber nicht nur die Werften hatten strukturelle Probleme. Auf dem SPD-Sonderparteitag Ende März 1991, in der Aula der Pädagogischen Hochschule Güstrow, einen Tag, nachdem gegen die Stimmen der SPD der Landeshauhalt vom Landtag verabschiedet worden war, kritisierte der scheidende Bundesvorsitzende der Partei, Hans-Jochen Vogel die lediglich 2.900 SPD-Mitglieder im Lande. Dies wäre auf Dauer keine ausreichende Basis, man sollte der Mitgliederwerbung höhere Priorität einräumen. Die Delegierten wählten ihre Vertreter für den Bundesparteitag in Bremen und Harald Ringstorff führte aus, dass viele Menschen sich politisch getäuscht und enttäuscht zeigen würden, sprach aber vor allem über die Arroganz der Regierungskoalition. Er zeigte zwar Verständnis, dass viele Sozialdemokraten in den Kommunen die Spaltung zwischen der SPD einerseits und CDU/FDP andererseits nicht mittragen würden, sagte aber auch, dass bei aller kommunalen Kooperation mit diesen Parteien das Profil der SPD nicht verwässert werden dürfe. Später wurde Harald Ringstorff von Mitarbeitern aus der Parteitagsabschlusspressekonferenz geholt, weil die Delegierten keine Einigung im Streit darüber finden konnten, ob nach der Überprüfung der Landtagsabgeordneten auf eine Stasi-Mitarbeit Verstrickte ihr Mandat abgeben sollten. Ringstorff empfahl unter diesen Voraussetzungen einem Antrag beizupflichten, der neue Koalitionsverhandlungen ermögliche. Solange aber die alten Mehrheitsverhältnisse existierten, würde die SPD nicht über Koalitionsverhandlungen reden.[36] Noch war die Stasi-Problematik nur schwach mit Aktenfunden unterlegt. Dies sollte sich ändern.

Das »ARD«-Fernsehmagazin »Panorama« berichtete im Frühjahr 1991, dass von den Abgeordneten des mecklenburgischen Landtags während der DDR-Zeit elf Abgeordnete für das MFS gearbeitet hätten. Sechs von der CDU, drei von der PDS und zwei Abgeordnete der SPD. Diese forderte umgehend den Rücktritt der Abgeordneten und gleichzeitig, dass bis zum Austritt der belasteten Abgeordneten aus dem Landtag keine Gesetze beschlossen werden dürften. Harald Ringstorff sagte:

»Alles was jetzt in den Zeitungen steht, ist nur Spekulation. Ich fände es allerdings unerträglich, eine ganze Legislaturperiode mit Mitarbeitern der Stasi in einem Landtag sitzen zu müssen. Wenn diese nicht von selbst gehen oder mit anderen Mitteln herauszubekommen sind, wären wohl Neuwahlen das Beste, um einen sauberen Landtag zu bekommen.«[37]

Justizminister Born hingegen wünschte Einzelfallprüfungen für die Betroffenen. Eine unabhängige Bewertungskommission sollte jeden Fall gesondert bewerten. Erst danach könnten die Namen der betroffenen Politiker veröffentlicht werden, wenn sie sich weigern sollten, ihre Mandate abzugeben.[38]

Der langjährige Gaststättenleiter und SPD-Abgeordnete Jürgen Csallner von der Insel Rügen verzichtete am 31. Mai 1991 wegen zurückliegender IM-Tätigkeit auf sein Mandat. Zuvor hatte Harald Ringstorff öffentlich über einen Parteiausschluss nachgedacht, sollte er dies verweigern. Ein von jedem Parteimitglied einklagbares Zwangsmittel gegenüber Parteifreunden, das von Ringstorff aber selten erwogen wurde. Der SPD-Abgeordnete Horst Stolt hingegen wurde entlastet. Er war seinerzeit nicht auf Stasi-Anwerbeversuche eingegangen. Gleiches galt für Wolfgang Zessin von der CDU. In der FDP-Fraktion befand sich kein belasteter Abgeordneter, während die PDS es ihren betroffenen Abgeordneten freistellte, das Mandat niederzulegen. Letztendlich blieben die Bewertungskriterien unklar, aber sieben der in Rede stehenden Abgeordneten (vier der CDU, zwei der Linken und einer von der SPD) legten ihre Mandate nieder. Als erster ostdeutscher Landtag hatte der Schweriner die Problematik um Verstrickungen mit dem Ministerium für Staatssicherheit somit vorläufig gelöst. Ringstorff sagte:»Im Sinne eines sauberen Parlaments hat keiner, der irgendwie belastet ist, dort etwas zu suchen.«[39]

Harald Ringstorff, der seine eigene DDR-Vergangenheit mit»Ich gehörte zu den Kritikern, war aber kein Märtyrer« beschrieb, sah durch das Ausscheiden der belasten Abgeordneten die Würde des Parlaments einigermaßen wiederhergestellt. Er war aber im Juni 1991 verwundert,»dass jemand Staatssekretär ist, der kein Lehrer werden könnte, der nicht im öffentlichen Dienst beschäftigt werden dürfte und der kein Richter werden oder bleiben könnte«. Er dachte an

Staatssekretär Hans-Joachim Kalendrusch, der für die Blockpartei CDU während der DDR-Zeit stellvertretender Vorsitzender im Rat des Bezirkes Rostock gewesen war, wo »man gar nicht um eine Zusammenarbeit mit der Stasi« herumkam.[40] Kalendrusch wiederum nannte einen dies erwähnenden Artikel im »Spiegel« »gespickt mit Unwahrheiten« und blieb im Amt. Seine Parteifreundin, Bundesministerin Angela Merkel, erinnert sich an diese Zeit verstärkten öffentlichen Hinterfragens von DDR-Biografien:

> »Ich werde beispielsweise nie vergessen, wie ich ohne jeden Argwohn 1991 am ersten Jahrestag der Währungsunion auf einer Veranstaltung in Schwerin von meiner Marxismus-Leninismus-Abschlussarbeit bei der Promotion erzählt habe, die das schöne Thema ›Was ist sozialistische Lebensweise?‹ hatte. Für diese Arbeit hatte ich damals viel Kritik geerntet, denn in meiner ländlichen Begeisterung hatte ich zu viel über die Bauern und zu wenig über die Arbeiterklasse geschrieben. Das aber nur am Rande bemerkt. Jedenfalls hat das, was ich bei der Veranstaltung in Schwerin völlig ohne Argwohn von mir aus erzählt habe, offensichtlich auch jemand vom ›Spiegel‹ gehört, denn anschließend wurde vom ›Spiegel‹ wie verrückt nach dieser Arbeit gesucht, wer weiß, welchen Skandal man da zu enthüllen glaubte. Meine Arbeit war aber in den Akademie-Akten nicht mehr zu finden.«[41]

Schwer aufzufinden war auch ein aufrichtiger Umgang mit der Geschichte der Blockparteien, wie der Fall Kalendrusch zeigt. Die »sozialistische Demokratie« der DDR bot keine Auswahl zwischen konkurrierenden Parteien. Man wählte eine von der SED angeführte Einheitsliste, innerhalb derer die Stärke der einzelnen Parteien von der SED festgelegt war. Mit ihr bildeten die Christlich Demokratische Union (CDU), die Liberaldemokratische Partei (LDPD), die Bauernpartei (DBD) und die Nationaldemokratische Partei (NDPD) den sogenannten »Demokratischen Block«. Mit Alfred Gomolka, aber auch Josef Duchač in Thüringen und Gerd Gies in Sachsen-Anhalt gehörten gleich drei der fünf neu gewählten Ministerpräsidenten in Ostdeutschland der in den SED-Herrschaftsapparat integrierten CDU an. Hierüber entbrannte bereits vor ihrer Wahl ein Streit, der bis in die heutigen Tage hinein kein tatsächliches Ende gefunden hat. Während einerseits Sozialdemokraten wie Wolfgang Thierse, selbst Sohn eines Ost-CDU-Mitglieds, eine Blockparteimitgliedschaft »wohlmeinend als Akt nachvollziehbarer Anpassung an die herrschenden Verhältnisse beschreiben«[42], sehen manche Christdemokraten schon die einfache Mitgliedschaft kritischer. Berndt Seite, ab 1992 christdemokratischer Nachfolger Alfred Gomolkas auf dem Stuhl des Ministerpräsidenten von Mecklenburg-Vorpommern, ist beispielsweise der Ansicht, dass von seinen evangelischen Synodalenkollegen zu DDR-Zeiten fast keiner einer Blockpartei angehörte, was für einen gewissen Abstand zum Staat spräche.[43] Den ungebrochenen Übertritt der Blockparteimitglieder vom politischen System einer Diktatur an die Schalthebel demokratischer Strukturen beschreibt Seite mit den Worten:

> »Die CDU gehörte zu den Blockparteien und sammelte ein bürgerliches Potenzial ein, das politisch tätig sein, aber nicht der SED angehören wollte. So ist es nach Umbrüchen immer, man hat es mit ›gebrauchten Menschen‹ zu tun. Und man nimmt sich zu wenig Zeit, nach anderen zu suchen.«[44]

Was hier kritisch klingen soll, unterschlägt, dass auch teilweise hoch belastete Kader und die Infrastruktur wie Büros, Telefone, hauptamtliche Mitarbeiter oder Fahrzeuge im politischen Wettbewerb der Friedlichen Revolution und der anschließenden Wahlkämpfe von einem unschätzbaren Vorteil waren und durch die westdeutsche CDU noch einmal uneinholbar aufgestockt wurden. Parteien wie die SPD hingegen fingen trotz Hilfe der westdeutschen Sozialdemokratie bei null an. Damit nicht genug. Umgehend wurden sie von der CDU, die noch wenige Monate zuvor den Sozialismus politisch vertrat und gegen seine Gegner verteidigte, mit dem Slogan »Nie wieder Sozialismus« bekämpft. Das gelang nur, weil die lediglich programmatisch, aber nicht personell gewendete Blockpartei mittlerweile Bestandteil der von Helmut Kohl geführten westdeutschen CDU war, die für deutsche Einheit, Währungsunion und wirtschaftlichen Aufschwung stand. Zwar äußerten nicht nur westdeutsche CDU-Größen wie Kurt Biedenkopf, was sie von »diesen Duchačs und Gomolkas«[45]

hielten, dies änderte aber nichts an deren politischen Erfolgen. Diese basierten auch auf einem konsequenten Nichtbefassen mit der Parteivergangenheit ab der endgültigen Gleichschaltung Mitte der 1950er-Jahre. Die parteinahe Geschichtsbetrachtung dient wesentlich der Fokussierung auf frühe Widerstandshandlungen und der Verschleierung anschließender Verstrickungen. Anlässlich der Feierlichkeiten zum 70. Gründungstag des Berliner CDU-Verbandes, deutschlandweit des ersten, aus dem später die DDR-CDU hervorging, bildeten im Juni 2015 verschiedene westdeutsche CDU-Mitglieder und die im Jahr 1990 der Partei beigetretene Mecklenburgerin Lucia Dirks das Podium. Aber kein Mitglied des eigentlichen Jubilars: der CDU der SBZ beziehungsweise DDR. Dabei lebten auch zu diesem Zeitpunkt noch einige ihrer lokalen und regionalen Mitgründer. Was genau gefeiert wurde, wenn der Jubilar nicht genehm war und in der Diskussion nicht einmal erwähnt wurde, blieb peinlich offen. Noch drastischer verhält es sich beim Umgang der CDU mit ihrer kommunistischen Wurzel, der Bauernpartei der DDR. Ihr widmet sie nicht einmal Jubelfeiern ohne Jubilar.

Dass nun viele dieser auch innerparteilich Geschmähten nicht im politischen Abseits verschwanden, sondern durch die Wahlen des Jahres 1990 zu Regierenden wurden, forderte nicht nur das historische Gerechtigkeitsempfinden von Harald Ringstorff aufs Äußerste heraus. Unzählige Dokumente belegen seine die gesamte politische Laufbahn andauernde Beschäftigung mit diesem von ihm als tiefe politische Verwerfung erlebten Zustand. Sie stand vor allem seinem programmatischen Anspruch auf Versöhnung der unterschiedlichen gesellschaftlichen Kräfte und Seiten Ostdeutschlands durch einen offenen Umgang mit der eigenen Geschichte entgegen. Die CDU kämpfte nämlich gegen diese Versöhnung und forderte stattdessen »Aufarbeitung«. Da diese sich kaum den Blockparteien, sondern vor allem der SED und der Staatssicherheit zuwandte, ließ sich für sie daraus politisches Kapital schlagen. Wohl auch deshalb blieb Ringstorff gegenüber der Aufarbeitung im Allgemeinen skeptisch eingestellt.

Am 28. Mai 1991 traf sich die Bundes-SPD zum Parteitag in der Bremer Stadthalle. Während westdeutsche Delegierte sich überwiegend für Sicherheitspolitik interessierten, wollten die Ostdelegierten Wirtschaftsfragen diskutieren. Man redete hier und da noch aneinander vorbei. Schon der westdeutsche Parteivorsitzende Vogel hatte auf dem Güstrower Landesparteitag immer wieder und von der Presse nicht unbemerkt »bei uns« oder »hier bei Euch« gesagt. Mit großer Mehrheit wählten aber ost- und westdeutsche Delegierte Björn Engholm, den Mecklenburg-Vorpommern verbundenen Ministerpräsidenten von Schleswig-Holstein zum neuen Parteichef und Nachfolger Vogels. Käthe Woltemath, die 1990 in Rostock die Arbeiterwohlfahrt wiedergegründet hatte, kämpfte außerdem gegen ihren »politischen Enkel« Harald Ringstorff um einen Platz im neuen SPD-Vorstand. Woltemath sagte (fast prophetisch in eigener Sache) »Wenn jemand denkt, er sei ein unbeschriebenes Blatt, dann soll er sich mal seine Kaderakte zeigen lassen.«[46] Anschließend wurde sie in den Bundesvorstand gewählt, was mutmaßlich zu latenten Spannungen zwischen ihr und Ringstorff führte. Obwohl Björn Engholm dazu aufrief, auch die übrigen ostdeutschen Kandidaten zu unterstützen, erhielt Ringstorff nicht genug Stimmen, um in den SPD-Vorstand gewählt zu werden. Er fiel mit 181 und Otto Schily mit 126 Stimmen bei der Wahl zum Beisitzer durch. Die Gründe hierfür mögen vielfältig sein. Politischen Erfolg buchstabierte Ringstorff ohnehin zunehmend landespolitisch.

Viele Ostdelegierte, aber auch einige aus den alten Bundesländern, plädierten in Bremen für die Verlegung eines Teils der SPD-Parteizentrale von Bonn nach Berlin. Tilman Fichter, Referent der SPD-Parteischule, deren Verlagerung genauso gefordert wurde wie die der SPD-Arbeitsgemeinschaften, hielt fest: Es wäre ein großer Fehler, sollte da kein Beschluss gefasst werden. Er befürchtete, wenn in Berlin keine schlagkräftige Organisation aufgebaut würde, könnte die Partei in den ostdeutschen Bundesländern nicht kampffähig werden.

Einen Monat nach dem Bremer Parteitag tagte der Bundesvorstand der Sozialdemokraten in Schwerin auch zu diesem Thema. Hier beschloss der Vorstand, dass der Umzug der Parteizentrale nach Berlin spätestens dann erfolgen sollte, wenn auch Bundesregierung und Parlament ihren Sitz in Berlin eingenommen hätten. Außerdem wurde unter dem Stichwort »D 2000« das neue Parteiprogramm dermaßen ergänzt, dass es auch für die neuen Bundesländer brauchbarer wurde. So sollten die Trennung von alten und neuen Bundesländern überwunden werden und die Bewohner der alten Bundesländer sich an den Gedanken gewöhnen, dass das gesamte Land nur funktioniere, wenn es auch in den neuen Ländern aufwärtsgehe.[47]

In einem Interview des »Hamburger Abendblatts« mit SPD-Bundesparteichef Björn Engholm wurde dieser einige Monate später gefragt, warum nur zwei der 13 SPD-Präsidiumsmitglieder aus den neuen Ländern kommen würden. Engholm antwortete, dass das gemessen an der Größenordnung der SPD in Ostdeutschland eine gute Quote sei, er aber in der kommenden Woche Harald Ringstorff zum Vorsitzenden des Parteirats vorschlagen werde.[48] Dieser Parteirat muss laut SPD-Statut vierteljährlich tagen und zu Vorstandsbeschlüssen grundlegender außen- und innenpolitischer Art wie auch organisatorischen Fragen gehört werden. Außerdem soll er in die Vorbereitung der Bundestagswahlen eingeschaltet sein und die Politik der SPD in Bund, Ländern und Kommunen abstimmen. Am 1. Oktober 1991 wurde Harald Ringstorff auf einer Parteiratssitzung in Berlin mit 52 Ja- gegen fünf Neinstimmen zum Parteiratsvorsitzenden gewählt. Norbert Gansel, der nicht mehr für den Vorsitz kandidierte, sah in Ringstorff nicht nur einen Repräsentanten der Basis, sondern auch der neuen Länder, während Ringstorff seine Wahl ein weiteres Zeichen für die Integration der ostdeutschen Landesverbände nannte. Außerdem forderte er, dass durch eine Änderung der Finanzverfassung die neuen Bundesländer gestärkt werden und wegen aktueller Vorfälle »eine parteienübergreifende Initiative zur gemeinsamen Ächtung der Gewalttaten« gegen Ausländer.[49] Seine Stellvertreter wurden die Heidelberger Bürgermeisterin Beate Weber und das Bundestagsmitglied Jochen Poß.[50] Der Parteirat hatte in Bonn kein eigenes Büro. Nach seinen Sitzungen verbrachte Harald Ringstorff deshalb regelmäßig die bis zum Heimflug verbleibenden Stunden im Büro des ihm immer vertrauter werdenden SPD-Fraktionsmitarbeiters Otto Ebnet.[51] Er schätzte nicht nur dessen Sachverstand, es entwickelte sich darüber hinaus eine langanhaltende politische Freundschaft.

Reinhard Meyer glaubt, dass er und Harald Ringstorff in der ersten Legislaturperiode pro Jahr etwa 100.000 Kilometer mit dem Fraktionsfahrer Dieter Hutfilz, genannt »Mütze«, durch Mecklenburg-Vorpommern fuhren.[52] Ein Land noch vor dem Bau der A 20.

Zwölf Monate nach der Landtagswahl lag vielleicht auch deshalb die SPD laut einer Infas-Umfrage deutlich vor der CDU. Die Hälfte der Befragten glaubte zwar nicht, dass die SPD die Probleme im Land besser lösen könne, aber dennoch wollten 44 Prozent sie wählen. Gomolka genoss hingegen immer noch fast doppelt so viel Vertrauen wie Ringstorff. Letzterer kam auf 28 Prozent Zuspruch, während Gomolka 46 Prozent einfuhr.[53] Es dauerte noch eine Weile, bis die persönlichen Umfragewerte von Ringstorff kontinuierlich über denen seiner Partei lagen.

In diesen Tagen wurde innerparteiliche Versöhnungsarbeit nötig. Am 14. November 1991 besuchte Harald Ringstorff Käthe Woltemath in einem Rostocker Krankenhaus. Einen Tag vor ihrer Entlassung wie auch der Rehabilitierung ihres Urteils aus dem Jahre 1959 legte er der Grande Dame der mecklenburgischen Sozialdemokratie nahe, ihren Sitz im SPD-Bundesvorstand abzugeben. Am nächsten Tag wollte das Boulevardblatt»SUPER« nämlich einen Bericht über ihre ehemaligen Stasi-Kontakte veröffentlichen. Nachdem»SUPER« Woltemath vorgeworfen hatte, jahrelang für das Ministerium für Staatssicherheit gearbeitet und dabei auch neue Mitarbeiter angeworben zu haben, verteidigte sie Harald Ringstorff trotzdem. Ihm sei bekannt gewesen, dass Woltemath seit ihrer Haftentlassung im Jahr 1961 bis zum Sommer 1988 mit dem Ministerium in Verbindung gestanden hätte. Tatsächlich behauptete Woltemath, bei der ersten Rostocker SPD-Vorstandssitzung am 18. Dezember 1989 von ihren Stasi-Kontakten berichtet zu haben.[54] Ringstorff meinte deshalb:»Der Gedanke, dass Käte Woltemath schuldhaft in Stasi-Beziehungen verstrickt sein könnte, liegt außerhalb unseres Vorstellungsvermögens.«[55] Gegen den Herausgeber der»SUPER«, den Burda-Verlag, leitete Ringstorff gerichtliche Schritte ein. Außerdem wurden die Akten von Woltemath an die Stasi-Unterlagen-Behörde, mittlerweile Gauck-Behörde genannt, weitergeleitet, die sie prüfen sollte. Am 25. November 1991 verkündete Käthe Woltemath trotzdem ihren Rücktritt als Mitglied des SPD-Bundesvorstandes. SPD-Fraktionssprecher Knut Degner erklärte, dass sie bei ihren Berichten über Westreisen niemanden ans Messer geliefert hätte. Nach ihrem Gefängnisaufenthalt sei sie viel mehr wegen »Staatshetze und Propaganda« vom Ministerium für Staatssicherheit zur Mitarbeit gezwungen worden, habe sich aber 1969 an den Verfassungsschutz gewandt, der ihr beim Ausstieg aus der Stasi-Mitarbeit geholfen hätte.[56] Noch lange wurde spekuliert, dass Ringstorff bereits seit 1990 von Woltemaths verfänglichen Stasi-Berichten wusste, was er bestritt. Jahre später, Mitte August 1993, fühlte sich Woltemath noch einmal öffentlich gedemütigt. Mit scharfer Kritik an der Staatsanwaltschaft reagierte sie auf die gegen sie erhobene Anklage wegen Spionagetätigkeit. Die SPD war derweil weitgehend von ihr abgerückt. Rückblickend gehört der »Stasi-Skandal« um Käthe Woltemath zu den schlimmsten politischen Niederlagen von Harald Ringstorff. Er hatte zu ihr aufgesehen und ihr vertraut. Bis zur Enttäuschung.

Politischer Alltag

Ringstorff machte unterdessen die in seinen Augen verfehlte Treuhandpolitik zu seinem Thema. Er trat wie viele andere 1990 mit Euphorie in dieser Sache an und erkannte spätestens 1992 endgültig, dass die Treuhand ihren eigenen Regeln folgte. Dies ließ ihn unter anderem einen Treuhand-Kontrollausschuss fordern. Während der neue SPD-Parteivorsitzende Björn Engholm auf einer Veranstaltung in Schwerin im Juni 1991 für die konsequente Sanierung von Treuhandbetrieben plädierte, womit die Abwanderung junger Leute verhindert werden sollte, befürchtete Harald Ringstorff vor allem, dass Mecklenburg-Vorpommern Entindustrialisierung und Entqualifizierung drohten. Auf derselben Tagung sagte Ringstorff, dass durch Flächenstilllegungen sowie die niedrigen Aufkaufpreise für Milch und Fleisch die Landwirtschaft abgewürgt würde.[57] Er setzte hier sein landwirtschaftspolitisches Engagement aus der Volkskammerzeit ungebrochen fort.

Auf dem zweiten SPD-Landesparteitag Anfang Dezember 1991 im Löwenschen Saal des Stralsunder Rathauses wehrten die Delegierten einen Antrag aus dem Ortsverband Rostock, Harald Ringstorff wegen Ämterhäufung nicht wieder zum Landesvorsitzenden zu wählen, ab. Vorwürfen, dass Ringstorff mit dem Parteiratsvorsitz, dem Fraktionsvorsitz in Schwerin und auch dem Landesparteivorsitz eine zu große Ämterfülle auf sich vereint hätte, begegnete Landesgeschäftsführer Nikolaus Voss mit dem Argument, dass es eine sozialdemokratische Gegenfigur zum Ministerpräsidenten Alfred Gomolka bräuchte.[58] Letztendlich legte Ringstorff bei der Wahl zum Landesvorsitzenden auf 83 Prozent der Delegiertenstimmen zu. In Stralsund appellierte Ringstorff außerdem an alle Parteimitglieder, eine eventuelle Stasi-Mitarbeit sofort zu offenbaren. Nur durch Ehrlichkeit könne Schaden von der Partei abgewendet werden. Ringstorff meinte darüber hinaus, dass der Sozialdemokratie unkalkulierbarer Schaden durch Unaufrichtigkeit entstanden sei. Aufrichtigkeit sei das richtige Mittel um sich von »Wendehälsen und Blockflöten« zu unterscheiden.[59] Daraufhin wurde eine Vertrauenskommission als Anlaufstelle für verunsicherte Parteimitglieder beschlossen und gebildet. Kurz zuvor war auch der Rostocker Innensenator von der SPD, Rudi Rudloff über seine DDR-Vergangenheit gestürzt.

Unmittelbar vor diesem zweiten Landesparteitag bilanzierte SPD-Landesgeschäftsführer Nikolaus Voss, dass die SPD in ihren Hochburgen Rostock, Neustrelitz, Schwerin und Wismar einen beachtlichen Mitgliederzuwachs von mehr als zehn Prozent erreicht hätte. Gegenwärtig würden 3.300 Sozialdemokraten den Landesverband bilden, damit aber nur 20 Prozent der 15.000 CDU-Mitglieder darstellen. Außerdem hätte sich die soziale Struktur der Mitgliederbasis verändert. Mit 48,8 Prozent Angestellten, 27 Prozent Arbeitnehmern und sechs Prozent Selbstständigen wäre sie weder eine pfarrer- noch unternehmerfeindliche Partei. Auch weil das prominente Berliner SPD-Mitglied Wolfgang Thierse in Berlin dazu aufgerufen hatte, sich gegenüber unbescholtenen ehemaligen PDS- und SED-Mitgliedern zu öffnen, führte Voss aus: »Mit diesen Leuten wird oft sehr undifferenziert umgegangen, weil viele von uns eine tiefe Skepsis gegenüber Ex-Kommunisten empfinden.« Auch er sprach sich für eine kritische Prüfung und »Einladung zum Mitmachen« aus. Außerdem sollte der Landesverband in naher Zukunft Liegenschaften in Wismar, Stralsund und Schwerin zurückerhalten.[60] Die strukturellen Perspektiven der SPD hellten sich auf.

Mitte Dezember 1991 stellte Ringstorff nach einem Jahr Oppositionsführerschaft fest, dass in den meisten politischen Bereichen das »trockene Ufer« erreicht sei. Trotzdem lebten mittlerweile 40 Prozent Arbeitslose, Kurzarbeiter und ABM-Kräfte unter den Mecklenburgern und Vorpommern. Darüber waren bereits 43.000 von ihnen auf Sozialhilfe angewiesen, wovon die Hälfte jünger als 25 Jahre war. Sigrid Keler, Schwiegertochter des Bauhaus-Künstlers Peter Keler, der zu DDR-Zeiten ein größeres Grundstück in Born auf dem Darß gekauft hatte, wo sie viel Zeit verbrachte, berichtete später von Orten in ihrem Wahlkreis, in denen zeitweise 80 Prozent der erwerbsfähigen Bewohner arbeitslos waren.[61] Nicht arbeitslos wurde derweil ein schleswig-holsteinischer Architekt, der sowohl den Dienstsitz des Innenministers wie auch den Landtagssitz, das Schweriner Schloss, restaurierte und daneben die Privathäuser des Innenministers und seines Staatssekretärs projektierte. Dadurch hervorgerufene Filzvorwürfe kommentierte Ringstorff, durchaus an öffentlicher Aufklärung in der Sache interessiert, schlicht mit den Worten: »Ein bisschen viel Zufall.«[62] Auch in anderen Fällen neigte er nicht zur ausdauernden Skandalisierung von Fehlern des politischen Gegners.

Der hier ebenfalls getadelte Ministerpräsident Gomolka hatte bereits im November 1991 bei seiner Antrittsrede als Präsident des Bundesrates in Westdeutschland eine »beschämende Buchhaltermentalität« gegenüber Ostdeutschland ausgemacht. Sein Kollege, der sächsische Ministerpräsident Kurt Biedenkopf, ein Westdeutscher, kritisierte später die Regelung zur Rückübertragung von Eigentum in Ostdeutschland. Der Grundsatz »Rückgabe vor Entschädigung«, von der westdeutschen CDU gegen den ausdrücklichen Willen der letzten DDR-Regierung durchgesetzt, sei ein folgenschwerer Fehler im deutschen Einheitsprozess. Das Prinzip lasse sich zwar nicht umkehren, müsste aber in seinen Folgen korrigiert werden. Harald Ringstorff sagte, diese offenen Vermögensfragen seien das größte Handikap des Einigungsvertrages. Seine Fraktion werde einen Antrag im Parlament einbringen, in dem die Landesregierung aufgefordert wird, eine Bundesratsinitiative auf den Weg zu bringen, durch die der Grundsatz »Entschädigung vor Rückgabe« zur Regel wird. Zu diesem Zeitpunkt lagen in Mecklenburg-Vorpommern rund 120.000 Anträge zu offenen Vermögensfragen vor, überwiegend bezüglich der Rückübertragung von Vermögen.[63] Unmittelbar in dieser Zeit, am 4. März 1992, nahm sich der Brandenburger Kommunalpolitiker Detlef Dalk das Leben, weil ein Westdeutscher Rückübertragungsansprüche auf sein Grundstück angemeldet hatte. Ein Vorgang, über den in Mecklenburg-Vorpommerns Medien breit berichtet wurde.

Auch Harald Ringstorff und seine Frau Dagmar hatten zuvor ihr gemietetes Haus in Weiße Krug bei Sternberg wegen Rückübertragungsansprüchen eines westdeutschen Altbesitzers verlassen müssen. In derselben Straße jedoch wurde ihnen, zwei Häuser weiter, ein Baugrundstück am See zum Kauf angeboten, wo sie innerhalb kürzester Zeit ein Eigenheim errichteten. Zuvor hatten sie seit 1981 am Wochenende gemeinsam in Weiße Krug gelebt. Ringstorffs Schwester arbeitete als Lehrerin im nahegelegenen Brüel und hatte sie auf das leer stehende Gebäude in dem idyllischen Ort am Wald und Wasser hingewiesen. Ringstorffs Frau Dagmar, eine Pantomimenkünstlerin, konnte einerseits ihr Equipment in der 52 Quadratmeter großen Zweizimmerwohnung in Rostock nicht problemlos verstauen, dort vor allem aber nicht proben. Nach einem Urlaub in Weiße Krug entschlossen sie sich, das Haus zu mieten. Dagmar Ringstorff lebte dort nun auch unter der Woche, nahm hier ihren Erstwohnsitz, während Ehemann Harald in Rostock seiner Arbeit im Labor wie auch an Schiffen nachging und am Wochenende das Haus in Stand setzte. Es brauchte aber eine Weile, bis der promovierte Aktentaschenträger von der Dorfgemeinschaft angenommen wurde. Nachbar Fritz Hacker beobachtete ihn wochenlang schweigend, dann besuchte ihn Ringstorff mit einer Flasche Schnaps. Man sprach platt. Später führte Ringstorffs erster Weg am Freitagabend, wenn er mit dem Trabant aus Rostock kam, in die Dorfkneipe. Dort besiegte der Akademiker reihum die Männer des Ortes im Armdrücken. Er und seine Frau waren angekommen und angenommen. Sonntagabends fuhr Ringstorff pünktlich zur »ARD«-Tagesschau zurück nach Rostock. Leben in zwei Welten.

Auch die Parallelwelt der Stasi-Akten blieb erhalten und entwickelte sich munter. Heiko Lietz, Landessprecher von Bündnis '90, hatte Anfang 1992 als erster Mecklenburger offiziell seine Stasi-Akte eingesehen. Viel später gab Ringstorff zu Protokoll, dass er selbst dafür noch keine Zeit gehabt hätte. Um für mehr Klarheit im Umgang mit diesem DDR-Erbe zu sorgen, wurde Mitte November 1992 die Behörde des Landesbeauftragten für Stasi-Unterlagen im Landesparlament beraten und beschlossen. Der Landesbeauftragte, »eine besonders integere Persönlichkeit« sollte Erstberatungen für Diktaturopfer gewährleisten aber auch über Akteneinsichtsmöglichkeiten informieren. Mit einfacher Mehrheit von den Landtagsabgeordneten

gewählt, war seine Geschäftsstelle zukünftig beim Schweriner Justizministerium angesiedelt. Harald Ringstorff, durchaus interessiert an
Geschichte und Wissen um die Vergangenheit der politisch Tätigen,
setzte eher auf Versöhnung als Aufarbeitung und besuchte so gut
wie nie seine Veranstaltungen.

Ende des Jahres 1991 wurde Alfred Gomolka neuer Bundesratspräsident. Mit Rainer Ortleb, Angela Merkel und Günther Krause
stammten zu dieser Zeit außerdem alle Ostdeutschen im Bundeskabinett aus Mecklenburg-Vorpommern. Auch durch den SPD-Par-
teiratsvorsitz von Harald Ringstorff war die politische Elite Mecklenburg-Vorpommerns im Bund angekommen und etabliert. Im Land
aber begann es zu kriseln.

Werftenkrise und ein neuer Ministerpräsident

Schlug der Rostocker Überseehafen vor der Friedlichen Revolution
jährlich über 20 Millionen Tonnen um, waren es 1991 etwa 6,1 Millionen Tonnen in den ersten zehn Monaten des Jahres. Auch die Fi-
schereiwirtschaft in Mecklenburg-Vorpommern war bis Ende 1991
von 4.000 auf 335 Mitarbeiter geschrumpft. Es wurden demnach
weniger Schiffe gebraucht und auch deshalb setzte sich nach der
Maueröffnung die seit den 1970er-Jahren in der Bundesrepublik
grassierende Werftenkrise in Ostdeutschland fort. Das Schiffbau-
kombinat der DDR, hoch subventioniert und zentralisiert, musste in
die Marktwirtschaft überführt werden. In Mecklenburg betraf dies
unter anderem die Stralsunder Volkswerft, die Neptun Werft und
die Warnowwerft in Rostock und die MTW Meerestechnik Werft
Wismar. Später auch die Elbewerft in Boizenburg. Ringstorff forderte wiederholt, dass der notwendige Schrumpfungsprozess sozial-
verträglich und ökonomisch sinnvoll erfolgen müsse. Er verlangte
die Schaffung einer Holding, in welcher die 24 Schiffbauunternehmen
der früheren DDR zusammengefasst werden sollten, und wandte
sich wiederholt gegen die Absicht der Treuhand, den ostdeutschen
Schiffbau zu zerschlagen.

Aber Werftenkrisen waren nun in regelmäßigen Abständen Gegenstand politischer Auseinandersetzungen in Mecklenburg und Vorpommern. Schlagzeilenträchtig auch im Frühjahr 1992. Harald Rings-

torff warf hier der Regierungskoalition vor, das Problem der Werften zu spät und zu schwach anzugehen. Er forderte, dass ihnen Altschulden erlassen und Infrastrukturen ausgebaut werden müssten. Die etwa 28.000 in dieser Zeit von Arbeitslosigkeit bedrohten Werftarbeiter, seine ehemaligen Kollegen, sollten in unterschiedliche Qualifizierungs- und Beschäftigungsgesellschaften eingegliedert werden.[64] Insgesamt gehörten rund 47.000 Werftarbeiter zum potenziellen »Protestpotential« in Mecklenburg-Vorpommern.

Wie aber privatisiert man gleich mehrere Werften? Im Paket oder doch besser einzeln? Die regierende CDU votierte für einen Gesamtverbund der Ostseewerften, während ihr Koalitionspartner FDP eine Einzelprivatisierung bevorzugte. Der CDU-Landesverband beschloss am 28. Februar 1992 salomonisch, dass sowohl Verbundlösung als auch Einzelprivatisierung möglich sein sollten. Am 2. März 1992 demonstrierten trotzdem 10.000 Werftarbeiter in Wismar, Warnemünde und Waren für eine Koalitionseinigung auf die Verbundlösung. Am 4. März reisten schließlich 3.500 Schiffbauer aus ganz Mecklenburg-Vorpommern zu einer Demonstration vor die Schweriner Staats-

Abb. 6 Harald Ringstorff betrachtet am 4. März 1992 die Demonstration der Werftarbeiter in Schwerin.

kanzlei. Die war noch zweieinhalb Jahre zuvor Gebäude der SED-Bezirksleitung gewesen. Ministerpräsident Gomolka war nicht im Lande und besuchte stattdessen Kanzler Helmut Kohl. Gemeinsam mit dem CDU-Landesvorsitzenden Günther Krause besprachen sie, als Folge des am Tag zuvor abgehaltenen Koalitionsausschusses, eine »Gesamtlösung« für die ostdeutschen Werften. Folglich hörten sich »nur« Minister auf der Freitreppe der Staatskanzlei die Beschwerden der Schiffbauer an, die mit zwei großen schweren Ankern den Zugang zur Staatskanzlei blockierten. Sozialminister Klaus Gollert lud nach seinen Worten die anwesenden Betriebsräte zu einer Beratungsrunde ein. Innenminister Diederich versuchte sich am Mikrofon Gehör zu verschaffen, brach diesen Versuch aber später ab. Sprechchöre übertönten ihn. Wirtschaftsminister Lehment wurde von Bundeswirtschaftsminister Jürgen Möllemann unterstützt, der die Werften an mehr als einen Investor verkaufen wollte und feststellte: Das Erbe der Staatsfirmen könne nicht eine neue Staatsfirma sein. Mehr Akzeptanz bei den Demonstrierenden fand Oppositionsführer Harald Ringstorff, der die maritime Wirtschaft nicht den freien Kräften des Marktes überlassen wollte. Das funktioniere nirgendwo auf der Welt. Die sogenannte Gesamtlösung, die Gomolka zeitgleich mit Kohl verhandelte, eine Superstaatsholding, die weder die Einzelprivatisierung noch die Sanierung im Verbund zuließ, sollte nicht die Werften, sondern die Koalition retten. Ringstorff forderte deshalb wie der IG-Metall-Sprecher Wolfgang Mädel den Rücktritt der Regierung.[65] Wenig später trafen Gomolka, Ringstorff und Rehberg auf der Werft in Wismar aufeinander. Während Gomolka sein Fernbleiben vom 4. März verteidigte, sagte Ringstorff: Wenn es in diesem Land brennt, haben sie hier zu sein.[66] Gomolka konnte aber mittlerweile nicht mehr überall sein, wo der Ministerpräsident wirklich gebraucht wurde.

Sein Kollege, der sächsische Ministerpräsident Kurt Biedenkopf, schrieb am 7. März in sein Tagebuch:

»Gomolka hat es derzeit besonders schwer. Die IG Metall versucht am Beispiel der Werften ihre Forderung nach einer Staatsholding durchzusetzen. Krause unterstützt sie dabei, allerdings eher mit dem Ziel, Gomolka zu beerben und selbst Ministerpräsident in Mecklenburg zu werden. Die FDP, vertreten durch ihren Wirtschaftsminister in Mecklenburg, will wiederum ihre ordnungspolitische Kompetenz unter Beweis stellen. Derweil demonstrieren die Werftarbeiter und halten ihre Betriebe besetzt. Sie sind, nicht ganz zu Unrecht, der Ansicht, dass der Streit weniger ihr als das Schicksal der Streitenden zum Gegenstand hat. Gomolka behält in all dem eine erstaunliche Ruhe. Ich habe ihn nicht falsch eingeschätzt. Auf meine Frage nach seiner Befindlichkeit zitierte er ein plattdeutsches Gedicht vom Eichenbaum am Meer, dessen Krone auch der Sturm nichts anhaben kann. Auf Hochdeutsch klang es anschließend weit weniger überzeugend.«[67]

Die ostdeutsche CDU war zu diesem Zeitpunkt in Aufruhr. Im Sommer des Jahres 1991 musste Gerd Gies in Sachsen-Anhalt nach nur acht Monaten im Amt des Ministerpräsidenten zurücktreten und für Werner Münch aus Westdeutschland Platz machen. Als ehemaliges selbst in das SED-Regime verstricktes Blockparteimitglied war er gegenüber Parteifreunden vergangenheitspolitisch zu weit gegangen. In Sachsen hatten Klaus Reichenbachs innerparteiliche Gegner ihr Ziel erreicht und den Rücktritt des ehemaligen Blockparteifunktionärs vom Amt des Landesvorsitzenden erzwungen. Und auch der thüringische Ministerpräsident Duchač war einige Wochen vorher über seine DDR-Vergangenheit gestolpert und durch den Westimport Bernhard Vogel ersetzt worden. Und nun setzte die Werftenkrise ihren Parteifreund Alfred Gomolka zunehmend unter Druck.

Ringstorff trat derweil nicht nur im Landtag dafür ein, die MTW Meerestechnik Werft Wismar, Neptun Werft und Warnowwerft sowie das Dieselmotorenwerk Rostock an die Bremer Vulkan AG zu verkaufen. Der diesbezügliche SPD-Antrag wurde aber mit 31 gegen 30 Stimmen abgelehnt. Am 11. März stimmte der Landtag stattdessen mit einer Stimme Mehrheit der Koalitionsvorlage zu.[68] FDP-Minister Klaus Gollert schreibt:

»Die CDU trat öffentlich für eine Verbundlösung auf, während wir einer Privatisierung der Einzelwerften an verschiedene Interessenten den Vorrang einräumten. Dieser Konflikt wurde durch Äußerungen des damaligen Landesvorsitzenden der CDU vor Werftarbeitern so dargestellt, als wäre unsere Vorstellung gleichzusetzen mit der Vernichtung von Arbeitsplätzen. Man wünschte, alle Werften unseres Landes an den Bremer Vulkan zu geben. Letztendlich haben wir uns durchsetzen können und nach vielen Beratungen auch mit Graf Lambsdorff nachts in einem Hotel in Berlin oder in Telefonkonferenzen, der uns immer ermutigte, bei unserer Position zu bleiben, konnten wir die CDU zwingen, unseren Vorstellungen zu folgen. Wie richtig das war, hat die Zukunft bewiesen. Sonst wären weitere Millionen DM vom Bremer Vulkan abgezogen und in der Weser versenkt worden.«[69]

Ringstorff bemerkte süffisant: Die Bundes-FDP habe sich durchgesetzt, der Schwanz mit dem Hund gewedelt.»Wahrscheinlich regiert man dieses Land von Bonn aus. Herr Gomolka steht als Dirigent am Pult, weiß aber nicht mehr, was gespielt wird.« Ringstorff sah die Schuld aber nicht bei Gomolka.

»Ursprünglich, so kommentiert Ringstorff die Geschehnisse der letzten Tage im Werftenstreit weiter, habe scheinbar die Absicht bestanden, die FDP aus der Regierung zu boxen. Die CDU des Landes sprach sich für die Verbundlösung aus, riskierte damit den Koalitionsbruch und hätte bei Neuwahlen mit der Person des Landesvorsitzenden und Bundesverkehrsministers, Günther Krause, den Retter der maritimen Industrie präsentieren können. Dieses Konzept habe dann wohl der Bundeskanzler selbst verhindert.«[70]

Parallel zur Landtagsabstimmung am 11. März hatten sich vor dem Parlament rund 8.000 Werftarbeiter versammelt und gefordert, der von ihnen favorisierten Verbundlösung mit der Bremer Vulkan AG zuzustimmen. Der herbeigeeilte Wolfgang Thierse sagte den Demonstranten, der Kompromiss sei eher eine Versteigerung als eine vernünftige Entscheidung.[71] Mit dem Beschluss der Landesregierung und des Parlaments wurden die MTW Schiffswerft GmbH in Wismar und das Dieselmotorenwerk Rostock an die Bremer Vulkan AG und die Warnemünder Neptun-Warnow-Werft an den norwegischen Schiffbauer Kvaerner verkauft. Anschließend sollten noch die Treuhand wie auch das Finanzministerium und die EG-Kommission darüber entscheiden. Ein vorläufiges Ende der Werftenkrise.

Sie riss aber noch Alfred Gomolka mit. Justizminister Ulrich Born hatte dessen Nachgiebigkeit gegenüber der FDP bei der Werftenprivatisierung kritisiert. Er traf hierbei einen Mehrheitsnerv der CDU-Fraktion. Als diese sich dem Wunsch des Ministerpräsidenten widersetzte, Born wegen seiner Kritik zu entlassen, kam es zu einer Regierungskrise. Gegen den Rat von Helmut Kohl entließ Gomolka Born am Abend des 13. März 1992, einem Freitag. Im Begleitschreiben zur Entlassungsurkunde war zu lesen, dass Born sich grober Illoyalität schuldig gemacht habe. Am selben Tag traf sich im Landtag die SPD-Fraktion zu einer Sitzung. Fraktionsvorsitzender Harald Ringstorff erklärte:

»Da die CDU offenbar nicht in der Lage ist, ihre innere Krise durch Personalentscheidungen schnell zu überwinden, erwägen wir ein konstruktives Misstrauensvotum zur Abwahl des Ministerpräsidenten Gomolka.«[72]

Spätestens am Montag sollte auch der SPD-Landesvorstand sich über sein diesbezügliches Vorgehen einigen. Am Samstag sagte Ringstorff der Berliner Zeitung:

»Die SPD sei bereit eine Minderheitsregierung zu stellen, jedoch nur ›bis zum Termin von Neuwahlen‹. Und das schnellstmöglich. Die CDU sei so sehr zerstritten, daß sie in Sachfragen nichts mehr lösen kann‹. Sie habe abgewirtschaftet und ›muß sich in der Opposition regenerieren.‹«[73]

CDU-Fraktionschef Rehberg kündigte derweil an, dass die Fraktion Gomolka am selben Samstag das Misstrauen aussprechen werde. Nur sechs von 30 Abgeordneten standen bei der Abstimmung hinter dem Ministerpräsidenten. Am darauffolgenden Sonntag, dem 15. März, trat Gomolka nach rund 500 Tagen im Amt und angesichts rapide schwindender Mehrheiten zurück. Ringstorff setzte umgehend eine Pressekonferenz an: »Mit diesem Schritt ist Herr Gomolka sich treu geblieben. Er hat am Nachmittag noch öffentlich versichert, nicht zurückzutreten, und nun tut er es doch.«[74] Ringstorff forderte Neuwahlen. Auch Innenminister Diederich stellte sich gegen Gomolka.

Wurde er doch neben CDU-Generalsekretär Berndt Seite und dem Stralsunder Bürgermeister Harald Lastovka als wahrscheinlichster Gomolka-Nachfolger gehandelt. Eine Sondersitzung des Landesvorstandes der CDU nominierte aber noch am Sonntag den von der Landtagsfraktion empfohlenen Berndt Seite zum Nachfolger. 19 Vorstandsmitglieder stimmten für ihn, drei enthielten sich. Der Tierarzt war geborener Schlesier und seit Jahrzehnten in Walow an der Mecklenburgischen Seenplatte wohnhaft. Als Mitglied der Synode der evangelischen Kirche Mecklenburgs war er bereits zu DDR-Zeiten jenseits staatlicher Strukturen politisch aktiv und unter Beobachtung des Ministeriums für Staatssicherheit.[75] Während der Friedlichen Revolution gründete er gemeinsam mit Gottfried Timm das Neue Forum in Röbel, trat später der CDU bei und wurde Landrat. Er war kein ehemaliges Blockparteimitglied, stattdessen wollte er Mecklenburg-Vorpommern mit dem Flammenwerfer nach »roten Socken« durchkämmen.[76] Ringstorff kommentierte:

> »Da hat der clevere Herr Krause wieder einmal in die Trickkiste gegriffen und ganz bewußt einen gänzlich Unbekannten auf die politische Bühne gehoben, der sicher nur eine Interimsfigur sein wird. Wenn der Verkehrsminister im Herbst in Bonn geschaßt wird, wird es ihm leichtfallen, dann wenigstens in Schwerin wieder zu Amt und Würden zu kommen.«[77]

Nachdem Seite zum Nachfolger bestimmt war, reichte Gomolka am Montag bei Landtagspräsident Prachtl offiziell seinen Rücktritt ein. Der übergab ihm zum Abschied eine Kopie von Ernst Barlachs »Mann mit Laterne«. Mit Gomolka verlor der letzte Ostdeutsche unter den CDU-Regierungschefs der neuen Bundesländer sein Amt. Am Tag nach seiner Entlassung wurde in Wismar wie zum Hohn Justizminister Born zum CDU-Kreisvorsitzenden gewählt. Ringstorff kommentierte, die Art wie Gomolka aufrichtig um seine Selbstachtung gekämpft hätte, nötige ihm bei aller politischen Gegnerschaft Respekt ab. Für Montag, den 16. März, lud Helmut Kohl zu einer Krisenbesprechung ins Bonner Kanzleramt. Neben Noch-Generalsekretär Berndt Seite nahmen daran auch der Fraktionsvorsitzende Rehberg und der CDU-Landesvorsitzende, Bundesverkehrsminister Krause teil. Bundesministerin Angela Merkel, die ihre politische Heimat seit der Bundestagswahl in Mecklenburg-Vorpommern hatte, wurde nicht hinzugezogen. Die Frankfurter Allgemeine Zeitung schrieb: »Die CDU, das ist in Krisenfällen derzeit der Parteivorsitzende und Bundeskanzler Kohl.« In einer gemeinsamen Erklärung formulierten CDU und FDP Mecklenburg-Vorpommerns am 17. März ihre weitere Zusammenarbeit auf Basis der Koalitionsvereinbarung von 1990. An dem Gespräch nahm neben Günther Krause auch der FDP-Landeschef Rainer Ortleb teil. – Kurt Biedenkopf schrieb an diesem Tag in sein Tagebuch:

»Sitzung des Verwaltungsrats der THA (Treuhandanstalt) in Berlin. Im Mittelpunkt stehen die Werften in Mecklenburg-Vorpommern. Gomolka ist am Montag zurückgetreten. Er hatte die Mehrheit in der CDU-Fraktion verloren. Born und Krause haben sich durchgesetzt. Kohl konnte oder wollte Gomolka nicht mehr halten. Eine Dorfposse, nicht einmal eine Provinzposse, nannte es Gomolka gestern Abend am Telefon. Er sei sehr erleichtert. Traurig sei er nur gewesen, als am Samstag so wenig Fraktionskollegen ihm die Stange gehalten hätten. Nur sechs Mitglieder der Fraktion hatten für ihn gestimmt. Gomolka stimmt dem jetzt vorliegenden Vorstandsvorschlag zu. Zu Protokoll erklärt er, dass die Landesregierung die Privatisierung beschlossen hat. Damit sind zugleich die Vorstellungen abgelehnt, die Krause und der IG-Metall-Bezirksvorsitzende verwirklichen wollten. Beide wollten eine sogenannte ›große Lösung‹, auch als Verbundlösung diskutiert. Die Bremer Vulkan sollte alle Werften an der Ostseeküste übernehmen. Damit wäre eine Art Werftenmonopol entstanden, dem die Bundesregierung die dauerhafte Subvention nicht hätte verweigern können. Zugleich wäre die IG Metall ihren Vorstellungen von einem Staatsunternehmen und der Sanierung ostdeutscher Unternehmen durch Übernahme in den staatlichen Besitz ein ganzes Stück nähergekommen. Mit der jetzigen, vom Verwaltungsrat beschlossenen Privatisierungskonzeption werden rund 5.800 Arbeitsplätze gesichert. Weitere 1.700 sollen nach weiteren Verhandlungen erhalten werden. Die Kosten für die Verwirklichung der bisher beschlossenen Privatisierungen werden rund 2,6 Milliarden DM betragen.«[78]

In einem Interview sagte Harald Ringstorff daran anschließend:

»Es hat der CDU-Landesvorstand einen Kandidaten gekürt. CDU-Landesvorstand und CDU-Fraktion sind nicht dasselbe. Der Kandidat hat ganz unmissverständlich zu erkennen gegeben, dass er die vorbereitete Entscheidung in der Werftenfrage tragen wird, also im Prinzip die Einzellösung. Die CDU-Fraktion hatte aber einstimmig eine andere Lösung vorgeschlagen. Herr Seite wird zeigen müssen, wie er aus dieser Klemme herauskommt. Ob die CDU-Fraktion geschlossen zu Seite steht, muss erst der Donnerstag beweisen. [...] Wie gesagt, wir müssen den Donnerstag abwarten. Wenn sich nach Neuwahlen eine Konstellation ergeben sollte, die so einen Schritt mit neuen Leuten in der CDU eventuell möglich macht, dann muß sicherlich darüber gesprochen werden. Aber die Vertreter der CDU, die jetzt im Landtag sitzen, sind zu einem Großteil nicht in der Lage, eine vernünftige Politik zu machen. Es sind zu viele belastete Leute, und es ist der SPD schwer zuzumuten, mit solchen Leuten in ein Boot zu steigen.«[79]

Ringstorff wollte bei der an diesem Tag anstehenden Neuwahl des Ministerpräsenten seinen Hut in den Ring werfen und bei einem Sieg einer Minderheitsregierung vorstehen. PDS-Abgeordnete signalisierten, dies zumindest zu tolerieren. Der Fraktionsvorsitzende Johann Scheringer und einige weitere Links-Parlamentarier wollten sogar für Ringstorff stimmen. Eine Sensation bahnte sich an! Sozialdemokraten und auch Gewerkschaften schlugen außerdem Neuwahlen für den 31. Mai vor. Berndt Seite lehnte dies ab. SPD und DGB riefen deshalb gemeinsam mit dem Neuen Forum eine »Landesinitiative für Neuwahlen« ins Leben. DGB-Landeschef Peter Deutschland gehörte neben dem Rostocker Oberbürgermeister Klaus Kilimann und Bündnis '90-Landeschef Heiko Lietz sowie Landtagsvizepräsident Rolf Eggert zu den Erstunterzeichnern der Initiative. Sie sammelten mehrere Tausend Unterschriften. Unzählige Schiffbauer blockierten außerdem vorübergehend Verkehrsknotenpunkte in Rostock und Stralsund. Andere Werftarbeiter kündigten eine Demonstration für Neuwahlen am Tag der Ministerpräsidentenwahl an.

Alfred Gomolka, der sein Landtagsmandat behielt, bestand darauf, dass Innenminister Diederich nicht sein Nachfolger würde und Born nicht wieder dem Kabinett angehören sollte. Wegen der knappen Einstimmenmehrheit kam es im Landtag bei der Wahl des neuen Ministerpräsidenten auf Gomolkas Stimme an. In der Probeabstimmung über Seite innerhalb der CDU-Fraktion enthielt sich ein unbekannter Abgeordneter. Ein Warnschuss. Der Abgeordnete Kalendrusch, der nach einer Herzattacke wegen des Streits um die Werften stationär behandelt wurde, meldete sich immerhin rechtzeitig zur Abstimmung arbeitsfähig. Am Abend vor der Wahl erklärte außerdem Kultusminister Oswald Wutzke, ein Gomolka-Unterstützer, dass er dem neuen Kabinett nicht mehr als Minister zu Verfügung stehen würde. Die schweren menschlichen Enttäuschungen der letzten Tage hätten ihn zu diesem Entschluss geführt. Das Vertrauensverhältnis zwischen ihm und der Fraktion sei beendet.

Die Wahl zum Ministerpräsidenten am 19. März 1992 musste Seite von der Besuchertribüne verfolgen, da er kein Abgeordneter war. Erst im zweiten Wahlgang wurde Seite, der im ersten Durchgang nur 33 Stimmen erhalten hatte, mit 36 Stimmen (zwei mehr als die Regierungskoalition hatte) zum Ministerpräsidenten gewählt. Für Ringstorff stimmten im ersten Wahlgang 27 und im zweiten 28 Abgeordnete. Ringstorff nannte den ersten Wahlgang einen politischen Denkzettel für die CDU und meinte, dass zu wenige Parteien Interesse an Neuwahlen gehabt hätten. Die Agonie der Landesregierung werde weitergehen und der nächste Streit kommen. Ringstorff und andere spekulierten, dass die zwei Extrastimmen für Seite von der PDS kamen. Diese hätte Neuwahlen unbedingt verhindern wollen, weil sie bei diesen wohl eingebrochen wäre. Während der Wahl des Ministerpräsidenten demonstrierten vor dem Schloss Bündnis '90-Aktivisten dennoch trotzig mit einem großen Transparent: »Neuwahlen oder wählt euch ein neues Volk«. Christoph Dieckmann schrieb in der »Zeit«:

»Am Abend stand Ringstorff, der Gegenfürst, an seinem Schlossfenster, schaute über den Schweriner Burgsee und sann der verronnenen Chance hinterher. Eine ›interessante Zwischenaufnahme‹ wären Neuwahlen gewesen. Im Unterschied zu den anderen Ost-

Bundesländern habe die CDU in Mecklenburg-Vorpommern den Neuanfang versäumt und klammere sich an die Macht. ›Es ist eben der Wille des Kanzlers, keinen weiteren sozialliberalen Präzedenzfall zuzulassen.‹«[80]

Die CDU Mecklenburg-Vorpommerns war aber noch längst nicht beruhigt. Berndt Seite schreibt:

»Der Anstifter zu dieser Kabale war der Landtagsabgeordnete der CDU, Georg Diederich. Vermutlich konnte er es in seinem Ehrgeiz nicht verwinden, dass er bei der Nominierung zur ersten Wahl 1990 meinem Vorgänger als Spitzenkandidat unterlegen war.«

Tatsächlich blieb die Situation verzwickt: Gomolka hielt nun zu Seite, Landessvorsitzender Krause aber zu Diederich und Rehberg. Als Seite Born tatsächlich nicht wieder zum Justizminister ernannte, verkündete Diederich, dass er auch nicht mehr für das Amt des Innenministers zur Verfügung stünde. Kurt Biedenkopf analysierte:

»Seite weigert sich, den Justizminister Born wieder einzustellen, den Gomolka entlassen hat – was ihm das Misstrauen der Fraktion eintrug, deren Pressesprecherin Frau Born ist. Nun muss Seite zwischen zwei Übeln wählen. Behält er Born, verliert er die Stimme Gomolkas. Entlässt er ihn, verliert er die Stimme Diederichs, des Innenministers.«[81]

Seite besetzte im Kabinett drei Ministerien neu. Herbert Helmrich wurde Justizminister, Lothar Kupfer Innenminister und Steffi Schnoor Kultusministerin. Wolfgang Schulz wurde als Bürgerbeauftragter außerdem zum parlamentarischen Staatssekretär befördert. Harald Ringstorff wohnte ihrer Vereidigung demonstrativ nicht bei. SPD-Fraktionssprecher Knut Degner notierte über die erste Pressekonferenz des neuen Ministerpräsidenten: Er wirke sympathisch, für sich einnehmend, zupackend. Ringstorff sagte hingegen: Mit einem neuen Gomolka in der Staatskanzlei beginne lediglich ein neues Kapitel in der Agonie der Landesregierung.[82] Der neue Ministerpräsident und er sollten menschlich nie zueinander finden. Ihre Beziehung ähnelte der zwischen Ringstorff und Rehberg. Sie war nur etwas jünger. Ringstorff deutete Seites erste Regierungserklärung Anfang Mai mit der Kritik, dass dieser glaube am Anfang einer Legislaturperiode zu stehen und nicht die Fehler der vergangenen Monate hinter sich zu haben. Absichtserklärungen hätten die Bestandsaufnahme ersetzt. Die Einladung Seites zu einer symbolischen Koalition der Vernunft kommentierte Ringstorff mit den Worten:»Dialoge kann es nur zwischen gleichberechtigten Partnern geben. Das setzt die Anerkenntnis von Mitverantwortung voraus.«[83]

Ende Juni 1992 verließ der wohnungspolitische Sprecher der SPD-Fraktion, Reinhardt Thomas, die Fraktion und Partei. Er hatte sie in Rostock mitbegründet und erklärte seinen Austritt mit unüberbrückbaren Meinungsverschiedenheiten in der Innen- und Rechtspolitik. Die SPD würde hier bei Problemen wie Verfassungsschutzgesetz, finaler Rettungsschuss und anderen Themen gemeinsame Positionen mit der PDS vertreten. Er trat 1993 in die CDU-Fraktion ein, was Christdemokraten und Liberalen endlich eine eigene Mehrheit verschaffte. Dieser Abgang des nach Wolfgang Schulz zweiten direkt gewählten SPD-Landtagsabgeordneten war eine ungewollte Morgengabe zum 100. Tag der Regierung Seite. Ringstorff gratulierte dem Ministerpräsidenten mit den Worten: Er hat den Vertrauensvorschuss, aus der Bürgerbewegung zu kommen, aufgebraucht.[84] Aber mit dem Ausscheiden von Reinhardt Thomas war auch Ringstorffs Aussicht auf einen Machtwechsel innerhalb der Legislaturperiode verschwunden. Da galt es, sich für zukünftige Wahlen breiter aufzustellen. Ringstorff wollte deshalb politisch ungebundenen»›Fachleuten wie Wirtschaftlern oder Künstlern‹ Ämter bis hin zu Bürgermeister- und Ministerposten anbieten. Ringstorff [sagte]: ›Wir dürfen nicht nur im eigenen Saft schmoren.‹«[85]

Lichtenhagen brennt

Der von Ringstorff geführte Parteirat billigte Mitte Mai 1992 ein für den 27. Mai geplantes Spitzengespräch zwischen der SPD-Führung und der CDU-Spitze um Bundeskanzler Helmut Kohl. Im Gespräch mit dem Kanzler wollte die SPD-Spitze klarmachen, dass die oppositionelle Sozialdemokratie einerseits bereit sei, Verantwortung zu übernehmen aber keine Koalition eingehen wolle. Eines der zentralen Probleme des Gesprächs, die grundlegende Reform der Asylpolitik, wurde beim Austausch zwischen den beiden Volksparteien nicht gelöst. Als Parteirats- und Landesvorsitzender bezog Ringstorff in dieser anhaltenden Asyldebatte eine eher konservative Position. Kritik von innerparteilich den Ton angebenden und überwiegend aus Westdeutschland stammenden linksorientierten Juristen an Ringstorff blieb daher nicht aus. Sie war wohl der Preis für weitgehende Zustimmung aus dem eigenen Landesverband. In ein überkommenes Links-rechts-Schema für SPD-interne Zuordnungsversuche ließ sich Ringstorff nie einordnen. Er war ostdeutsch sozialisierter Sozialdemokrat. Eine eigene Kategorie jenseits jeglicher Flügelzuschreibungen. Fehlende feste Parteibindungen in Ostdeutschland standen ideologischen Fixierungen eher im Wege. Landesinteressen standen für Ringstorff immer vor Parteiinteressen.

Ende Juni 1991 lebten 1.088 Asylbewerber in Mecklenburg-Vorpommern. In einer aktuellen Stunde beschäftigte sich der Landtag mit dieser an Relevanz zunehmenden Thematik. Harald Ringstorff griff hier vehement Innenminister Diederich an, weil dieser sich nicht bereits auf der vorangegangenen Landtagssitzung dem Thema gewidmet hätte. Die SPD sah asylpolitisches Heil unter anderem in der Aufklärung über die Lage der Einwanderer und die PDS schlug der Regierung die Einrichtung des Amtes eines Ausländerbeauftragten vor. Zu diesem Zeitpunkt wurde nicht nur das Schweriner Asylbewerberheim von rechtsradikalen Jugendgruppen angegriffen.[86] Diese Angriffe setzten sich vielerorts fort, woraufhin der Rostocker SPD-Bürgermeister Kilimann, Landtagspräsident Rainer Prachtl aber auch Harald Ringstorff und der DGB-Vorsitzende Peter Deutschland im Oktober 1991 zu Montagsdemonstrationen gegen Ausländerhass und Fremdenfeindlichkeit aufforderten. In ihrem Aufruf war zu lesen, dass zwei Jahre nach der ersten Schweriner Montagsdemonstration des Revolutionsherbstes es jetzt jene Gewalt gebe, vor der sich damals viele fürchteten. Die Menschen sollten nicht länger wegsehen und schweigen »angesichts des Terrors gegen Kinder, Frauen und Männer, die, aus welchen Gründen auch immer, in Deutschland eine neue Heimat suchen.«[87] Ringstorff forderte eine aktive Integrationspolitik, zu der die Förderung des Kulturaustausches sowie der Einsatz von

Sozialarbeitern in den Kommunen gehörte. In Greifswald unterge-
brachte Asylbewerber flüchteten im folgenden Monat wegen unter-
schiedlicher Übergriffe ins schleswig-holsteinische Neumünster,
anschließend nach Norderstedt. Ringstorff forderte deshalb umgehend
den Rücktritt von Innenminister Diederich, weil der die Sicherheit
im Lande nicht mehr gewähren könne. Damit war die Situation von
Asylbewerbern in Mecklenburg-Vorpommern endgültig in den überregionalen Schlagzeilen angekommen. Aber die eigentliche Eskalation
stand noch bevor.

Im Sommer 1992 lebten bereits 11.400 Asylbewerber in knapp
100 Heimen in Mecklenburg-Vorpommern und ihre Zahl wuchs rasant.
Weil die Zentrale Aufnahmestelle für Asylbewerber (ZAST), die sich
seit Ende 1990 in Rostock-Lichtenhagen befand, mit nur 300 Plätzen
zeitweise völlig überbelegt war, »hausten« überwiegend rumänische
Flüchtlinge tagelang im Freien rund um die ZAST. Deren Anwohner
beschwerten sich zuhauf vor allem wegen Lärm- und Schmutzbeläs-
tigungen. Rostocks SPD-Innensenator Magdanz prophezeite für die
nahe Zukunft, »dass es kracht«. Beginnend mit Samstag, dem 22. August, demonstrierten demnach nicht ganz unerwartet Rechtsextreme
und Anwohner bis zum 26. August gegen die ZAST und versuchten,
in sie einzudringen. Dieses überregional wie auch international wahr-
genommene Ereignis machte den Namen Lichtenhagen vor allem
wegen mehrerer Tausend applaudierender und die öffentlichen Ein-
satzkräfte behindernder Zuschauer umgehend weltweit bekannt.
Nach der Räumung der ZAST am 24. August ließen die Angreifer von
der zentralen Aufnahmestelle ab und griffen die Polizeibeamten direkt
an. Etwa 65 Beamte wurden verletzt, die Unterstützung durch die
Bevölkerung ließ anschließend etwas nach. Verheerender waren jedoch
die folgenden Angriffe auf das angrenzende Wohnheim vietnamesi-
scher Vertragsarbeiter, das sogenannte Sonnenblumenhaus. Mehr
als 100 von ihnen hielten sich zu diesem Zeitpunkt in dem Gebäude
auf. Nur hatte die Polizei die Vietnamesen im Plattenbau irgendwie
vergessen. Und auch das »ZDF«-Team, dessen Filmaufnahmen anschließend um die Welt gingen.

Der politische Skandal bestand retrospektiv vor allem darin, dass
die Polizei keine einheitliche, vor allem nachvollziehbare Taktik verfolgte, sich zeitweilig sogar zurückzog und so die Angegriffenen sich

selbst überließ. Polizeiführer Siegfried Kordus, Chef des Landeskriminalamtes und Leiter der Polizeidirektion Rostock, sagte, unmittelbar vor seinem eigenen kurzzeitigen Verschwinden am Abend des 24. August habe es ein Telefongespräch zwischen Winfried Rusch, dem für die ZAST zuständigen Abteilungsleiter im Innenministerium, und Innenminister Kupfer, der in der Polizeidirektion Rostock weilte, gegeben. Rusch habe erklärt, die Asylbewerber seien evakuiert worden, woraufhin Kupfer und Kordus die Polizeidirektion verließen und für etwa zwei Stunden nicht erreichbar waren. Rusch erinnerte sich, dass er am Telefon nicht über die Vietnamesen gesprochen hatte: »Für die Vietnamesen war ich nicht zuständig.«[88] Tatsächlich waren Polizei und Bundesgrenzschutz für eine Stunde vor der ZAST kaum präsent. Laut Innenminister Lothar Kupfer »wurden am Montagabend gegen 21.00 Uhr die Hundertschaften, die zum Teil schon länger als 24 Stunden im Dienst gewesen seien, durch frische Kräfte abgelöst.«[89] Das wurde zuvor über den Polizeifunk abgesprochen, obwohl klar sein musste, dass die Randalierer den mithörten. Diese steckten nun ungehindert mit Hilfe von Molotowcocktails 20 geräumte Wohnungen im Sonnenblumenhaus in Brand, wodurch die etwa 100 Vietnamesen fast erstickten oder zu verbrennen drohten. Erst durch Reporter sollen die Polizisten von den Vietnamesen im Haus erfahren haben. Gegen 23 Uhr kam der Einsatzbefehl und die Polizisten holten die Vietnamesen aus dem Haus. Die Auseinandersetzungen hielten anschließend auf »kleinerer Flamme« noch für zwei weitere Tage an. Harald Ringstorff befand mit Worten, welche später, unter den Vorzeichen politischer Korrektheit, skandalträchtig genannt worden wären:

> »Wenn es uns noch so dreckig geht, wenn viele sich von den falschen Versprechungen vieler Westpolitiker zu Recht betrogen fühlen, wenn Flüchtlinge von sonst woher sich in unseren Grünanlagen noch so schlimm aufführen, sind das alles keine Gründe, sie für vogelfrei zu erklären, sie zu jagen und den Terror in unsere Stadtviertel zu tragen.«[90]

Bundestagsabgeordnete forderten den Bundeskanzler wie auch den Bundespräsidenten in diesen Tagen vergeblich auf, nach Rostock zu fahren. Harald Ringstorff hingegen war während der Krawalle von einer SPD-Fraktionsklausur auf Usedom gemeinsam mit Reinhard Meyer und Knut Degner nach Rostock gekommen. Hier traf er auf den seit dem Sommer 1992 im Rostocker Rechtsamt arbeitenden Sozialdemokraten Sebastian Schröder und den mit seinem Vater Dieter Schröder befreundeten ehemaligen SPD-Chef Hans-Jochen Vogel sowie weitere Sozialdemokraten. Nach einer Rathausrunde fuhr die Gruppe in die Nähe des Sonnenblumenhauses. »Das Volk hat Frust«, erklärte hier ein älterer Bürger Vogel. »Wir sind doch die Türken im eigenen Land«, beschwerte sich eine Bankangestellte.[91] Insgesamt waren die versammelten Sozialdemokraten entsetzt über das Ausmaß der Gewalt.[92] Laut Reinhard Meyer begann an diesem Abend auch die Auseinandersetzung zwischen Fraktionssprecher Knut Degner und dem Rostocker SPD-Innensenator Magdanz über die Frage, ob dieser und andere zuvor die Auseinandersetzungen eskalieren ließen, um Druck zugunsten der Asylreform auszuüben.[93]

In der Nacht von Donnerstag zu Freitag kam es in Rostock nach fünf Nächten erstmalig zu keinen Gewalttaten mehr. Durch einen Antrag der Sozialdemokraten wurde für diesen letzten Tag vor dem Wochenende eine Sondersitzung des Schweriner Landtages zur inneren Sicherheit in Mecklenburg-Vorpommern einberufen. Harald Ringstorff sagte:

> »Wir erwarten von Ministerpräsident Seite eine Regierungserklärung zu den Ereignissen der letzten Tage. [...] Alle weiteren Schritte und die Forderung nach personellen Konsequenzen werden wir uns vorbehalten.«[94]

Damit war der Rücktritt von Innenminister Kupfer gemeint. Spektakulär war die Rede der stellvertretenden FDP-Fraktionsvorsitzenden Stefanie Wolf:

> »Wir sind blind geworden. Wir überhören Signale und wissen unübersehbare Zeichen nicht zu deuten. Wir sagen: Volk und Land und meinen oft: Partei und Parteiinteresse. Hätten Politik und Verwaltung auf Missstände und Proteste reagiert, dann wäre es nicht zur

Gewalteskalation gekommen. [...] Da liegt unsere Verantwortung, da liegt unsere Schuld.«[95]

Weiter sagte sie, es wäre ein Skandal, wenn im Rahmen von Untersuchungen festgestellt würde, dass Verantwortliche eine begrenzte Eskalation der Gewalt riskiert hätten, um auf Parteien im Bundestag Druck auszuüben. Deshalb sei der von den Liberalen initiierte Untersuchungsausschuss notwendig.[96] Stefanie Wolf verlangte vom Untersuchungsausschuss auch Aufklärung darüber, ob der Bürgerbeauftragte Wolfgang Schulz Beschwerden von Rostocker Bürgern über die Zustände am ZAST der Landesregierung vorenthalten habe.

Innenminister Kupfer blieb bei seiner Haltung:»Ihren Kernauftrag, den Schutz der Asylbewerber [...] zu gewährleisten und Straftäter festzustellen und festzunehmen, hat die Polizei erfüllt.«[97] Kein Ausländer sei verletzt worden. Harald Ringstorff nannte Kupfers Bericht unbefriedigend und legte den Finger auf offene Wunden: »Wo war die Polizei, als das Heim am 24. August brannte, zwischen 21.38 und 22.51 Uhr?« Er fragte, weil Polizeiführer Siegfried Kordus sich nach eigenen Angaben gegen 20 Uhr nach Hause begab, »um das Hemd zu wechseln«. Ringstorff behauptete: Um dort eine Mütze voll Schlaf zu nehmen. Gegen 23.15 Uhr machte sich Harald Ringstorff an diesem Abend selbst auf die Suche nach dem Polizeidirektor.»Ich habe dann diese Rostocker Rufnummer angerufen und Frau Kordus hat sich gemeldet und hat zuerst Bedenken angemeldet, ob sie ihren Mann denn wecken könnte.« Kordus bestritt diese Version.[98]

Der Antrag der PDS auf Entlassung Kupfers wurde mit der Koalitionsmehrheit abgelehnt. Die Bildung eines Untersuchungsausschusses beschloss das Parlament dagegen einstimmig. Die Parteien waren sich darin einig, dass die Medien durch ihre Art der Berichterstattung die Ausschreitungen angeheizt hätten. Die Frankfurter Allgemeine Zeitung berichtete aber auch, dass Bundesjugendministerin Angela Merkel bei einem Besuch am 31. August in Rostock mit den Worten»Aber Gewalt, Gewalt darf nicht sein. Erst müssen wirklich alle friedlichen Mittel ausgeschöpft werden.« einiges Verständnis für den Unmut der Jugendlichen zeigte. Helmut Kohl nannte die Lichtenhagener Vorgänge eine »Schande für unser Land«, glaubte jedoch, Stasi-Leute hätten den Aufruhr »generalstabsmäßig« angeführt. CDU-Fraktionschef Eckhardt Rehberg wiederum sagte: »Die erschütternden Vorgänge in Rostock sind eine unmittelbare Folge der fehlgeschlagenen Asylpolitik, welche in erster Linie von der SPD zu verantworten ist.« Harald Ringstorff wiederum hatte zuvor auf die Möglichkeit eines »begrenzten Pogroms« hingewiesen, das der Reform der Asylpolitik faktisch Vorschub leisten sollte. Rehberg entgegnete: »Wer so etwas unterstellt, will, dass die staatliche Ordnung Schaden nimmt.«[99] Justizminister Herbert Helmrich erklärte in einem Interview außerdem: »Wir brauchen eine neue Mauer«, denn, »was uns überschwemmen wird, geht bis in die Türkei.« Ringstorff wiederum nannte dies eine unverantwortliche Aufforderung an die Gewalttäter im Lande.[100] Letztendlich spürten alle Parteien, dass sie mit ihren Auseinandersetzungen zu Lichtenhagen politisch nichts gewinnen konnten. Ricardo Korf, schillerndes Mitglied des Landesvorstandes der Grünen Mecklenburg-Vorpommerns, wies für seine Partei darauf hin, dass es nach Rostock nicht mehr ausreiche, »verbal offene Grenzen zu fordern«. Bei den Grünen müsse eine neue qualitative Diskussion beginnen, die zur Realitätsnähe in der Asylpolitik zurückführt.[101]

Der Sprecher der SPD-Landtagsfraktion in Schwerin, Knut Degner, nannte wenige Tage später verschiedene Politiker in Schwerin und Rostock »politische Brandstifter«. Sie hätten mit »Verantwortungslosigkeit, Ignoranz, Dummheit und menschenverachtendem Zynismus« die Krawalle befördert. In einem offenen Brief schrieb er nach einem Gespräch mit dem sozialdemokratischen Rostocker Innensenator Peter Magdanz, dass er »Gewissheit« hätte, dass die Zustände um die ZAST vorsätzlich geduldet wurden, »um weitere Asylbewerber vom Kommen abzuhalten«. Neben dem Rücktritt Lothar Kupfers forderte er auch die Demission des Rostocker Oberbürgermeister Klaus Kilimann und Innensenators Peter Magdanz, beide Sozialdemokraten. Harald Ringstorff hielt nichts von Degners »Vorverurteilungen«, dieser kündigte.[102] Andere meinen, er wurde entlassen. Seine mehr als zwei Jahre anhaltende Arbeit im engsten Umfeld von Ringstorff war jedenfalls abrupt beendet. Auf Knut Degner folgte als Fraktionssprecher Thomas Freund. Der promovierte Romanist und Journalist kam vom Wirtschaftsmagazin »Impulse« aus Köln und bewarb sich auf eine Anzeige in der »Zeit«. Nach Jahren des Schreibens wollte das langjährige Mitglied der SPD mithelfen, in Ostdeutschland etwas aufzubauen. Noch während des Vorstellungsgesprächs bei Ringstorff und Gottfried Timm aber hatte er das Gefühl, gescheitert zu sein und war überrascht, als er kurze Zeit später die Zusage für die Stelle erhielt. Freund wohnte wie viele andere Mitarbeiter im Speicher in der Lübecker Straße, wo er sich bald eine Wohnung mit Sebastian Schröder teilte, der 1993 aus dem Rostocker Rechtsamt ins Büro des Fraktionsvorsitzenden Harald Ringstorff wechselte. Knut Degners Leben hingegen nahm noch die ein oder andere medienöffentliche Wendung, bevor er am 21. November 2012 verstarb.

Spätestens nach den Lichtenhagener Ausschreitungen kochte aber auch in der SPD die Debatte über die Änderung des Asylartikels im Grundgesetz. Helmut Kohl brauchte noch immer die Zustimmung der Sozialdemokraten zu seiner Grundgesetzreform, die Parteichef Engholm mittragen wollte, andere Sozialdemokraten hingegen nicht. Harald Ringstorff sagte nach einer Parteiratssitzung, dass es in der SPD eine beträchtliche Anzahl von Landesvorsitzenden gebe, die einen diesbezüglichen Sonderparteitag nicht unbedingt für erforderlich halten würden. Er jedenfalls rechne mit breiter Zustimmung der SPD zu den Asylvorschlägen von Engholm. Vor allem die Parteilinke widersprach ihm, Ringstorff aber blieb bei seiner Position. Engholm forderte vor allem eine Trennung von Zuwanderern und Asylbewerbern. Für ihn durchliefen zu viele Menschen ohne Asylgründe das Asylverfahren. Die zuvor von der SPD gefassten sogenannten Petersberger Beschlüsse sahen deshalb vor, dass die SPD eine Grundgesetzänderung mittragen würde, um bestimmte Bewerber vom Asylprüfungsverfahren auszuschließen. Auch die SPD Mecklenburg-Vorpommerns wollte diesem Vorhaben zustimmen. Das beschloss zumindest der Landesparteirat. Ringstorff räumte aber ein, dass Engholms Konzept noch besser formuliert und konkretisiert werden müsse. Das Zeugnisverweigerungsrecht bei Asylanerkennung forderte Ringstorff beispielsweise auch bei politischer Verfolgung. Mitte Oktober 1992 tagte der Schweriner Landtag zum Thema Asylrecht. Opposition und Koalition konnten keine Einigkeit erzielen, sodass das CDU-FDP-Papier, das eine Asylrechtsverschärfung über Ringstorffs Absichten hinaus forderte, beschlossen wurde. Mit ihm sollte Kriegsflüchtlingen ein Bleiberecht außerhalb des Asylrechts gewährt werden, Menschen aus Nichtverfolgerstaaten sollten Asylanträge grundsätzlich in ihrem Heimatland stellen und Asylbewerber nur noch Naturalien und kein Bargeld mehr erhalten.[103]

Noch im Oktober 1992 gründeten Vietnamesen in Rostock zusammen mit Deutschen den Verein »Diên Hông – Gemeinsam unter einem Dach«. Einen Monat später fragte der Rostocker CDU-Kommunalpolitiker Karlheinz Schmidt den Vorsitzenden des Zentralrats der Juden in Deutschland, Ignatz Bubis, vor laufenden Kameras, ob der als deutscher Staatsbürger jüdischen Glaubens nicht seine Heimat in Israel sehe und was er von israelischer Gewalt gegen Palästinenser halte. Überregionale Medien berichteten breit. Berndt Seite hingegen sah darin ein »lokales Problem«, für das es keiner Entschuldigung bedürfe. Als sich Goldberger Bürger im Oktober außerdem weigerten, Asylbewerber aufzunehmen, sagte Innenminister Lothar Kupfer: »Wir können die doch nicht alle einsperren, leider.«[104]

Dieses Maß war nun voll. Mitte Februar 1993 brachte die SPD Dringlichkeitsanträge in den Landtag ein, mit denen Seite zum Rücktritt aufgefordert wurde: Er sei seinen Aufgaben nicht gewachsen. Wesentlicher Grund für diese Anwürfe war der anhaltende Streit um das Verhalten Kupfers während der Lichtenhagener Krawalle. Seine Weigerung, politische Verantwortung für Fehlleistungen zu übernehmen, führte zu tumultartigen Szenen im Landtag. Rehberg nannte die gemeinsame Forderung von Sozialdemokraten und PDS eine unheilige Allianz und verglich sie mit der aus KPD und NSDAP in der Weimarer Republik. Ringstorff hingegen forderte Neuwahlen: Es sei die sauberste Lösung, das Chaos zu beenden. Sie wäre auch eine für ihn Aussichtsreiche gewesen. Zu dieser Zeit, ein Jahr nach der Wahl zum Ministerpräsidenten, wäre Berndt Seite laut einer Infas-Umfrage bei einer Direktwahl Harald Ringstorff mit 24 Prozent zu 51 Prozent unterlegen. Ringstorffs persönliche Umfragewerte richteten sich immer öfter oberhalb der seiner Gegner, aber auch über denen der SPD ein. Innenminister Kupfer trat zurück und verließ später auch die CDU. Ringstorff meinte, dass selbst wenn Seite neben Kupfer weitere Kabinettsmitglieder auswechsele, dies nichts an der Misere der Landesregierung und ihrem konzeptionslosen Gewurstel ändern würde. Er prophezeite zutreffend, dass die Vertragsgestaltung von Umweltministerin Petra Uhlmann bei der Verpachtung der Sondermülldeponie Schönberg dazu führen werde, dass diese in kurzer Zeit dort ende, wo Kupfer bereits sei.

Harald Ringstorff kommentierte die Halbzeitbilanz der Regierung im November 1992 dementsprechend mit den Worten, dass der in der bundesdeutschen Geschichte wohl einmalige Sturz eines Ministerpräsidenten durch seine eigene Fraktion die Zerrissenheit der Landes-CDU zeige. Die nach Seites Amtsübernahme solide Fassade der Regierungsarbeit würde mit Fremdbestimmung aus Bonn bezahlt. Ringstorff kritisierte sowohl die Kündigung von Lehrern aus Kostengründen wie auch die zögerliche Umstrukturierung der Hochschulen. Landwirtschaftsminister Brick warf Ringstorff vor, die Landwirtschaft durch Druck aus Bonn in Richtung Familienbetrieb getrieben und dadurch vieler Wettbewerbschancen beraubt zu haben. Die wegen des Umgangs mit der Deponie Schönberg gescholtene Umweltministerin würde Mecklenburg-Vorpommern außerdem zur »Kloake der Nation« machen.[105]

Etwa ein Jahr nach Gomolka scheiterte auch der CDU-Landesvorsitzende Günther Krause. Mitte März 1993 nahmen die Vorwürfe, er würde in seinem Privathaus in Börgerende eine Haushaltshilfe auf Kosten der Bundesanstalt für Arbeit beschäftigen, an Stärke zu. DGB und Harald Ringstorff kritisierten Krauses Verhalten als bedenklich. Ringstorff sagte: »Seine Raffgier hat den Eindruck erweckt, die Menschen in Ostdeutschland seien Schmarotzer.«[106] Das Bemerkenswerte an diesem Satz ist die Gruppierung: Ringstorff schämte sich nicht als Mecklenburger, als Politiker oder irgendetwas anderes, er sah sich als Ostdeutscher potenziell beschämt. Als Krause von seinem Bundesministeramt zurücktrat, wurde der bisherige Forschungsminister Matthias Wissmann sein Nachfolger als Verkehrsminister. Das Amt des Forschungsministers versah hingegen zukünftig der Ingenieur Paul Krüger aus Neubrandenburg.

Nach seiner Bonner Niederlage hatte Krause klargemacht, dass er jetzt in Mecklenburg-Vorpommern regieren wolle. Er kanzelte Seite ab, weil der am 20. April 1993 einen Gegner der A 20, den früheren Rügener Pfarrer Frieder Jelen, ohne Absprache zum Umweltminister gemacht habe. War doch in seiner Zeit als Bundesverkehrsminister im »Verkehrsprojekt Deutsche Einheit« der Bau von Autobahnen in Ostdeutschland beschlossen worden. Außerdem sorgte Krause dafür, dass mit dem Verkehrswegeplanungsbeschleunigungsgesetz Einwände gegen die Autobahnen von nur einer Gerichtsinstanz entschieden werden konnten. Krause reüssierte jedoch nicht und sein politischer Abstieg begann. Angela Merkel wurde bis zum Jahr 2000 seine Nachfolgerin im Amt des CDU-Landesvorsitzenden. »Die Zeit« schrieb über ihre zukünftige Aufgabe:

> »Es geht um die Wende eines Vereins der Ämterpatronage hin zu einer funktionierenden Regierungspartei. Günther Krause hatte – unter tätiger Mithilfe manch eines abgehalfterten Westberaters aus dem früheren Umfeld, eines gewissen Uwe Barschel aus Kiel – in Schwerin ›seine‹ Seilschaften organisiert. Diadochenkämpfe zwischen Fraktion und Regierung waren ebenso die Folge wie eine Entfremdung zwischen den Landespolitikern und der eigenen Parteibasis. Angela Merkel, Ministerin in Bonn, muss hier nun neue Bindungen schaffen – auch, um Berndt Seite für den Rest seiner Amtszeit das Regieren zu erleichtern.«[107]

Merkel holte zu diesem Zweck Klaus Preschle als Generalsekretär der CDU nach Mecklenburg-Vorpommern. Zwei Jahre später wechselte Preschle aber wieder in die Bundeszentrale der CDU als Planungschef. Im Juni 1993 schloss die Schweriner Landtagsfraktion außerdem Ex-Innenminister Diederich aus, weil er haltlose Stasi-Vorwürfe gegen Ministerpräsident Seite erhoben hatte. Es waren unruhige Zeiten in der CDU.

Und die Liberalen? Anfang April 1993 veranstaltete die FDP ihren dritten ordentlichen Landesparteitag in Bad Doberan. Delegierte warfen Oppositionsführer Ringstorff vor, kaum Ansätze für eine konstruktive Arbeit im Lande einzubringen. Außerdem könne die kleine FDP (6.000 Parteifreunde, 33 Kreis- und 230 Ortsverbände sowie 51 Bürgermeisterposten) im Gegensatz zur SPD auf eine gute Basis verweisen.[108] Aber auch FDP-Wirtschaftsminister Lehment und Rehberg waren mittlerweile endgültig zu Gegnern geworden. Man freute sich über jeden Ausrutscher des Koalitionspartners. Christian Beese, FDP-Fraktionsgeschäftsführer sagte Mitte April 1993 dementsprechend, »bei der jetzigen Zusammensetzung unsere Abgeordne-

Abb. 7 Anfang Juli 1992 schwimmen (von links nach rechts) Harald Ringstorff, Rolf Eggert, Johann Scheringer (PDS), Rainer Prachtl (CDU), Eckhardt Rehberg (CDU), Stefanie Wolf (FDP) und Walter Goldbeck (FDP) für einen guten Zweck 1,6 km durch den Schweriner See von Kaninchenwerder nach Zippendorf.

ten könnte ich mir eine Ampelkoalition aus FDP, SPD und Grünen vorstellen.«[109]

Auch die Vergangenheit blieb politisch virulent. Der CDU-Kultusministerin Steffie Schnoor, einer gebürtigen Westdeutschen und Pädagogin, wurde Mitte März 1993 von Teilen der Opposition vorgeworfen, dass nach der Benachteiligung von Konfirmanden in der DDR nun Jugendweiheteilnehmer verfolgt würden. Ringstorff spitzte zu, sie wolle eine Ideologie durch eine andere ersetzen. Am 22. April 1993 wurde daraufhin das Thema Jugendweihe im Landtag besprochen. Ringstorff stellte hier fest, dass sie keine Erfindung der DDR sei. Er verwendete damit ein quasi kommunistisches Argument, das auch während der DDR-Zeit zur Legitimation der gegen die Konfirmation gerichteten Jugendweihe von der SED häufig benutzt wurde. Doch Ringstorff ging es nicht um die Rehabilitierung der SED, sondern um die allgemeine Akzeptanz eines von der SED erzwungenen Kulturbruchs, den der Einzelne nicht zu verantworten habe. Religiöse Traditionen waren für ihn nur als Tradition interessant.

Später sagte Ringstorff, dass man den Buß- und Bettag streichen könnte, um die Pflegeversicherung zu finanzieren. Zwar habe die Buße in der christlichen Kirche eine lange Tradition, nicht aber der Buß- und Bettag. Dies waren verfassungsrechtliche Fragen.

Der Landtag hatte für verfassungsrechtliche Fragen früh verfügt, einen durch breite Beteiligung verschiedenster gesellschaftlicher Kräfte erarbeiteten Verfassungsentwurf für das Land im Parlament mit mindestens Zweidrittelmehrheit zu beschließen und ihn anschließend in einem Volksentscheid endgültig bestätigen zu lassen. Außerdem sollte statt eines einfachen Staatsorganisationsgesetzes eine viel umfassendere Vollverfassung, die auch die Grundrechte der Bürger fixierte, erarbeitet werden. Im Mai 1993 wurde im Landesparlament der Entwurf der Landesverfassung diskutiert. Nach zweieinhalbjährigen Vorarbeiten spannte der Verfassungsentwurf für Ringstorff einen »Bogen zu den Tagen der Wende, als wir für die Demokratie auf die Straße gingen.«[110] Er ermunterte die Bevölkerung auf der Basis der jetzt normierten Grundrechte, für mehr »Unruhe« zu sorgen. Benutzen Sie die Verfassung! – forderte er sie auf. Das Land hatte seine tiefste eigene Rechtsgrundlage gefunden.

Wenig später, im Sommer 1993, kam es beim Versuch in Bad Kleinen lange gesuchte RAF-Terroristen festzunehmen, auf dem örtlichen Bahnhof zu einem Schusswechsel zwischen dem Terroristen Wolfgang Grams sowie dem GSG-9-Beamten Michael Newrzella, der anschließend in einer Schweriner Klinik verstarb. Wolfgang Grams wiederum wurde von mehreren Kugeln getroffen, stürzte auf ein Gleis, wo er auf umstrittene Weise durch einen aufgesetzten Schuss ums Leben kam. In den ersten Sommern nach der Friedlichen Revolution gab Mecklenburg-Vorpommern nicht das Bild eines Urlaubsparadieses, sondern eines Bundeslandes voller Gewalt ab. Ein Eindruck, der dem Land lange nachhängen sollte.

Wahlkampf und der strittige Umgang mit der PDS

Der SPD-Landesvorstand beschloss Anfang Mai 1993 in Güstrow, Harald Ringstorff als Spitzenkandidaten für die kommende Landtagswahl vorzuschlagen. Kurz zuvor gab Parteichef Engholm sein Amt auf, in dem ihm der rheinland-pfälzische Regierungschef Rudolf

Scharping folgte. Ringstorff kommentierte den Wechsel zu seinem späteren innerparteilichen Gegenspieler mit den Worten:»Ich könnte mit Rudolf Scharping als neuen SPD-Vorsitzenden sehr gut leben.« Besonders mochte er dessen Ankündigung, dass Gymnasiallehrer im Interesse der deutschen Einheit wöchentlich eine Schulstunde mehr unterrichten müssten.»Den Leuten reinen Wein einschenken, ihnen sagen, dass ihr konkretes Mitwirken wichtig ist, das nenne ich ehrliche Politik.«[111] Auch die SPD in Mecklenburg und Vorpommern war in Bewegung. Nach der Parteistrukturreform waren aus 31 Kreisverbänden und 165 Ortsvereinen 18 Kreisverbände und 175 Ortsvereine geworden. Neben diesen klassischen Strukturen etablierten sich, wenn auch manchmal mitgliederschwach, Parteiuntergliederungen und Arbeitsgemeinschaften für verschiedene Probleme. Die Arbeitsgemeinschaft Sozialdemokratischer Frauen und die Senioren AG 60+ waren Aktivposten. Aber nicht jeder Kreisverband unterhielt eine hauptamtlich arbeitende Geschäftsstelle. Manchmal teilten sich zwei Kreisverbände ein durchgehend besetztes Parteibüro.[112]

Am 15. November 1993 stellte der Rostocker Oberbürgermeister Kilimann aufgrund kritischer Untersuchungsberichte zu den über ein Jahr zurückliegenden Ausschreitungen in Lichtenhagen sein Amt zur Verfügung. Ringstorff räumte dabei ein, dass es zwischen dem Rostocker SPD-Unterbezirk und der von ihm geführten Landtagsfraktion manches Missverständnis gegeben habe, wollte von einer Rivalität zwischen ihm und Kilimann aber nichts wissen. Ende November 1993 überraschte der Berliner Staatsrechtler Dieter Schröder daraufhin den SPD-Unterbezirksparteitag Rostock während seiner Bewerbung für die Nominierung zum Rostocker Oberbürgermeisteramt mit gutem Plattdeutsch. Ringstorff war zufrieden und sagte: »Mit Dieter Schröder werden wir einen Fachmann an der Spitze der Stadt haben. Wir haben uns den besten ausgesucht.«[113] Am 6. Juli 1994 wurde das neue Rostocker Stadtoberhaupt durch die Bürgerschaft gewählt. Dessen Sohn Sebastian Schröder hatte bereits zuvor als Büroleiter im Büro von Harald Ringstorff seine Arbeit aufgenommen. Er und Reinhard Meyer waren bis zum Ende der Legislaturperiode Ringstorffs engste Mitarbeiter.

Und die Landes-SPD? Sie führte 1992 Beratungskampagnen zu Themen wie»Lohnsteuerjahresausgleich« und»Wohnen und Mieten«

durch. Wegen des positiven Echos setzte sie diese Kampagne 1993 mit einer »wohnungspolitischen Offensive« fort. Eine Bürgerumfrage sollte außerdem Informationen zu lokalen und kommunalen Problemen erheben, um so die Parteimitgliedschaft zu aktivieren, was aber nur bedingt funktionierte. Anfang 1994 warb die SPD-Fraktion mit Aufklebern für Nachbarschaftsmodelle der Sicherheit. »Gute Nachbarn sind achtsam« stand auf den Aufklebern. Abgeschaut vom Beispiel »neighborhood watch« in Großbritannien wollte man laut Ringstorff so der zunehmenden Gleichgültigkeit gegenüber Mitbürgern entgegenwirken.

Wahlen waren schon Jahre vor dem Wahltag nicht gleichgültig! Bereits Mitte 1992 wurde durch die Landes-SPD eine Arbeitsgruppe für die Vorbereitung der Landtagswahlen 1994 eingerichtet. Deren Ergebnisse mündeten in ein Programm mit Schwerpunkten in der Wirtschafts- und Arbeitsmarktpolitik sowie der inneren und sozialen Sicherheit. Die SPD-Landtagsfraktion legte daran anschließend Anfang 1993 ein Arbeitsprogramm vor, welches bereits die Prämissen der kommenden Landtagswahl umriss. Auf einer Klausurtagung in Neukloster kurz vor Weihnachten 1993 hatte man die Eckpunkte des Papieres fixiert, das die Sozialdemokraten, so der parlamentarische Geschäftsführer Gottfried Timm, im Februar 1994 vorstellen werde. In ihrem »Regierungsprogramm« für 1994 gab die SPD jedem Jugendlichen eine später relativierte Ausbildungsplatzgarantie und wollte unterschiedliche Modelle prüfen, mit denen Auszubildende nach ihren Examina für einen begrenzten Zeitraum garantiert von den Unternehmen übernommen würden. Harald Ringstorff sagte zu weiteren sozialdemokratischen Regierungsvorhaben, dass die in Rostock, Schwerin, Stralsund oder Neubrandenburg vorhandene Industrie durch Subventionen oder anderes am Leben zu erhalten sei. Die Entwicklung des Landes müsse zukünftig wesentlich von diesen vier Oberzentren aus betrieben werden.[114]

Zu diesem und den folgenden Wahlkämpfen scharte sich um den Landesgeschäftsführer Nikolaus Voss ein Kreis von Leuten wie Sebastian Schröder, Reinhard Meyer oder Thomas Freund, die informell den Wahlkampf vorbereiteten und leiteten.[115] Auch Otto Ebnet zählte 1994 eher noch nebenbei, später in anderen Rollen, zu Ringstorffs engsten und erfahrensten Wahlkampfbegleitern.[116] Der Parteitag am

Abb. 8 Hans-Jochen Vogel redet auf dem Landesparteitag im Juni 1993 in Waren/Müritz (rechts: Harald Ringstorff).

19. und 20. Juni 1993 in Waren/Müritz stand unter dem Motto »Nu ward oewer Tied, anner Wind möt her«. Mit 86 der 90 Delegiertenstimmen wurde Ringstorff zum Spitzenkandidaten berufen. Er hatte nicht mit einem so deutlichen Abstimmungserfolg gerechnet und begründete dies auch mit mangelnden Differenzen in der Partei. Er hatte solche zwar zuvor auch nicht gefördert oder gar beabsichtigt. Vielmehr hatte Ringstorff zu integrieren versucht. Seine zurückhaltende Art legten ihm aber manche zu Unrecht als Konfliktscheuheit aus. Damit hatte die SPD in den neuen Bundesländern ihre Spitzenkandidaten für die anstehenden Landtagswahlen zusammen. Manfred Stolpe kandidierte wieder in Brandenburg, Gerd Schuchardt trat in Thüringen an, Reinhard Höppner in Sachsen-Anhalt und Karl-Heinz Kunckel in Sachsen. Alle vier waren Ostdeutsche. Etwas später sah eine Forsa-Umfrage die Sozialdemokraten in Mecklenburg-Vorpommern mit 36 Prozent vor der CDU, die auf 30 Prozent gefallen war. Ringstorff kam dem Ministerpräsidentenamt immer näher.

Wenige Monate später gab es aber wieder Gegenwind aus Westdeutschland. Der SPD-Vizevorsitzende Oskar Lafontaine hatte eine langsamere Angleichung der Löhne und Renten in den neuen Ländern an das Westniveau gefordert. Ringstorff sagte dazu, dass Lafontaine ziemlich ahnungslos sei, was die tatsächlichen wirtschaftlichen und sozialen Verhältnisse in den neuen Ländern betrifft.[117] Sein wiederkehrendes Verhaltensmuster, dass Parteifreundschaften von Loyalitäten gegenüber Mecklenburgern und Vorpommern, Ostdeutschen, Benachteiligten oder auch nur wenig besonderen Menschen übertrumpft wurden, verfestigte sich zunehmend. Ringstorff identifizierte sich eher mit diesen als mit dem westdeutsch dominierten Parteiapparat und seinen herausragenden Funktionären. Für einen potenziellen ostdeutschen Landesvater eine gute Voraussetzung. Ganz landesväterlich wollte sich Ringstorff außerdem, wie er Medienvertretern verriet, über Weihnachten mit langen Waldspaziergängen auf das Wahljahr 1994 vorbereiten. Zwischendurch müsse er auch noch den Silvesterkarpfen töten. So gestärkt forderte Ringstorff Berndt Seite noch im Januar 1994 zu einem TV-Duell auf. Er sagte:

>»Die Bürger sollten sich jedoch ein eigenes Bild machen dürfen, wer die bessere Alternative für das Amt des Ministerpräsidenten ist. Ich fordere Seite deshalb auf, sich sachlichen Gesprächen vor den Augen der Öffentlichkeit nicht weiter zu entziehen.«[118]

Und plötzlich brach doch ein Konflikt in der Landes-SPD auf! Die Listenaufstellung zur Landtagswahl verlief auf dem Wahlparteitag Ende April 1994 in Schwerin turbulent. Der Wahlkampf sollte, so der innerparteiliche Konsens, ausschließlich mit einheimischen Kandidaten geführt werden. Für die Landesliste kam außerdem nur infrage, wer auch einen Direktwahlkreis übernehmen wollte. Der Wahlparteitag war darüber hinaus erstmals von der offensichtlichen Auseinandersetzung zwischen Gegnern und Befürwortern einer möglichen Kooperation mit der PDS geprägt. Ringstorff selbst hatte im Vorfeld versucht, diesen Konflikt zu entschärfen. Vergeblich. So blieben Kampfabstimmungen zwischen Gegnern und Befürwortern eines Zugehens auf die PDS nicht aus. Von den zehn Personalvorschlägen des Landesvorstandes fielen gleich mehrere durch. Findungskommission und Landesvorstand hatten beispielsweise den in der Wendezeit nach Mecklenburg gekommenen Landes-DGB-Chef Peter Deutschland, der offenbar nicht mehr als Westdeutscher gesehen wurde, auf Platz zehn gesetzt. Ein Rostocker Abgeordneter hingegen, der durch die Aufarbeitung der Krawalle von Lichtenhagen bekannt gewordene Arzt Manfred Rißmann, wurde auch dadurch auf der Liste weit nach hinten geschoben. Durch die einzelnen Wahlgänge wurde aber Deutschland immer weiter nach hinten durchgereicht, bis er schließlich verzichtete. Rißmann wiederum wurde doch noch auf Platz sieben gewählt. Den Betriebsrat der Rostocker Neptun Werft, Ralf Schriever, wählten die Delegierten überraschend auf Platz zehn. Diese Umschichtungen waren dem starken Einfluss des Rostocker SPD-Kreisverbandes geschuldet. Harald Ringstorff, mittlerweile nicht mehr Rostocker, sondern offiziell Bürger von Weiße Krug und auch Mitglied des dortigen SPD-Verbandes, mahnte deshalb die gesamte Partei zur Einheit. Die Genossen sollten die Kampfkraft nach außen richten! Gegenüber den Medien erklärte er anschließend das Scheitern der Vorstandslistenvorschläge mit »guter sozialdemokratischer Tradition«. Mitte Mai 1994 stellte Ringstorff in Ludwigslust die SPD-Mitglieder für sein Schattenkabinett vor. Ausschließlich Ostdeutsche. Ringstorff sagte,

> »in den neuen Ländern müssten nun ›ostdeutsche Politiker Politik für ostdeutsche Menschen machen‹. West-Minister in der CDU-Landesregierung hätten es oft genug ›an der notwendigen Sensibilität für die Menschen in unserem Bundesland‹ fehlen lassen.«[119]

Durch die Niedersachsenwahl sah sich Ringstorff in dieser Zeit ermutigt, öffentlich auf eine Koalition von SPD und Grünen zu setzen. Er meinte nämlich, die FDP würde ihre Existenzberechtigung zunehmend verlieren. Noch wenige Monate zuvor hatte die Landes-SPD mit der FDP geliebäugelt. Die Grünen in Mecklenburg-Vorpommern sollten jedoch bis zum Jahr 2011, einerseits wegen eines eklatanten Mangels an sie unterstützenden Milieus als auch wegen ihrer konsequenten Ablehnung der A 20, nicht im Landtag vertreten sein. Ringstorff schied aus dem Landtag, als die Grünen vorübergehend einzogen.

Ringstorff warb bei den anderen Parteien vergeblich dafür, die Landtagswahlen auf den 12. Juni 1994, den Tag der Europa- und Kommunalwahl, vorzuverlegen. Von der Entkoppelung mit der Bundestagswahl erhoffte er sich Mobilisierungsvorteile. Aber auch

Abb. 9 Harald Ringstorff im Europa- und Kommunalwahlkampf 1994. Von links nach rechts: Klaus Haensch (MdEP), Dieter Schröder, Regine Hildebrandt, Heinz Müller (Landesgeschäftsführer der Sozialdemokratischen Gemeinschaft für Kommunalpolitik), Harald Ringstorff, Christine Lucyga (MdB), SPD-Europaparlamentskandidat Heinz Kindermann.

bei den Kommunalwahlen behauptete sich die CDU trotz Einbußen als stärkste Kraft in den Regionen und Kommunen. Mit 33 Prozent landete sie vor der SPD, die von 20,6 auf 27 Prozent wuchs. Auch die PDS konnte ihren Zuspruch auf 25 Prozent ausbauen. Bei der Europawahl wurde sie sogar zweitstärkste Kraft im Lande. Ringstorff schlussfolgerte aus dem Kommunalwahlergebnis, dass die Koalition von CDU und FDP keine Mehrheit mehr hätte. Die Bürger sprachen sich am selben Tag per Volksentscheid mit 60,1 Prozent für die neue Landesverfassung aus. In den ehemaligen Bezirksstädten Rostock und Schwerin hingegen wandte sich eine Mehrheit der Abstimmenden gegen die Grundordnung des Landes. Es waren Hochburgen der PDS.

Nach den Erfolgen der PDS bei den Kommunalwahlen schlugen Politiker wie Rudolf Scharping eine Beobachtung der PDS durch den Verfassungsschutz vor. Ringstorff hingegen forderte dazu auf, sich mit der PDS politisch auseinanderzusetzen und nicht mit der Keule

»Verfassungsschutz« zu drohen. Zeitgleich suchte er für Kommunalstichwahlen in Städten und Kreisen Unterstützung bei der PDS für seine sozialdemokratischen Kandidaten. Auf einer Sitzung des Spitzenteams für die Landtagswahlen in Klink wies er darauf hin, dass man durch Hilfe für CDU-Kandidaten das Wählervotum auf den Kopf stelle. An einem der folgenden Wochenenden tagten sowohl die Landesvorstände von SPD als auch PDS. Kurzfristig einberufen sollten sie Kooperationskonstruktionen in den Regionalparlamenten zwischen beiden Parteien erwägen. Ringstorff war der Ansicht, »dass die Bevölkerung mehrheitlich meint, eine Zusammenarbeit mit der PDS in Sachthemen sollte für uns nicht länger ein Tabu sein.«[120] Der Landtagsabgeordnete Peter Kauffold ergänzte: Mit der Angst vor den roten Socken hat uns die CDU vier Jahre diszipliniert. Insgesamt fünf SPD-Landräte wurden anschließend gewählt. Auch mit Hilfe der PDS.

Nachdem Ringstorff seine noch vorsichtigen Kooperationsvorstellungen mit der PDS veröffentlicht hatte, sagte die CDU-Landesvorsitzende Angela Merkel, dass sie die linke Einheitsfront von 1946 wieder entstehen sehe. Über den Umgang mit der PDS stritten sich beide Parteivorsitzenden bereits seit geraumer Zeit. Ringstorff veröffentlichte unter anderem am 26. Januar 1994 in der Süddeutschen Zeitung folgenden Leserbrief:

»Mit Verwunderung habe ich in der SZ über die Versuche Angela Merkels gelesen, ehemalige SED-Mitglieder für die CDU zu gewinnen. Angesichts des Mitgliederrückgangs sind die Bemühungen der Bundesministerin sicherlich verständlich. Unbegreiflich sind jedoch die Bauchschmerzen, die sie dabei zu haben vorgibt. Als nach der Wende die Fusion der Bauernpartei mit der CDU anstand, hatten die Christdemokraten diese Bauchschmerzen jedenfalls nicht – obwohl sie genau wussten, dass die Bauernpartei als die ›SED für die Bauern‹ galt und von 150prozentigen Genossen gelenkt wurde. Viele Funktionäre der CDU waren allerdings selbst als Linksüberholer und treueste Vasallen der Staatspartei SED bekannt. Ohnehin hat sich die CDU Mecklenburg-Vorpommerns, der Angela Merkel vorsitzt, nie zimperlich gezeigt, wenn es um die Macht geht. CDU/ PDS Bündnisse sind immer dann selbstverständlich, wenn es gilt,

Sozialdemokraten von der Verantwortung fernzuhalten. So zum Beispiel bei den Bürgermeisterwahlen in den mecklenburgischen Orten Güstrow oder Selmsdorf.«[121]

Ein halbes Jahr später kam es zu einem »Spiegel«-Streitgespräch zwischen den beiden Landesparteivorsitzenden Merkel und Ringstorff, dessen Verlauf der zuständige Mecklenburg-Redakteur Bert Gamerschlag als relativ chaotisch beschreibt. Die schriftliche Form könne nicht wiedergeben, was das Gespräch atmosphärisch prägte.[122] Ringstorff führte hier einleitend aus:

»Wir brechen kein Tabu. Die Zusammenarbeit von Sozial- und Christdemokraten mit der PDS begann schon 1990, wobei sich die SPD wesentlich mehr zurückgehalten hat als die CDU. Ich erinnere an die Stadt Güstrow, wo an der SPD als stärkster Fraktion vorbei ein CDU-Bürgermeister mit den Stimmen der PDS gewählt wurde. In der Hansestadt Wismar hat ein CDU-Mann zusammen mit einem PDS-Mann in einem SPD-geführten Senat gesessen. Auch sonst hat die CDU wenig Berührungsängste zum alten Regime gezeigt. Im Rostocker Koalitionssenat hat uns die CDU einen Stadtrat zugemutet, der früher im SED-Staat für Agitation und Propaganda zuständig war. Und im Landtag sitzt der CDU-Abgeordnete Hermann Kühne, der 22 Jahre als Blockflöte in der Volkskammer die Hand gehoben und den Schießbefehl mitgetragen hat.«

Merkel entgegnete:

»Das sind teils alte Beispiele, und auch die ändern sich jetzt. Die Aufarbeitung der Vergangenheit ist in der CDU vorangekommen. Sie dürfen das Verhältnis von SED und CDU auch nicht verkehren. Die CDU war ja nicht des Teufels in der früheren DDR.«

Ringstorff antwortete:

»Für die Mitglieder mag das stimmen, aber nicht für die Funktionäre. Gerade die Blockflöten, die jetzt noch in Ihrer Partei eine Rolle spielen, waren oft besonders eilfertig und botmäßig.«

Merkel konterte:

»Die spielen doch kaum noch eine Rolle. [...] Wer früher von den Machtstrukturen profitiert hat, ist heute nicht der Vorkämpfer der neuen Gesellschaftsordnung. Aber es stimmt, dass mit den ostdeutschen Biographien nicht sehr sensibel umgegangen wird.«[123]

Auch weil unklar blieb, wann Blockparteifunktionäre »die früher von den Machtstrukturen profitierten« im Umfeld Merkels keine Rolle mehr spielen würden, legte Ringstorff vier Tage später in einem Interview mit dem »Hamburger Abendblatt« noch einmal nach:

»Ich verstehe die Aufgeregtheit nicht. Die CDU hat in Kommunen in Mecklenburg-Vorpommern schon vor vier Jahren versucht, dort, wo es passte, mit der PDS zusammenzuarbeiten. Es gibt auch jetzt wieder eine ganze Reihe von Gemeinden, in denen die CDU mit der PDS gemeinsame Sache macht.«[124]

An anderer Stelle meinte Ringstorff zu dieser Zeit, dass die Verhältnisse in Sachsen-Anhalt nicht ohne Weiteres auf Mecklenburg-Vorpommern übertragbar seien. Dort etablierte sich nach der Landtagswahl vom 26. Juni 1994 für die folgenden Jahre eine SPD-geführte Minderheitsregierung, die von der PDS toleriert wurde. Das sogenannte »Magdeburger Modell« machte zumindest innerhalb der politischen Debatten, aber hier und dort auch der politischen Praxis, schnell Schule. Wirtschaftsminister Lehment von der FDP kritisierte überraschend auf dem Wirtschaftstag der Konrad-Adenauer-Stiftung in Rostock die »Verketzerung der PDS«. Er diagnostizierte Hysterie bezüglich des Tolerierungsmodells in Sachsen-Anhalt.[125] Wenig später, zum 50. Jahrestag des Attentats auf Hitler, warnte Ringstorff vor Vergleichen zwischen dem Naziregime und der DDR. Ein solcher Vergleich beleidige Menschen, die in der DDR gelebt hätten und mit dem Unrechtsregime zurechtkommen mussten. Massenmord an Juden so Ringstorff, Ausländern und Andersdenkenden hätten die DDR-Bürger nicht begangen. Die meisten bräuchten sich ihrer Biografie nicht zu schämen. Bereitete er hier gemeinsam mit der FDP einen ostdeutschen Sonderweg vor?

Wenige Tage später, am 2. August 1994, schrieb der Bundestagsdirektkandidat von Leipzig-Mitte, Michael Müller, einen Offenen Brief an die »Lieben Genossen« von SPD und PDS. Er unterstrich die Notwendigkeit einer Klärung des Verhältnisses beider Parteien und listete neun Gründe für ihr Zusammengehen auf. Fazit: »Unsere Einheit befördert die Einheit Deutschlands!«[126] Müllers Direktkandidatur war damit beendet, außerdem verlor er seine Funktionen innerhalb der SPD. In der Hochphase des »Rote-Socken-Wahlkampfes« der CDU war er noch zu weit gegangen. Aber ein Vorstoß war gemacht.

Abb. 10 Wahlkampf 1994: Dagmar und Harald Ringstorff besuchen gemeinsam mit dem SPD-Parteivorsitzenden Rudolf Scharping Güstrow.

Wenige Tage nach Müllers offenem Brief am 11. August 1994 wurde zur Abwehr ähnlicher Initiativen die vom SPD-Vorsitzenden Rudolf Scharping, Harald Ringstorff, Reinhard Höppner und den anderen ostdeutschen Landes- und Fraktionschefs der SPD unterzeichnete »Dresdner Erklärung« veröffentlicht. In ihr schlossen sie jede Zusammenarbeit mit der PDS nach den Landtagswahlen und im Bund aus.

»Die PDS ist vor allem die veraltete und überalterte Partei der ehemaligen Staatsfunktionäre, die keinen sauberen Trennungsstrich zu ihrer SED-Vergangenheit gezogen hat und die bis heute nicht offenlegen will, wohin die Milliardensummen ehemaligen Volksvermögens verschoben wurden. Die SPD ist – neben der Partei Bündnis '90 – die Partei der Friedlichen Revolution von 1989, des demokratischen Neuanfangs. Es bleibt dabei: Die PDS ist ein politischer Konkurrent und Gegner der SPD. Eine Zusammenarbeit mit ihr kommt für uns nicht in Frage. Dies muss jeder wissen, der den politischen Wechsel in Schwerin, in Dresden, in Erfurt und Bonn will: Die Ablösung der CDU-geführten Regierungen ist mit Stimmen für die PDS nicht zu erreichen. Selbst wenn es der einzelne Wähler nicht will: PDS-Stimmen halten die Regierung Kohl im Amt.«[127]

Offen blieb nach Dresden, was mit SPD-Mitgliedern geschehen sollte, die sich trotzdem für eine Zusammenarbeit mit der PDS engagierten. Diese Unklarheit würde der Mitunterzeichner der »Dresdner Erklärung«, Ringstorff, in den nächsten Monaten nutzen.

Am 4. September verkündete Ringstorff in Schwerin, dass seine Partei eine Ampelkoalition mit FDP und Grünen anstrebe. Gleichzeitig versicherte er, keine Koalition mit der CDU oder der PDS einzugehen.[128] Die politischen Spielräume auf der gegnerischen Seite wurden aber breiter. In einem internen Papier, überschrieben mit den Worten »Für Interview für Schweriner Volkszeitung am 8.9.1994« wurden dem zu interviewenden Ringstorff von Mitarbeitern folgende Formulierungen nahegelegt.

»1. Zur Meldung in der SVZ, wonach Seite eine große Koalition nicht ausschließt: Nach der FDP hat jetzt auch Seite eingestanden, dass er für seine Regierung nach der Landtagswahl am 16. Oktober keine Mehrheit mehr erwartet. Nach FDP und Bündnis 90/Die Grünen robbt sich nun auch die CDU mit ziemlich unverhüllten Koalitionsangeboten an die SPD ran – die PDS natürlich auch. Das zeigt zweierlei: Erstens ist die SPD eindeutig die politische Mitte in unserem Land, um die herum sich nun die anderen Parteien gruppieren. Und zweitens ist nur mit der SPD als Zentrum der Landespolitik Stabilität und eine handlungsfähige Regierung erreichbar.

2. Koalitionsaussage: Wir wollen keine große Koalition. Und eine Koalition mit der PDS wird es nicht geben. Eine Ampelkoalition mit FDP und Bündnis 90/Die Grünen halte ich für erreichbar. Die Entscheidung liegt aber beim Wähler. Deshalb kann ich auch eine SPD-Minderheitsregierung nicht von vornherein ausschließen.«[129]

Ringstorff, dessen immer wieder geäußerter Anspruch die Versöhnung der Gesellschaft von Mecklenburg-Vorpommern war, ging noch einen Schritt weiter. Am 29. September 1994 verschickte Fraktionssprecher Thomas Freund eine Einladung an Journalisten. In ihr war zu lesen:

»Die deutsche Einheit kann nur gelingen, wenn alle Ostdeutschen in der neuen Bundesrepublik ihre Heimat finden. Davon sind wir noch weit entfernt. Es gibt eine große Gruppe von Menschen, die in der neuen Gesellschaft ihren Platz noch nicht gefunden hat. Diesen Zustand gilt es, zu beenden. Wir können es nicht zulassen, dass große Teile unserer Mitbürger vom Aufbau Mecklenburg-Vorpommerns ausgeschlossen sind. Harald Ringstorff hat sich aus diesem Grunde entschlossen, zum Tag der Deutschen Einheit zur Versöhnung in Mecklenburg-Vorpommern aufzurufen. Er wird diesen Aufruf am Freitag, dem 30. September 1994, in einer Pressekonferenz vorstellen.«[130]

In Ringstorffs »Sprechzettel« zu dieser Pressekonferenz ist zu lesen:

»Aufruf zur Versöhnung. Zum 4. Jahrestag der Deutschen Einheit am 3. Oktober wird wieder die Frage im Mittelpunkt stehen, wie weit wir im Prozess der Deutschen Einheit, in der Angleichung zwischen Ost und West vorangekommen sind. Die einen werden auf die Leistungen des Westens für die neuen Länder verweisen, die anderen auf die unerfüllten Erwartungen der Menschen, die sie nach den Versprechungen der Bundesregierung haben durften. Bei diesem nicht zuletzt vom Wahlkampf geprägten Schlagabtausch wird leider häufig vielfach übersehen, dass es nicht nur um die Überwindung der Spaltung zwischen Ost und West geht. Es gibt noch eine zweite Spaltung in unserem Land, die überwunden werden muss: nämlich die Spaltung der Gesellschaft bei uns im Osten Deutschlands zwischen denen, die in unserem Land mitgestalten können, und denen, die vier Jahre nach der Deutschen Einheit immer noch ausgegrenzt sind. Unser Aufruf zur Versöhnung, den wir Ihnen heute vorlegen, dient dem Ziel, allen Menschen in Mecklenburg-Vorpommern eine faire Chance zu geben, sich am Aufbau unseres Landes entsprechend ihren Fähigkeiten zu beteiligen. Wir Sozialdemokraten rufen auch dazu auf, allen Menschen mit DDR-Vergangenheit die Chance zu geben, sich in das politische System der Demokratie zu integrieren. Dies gilt auch für Menschen, deren Ideale von der SED-Führung missbraucht worden sind. Lebenslange Ausgrenzung für politischen Irrtum darf es nicht geben, schon gar nicht, wenn der Irrtum inzwischen eingesehen worden ist. Die Bereitschaft, sich voll in die Demokratie einzubringen, darf von den politischen Parteien nicht zurückgewiesen werden.

Wer dagegen mit dem Flammenwerfer das Land von ›roten Socken‹ freimachen will, wer abgehackte Hände vor braunem Hintergrund plakatiert und wer Ostdeutsche generell als Sicherheitsrisiko für den öffentlichen Dienst betrachtet, der reißt Gräben auf, der spaltet die Gesellschaft und der schadet nicht zuletzt unserer Demokratie. Für uns liegt die Grenze da, wo hohe Funktionsträger der SED und der Blockparteien persönlich Verantwortung und Schuld auf sich geladen haben. Soweit sie sich strafbar gemacht haben, sind sie vor Gericht zu stellen und bei erwiesener Schuld zu bestrafen. Darüber zu urteilen, ist aber Aufgabe der Justiz und nicht der politischen Parteien. Mir ist klar, dass unser Aufruf zur Versöhnung manchem, der in der DDR persönlich gelitten hat oder dessen berufliches Fortkommen behindert wurde, viel menschliche Größe abverlangt. Auch bei uns Sozialdemokraten musste diese Einsicht erst wachsen. Auch ich habe dafür meine Zeit gebraucht, um zu der Einsicht und Überzeugung zu kommen: Wer immer nur Vergeltung verlangt, kann die Spaltung unserer Gesellschaft nicht überwinden. Wir Sozialdemokraten in Mecklenburg und Vorpommern wollen durch unseren Aufruf zur Versöhnung die Menschen zusammenführen. Wir alle leben gemeinsam in unserer Heimat. Und es ist wichtig für unsere Zukunft, dass wir alle gemeinsam miteinander auskommen. Und unsere Mitbürger in den alten Bundesländern fordere ich auf, unsere ostdeutschen Biographien nicht länger nach den Maßstäben der alten Bundesrepublik zu beurteilen. Die Lebenswirklichkeit der früheren DDR muss gerecht bewertet werden. Wer die DDR nicht verlassen wollte oder konnte, wer hier gelernt, gelebt und gearbeitet hat, dem darf dies nicht zum Vorwurf gemacht werden. Wir Ostdeutschen sind keine Menschen zweiter Klasse. Wir in Mecklenburg-Vorpommern müssen uns im Klaren darüber sein, dass wir unsere Zukunft nur gemeinsam meistern können. Dazu brauchen wir alle, die in diesem Land leben. Egal welcher Partei sie angehört haben. Mecklenburg-Vorpommern kann auf niemanden verzichten, der ernsthaft mithelfen will, unser Land und unsere Demokratie stärker zu machen. Wir Sozialdemokraten fordern die Menschen in Mecklenburg-Vorpommern auf: Lassen wir uns nicht länger auseinanderdividieren, bündeln wir unsere Kräfte und arbeiten wir gemeinsam für eine bessere Zukunft. Gemeinsam werden wir es schaffen.«[131]

Der Originaltext des Aufrufs las sich ähnlich und kann als manifester Ausdruck von Ringstorffs politischem Imperativ der Versöhnung der Gesellschaft nach zwei Diktaturen angesehen werden. Andere Parteien wie die CDU setzten hingegen auf »Aufarbeitung«. So war der Aufruf auch eine Kampfansage gegen die CDU und ein Schritt in Richtung PDS und ihre Wähler.

Zeitgleich lief der Wahlkampf auf Hochtouren. Harald Ringstorff fuhr mit Landesgeschäftsführer Nikolaus Voss auf dem Fahrrad tagelang durch Mecklenburg und Vorpommern, den Kontakt nicht nur zum Wähler, sondern auch zum Menschen suchend. Das Bad in der Menge war aber nicht Ringstorffs Lieblingsbeschäftigung. Er brauchte ebenfalls immer eine gewisse Zeit, um sich bei Fototerminen, vor allem solchen, die dem Wahlkampf dienten, für einen ihm unbekannten Fotografen so zu öffnen, dass dieser einnehmende Bilder schießen konnte.[132] Zum Volkstribun taugte Ringstorff ohnehin nicht, die freie Rede war nicht seine Stärke. Eine gewisse verschlossene Steifheit war ihm eigen. Otto Ebnet erinnert sich an einen Wahlkampfauftritt Ringstorffs in Boizenburg im Sommer 1994. Dort sollte er mit dem PDS-Landesvorsitzenden Helmut Holter, einem Ingenieur für Betontechnologie mit sowjetischem Diplom, gemeinsam in einer Diskussion auftreten. Beide Diskutanten waren bereits zuvor im noch leeren Veranstaltungsraum, begrüßten sich aber nicht und tauschten sich auch nicht aus. Ebnet, dem zugezogenen Regensburger, war so etwas fremd.[133] Ringstorffs hier und dort variierte Musterrede aus diesem Wahlkampf lautete unter anderem so.

»Am 16. Oktober wird gewählt. Nicht nur der Bundestag, sondern auch der Landtag hier in Mecklenburg-Vorpommern. Der Wahlkampf ist bereits voll im Gang. Man merkt es nicht nur an den Wahlplakaten. Man merkt es auch daran, dass der Ministerpräsident und seine Minister jetzt überall durchs Land reisen und immer Spatenstiche machen. Das mit den Spatenstichen kennen wir schon, z. B. von der Autobahn A 20. Da hat vor zwei Jahren Herr Krause den ersten Spatenstich gemacht, uns gesagt, jetzt kommt die Autobahn. Getan hat sich nichts. Jetzt hat Herr Seite, nachdem er sich mit Minister Lehment darum gestritten hat, wer es machen dürfe, wieder einen Spatenstich getan, und wieder gesagt, dass die Autobahn jetzt kommt. Ich hoffe, es geht nun wirklich zügig voran mit der Autobahn. Von Spatenstichen von Ministerpräsidenten und Ministern haben wir nichts. Und dass der Wahlkampf begonnen hat, merkt man auch daran, dass die CDU wieder das Blaue vom Himmel verspricht. Erinnern Sie sich noch, meine Damen und Herren: Das war früher genauso. So bei Honecker und auch schon bei Ulbricht. Nach vier Jahren Erfahrung mit dieser Regierung wissen wir aber leider inzwischen alle: Bei der CDU verspricht jeder jedem alles und hält nichts. [...] Wir Sozialdemokraten können besser regieren, und wir werden nach der Wahl am 16. Oktober das auch beweisen. Unser Versprechen gilt: Gerechtigkeit für alle. Wir werden dafür sorgen, dass jeder eine faire Chance auf einen Arbeitsplatz erhält. Wir wollen keinen Aufschwung nur für Millionäre, wir wollen einen Aufschwung für die Millionen Menschen und vor allem auch für die, die keinen sicheren Arbeitsplatz haben. Wir werden jedem Jugendlichen einen Ausbildungsplatz garantieren und auch noch für ein Jahr nach der Lehre einen Arbeitsplatz. Es ist doch unerträglich, dass für viele Jugendliche heute die erste Erfahrung mit der Arbeitswelt die Arbeitslosigkeit ist. – Familien mit Kindern müssen endlich zu ihrem Recht kommen. Wir brauchen nicht noch höhere Kinderfreibeträge für die Reichen, sondern endlich 250 DM Kindergeld im Monat für jedes Kind. – Wir brauchen bezahlbare Wohnungen für alle. Ich finde es ja gut, dass die Regierung jetzt auch sagt, dass wir Sozialwohnungen brauchen. Aber das muss sich Herr Seite doch fragen lassen, warum er sich bisher geweigert hat, Sozialwohnungen zu bauen. […] Unsere politische Aufgabe heißt: versöhnen statt spalten. Unsere ostdeutschen Biographien sind anders als im Westen, aber die Lebensleistung, die wir unter schwierigsten Umständen erbracht haben, ist mindestens genauso viel wert. Das muss endlich anerkannt werden. Wir hier im Osten sind keine Deutschen zweiter Klasse. Darauf werden wir ohne ›Wenn und Aber‹ bestehen. […] – Das Rentenrecht darf nicht länger als politisches Strafrecht missbraucht werden. – Niemand darf wegen einer früheren Parteimitgliedschaft ausgegrenzt werden – Und dem Westen sage ich: Eine SPD-Regierung in Mecklenburg-Vorpommern wird nicht länger zu allem, was aus Bonn kommt, Ja und Amen sagen. Wir werden die Interessen der Menschen in unserem Land entschieden vertreten – gegenüber wem auch immer. Wir können uns für unser Land nicht länger eine CDU-Regierung leisten, die ohne Selbstbewusstsein und nur ein Bonner Befehlsempfänger ist, und der die Parteikarriere von Frau Merkel in der CDU wichtiger ist als die Interessen unserer Menschen. Wir Sozialdemokraten setzen auf die eigene Kraft. Wir setzen auf das Können und die Fähigkeiten der Menschen in unserem Land. Für unsere Regierungsmannschaft gilt: Wir sind alle von hier. Wir Sozialdemokraten zeigen mit unserer Spitzenmannschaft, dass die Menschen in Mecklenburg-Vorpommern selbst in der Lage sind, sich zu regieren. Wir können es besser, und das werden wir nach der Landtagswahl am 16. Oktober beweisen.«[134]

Die Sozialdemokraten gaben sich unter Ringstorffs Führung programmatisch als Anwälte der Landesinteressen. Gesamtinhaltlich lag der Wahlkampffokus der SPD auf Gerechtigkeit in vielerlei Hinsicht, Verhinderung von Abwanderung sowie »Aufarbeitung und Versöhnung«, was vor allem die Anerkennung der Lebensleistung früherer DDR-Bürger im Sinne des »Aufrufs zur Versöhnung« bedeutete. Die»Süddeutsche Zeitung« war einerseits der Ansicht, dass die Programme von SPD und CDU sich doch sehr ähnlich seien. Andererseits stellte sie auch heraus: »Seite malt die blühende Landschaft, in der Ringstorff die Schatten schraffiert.«[135]

Es wurden nicht nur Reden gehalten und Programme verteilt, auch die mögliche Machtübernahme wurde vorbereitet. Der rheinland-pfälzische Ministerpräsident Kurt Beck lud während des Wahlkampfs den immer öfter in Schwerin weilenden Otto Ebnet, außerdem Thomas Freund, Sebastian Schröder, Reinhard Meyer und Harald Ringstorff für drei Tage in die Mainzer Staatskanzlei ein. Dort informierten er und einige Spitzenbeamte die angereisten Genossen über praktisches Regierungshandeln wie den Umgang mit dem Beamtenapparat, der vor allem der Maßgabe der ruhigen Hand folgen sollte. Außerdem wurden abzuarbeitende Listen für Koalitionsverhandlungen mit Posten, Funktionen und Ähnliches besprochen.[136] Man sah sich vorbereitet!

Die zweite Legislaturperiode führt in die Regierung

Der Wahlkampf verhärtet die Fronten

Vor der Bundestagswahl des Jahres 1994 erging sich die SPD-Bundesführung in verschiedenen Planspielen für eine mögliche Regierungsbildung. Während Fraktionsgeschäftsführer Peter Struck meinte, dass Rudolf Scharping im Fall einer großen Koalition Bundeskanzler werden müsste, war der niedersächsische Ministerpräsident Gerhard Schröder der Auffassung, dass der Fokus auf einem Bündnis mit den Grünen liegen solle. Schröder wie auch Scharping waren sich allerdings darin einig, dass sie nicht mit der PDS regieren beziehungsweise eine von ihr tolerierte Regierung anführen wollten. Während noch 1990 eher Mitglieder der westdeutschen SPD eine gewisse Nähe zur PDS nicht scheuten, rückten an diese Stelle in den kommenden Jahren überwiegend ostdeutsche Sozialdemokraten. Reinhard Höppner wird hier als Vater des Tolerierungsmodells genauso häufig genannt wie die nie an einer rot-roten Regierung beteiligten Manfred Stolpe oder auch Wolfgang Thierse. Spätestens im Jahr 1994 reihte sich auch Harald Ringstorff in diese Riege ein. Der Landtagswahlkampf dieses Sommers, den die mecklenburg-vorpommersche SPD unter das Motto »Besser regieren – unser Land kann mehr!« stellte, bezog seine Spannung nämlich nicht aus Sachthemen, sondern der Koalitionsfrage. Zeigte sich doch Ringstorff nach der Wahl in Sachsen-Anhalt dem »Magdeburger Modell« zugeneigt. Eine Woche vor der Wahl bekräftigte Ringstorff zwar seinen Wunsch nach einer Ampelkoalition. Daneben sah er aber auch die Möglichkeit der Tolerierung einer rot-grünen Minderheitsregierung durch die PDS. Grünen-Vorsitzender Heiko Lietz nannte dieses Modell besser als eine große Koalition.[1]

Der PDS-Spitzenkandidat Johann Scheringer und Harald Ringstorff kamen gut miteinander zurecht. Das traf nicht auf Ringstorff und Berndt Seite zu. Der Wahlkampf vertiefte den Graben zwischen ihnen vielmehr. Ringstorff attestierte Seite eine gewisse Vorliebe für »erste Spatenstiche und Bändchen-Durchschneiden«, mittels derer er »Ankündigungspolitik« betreibe. Im Wahlkampf trat Ringstorff aber nach Auffassung einiger Medien eher wie der zukünftige Wirtschaftsminister und weniger als zukünftiger Ministerpräsident auf. Er versprach unter anderem die Gießkannenförderung zu beenden, weil Gewerbegebiete teilweise zu »beleuchteten Schafsweiden« verkommen seien. Auch sonst hielt er sich thematisch stark an den wirtschaftlichen Aufschwung und weniger an die präsidialen Linien. Klaus Hartung schrieb in der »Zeit«:

»Ringstorff verspricht nicht den großen Wechsel. Nach vier Jahren radikaler Lebensveränderung läßt sich auch niemand damit locken. Die SPD will die bessere Regierung sein. Sie verspricht nicht soziale Gerechtigkeit, sondern ›Gerechtigkeit an erster Stelle‹, gleichsam als politischen Grundwert. Ringstorff will Kompetenz vermitteln. Viele seiner Wahlkampfreden, die er mit hoher Stimme hält, erinnern mehr an Rechtsbelehrung denn an Agitation.«[2]

Und noch zog Kanzler Kohl Wähler. Die Landes-SPD um Frontmann Ringstorff hatte seinen Auftritten im Nordosten nur wenig entgegenzusetzen und so profitierten die Konservativen noch einmal davon, dass Landtags- und Bundestagswahl zusammenfielen. Die CDU konnte ihre Niederlagenserie bei Landtagswahlen allmählich überwinden, erholte sich bei Bundesumfragen und überholte auch die SPD in den Umfragen für Mecklenburg-Vorpommern wieder. Im August 1994 schnitt Ministerpräsident Seite mit 62 zu 48 Prozent im Direktvergleich mit Harald Ringstorff besser ab.

Trotzdem war die Wahl offen. Ein mit dem Titel »Für Äußerungen zum Ergebnis der Landtagswahl am 16.10.1994« überschriebener Sprechzettel für den Wahlabend fasste unter dem Stichwort »Ergebniskonstellationen« für den sozialdemokratischen Herausforderer folgende Szenarien zusammen:

»Rein theoretisch sind in der Grundstruktur 4 unterschiedliche Ergebnisse denkbar: 1. CDU und FDP behalten ihre Mehrheit. Dann können wir nur noch den Wählern danken und eine konstruktive Oppositionsarbeit ankündigen. 2. Die SPD wird hinter CDU und PDS nur drittstärkste Partei. Dann müsste zugegeben werden, dass sich unsere Erwartungen nicht erfüllt haben. Ein Machtanspruch kann dann am Wahlabend kaum erhoben werden. Vorschnell aufgegeben werden sollte er aber auch dann nicht. 3. Die SPD liegt hinter der CDU, aber vor der PDS. Wenn wir gegenüber dem Ergebnis von 1990 zugelegt haben, ist es ein Erfolg. Unsere Position verändert sich grundsätzlich auch dann nicht, wenn Bündnis 90/ Die Grünen zusätzlich in den Landtag kommen und die SPD zusammen mit ihnen auch noch mehr Stimmen haben als die CDU. Diese Situation würde es uns allerdings erleichtern, öffentlich einen Machtanspruch zu begründen. 4. Die SPD wird stärkste Partei und liegt vor der CDU. Das wäre ein klarer Sieg der SPD. Sollten auch noch Bündnis 90/Die Grünen und die FDP in den Landtag kommen und damit eine Mehrheit für eine Ampelkoalition möglich sein, wäre dieser Weg vorgezeichnet.«[3]

Zur PDS notierte der unbekannte Autor aus dem Stab um Ringstorff, diese hätte

»selbst erklärt, dass sie in die Opposition will. Und wir haben erklärt, dass es eine Koalition mit der PDS nicht geben wird. Die Koalitionsfrage ist also klar beantwortet. Außerdem hat die PDS ihren Wahlkampf einseitig zu Lasten der SPD geführt: Es war nicht in Ordnung, dass die PDS draußen an Info-Ständen so getan hat, als sei Harald Ringstorff auch der Spitzenkandidat der PDS. Das ist politisches Trittbrettfahren, und das ist nicht die feine Art. Und es wird auch nicht dadurch besser, dass die CDU dabei fleißig mit der PDS zusammengespielt hat durch ihr Gerede von einer SPD-PDS-Koalition.«[4]

So lesen sich Sätze eines Verärgerten.

Am Wahlabend sahen sich die geschlagenen Sozialdemokraten auf Bundes- und Landesebene als die eigentlichen Sieger. Sie hatten bei der Bundestagswahl wie auch in Thüringen und Mecklenburg-Vorpommern dazugewonnen, während die Regierungskoalitionen Stimmen einbüßten beziehungsweise wie die FDP in Mecklenburg-Vorpommern und Thüringen ganz aus den Landtagen verschwanden. Weil durch die damit absehbaren SPD-Regierungsbeteiligungen die CDU-Stimmen neutralisiert wurden, wuchs perspektivisch auch die Macht der SPD im Bundesrat.

Harald Ringstorff sagte für Mecklenburg-Vorpommern früh einen Landtag mit drei Parteien voraus. Den bekam er. Die SPD konnte mit 2,5 Prozent auf 29,5 Prozent zulegen, während die Union als Wahlsieger 0,6 Prozent auf 37,7 Prozent verlor. Zwar konnte die SPD dieses Mal sieben Wahlkreise direkt gewinnen, die Christdemokraten holten aber 28 und Steffi Schnoor errang gegen den SPD-Spitzenkandidaten Ringstorff das Direktmandat im Wahlkreis Sternberg. Berndt Seite gewann seinen Wahlkreis deutlich gegen Gottfried Timm. 22 von nunmehr 71 Abgeordneten gehörten für die kommenden vier Jahre der sozialdemokratischen Fraktion an. Die CDU fuhr 31 und die PDS 18 Sitze ein. Alle drei legten auf Kosten der ausgeschiedenen FDP und anderer Parteien zu. Am meisten die PDS.

Unmittelbar nach der ersten Hochrechnung nannte Ringstorff dies klare Verhältnisse. Zwar wurde die CDU Wahlsieger, die Stimmung auf ihrer Wahlparty aber war gedrückt. Landesvorsitzende Angela Merkel kam gegen 19.15 Uhr, um gleich zu einem Gespräch mit anderen CDU-Spitzen zu verschwinden. Mit jeder neuen Hochrechnung legte die PDS zu. Die Sprecherin der CDU-Fraktion, Constanze Steinke, befürchtete zu Recht: »Die SPD wird uns massiv unter Druck setzen.«[5] Auch dieses Verhältnis ließ nichts an Klarheit zu wünschen übrig. Die Süddeutsche Zeitung beschrieb den Wahlabend:

»Aus dem Plenarsaal kommend, wo die Fernsehsender die Landtagswahl nachbereiteten, war der trotz Mehrheitsverlust frohgemut regierungswillige Christdemokrat Berndt Seite auf dem Weg nach unten, während der gequälte, zögernde Sozialdemokrat Harald Ringstorff nach oben strebte. Seite wandte den Kopf ab, Ringstorff ebenfalls. Die beiden Herren, von denen die Politik im Lande maßgeblich abhängt, würdigten einander keines Wortes und keines Blickes.«

Gleich in seinem ersten Interview am Wahlabend sagte Ringstorff tatsächlich, dass die Regierung von Berndt Seite keine Mehrheit erhalten hätte. Die nächste Regierung würde nicht ohne die SPD gebildet. Nach dem Wahlergebnis war realistischerweise neben der von Ringstorff angepeilten Minderheitsregierung auch nur eine Große Koalition möglich. Die PDS hatte nämlich schon früh festgestellt, dass sie keinen CDU-Ministerpräsidenten wählen würde. Also stand im Mittelpunkt aller Koalitionserwägungen die SPD, denn sie hatte als einzige Partei zwei Regierungsoptionen und Ringstorff zögerte auch nicht, dies immer wieder zu verdeutlichen.

Offizielle Sondierungen mit der PDS

Harald Ringstorff ging es bei allem Streit um eine wie auch immer geartete Kooperation mit der PDS im Kern um die strategische Ausrichtung der SPD. Wollte sie sich zur politischen Mitte hin entwickeln, um der PDS links davon das gesamte Feld zur freien Entfaltung zu überlassen oder dieses zumindest teilweise mit besetzen? Führende Sozialdemokraten aus der Bundesspitze, wie etwa der einflussreiche Ministerpräsident Nordrhein-Westfalens, Johannes Rau, wollten diese prinzipielle Entscheidung, vor allem aber den konkreten Umgang mit der PDS nicht den ostdeutschen SPD-Landesverbänden überlassen. Noch in der Wahlnacht sagte Ringstorff jedoch deutlich in Richtung Bonner SPD-Führung, dass in der SPD das Parteistatut und nicht das Führerprinzip gelte. Unmittelbar nach der Wahl ließ Ringstorff wieder seine Sympathie für eine von der PDS tolerierte Minderheitsregierung erkennen. Nun fielen ihm vor Medienvertretern auch erfolgreiche Beispiele von Minderheitsregierungen ein. Hatte nicht kurz zuvor der Sozialdemokrat Ingvar Carlsson in Schweden mit Unterstützung der dortigen Linkspartei ebenfalls eine gebildet?! Unterstützung suchte er für diese Option aber auch in diskreteren

Telefongesprächen mit Mitgliedern des SPD-Präsidiums. Wie der SPD-Parteivorstand am Tag nach der Wahl Ringstorffs Ambitionen kommentierte ist nicht bekannt.

Als problematisch erwies sich jedoch, dass SPD und PDS bis zur Landtagswahl kaum miteinander ins Gespräch gekommen waren. Auf keiner Ebene hatten sie in der Opposition zusammengearbeitet. Eher sogar aneinander vorbei. Ringstorffs damaliger Büroleiter Sebastian Schröder kann in Ringstorffs Arbeitskalendern für das letzte gemeinsame Jahr in der Opposition keinen einzigen Gesprächstermin zwischen dem SPD-Fraktionsvorsitzenden und einem PDS-Politiker ausmachen.[6] Dadurch war eine rot-rote Koalition auch auf persönlicher Ebene nicht vorbereitet.

Trotzdem verkündete Ringstorff am Dienstag nach der Wahl auf einer Pressekonferenz in Schwerin und im Deutschlandfunk, dass er das Amt des Ministerpräsidenten für sich beanspruche. Notfalls auch mit Unterstützung der PDS. Darauf folgte noch am selben Tag ein Anruf Rudolf Scharpings, mit dem er Ringstorffs Ambitionen ausbremste. Parteichef Scharping, der am selben Tag zum Vorsitzenden der Bundestagsfraktion gewählt wurde, sagte anschließend öffentlich, dass er die anstehenden Gespräche zwischen Ringstorff und der CDU unterstütze. Ringstorff wiederum erläuterte noch am 18. Oktober, dass aus den Sondierungsgesprächen mit der PDS keine Koalitionsverhandlungen entstehen würden. Sebastian Schröder erinnert sich, dass Ringstorff unmittelbar nach der Wahl ein Vieraugengespräch mit dem Anführer des Widerstands innerhalb der SPD-Landtagsfraktion gegen eine Zusammenarbeit mit der PDS, Rolf Eggert, führte. In das Gespräch hinein platzte ein Anruf vom Büro des SPD-Bundesvorsitzenden Rudolf Scharping, der umgehend Ringstorff sprechen wollte. Sebastian Schröder, im Bewusstsein der Wichtigkeit des Gesprächs zwischen Ringstorff und Eggert wie auch der Bedeutung des Parteivorsitzenden war hin- und hergerissen, auch vom fordernden Ton des Scharping-Büros nicht angetan, was noch im Rückblick den Druck innerhalb der SPD auf allen Ebenen verdeutlicht.[7]

Gerd Andres, der Sprecher des parteiinternen konservativen »Seeheimer Kreises«, sah eine irreparable Glaubwürdigkeitslücke für die SPD voraus, sollte die PDS in Mecklenburg-Vorpommern in irgendeiner Form mitregieren. »Mir haben SPD-Funktionäre bereits gesagt, wenn die SPD mit der PDS in Schwerin zusammengehe, würden sie aus der Partei austreten.«[8] Parteiveteran Egon Bahr hingegen befürwortete eine von der PDS gestützte Minderheitsregierung. Im »Spiegel« sagte er, auch ein PDS-Landesminister wäre notfalls vorstellbar. In der Erinnerung von Sebastian Schröder ließen Oskar Lafontaine und Gerhard Schröder in dieser Situation ebenfalls verhalten Sympathien für das Vorgehen von Ringstorff in Richtung PDS erkennen.[9]

Die linke »TAZ« aus Westberlin kommentierte diese Entwicklungen mit den Worten:

»Ringstorff hat die Moral auf seiner Seite, ist doch die eigentliche, die historisch gewachsene Koalition die zwischen PDS und CDU, während die eigentliche Opposition, die der Bürgerbewegungen, in den Reihen seiner eigenen SPD-Fraktion zu finden ist. Deren Ablehnung speist sich aus fundierterer Quelle als die Vorgaben der Bonner Parteispitze. Beider Voten werden im Einklang mit einem medialen Theaterdonner Ringstorff davon abbringen, seine PDS-Option bis zum Ende zu verfolgen. Gelänge es ihm jedoch unterhalb dieser Ebene, die Hermetik gegenüber der PDS zu durchbrechen und eine auf Dauer nicht nur aus Taktik angelegte Öffnung zu deren Reformkräften zu erreichen, hätte er seinen Beitrag dazu geleistet, dass ein Wechsel im Osten nicht allein als westdeutsches Politikmodell gilt.«

Der SPD-Parteirat Mecklenburg-Vorpommerns befürwortete am Sonntag nach der Wahl auf einer Sitzung im »Haus des Handwerks« in Güstrow mit großer Mehrheit Sondierungsgespräche mit der PDS wie auch der CDU. Er nominierte eine Verhandlungsdelegation, der Harald Ringstorff vorsaß. Außerdem gehörten ihr Peter Kauffold, Gottfried Timm und Dieter Schröder an. Der Parteirat forderte aber auch, dass eine wie auch immer geartete PDS-Kooperation vom Landesvorstand und einem außerordentlichen Parteitag bestätigt werden müsste. Eine direkte Regierungsbeteiligung der PDS wurde aber nicht diskutiert. Der Parteirat rügte zudem die Einmischung der Bundes-SPD mit den Worten: »Man sollte zur Kenntnis nehmen, dass wir erfahren und verantwortungsbewusst genug sind, um in diesem

Land die richtigen Entscheidungen zu treffen.«[10] Übereinstimmung sah der Parteirat zwischen SPD und PDS in Fragen des sozialen Wohnungsbaus, während die Differenzen mit der Union gerade beim von dieser geforderten dreigliedrigen Schulsystem oder bei Arbeitsbeschaffungs- und Umschulungsmaßnahmen offen zutage traten. Ringstorff wiederum hielt fest, dass er die Gespräche mit beiden Parteien gern in Angriff nehme und betonte:»Das Sondierungsgespräch mit der PDS wird erst nach dem PDS-Parteitag am kommenden Sonntag geführt.« Wechselnde Mehrheiten hielt Ringstorff weiter für ein Mittel der Wahl.»Wir brauchen bei Sachthemen nicht unbedingt die Stimmen der PDS, da wären mir auch die Stimmen der CDU genehm.«[11]

Für eine Kooperation mit der PDS brauchte er aber auch die Stimmen sozialdemokratischer Spitzenfunktionäre aus Mecklenburg-Vorpommern. Die gab es, aber auch massiven innerparteilichen Widerstand. Sowohl gegen Ringstorffs Absichten, aber auch die Einmischung der SPD-Bundesspitze in die Angelegenheiten der SPD Mecklenburg-Vorpommerns. Die sozialdemokratische Bürgermeisterin Rosemarie Wilcken aus Wismar lehnte eine Tolerierung oder gar Zusammenarbeit mit der PDS kategorisch ab.»Weder die Staatsziele eines Landes noch die allgemeine Landespolitik lassen sich zwischen SPD und PDS vereinbaren.«[12] Der Landtagsabgeordnete Rainer Beckmann betonte, er sei»1989 nicht gegen die SED auf die Straße gegangen, um jetzt mit ihr zusammenzuarbeiten«. Hans-Joachim Hacker meinte trotz seiner Ablehnung einer Kooperation zwischen SPD und PDS zu den »Ratschlägen« aus Bonn, dass diese»Mehr wie Schläge, denn als Rat« angekommen sein. Auch der parlamentarische Geschäftsführer Gottfried Timm wies darauf hin, dass sich kein SPD-Kandidat von der PDS zum Regierungschef wählen lasse, der Landesverband aber eigenständig sei:»Ratschläge nehmen wir aus Bonn gern entgegen. Aber entschieden wird in Schwerin.«[13] Bundesgeschäftsführer Verheugen hatte versucht, über Dieter Schröder auf Ringstorffs Entscheidung Einfluss zu nehmen. Schröder erhielt als Rostocker Oberbürgermeister selbst Unterstützung von PDS-Wählern und formulierte deshalb in Richtung des Parteivorsitzenden Scharping, die Sozialdemokraten müssten erreichen, dass sich die PDS von der »Kommunistischen Plattform« trenne, einem parteiinternen Zirkel bekennender Marxisten. Dann sei sie, so Schröder, »eine durchaus koalitionsfähige Partei«. Er hielt zwar eine Zusammenarbeit mit der PDS für ein großes Risiko, größer als ein Zusammengehen mit der CDU, fühlte sich aber durch die Reaktionen aus Bonn in Zeiten zurückversetzt, als für die SPD eine Zusammenarbeit mit den Grünen tabu war. In der Bundes-SPD sah er chauvinistische Männer an der Macht, die sich nur um die Mehrheit im Westen kümmern würden.[14] Sogar die Jusos Mecklenburg-Vorpommerns waren für eine Weile gegen eine Kooperation mit der PDS. Es war ihnen einerseits wichtig, viele sozialdemokratische Themen durchzusetzen, aber Harald Ringstorff müsse deshalb nicht unbedingt Ministerpräsident werden. Die PDS jedenfalls sei separatistisch und undemokratisch. Es wird im Rückblick nicht klar, wie die Gemengelage der diesbezüglichen Mehrheiten, Mindermeinungen und Unentschiedenen im SPD-Landesverband war. Ringstorff erprobte sie nicht. Erst im Frühjahr 1996 sollte sich deutlich zeigen, dass sich die Landes-SPD für eine Kooperation mit der PDS noch nicht bereit fühlte.

Scharping wie auch Ringstorff dementierten unisono einen Bericht, laut dem der SPD-Bundesvorsitzende dem Partei- und Fraktionsvorsitzenden in Mecklenburg-Vorpommern im Laufe der Auseinandersetzungen über den Umgang mit der PDS mit einem Parteiausschlussverfahren gedroht habe. Ringstorff wiederholte stattdessen trotzig, dass er aus Bonn eine Genehmigung für Gespräche mit der PDS hätte. Unter der einschränkenden Bedingung, dass daraus keine Koalition würde. Noch vor den ersten Gesprächen mit der PDS wählten die SPD-Landtagsabgeordneten Ringstorff einstimmig zum Fraktionsvorsitzenden. Gottfried Timm sagte: Rudolf Scharping würde sich freuen, die mecklenburgische SPD in so großer Geschlossenheit zu sehen. Die Anweisungen aus Bonn verschlechterten jedoch die Verhandlungsposition der SPD. Das Druckmittel PDS musste von der CDU nicht mehr allzu ernst genommen werden. Klaus Hartung kommentierte in der »Zeit«:

»Gerade bei Ringstorff, der mehr als Wolfgang Thierse in den letzten Jahren zu einem Wortführer der ostdeutschen SPD geworden ist, wuchs der Ingrimm über die Interventionen aus Bonn. Die Tatsache, dass Scharping ihn gleich am Wahlabend nicht nur intern zur

Ordnung rief, sondern auch nach außen durchsickern ließ, man habe ›Ringstorff noch einmal eingefangen‹, hat im Norden ein unkalkulierbares Reizklima geschaffen.«[15]

Aber auch die PDS selbst war sich nicht einig. Der stellvertretende Vorsitzende des PDS-Landesverbandes, Wolfgang Methling, sagte skeptisch, die Zeit für die PDS sei noch nicht gekommen. Er, der bei der Bundestagswahl in Rostock nur knapp Christine Lucyga unterlegen war, meinte, dass Gesamtdeutschland noch nicht reif für das Mitregieren der PDS wäre. Der Vorsitzende der PDS-Bundestagsgruppe Gregor Gysi hob außerdem hervor: »Wenn wir zu früh in eine Regierung gehen, kann sich das nur problematisch auf die Entwicklung der Partei auswirken.« Der PDS-Bundesvorsitzende Lothar Bisky hielt seine Partei wiederum nicht nur für fähig und geeignet, Minderheitsregierungen zu stützen, sondern auch, Regierungen anzugehören. Der PDS-Vorsitzende Mecklenburg-Vorpommerns, Helmut Holter, regte zwischenzeitlich einen Runden Tisch aller an, auch mit den bei der Landtagswahl gescheiterten Parteien wie FDP und Bündnis 90/Grüne. Dieser sollte die Schweriner Wirrnisse auf einen »an Sachfragen orientierten Minimalkonsens« einschwören, um so eine Regierungsbildung, darunter eventuell auch eine SPD-Minderheitsregierung zu ermöglichen. Die PDS Mecklenburg-Vorpommerns beschloss auf ihrem Schweriner Sonderparteitag erst einmal, eine mögliche SPD-Minderheitsregierung zu stützen – und den Verlauf der Dinge abzuwarten.

In einem internen SPD-Papier für die Vorbereitung des auf diesen Parteitag folgenden ersten Sondierungsgesprächs mit der PDS am 25. Oktober 1994 ist für dessen Ablauf vermerkt:

»Themen: 1. Neue politische Kultur in der politischen Auseinandersetzung – freier und sachlicher Umgang im Parlament – keine Diskriminierung bei der Besetzung von Positionen im Landtag 2. Sachpunkte: 23-Punkte-Liste – besonders problematisch sind dabei – Verfassungsänderung (1) – Reduzierung des Beamtenbestandes (8) – Umwandlung von Genossenschaftswohnungen in Sozialwohnungen (11) – A 20, Transrapid, A 241 (14) – Völlige Abschaffung der Hauptschulen, Kurssystem ab Klassenstufe 7 (16) –

Abschaffung von Geheimdienstaktivitäten (18) –Kein Ausbau von Militärstandorten (23) – Verbot von Rüstungsproduktion (23) 3. Notwendige Klarstellungen (Papier von Friese/Schröder)«.[16]

Zum unter Punkt 3 erwähnten Papier erklärte sein Co-Autor Dieter Schröder:

»Nahm man die Sachprogramme als Grundlage, waren SPD und PDS sich wirklich näher als SPD und CDU. Die PDS hatte viele sozialdemokratische Initiativen aus der abgelaufenen Legislaturperiode übernommen. Der eigentliche Unterschied zwischen SPD und PDS bestand in den grundsätzlichen Fragen, und diese spielten in diesen Tagen keine Rolle. Um die SPD aus der drohenden Umarmung der PDS zu befreien, mussten die Grundsatzfragen auf den Tisch. Der Abgeordnete Siegfried Friese hatte dafür schon einige Punkte, die vor allem die historische Schuld der Kommunisten betrafen, formuliert, ich stellte ein Bekenntnis zur Ordnung des Grundgesetzes voran, fügte die Forderung nach Abgrenzung von radikalen Gruppen als Schluss an und gab dem ganzen die Überschrift ›Notwendige Klarstellungen‹. Wer die sozialdemokratischen Koalitionsdebatten der letzten zehn Jahre verfolgt hatte, erkannte, dass wir damit dem Muster folgten, nach dem Harry Ristock 1984 aus der Diskussion über rot-grüne Koalitionen in West-Berlin befreit worden war. Das ging alles so schnell, dass wir der PDS und anschließend der Presse den Katalog einfach mit meinen handschriftlichen Änderungen übergaben.«[17]

An diesem 25. Oktober trafen sich die SPD-Verhandler Ringstorff, Kauffold und Schröder unter anderem mit den PDS-Verhandlern Helmut Holter, Johann Scheringer, Arnold Schoenenburg, Caterina Muth und Karl-Friedrich Gruel. Ringstorff, noch am Morgen als Fraktionschef einstimmig wiedergewählt, sagte laut Protokoll:

»Ich freue mich, dass es zu dem Gespräch gekommen ist. Denn, es gab bekanntlich Druck und Irritationen. Es scheint ein historischer Tag zu sein. Es ist nicht so gewesen, dass man in der Vergangenheit nicht miteinander gesprochen hat, z. B. im Landtag, aber vielleicht hat man zu wenig gesprochen. Wir meinen es ernst, dass im Lande eine andere politische Kultur her muss.«[18]

Anschließend übergab Ringstorff der PDS-Delegation das mit der Überschrift »Notwendige Klarstellungen« überschriebene Papier. In diesem forderte die SPD die PDS auf, öffentlich Grundgesetz und Landesverfassung anzuerkennen. Außerdem müsse die SED-Nachfolgepartei öffentlich erklären, dass die Zwangsvereinigung von SPD und KPD zur SED im Jahr 1946 Unrecht gewesen sei. Wörtlich war zu lesen:

»3. Die SPD erwartet von der PDS die öffentliche Erklärung, dass die Zwangsvereinigung von SPD und KPD zur SED im Jahre 1946 Unrecht war und nur unter Androhung von Gewalt zustande gekommen ist. Die Ausschaltung der SPD im Jahre 1946 wird von der PDS als ein historischer Fehler bewertet, durch den die Demokratie beseitigt und die Diktatur ermöglicht wurde. Die PDS wird sich für die Verfolgung der Sozialdemokraten in der DDR entschuldigen. 4. Die Kräfte, die die o. g. Grundrechte und Grundsätze nicht anerkennen, wie die Kommunistische Plattform, Anarchisten u. ä. Gruppen, dürfen keinen Einfluss auf die Politik des Landes Mecklenburg-Vorpommern bekommen. Parlamentarische Demokratie und Kommunismus sind unvereinbar.«[19]

Dieses erste abendliche Gespräch mit der PDS bewertete Ringstorff mit den Worten: Es habe Einigkeit über eine Änderung der Politik in Mecklenburg-Vorpommern bestanden. Bevor aber weitere Gespräche geführt würden, müsste sich die PDS zum von der SPD aufgestellten Forderungskatalog äußern. Eine Bedingung sine qua non. Der SPD-Landesvorstand und die Landtagsfraktion wollten dann darüber entscheiden, ob die Gespräche mit der CDU sofort aufgenommen würden oder es weitere Gespräche mit der PDS geben solle. Überraschend traf sich Ringstorff am 26. Oktober noch einmal mit Helmut Holter. Eckhardt Rehberg hingegen schloss aus, dass die CDU Koalitionsverhandlungen mit der SPD führen werde, wenn diese parallel noch mit der PDS spreche. Diese Bedingung erfüllte Ringstorff später. Wusste doch niemand so recht, worauf die Gespräche, abgesehen von einer zwischenparteilichen Annäherung, eigentlich hinauslaufen sollten. Zuvor, am 27. Oktober ging jedoch die PDS auf den Forderungskatalog der SPD ein und lieferte ein klares Bekenntnis zum Grundgesetz.

»Zu den vier Punkten des SPD-Papiers ›Notwendige Klarstellungen‹ erklären wir: 3. Die Vereinigung von KPD und SPD zur SED im Jahre 1946 verlieh dem Streben sehr vieler Mitglieder der beiden Parteien nach Gemeinsamkeit und organisatorischer Einheit als Lehre aus dem Faschismus Ausdruck. Ebenso gab es viele Mitglieder der SPD und KPD, die die Vereinigung nicht wollten. Sie wurden erheblichem und ungerechtfertigtem Druck ausgesetzt. Ob das Wort von der ›Zwangsvereinigung‹ gerechtfertigt ist, sollte die Diskussion zwischen den Parteien unter Hinzuziehung von Historikern klären. Es ist bittere historische Wahrheit, dass durch maßgebliche Kreise der SED während und nach der Vereinigung von 1946 Sozialdemokraten Verfolgungen und Repressalien erleiden mussten sowie aus dem politischen Leben ausgeschaltet wurden. Die PDS insgesamt wie auch der Landesverband Mecklenburg-Vorpommern haben auf Parteitagen seit 1990, in Erklärungen und Verlautbarungen ihr Bedauern hierüber und ihre Entschuldigung dafür zum Ausdruck gebracht. Wir verweisen in diesem Zusammenhang darauf, dass nicht wenige Kommunisten nach 1945 von denselben oder ähnlichen Repressalien und Verbrechen betroffen wurden, wie Mitglieder und Funktionäre der SPD. Als Rechtsnachfolgerin der SED bekennt die PDS ihre Verantwortung auch dafür und weiß sie, dass sie diese ihre Verantwortung nur durch eigene Erneuerung und glaubhaftes demokratisches Wirken abtragen kann. Dazu hat sie den festen Willen. Die PDS betrachtet die Drangsalierung von Sozialdemokraten – wie jegliche politische Ausgrenzung – als mit ihrer Programmatik und ihrem Wollen für unvereinbar. Wir vertreten die Auffassung, dass die historischen Prozesse der Vereinigung und der Nachfolgezeit weiter untersucht werden müssen und auch die historischen und aktuellen Bewertungen geprüft werden sollten.«[20]

Diese Antworten der PDS auf den Forderungskatalog der SPD wollten die SPD-Gremien am darauffolgenden Montag bewerten. Nach dem zweiten Gespräch zwischen Ringstorff und Helmut Holter meinte Ringstorff jedoch, dass die Chancen für eine Zusammenarbeit beider Parteien immer geringer würden. Dieter Schröder schreibt:

>»Die von uns geforderte schriftliche Antwort war ausweichend. Die PDS meinte, dass wohl noch ein längerfristiger Dialog geführt werden müsse. So konnte Harald Ringstorff verkünden, dass damit auch eine SPD-Minderheitsregierung unwahrscheinlicher geworden ist.«[21]

Obwohl Ringstorff die Gespräche mit der PDS schließlich abbrach, wollte er sich zukünftig keine Kontakte mehr von der Bundes-SPD verbieten lassen. Er werde stattdessen mit der PDS im Gespräch bleiben, um so die Fronten nicht verhärten zu lassen, die lediglich eine strategische Mehrheit von CDU und SPD festschreiben würden. Helmut Holter äußerte die Hoffnung, dass die Gespräche in Mecklenburg auch auf die SPD in Westdeutschland abfärbten und zum Signal für Deutschland geworden seien. Im »ZDF« sagte er, dass seine Partei in Zukunft nicht nur über Tolerierung, sondern auch über Regierungsbeteiligungen nachzudenken habe.

Während der Schweriner Auseinandersetzung um Rot-Rot oder Große Koalition begann Höppner in Magdeburg erste Gespräche mit der PDS. Auch Manfred Stolpe empfing demonstrativ den brandenburgischen PDS-Chef Bisky. Dieser sagte außerdem am Ende eines Streitgesprächs im »Spiegel« mit dem SPD-Urgestein Erhard Eppler auf die Feststellung des Letzteren, dass die SPD nur mit Parteien koaliere, von denen sie genau wisse, wer sie seien, und das wisse er im Augenblick bei der PDS nicht: »Manfred Stolpe weiß es, Reinhard Höppner und Harald Ringstorff wissen es auch, Herr Eppler.«[22]

Die letztendlich abgebrochenen Gespräche mit der PDS hatten die politische Kultur in Mecklenburg-Vorpommern nachhaltig verändert. Auch wenn sie rückblickend eher wie eine politische Fingerübung denn wie ein ernst zu nehmender Verhandlungspoker anmuten, bezogen sie die PDS erstmals offiziell in ein – wenn auch nur beabsichtigtes – Regierungshandeln in Mecklenburg-Vorpommern ein. Alle befragten Zeitzeugen beschreiben eventuell auch wegen dieses tastenden Spiels mit dem Feuer unter Druck von allen Seiten die Wochen nach der Wahl als chaotisch und anstrengend. Unmittelbar vor den Sondierungen war Ringstorff bei Heimarbeiten mit der linken Hand in eine Kreissäge geraten. Die Medien hatten so schöne Bilder vom SPD-Verhandlungsführer mit dickem Verband. Ringstorffs Mitarbeiter Sebastian Schröder hingegen sah darin ein Zeichen innerer Überspannung.[23]

Dann doch Koalition mit der CDU

In der ersten Legislaturperiode hatte die CDU gemeinsam mit der FDP sowie der Stimme des Überläufers Schulz mit denkbar knappster Mehrheit und ohne jegliche Einbeziehung der Opposition die eigene schwarz-gelbe Politik umgesetzt. Außer bei der Landesverfassung wurden die Einwände der SPD oder der PDS nie ernst genommen, beziehungsweise in die letztendliche Entscheidungsfindung einbezogen. Mehr als 60 Prozent der CDU-Landtagsabgeordneten waren seit der Landtagswahl des Herbstes 1994 aber Parlamentsneulinge. Gelegenheit auch für einen »Neuanfang« der Altgedienten. Klaus Hartung schrieb in der »Zeit« über den Tag nach der Wahl:

»Zehn Minuten vor Beginn der ARD-›Brennpunkt‹-Sendung am Montagabend wagte der noch amtierende Ministerpräsident Berndt Seite den ersten Schritt: Er umrundete den Moderatoren-Tisch und begann ein Gespräch mit seinem sozialdemokratischen Herausforderer Harald Ringstorff. Die Fernsehtechniker schalteten ehrfurchtsvoll die Mikrophone ab, die Beobachter analysierten in gebührender Entfernung Körperhaltung und Mimik. Das war seit 1992 das erste Mal, dass diese beiden Politiker miteinander sprachen. Noch am Wahlabend hatte Berndt Seite es auf der Schlosstreppe ostentativ vermieden, den SPD-Chef zu begrüßen. Selbst noch eine Stunde vor der überraschenden Tuschelei am Moderatoren-Tisch war er ausgewichen, hatte sich in einer großen Gesprächsrunde zur Koalitionsfrage von Eckhardt Rehberg, dem Chef der CDU-Landtagsfraktion, vertreten lassen. Da zeigt sich: Im Osten ist eine große Koalition eben alles andere als ein Zweckbündnis, sondern zunächst einmal die Überwindung der Erblast aus den ersten vier Jahren der jungen Demokratie.«[24]

Ringstorff führte am Tag nach dem Einspruch der Bundes-SPD gegen eine Kooperation mit der PDS aus, dass er auch bereit sei, in der nächsten Regierung ein anderes Amt als das des Ministerpräsidenten auszuführen. Die Rostocker Jusos starteten daraufhin eine Unterschriftenkampagne gegen die Große Koalition. Sie würde nur Bonner Weisungen umsetzen während Sozialreformen auf der Strecke blieben. Die Jungsozialisten forderten eine Minderheitsregierung der Sozialdemokraten, die nicht nur von der PDS, sondern auch von den Gewerkschaften, den Arbeitsloseninitiativen wie auch der Jugend gestützt würde. Die anschließenden Gespräche mit der CDU sollten schwierig werden, und es sollte sich nicht als Vorteil erweisen, dass Ringstorff laut Peter Kauffold »mehr Analytiker als Synthetiker ist«.

SPD-Bundesgeschäftsführer Verheugen nannte als Bedingung für die Verhandlungen, dass Mecklenburg-Vorpommern im Bundesrat die von der Unions- und FDP-Regierung in Bonn geplante Befristung der Arbeitslosenhilfe aktiv ablehnen müsse und sich nicht nur enthalten dürfe. Dieter Schröder, Mitglied von Ringstorffs Verhandlungskommission, forderte in der »Welt am Sonntag« außerdem die Hälfte aller Ministerposten für die SPD, unter denen auch das Innen- und das Finanzministerium sein müssten. CDU-Landeschefin Angela Merkel sicherte der SPD für die ersten Sondierungsgespräche immerhin ein großes Entgegenkommen zu. Über das erste Zusammentreffen zwischen SPD und CDU in der Banzkower Mühle am 20. Oktober wurde Vertraulichkeit vereinbart. Der eher kleine Rahmen sollte, so Kreise der Staatskanzlei, in Fortsetzung des Gesprächs im Fernsehstudio, dem besseren Kennenlernen von Berndt Seite und Harald Ringstorff dienlich sein. CDU-Generalsekretär Klaus Preschle beschrieb hingegen, dass Ringstorff in den Sondierungen das Sündenregister der CDU aus der vorangegangenen Legislaturperiode in beleidigtem Ton heruntergebetet hätte. Otto Ebnet erinnert sich wiederum daran, dass es noch in den folgenden Tagen extrem schwierig war, Harald Ringstorff und Eckhardt Rehberg während der Sondierungs- und Koalitionsverhandlungen zueinander zu bringen.[25]

Im Protokoll des ersten Sondierungsgespräches vom 20. Oktober in Banzkow ist hingegen lediglich Sacharbeit vermerkt. Wie dieser Wunsch der Noch-Oppositions- an die Regierungspartei:»Die SPD bittet als Grundlage für die Verhandlungen um die Übermittlung von Sachinformationen aus den Ressorts. Die CDU sagt zu, die Informationen auf Anforderung zur Verfügung zu stellen.«[26] Gleich der erste von der SPD angesprochene Gesprächsgegenstand der Sondierung war anschließend eine Überarbeitung des Rentenrechts hinsichtlich der »Staatsnähe« von Anspruchsberechtigten während der DDR-Zeit. Der Dissens über Ringstorff »Versöhnungskurs« begann hier unmittelbar. Bereits das Protokoll des 3. Sondierungsgesprächs vom 28. Oktober 1994 im Schweriner Schloss vermerkt außerdem eingangs:

»Die SPD hält die im Protokoll über das 2. Sondierungsgespräch [...] festgehaltene Äußerung der CDU, sie halte es für selbstverständlich, dass die SPD während des Laufs von Koalitionsverhandlungen mit der CDU keine parallelen Gespräche über eine Regierungsbildung mit der PDS führt, ihrerseits für ein Zeichen tiefen Misstrauens und plädiert dafür, dass die Äußerung aus dem Protokoll gestrichen werden sollte.«[27]

Unabhängig von dieser Passage verkündete Ringstorff noch am selben Tag die Beendigung der Sondierungsgespräche mit der PDS.
Ärger gab es auch, weil Ringstorff in einem Interview das sogenannte »israelische Modell«, die Aufteilung der Legislaturperiode in eine Hälfte unter einem SPD- und eine andere Hälfte unter einem CDU-Ministerpräsidenten, vorschlug. In einem internen SPD-Papier aus dieser Zeit ist unter dem Titel »Zum Thema ›Gleichberechtigung und Gleichgewichtigkeit‹« zu lesen:

»1. Kaum Probleme dürfte es geben bei der Israelischen Lösung: – Dann könnte von 8 Ministerien jede Partei 4 Ministerien bekommen. Durch den Ministerpräsidenten wäre in den ersten zwei Jahren die eine Partei, in den zweiten zwei Jahren die andere in der Überzahl. [...] – Die Partei, die in der zweiten Hälfte der Legislaturperiode den Ministerpräsidenten stellt, hätte dann ein großes Interesse am

Bestand der Koalition über die volle Legislaturperiode von vier Jahren hinweg.«[28]

Oskar Lafontaine, der Mecklenburg-Vorpommern nicht ein weiteres Mal einem CDU-Ministerpräsidenten überlassen wollte, brachte außerdem einen »neutralen« Ministerpräsidenten in einem »Kabinett der Versöhnung« ins Spiel, der das Land einen könne. Als Person nannte er unter anderem den Bürgerrechtler Jens Reich. Strategisch führte Lafontaine aus: »Es wird wieder etwas kommen wie eine neue Linke, und ohne die deutsche Sozialdemokratie geht das nicht.«[29]

Das erste auf die Sondierungen folgende Koalitionsgespräch zwischen CDU und SPD dauerte am 2. November kaum mehr als eine Stunde. Man einigte sich auf einen engen Zeitplan und zehn Facharbeitsgruppen. Diese orientierten sich an den bisherigen zehn Ministerien, verhandelten täglich und waren jeweils sechs Mitglieder stark. Daneben wurden auf Forderung der SPD zwei Arbeitskreise zu den Themen »Opfer und Versöhnung«[30] sowie »Gleichstellung« eingerichtet. Der Aufarbeitungsgruppe gehörten seitens der SPD der Wittenberger Pfarrer Friedrich Schorlemmer und auf der CDU-Seite Landtagspräsident Rainer Prachtl an.[31] Die Arbeitsgruppen sollten die Entscheidung der Hauptverhandlungskommission vorbereiten, die von Ringstorff und Seite geleitet wurde. Dieser meinte, im Interesse der Menschen müsse die neue Regierung zügig gebildet werden. Ringstorff wiederum sagte nach den ersten Gesprächen, dass genügend Substanz da sei, um auch auf anderen Ebenen weiter miteinander zu reden. Dieter Schröder hingegen kritisierte, dass die CDU sich als Inhaber der Macht verstand, von der sie nur ungern etwas abgab. Sie hielt weiter Schlüsselpositionen besetzt und wollte der SPD, wie zuvor der FDP, lediglich die Rolle des Juniorpartners überlassen. Sie bezog darüber hinaus nicht nur Staatssekretäre, sondern auch Schulräte als Unterhändler in die Arbeitsgruppen ein, was für den Staatsrechtler Schröder ein ungeahntes Ausmaß an Vermischung von Partei und Staat widerspiegelte.[32]

Die Besetzungen der Arbeitsgruppen bereiteten in den folgenden Tagen Probleme. Ringstorff forderte außerdem, dass sich die angestrebte Regierung bei strittigen Fragen im Bundesrat nicht der Stimme enthalten solle. Das Protokoll über die Koalitionsverhandlung vom 11. November 1994 vermerkt außerdem zum Klima der Gespräche:

>»Die CDU weist darauf hin, dass sich die vom Oberbürgermeister Schröder gegenüber der Presse gemachten Äußerungen auf Gegenstände bezogen, die Inhalt der vertraulichen Beratung der Hauptverhandlungsgruppe waren. Sie fordert, unter Hinweis auf die Absprache, dass sich gegenüber der Presse nur die Verhandlungsführer äußern, zukünftig derartige Presseaktivitäten zu unterlassen. Wenn eine Partei die Veröffentlichung von Gesprächsinhalten aus grundsätzlichen Erwägungen für erforderlich hält, solle das vorher in der Hauptgruppe angekündigt werden, damit ›Waffengleichheit‹ hergestellt ist. Die SPD bestreitet, die Vertraulichkeit gebrochen zu haben. Die CDU tue so, als gäbe es bereits eine Große Koalition. Im Übrigen sind die von OB Schröder angesprochenen Fragen von grundsätzlicher Bedeutung für die politische Kultur. Für die SPD ist z. B. die Frage der zukünftigen Rolle der Landtagsfraktionen von großer Wichtigkeit. Der Landtag ist kein Anhängsel und keine Abstimmungsmaschine der Regierung. Im Übrigen hätten sich auch die Äußerungen des Fraktionsvorsitzenden Rehberg auf Inhalte der Beratung in der Hauptverhandlungsgruppe bezogen.«[33]

Der Ton zwischen den Verhandelnden war gereizt und blieb es auch in den nächsten Jahren.

Einvernehmen herrschte zwischen den künftigen Koalitionären über infrastrukturelle Großprojekte wie den Transrapid, die A 20, den Ausbau der Seehäfen und den Flughafen Parchim. Strittig waren weiterhin die Schulpolitik und einzelne Fragen der Medienpolitik. Später einigten sich die beiden Parteien darauf, überwiegend in den schwach besiedelten ländlichen Regionen Haupt- und Realschulen organisatorisch zusammenzuführen, was als Verhandlungserfolg der SPD gebucht wurde. Bei Themen, über die keine Einigung erzielt werden konnte, sollte sich zukünftig im Bundesrat der Stimme enthalten werden.

Ringstorff forderte in den Verhandlungen das Wirtschaftsministerium, die SPD-Fraktion hingegen vor allem das Kultusressort. Dieter Schröder erinnert sich:

»Nach einem Vier-Augen-Gespräch zwischen Harald Ringstorff und Berndt Seite lag in der nächsten Verhandlungsrunde am 14. November zunächst eine Ressortgliederung mit neun Kabinettsmitgliedern auf dem Tisch, fünf Posten verlangte die CDU, den Ministerpräsidenten, den Innen-, den Kultus-, den Landwirtschafts- und den Justizminister. Die SPD sollte den Wirtschafts-, den Sozial-, den Finanz- und den Umweltminister stellen. Ich war mit dem Vorschlag ganz zufrieden. In der SPD-Fraktion forderte aber eine starke Gruppe gerade das Kultusministerium. Doch das wollte die CDU unter keinen Umständen herausgeben. Schließlich bot sie eine Teilung des Ministeriums, also eine Vermehrung der Ressorts um zwei Ministerien, an. Sechs Minister sollte die CDU erhalten, fünf die SPD, und zwar Wirtschaft, Soziales, Wissenschaft, Umwelt und Justiz. Ich merkte, dass Harald Ringstorff darauf eingehen wollte, und bat um eine Sitzungspause. Kein Schlüsselressort für die SPD, eine Aufblähung des Kabinetts und noch nicht einmal Parität, das konnte es nicht sein. Aber am Ende stimmten wir dem CDU-Vorschlag zu […].«[34]

Bis zur ersten Landtagssitzung am 15. November wollte laut Ringstorff die SPD Sicherheit haben, »ob das, was bis dahin vereinbart wurde, für die Zustimmung zu einer großen Koalition ausreicht.« Von ihr sollte ihre Zustimmung zur Wahl Rainer Prachtls als Landtagspräsident abhängig gemacht werden. Die SPD überlegte öffentlich, anderenfalls selbst einen Kandidaten für den Landtagsvorsitz aufzustellen. Dieter Schröder schreibt:

»[…] und es kam, wie es kommen musste: Die Fraktion zerriss am nächsten Morgen die Einigung in der Luft und neun SPD-Abgeordnete enthielten sich bei der Wahl Prachtls zum Landtagspräsidenten der Stimme, nur 14 stimmten für ihn.«[35]

Den CDU-Vorschlag vom selben Tag, statt wie bisher acht, künftig zehn Ministerien je zur Hälfte für CDU und SPD einzurichten, lehnten SPD-Fraktion und Landesvorstand ab. Harald Ringstorff sagte außerdem, dass es eine solche Vereinbarung nicht gebe. Am 16. November trafen sich Ringstorff und Seite zu einem Vieraugengespräch. Ohne Ergebnis. Am frühen Morgen des 24. November verständigten sich die Verhandlungspartner, nach der Einigung in der Schulpolitik, letztendlich doch auf eine große Koalition. In Unionshand blieben, entgegen der Forderung von Dieter Schröder, das Innenministerium, das Bauministerium mit dem Umweltressort, das Landwirtschaftsministerium und das Finanzministerium. Das zukünftig von Harald Ringstorff geführte Wirtschaftsministerium erhielt einen neuen Zuschnitt, der sich nun auch auf Wirtschaftsförderung, Verkehr und Tourismus erstreckte. Außerdem wurde Ringstorff stellvertretender Ministerpräsident. Für eines ihrer größeren Ziele, die Vereinigung von Real- und Grundschule erhielt die SPD später auch das abgespeckte Kultusministerium. Ringstorff sagte zu den Ergebnissen der Koalitionsverhandlungen: »Ich kann mich damit vor der Fraktion und dem Landesvorstand sehen lassen.«[36] Beide Gremien billigten anschließend den Koalitionsvertrag auf einer gemeinsamen Sitzung.

Trotzdem hatten Ringstorff und Seite leichte Bedenken vor dem ersten Dezemberwochenende, an dem Sonderparteitage beider Parteien die Ergebnisse noch bestätigen sollten. Die Union beschloss jedoch auf ihrem Landesparteitag in Güstrow den Koalitionsvertrag deutlich mit 116 von 132 Stimmen. Kurze Zeit später segneten am 2. Dezember 83 der 90 Delegierten des SPD-Sonderparteitages in Wismar die Bildung einer großen Koalition ab. Am 7. Dezember 1994 wurde der Koalitionsvertrag unterschrieben. Die beiden sich erbittert bekämpfenden Parteien schlossen einen vorläufigen Frieden. Keinen umfassenden, eher einen Koalitionsfrieden.

Die kurze Phase eines ostdeutschen parteipolitischen Sonderweges, die im Sommer mit dem »Magdeburger Modell« begonnen hatte, fand mit der Regierungsbildung in Mecklenburg-Vorpommern ein vorläufiges Ende. Reinhard Höppner blieb in Sachsen-Anhalt mit seiner schwierigen Regierungskonstellation allein. Der Kampf gegen die Arbeitslosigkeit, die zweite Werftenkrise, Bildungspolitik und die anhaltende Auseinandersetzung mit der DDR-Vergangenheit sollten in Mecklenburg-Vorpommern die erste Legislaturperiode mit einer großen Koalition bestimmen. Und Harald Ringstorff, bis dahin ein bundesweit eher unbeschriebenes Blatt, war durch seine parteipolitische Eigenwilligkeit einer bundesweiten Öffentlichkeit bekannt geworden. Während der Koalitionsverhandlungen mit der CDU hatte Rudolf Scharping einen neuen Abgrenzungsbeschluss der SPD gegen die PDS angeregt. Ringstorff machte als Reaktion darauf eine mögliche Zusammenarbeit mit der PDS davon abhängig, wie diese sich in den nächsten Jahren entwickeln würde.

Fraktion und Regierung finden sich

Vizepräsident des Landtages wurde der SPD-Abgeordnete Manfred Rißmann, zum Fraktionschef wählten die SPD-Parlamentarier nach Ringstorffs Wechsel an die Spitze des Wirtschaftsministeriums Gottfried Timm. Auch der sagt, er hätte mit den Linken zwar besser arbeiten können als mit dem Koalitionspartner CDU. Als Fraktionschef wäre seine Kooperation mit dem Chef der Staatskanzlei Thomas de Maizière aber eine gute gewesen.[37] Sebastian Schröder, Büroleiter des scheidenden Fraktionsvorsitzenden Harald Ringstorff, arbeitete noch einige Zeit für Timm, bevor er später vorübergehend Kanzler der Hochschule für Musik und Theater in Rostock wurde. Der SPD-Landesparteitag in Bergen auf Rügen bestätigte Ringstorff mit 65 von 92 Stimmen im Amt des Landesvorsitzenden. Diese 70 Prozent waren das bis dahin schlechteste Landesvorsitzenden-Wahlergebnis für Ringstorff. Er hatte es sich durch Eigenwilligkeit gegenüber großen Teilen des Landesverbandes verdient.

Am Anfang der Legislaturperiode gaben altgediente SPD-Abgeordnete den neu Hinzugekommenen einen Einführungskurs in das parlamentarische Leben. Rolf Eggert warnte sie vor Unionspolitikern wie Eckhardt Rehberg und Wolfgang Riemann, nur waren diese jetzt Koalitionspartner.[38] Dieter Schröder berichtet außerdem, dass bereits in der zweiten Runde der Koalitionsverhandlungen auf Wunsch der CDU ein Koalitionsausschuss besprochen wurde, dem sowohl der Ministerpräsident und sein Stellvertreter wie auch die Fraktionsvorsitzenden der Regierungsfraktionen und die Landesvorsitzenden beider Parteien angehören sollten. Die CDU forderte zusätzlich, dass der Ausschuss regelmäßig tage, mindestens vor jeder Landtagssitzung. Obwohl Dieter Schröder hier die Gefahr sah, dass mit diesem Ausschuss eine Art Oberregierung gebildet würde, welche die Kabinettsentscheidungen entwerte, beharrte Ministerpräsident Seite auf dem Ausschuss.[39] Gravierende Probleme wurden vor allem bis zur Regierungskrise im Frühjahr 1996 tatsächlich im Koalitionsausschuss besprochen. Auf seiner ersten Sitzung am 9. Januar 1995 beschloss er die Formalien:

>»c) Erarbeitung der Tagesordnung für die Sitzungen: – Die Fraktionen laden im Wechsel zu den Sitzungen des Koalitionsausschusses ein – Antragsberechtigte sind die Landesregierung, die Fraktionen und die Landesparteien – Die Tagesordnung soll soweit möglich eine Woche vor Sitzungsbeginn durch die einladende Fraktion angefertigt werden – Jeweils bis Donnerstag abends vor einer vorgesehenen Sitzung des Koalitionsausschusses kann diese im beiderseitigen Einvernehmen abgesagt werden. – Beide Seiten vereinbaren die Erarbeitung eines Halbjahresplanes für die Sitzungen des Koalitionsausschusses durch die Fraktionen.[40]«

Der Koalitionsausschuss sollte zu einem zentralen Element der Auseinandersetzungen zwischen den beiden Koalitionspartnern innerhalb der kommenden Legislaturperiode werden. Vieles, was in kooperativ arbeitenden Kabinetten schnell erledigt wird, landete dort. Oft ohne auch hier einer Lösung zugeführt zu werden.

Der Streit über den Umgang mit der PDS setzte sich innerhalb der SPD parallel fort. Am 5. Dezember 1994 beschloss der Parteivorstand der Bundes-SPD ein Dokument zum Verhältnis der Sozialdemokraten zur PDS. Scharping hatte zuvor im Anschluss an die »Dresdner Erklärung« gefordert, jegliche Zusammenarbeit mit ihr auszuschließen. Einem solchen Papier verwehrten auf der Vorstandssitzung Manfred Stolpe und Reinhard Höppner wie auch Harald Ringstorff die Zustimmung. Viele westdeutsche Vorstandsmitglieder unterstützen sie dabei. In dem später verabschiedeten Papier heißt es:

>»Die PDS engt die Optionen der SPD ein. Die Fähigkeit der SPD, führende Regierungspartei zu werden, hängt stark davon ab, ob es ihr gelingt, in Ostdeutschland stärkste Partei zu werden. Dazu muss sie in erster Linie bisherige PDS-Wählerinnen und Wähler auf ihre Seite ziehen. Die SPD schließt eine Bündnisstrategie gegenüber der PDS aus. Gegen eine solche Strategie sprechen historische und politische Unvereinbarkeiten, aber auch der Anspruch der SPD, als linke Volkspartei die große, integrierende Bewegung der deutschen

Linken zu sein. Innerhalb der Wählerschaft und Mitgliedschaft der PDS gibt es viele, die aus Gründen, die mit der Entwicklung 1989/90 zu tun haben, nicht den Weg zur SPD fanden. Wenn sie überhaupt von einer Volkspartei integriert werden können, dann nur von der SPD. Die SPD-Ortsvereine in Ostdeutschland können und sollen einen aktiven Beitrag zur Versöhnung leisten, indem sie die politische Integrationsaufgabe übernehmen. Die Grenze ist da zu ziehen, wo aktive Beteiligung an Unrechtstaten vorliegt. Die politische Verantwortung für das Erstarken der PDS liegt bei der Bundesregierung und den Bonner Koalitionsparteien. Ihre Fehler im Prozess der Verwirklichung der inneren Einheit Deutschlands haben die PDS überhaupt nur zum Sammelbecken des Protests machen können. [...] Mit der PDS muss eine harte inhaltliche Auseinandersetzung geführt werden. Die PDS ist ein politischer Gegner, der auch seinerseits im Wahlkampf und in der langfristigen Strategie die SPD zu seinem Hauptgegner gemacht hat. Sie ist nicht die linkere Sozialdemokratie, sondern die Nachfolgepartei der SED. Deshalb ist klare Abgrenzung in der Sache nötig, wie sie sich aus den unterschiedlichen Programmen leicht erschließt. Eine solche Abgrenzung in der Sache, wie sie gegenüber allen konkurrierenden Parteien notwendig ist, bedeutet nicht, dass die Wählerinnen und Wähler der PDS ausgegrenzt werden sollen. Es können der PDS auch nicht die parlamentarischen Mitwirkungsmöglichkeiten versagt werden. Das würde sie in eine Märtyrerrolle bringen und vermutlich breite Solidarität in Ostdeutschland auslösen.«[41]

Dieser Beschluss las sich nicht mehr unbedingt wie ein Unvereinbarkeitsbeschluss, setzte aber den Weg der Abgrenzung zur PDS fort. Bundesgeschäftsführer Günter Verheugen sah in ihm keinen Vorschriftenkatalog, sondern niedergeschriebene Leitlinien, entlang der sich jeder politisch bewegen könne. Reinhard Höppner hielt fest: »Es gibt keinen in Bonn zu verabschiedenden Katalog darüber, was man mit der PDS machen darf und was man nicht machen darf.« Ringstorff sagte:

»Die Vorlage sei kein Vorschriftenkatalog, sondern eine Leitlinie für die SPD. Man dürfe nicht jeden Kontakt zwischen SPD und PDS spitzfindig danach überprüfen, ob das vom Vorstandsbeschluss abgedeckt wird.«[42]

Der »NDR« kommentierte:

»Ein Streitpunkt bleibt unterschwellig auf der Tagesordnung: Die Landesfürsten im Osten sind nämlich nicht bereit, sich von der Bundesspitze hineinregieren zu lassen. [...] Und wenn in einem Landtag SPD und PDS dieselben Initiativen ergreifen [...], dann muss das in der Tat in Bonn niemanden beunruhigen. [...] Etwas mehr Souveränität und Selbstbewusstsein für die Zukunft könnte da nicht schaden. In Sachsen-Anhalt hatte die SPD dieses Selbstbewusstsein. Sie sollte jetzt auch im Bund in die Offensive gehen. Das heißt zum einen, die parteiinterne Debatte beenden, zum anderen, CDU und CSU die Stirn bieten. Denn auch die Union arbeitet zumindest auf kommunaler Ebene mit der PDS zusammen. Die SPD darf sich nicht jagen lassen; und das braucht sie auch nicht, jedenfalls nicht so lange, wie sie sich einig ist.«

Ganz in diesem Sinne beschloss der SPD-Vorstand Mecklenburg-Vorpommerns am 18. Februar 1995 in Dargun, mit der PDS weiterhin Gespräche auf Kommunal- und Landesebene zu führen. Ringstorff sagte:

»Die bisherige Politik in den Gemeinde- und Kreisparlamenten zeige, dass die Entscheidung zur Zusammenarbeit auf kommunaler Ebene richtig war. [...] Allerdings zeige sich in der Landespolitik, dass sich die PDS selber schwertue, weil kommunistische Kräfte noch immer erheblichen Einfluss hätten. Daher sei die Große Koalition die richtige Entscheidung für Schwerin gewesen.«[43]

Aber im von Harald Ringstorff geführten Parteirat konnte sich Scharping noch mit seinem Anti-PDS-Kurs durchsetzen. Parteiratsvorsitzender Ringstorff sagte jedoch, für ihn sei klar, dass ostdeutsche Sozialdemokraten in dieser Debatte den Ton angeben müssten. Der Vorstandsbeschluss mache auch Gespräche mit der PDS über etwaige Tolerierungen einer SPD-Minderheitsregierung in Zukunft nicht unmöglich. Noch sprach er nur von Gesprächen, kaum über konkrete Regierungskonstellationen. Wenig später empfahl die mecklenburgische SPD dem Berliner SPD-Landesverband, den ehemaligen hohen SED-Funktionär Manfred Uschner in ihre Reihen aufzunehmen. Er habe eine ehrliche Auseinandersetzung mit dem Kommunismus betrieben. Mit der Unterschrift von Harald Ringstorff sah dieser offene Brief im möglichen Beitritt Uschners einen gesellschaftlich bedeutsamen Vorgang in Ostdeutschland, den Sozialdemokraten unterstützen sollten. In Richtung der jegliche Nähe zur PDS kritisierenden SDP-Gründer von Schwante hielt der Brief fest, dass kein Sozialdemokrat einen Alleinvertretungsanspruch für die SPD habe.[44]

Die mecklenburgische SPD hätte auch gar nicht gewusst, was genau sie vertreten würde. Noch bis in dieses Frühjahr 1995 hinein tagte nämlich die Fraktionsspitze der SPD Mecklenburg-Vorpommerns unter Hinzuziehung wichtiger Minister intern des Öfteren zum zukünftigen Umgang mit der PDS. Während einige der Auffassung waren, dass man sich nicht zum Anwalt der PDS machen solle, vertrat Ringstorff hier bereits dezidiert den Standpunkt: Wer regiert, wird entzaubert![45] Parallel forcierte der PDS-Vorsitzende Lothar Bisky seinen Kampf gegen die innerparteiliche »Kommunistische Plattform«. Auch um seine Partei regierungsfähig zu machen. Unter anderem wurde beabsichtigt, ihr führendes Mitglied Sahra Wagenknecht aus dem Parteivorstand zu werfen.

Während in der ersten Legislaturperiode durch den Druck von außen innerhalb der SPD-Fraktion die Einheit betont und gepflegt wurde, stellte sich ab 1994 in Regierungsverantwortung konkret die Frage, wie sozialdemokratische Politik eigentlich aussehen müsse. Hier zeigte sich bald, dass auch die SPD Mecklenburg-Vorpommerns, wenn auch mittig orientiert, zwei Flügel hatte, die hier und dort zum Tragen kamen. Bei der Frage des Umgangs mit der PDS entfalteten sie sich zum ersten Mal in ihrer ganzen Breite.

Der Wirtschaftsminister

Aber nicht nur Sachfragen, auch Personen können polarisieren. Der Volkswirt und damalige Mitarbeiter der SPD-Bundestagsfraktion, Otto Ebnet, hatte den jähzornig-charismatischen Herbert Wehner noch als Fraktionsvorsitzenden erlebt und wusste auch selbst virtuos auf der Klaviatur der Macht zu spielen. Nicht jedem innerhalb der SPD Mecklenburg-Vorpommerns gefiel solch ein Machtpolitiker der alten Schule, der nach der Wahl für die nächsten 14 Jahre, anfangs als Staatssekretär im vom Ringstorff geführten Wirtschaftsministerium, eng an dessen Seite rückte.[46] Der damalige »Nordkurier«-Journalist und spätere Chefredakteur der »Schweriner Volkszeitung«, Michael Seidel, sagt, Ebnet hatte früh überall seine Finger drin und wurde ab 1998 zur grauen Eminenz der Landesregierung von Harald Ringstorff.[47] Sämtliche Zeitzeugen bestätigen, dass Ebnet immer das Ohr des Wirtschaftsministers und später des Ministerpräsidenten Ringstorff hatte. Nur er konnte auch ohne Termin in dessen Büro gehen. Ebnet selbst relativiert dies und sagt, dass er und Ringstorff nicht viel miteinander sprachen. Er hätte einfach nur genau gewusst, wie dieser denkt und entscheidet, der Rest sei Feinabstimmung.[48] Ihr enger Mitarbeiter Detlef Lindemann bestätigt: Auch wenn man sie getrennt anrief, bekam man doch dieselbe Antwort.[49] Solcherlei Gespanne sind in der Politik nicht selten.

Der Sozialdemokrat Detlef Lindemann arbeitete ursprünglich als Verwaltungsdirektor der Hamburger Landesmedienanstalt, deren Mitglied Peter Deutschland vom DGB war. Dieser bat ihn im Frühjahr 1991, Sigrid Keler bei den Haushaltsberatungen des Landtags zur Seite zu stehen. So wurde er als beurlaubter Beamter Fraktionsmitarbeiter in Bezug auf Haushaltsfragen. Anschließend sollte er den ersten parlamentarischen Untersuchungsausschuss zur Werftenkrise begleiten und wurde so regulärer Mitarbeiter der SPD-Landtagsfraktion. Und jetzt Pressesprecher des Wirtschaftsministers Ringstorff. Dessen Amtsvorgänger Conrad Michael Lehment verzichtete aus unbekannten Gründen auf eine persönliche Amtsübergabe an seinen Nachfolger. Als Ringstorff, begleitet von Ebnet, Lindemann und Reinhard Meyer ins Ministerbüro kamen, stand dort eine Flasche Schnaps aus Lehments Fabrik. Er selbst war verschwunden, hatte aber noch für seinen Amtsnachfolger einen weißen Mercedes als Dienstwagen bestellt. Ringstorff war nicht gewillt, diesen Wagen anzunehmen und tauschte ihn später mit seiner Amtskollegin Regine Marquardt.[50] Minister Ringstorff, Ebnet, Lindemann und Büroleiter Meyer bildeten forthin auch das Zentrum des Ministeriums. Man diskutierte in kleinster Runde die Probleme, stimmte darüber ab und ging anschließend mit einer einhelligen Meinung nach draußen.[51]

So auch im bereits am Tag der Amtsübernahme akuten Fall der konkursreifen Holzfabrik Bestwood in Ribnitz-Damgarten. Diese wurde anscheinend von der schwarz-gelben Regierung aus wahltaktischen Gründen bis zum Tag von Ringstorffs Amtsübernahme subventioniert. Zufall oder nicht, sie lag im Wahlkreis von Eckhardt Rehberg und hätte bei einem endgültigen Bankrott 800 Mitarbeiter arbeitslos gemacht. Mit Verbindlichkeiten von nahezu 100 Millionen Mark stieg das Land in den Erhalt der dahinsiechenden Firma ein. Die Landeszuschüsse in Form von Ausgabegarantien waren ohne Zustimmung des Landtags bewilligt worden. Der Landesrechnungshof hatte parallel vor dem drohenden Konkurs gewarnt. Harald Ringstorff, frisch im Amt des Wirtschaftsministers, sah seine schlimmsten diesbezüglichen Befürchtungen aus seiner Zeit als Oppositionsführer bestätigt und ließ sich vom Landtag trotzdem weitere 17 Millionen Mark genehmigen, um den erfolglosen Hamburger Investor Eduard Kynder aus der Firma heraus zu kaufen. Diese Rückkehr zur Verstaatlichung kommentierten manche SPD-Landtagsabgeordnete mit »Wirtschaft wie zu DDR-Zeiten«.[52] Ringstorff war es egal, ihm ging es primär um die Arbeitsplätze. Beim letztendlichen Konkurs von Bestwood kamen Sigrid Keler, zu DDR-Zeiten lange in der Firma tätig, die Tränen.[53]

Die Bilanz der ersten 100 Tage des Wirtschaftsministers beschrieb das »Hamburger Abendblatt« mit:

> »Lob erntet allerdings der neue Wirtschaftsminister Ringstorff für die Lichtung des Förder-Dschungels. Und beim Lehrstellenproblem bescheinigte ihm ein Gewerkschafter sogar ein ›richtig tolles Management‹«.[54]

In seinem ersten Jahreswirtschaftsbericht zog Ringstorff auch selbst eine eher positive Bilanz der Entwicklung Mecklenburg-Vorpommerns. Im Jahr 1994 war das Bruttoinlandsprodukt real um 8,2 Prozent gestiegen, was eine Beschleunigung des Wirtschaftswachstums bedeutete. Diese Zuwächse waren aber nicht in der Lage, die Arbeitslosigkeit zu senken. Ringstorff spitzte zu, dass das Wirtschaftswachstum in ländlichen Gebieten mit viel Landwirtschaft geringer ausfalle als in den wenigen Ballungsgebieten. Sonderförderung müsste hier erwogen werden. Trotzdem gab Harald Ringstorff am 6. Dezember 1995 eine Presseinformation unter der Überschrift »Mecklenburg-Vorpommern beim Beschäftigungsaufschwung in den neuen Bundesländern führend. Erste Erfolge der beschäftigungsorientierten Wirtschaftspolitik von Wirtschaftsminister Ringstorff nach einem Jahr im Amt sichtbar« heraus. Darin war zu lesen:

> »Seit Beginn des Jahres ist in Mecklenburg-Vorpommern die Beschäftigung im 1. Arbeitsmarkt bis Juli 1995 um fast 11.000 Personen oder 1,9 Prozent gestiegen [...] – Damit liegt M-V nicht nur deutlich über dem ostdeutschen Durchschnitt, sondern auch an der Spitze aller neuen Bundesländer. Sachsen mit 1,6 Prozent an 2. Stelle. – Die bisherige Rangfolge der ostdeutschen Bundesländer nach der wirtschaftlichen Entwicklung ist damit auf den Kopf gestellt: Bis 1994 war M-V das Schlusslicht. Die letzte Woche veröffentlichte Untersuchung des Instituts für Allgemeine Wirtschaftsforschung in Halle weist für M-V 1991 – 1994 die geringsten Fortschritte von allen ostdeutschen Bundesländern aus.«[55]

Man liest den Stolz in diesen Zeilen und übersieht leicht, dass gerade Mitte der 1990er-Jahre eine Wirtschaftskrise nicht nur die Bundesrepublik Deutschland heimsuchte, sondern auch Mecklenburg-Vorpommern direkt betraf.

Hilfe von außen blieb somit nötig. Das Aufbauprogramm der Bundesregierung für die östlichen Länder führte während der Legislaturperiode vor allem unter den sozialdemokratischen Wirtschaftsministern zu heftiger Kritik. Während Brandenburgs Ressortchef Burkhard Dreher feststellte, dass der Osten beim Wirtschaftswachstum nicht mehr aufhole und die Zuwachsraten seit Jahren niedriger seien als im alten Bundesgebiet, sagte Ringstorff, er vermisse in dem Programm klare Worte zur Bodenreform wie auch zum Länderfinanzausgleich. Zur Finanzierung der deutschen Einheit war laut Einigungsvertrag nämlich vorgesehen, bis 1994 den neuen Bundesländern übergangsweise aus dem Fonds Deutsche Einheit Geldmittel auszureichen. An diesem sollten sich Bund und Länder beteiligen. Im

Gegenzug wurden die neuen Länder weder in den Länderfinanzausgleich einbezogen noch erhielten sie den Länderanteil an der Mehrwertsteuer. Ab 1994 jedoch sollte eine nachhaltigere Regelung, welche die mittelfristigen Interessen aller Beteiligten berücksichtigte, gefunden werden. Dieser Aushandlungsprozess spaltete nicht nur die Bundesländer, die Bundesebene und die Länderebene, sondern brachte auch Streit in die einzelnen Parteien. Umso überraschender einigten sich am 27. Februar 1993 die 16 Ministerpräsidenten im Rahmen einer Besprechung auf Schloss Cecilienhof im sogenannten »Wunder von Potsdam« auf eine gemeinsame Haltung gegenüber dem Bund zum sogenannten Solidarpakt. Dieser wurde für Jahre heiß diskutiertes Thema in ostdeutschen Finanzministerien. Ringstorff verfolgte die Debatten um ihn intensiv und griff regelmäßig ein.

Ihn ärgerte nach seinem Amtsantritt im Wirtschaftsministerium, dass Mecklenburg-Vorpommern trotz schlechter Arbeitsmarktlage den größten Teil der Kürzungen der Arbeitsbeschaffungsmaßnahmen tragen müsse. Den gelegentlichen Anstieg offener Stellen in Ostdeutschland führte nicht nur er, sondern auch manch anderer auf sogenannte »Wahlkampf-ABM« der Regierung Kohl zurück. Später kam es zu einem heftigen Streit zwischen dem SPD-Sozialminister Mecklenburg-Vorpommerns, Hinrich Kuessner, und dem Bundesarbeitsministerium. Der Sozialminister warf dem Bonner Ministerium vor, aus wahltaktischen Gründen wenige Wochen vor der Wahl und nur für kürzere Zeiträume ABM-Stellen in Ostdeutschland einzurichten. Früher würden diese üblicherweise auf ein Jahr gewährt, jetzt in manchen Fällen nur bis zu drei Monaten. Bei gleichbleibendem Mitteleinsatz würden so aus einer ABM-Stelle vier, was die Arbeitslosenstatistik vorübergehend schöne. Ringstorff war mehr an tatsächlicher, gern auch geförderter Beschäftigung, gelegen solange sie den Menschen ein Einkommen und eine Perspektive gab. Detlef Lindemann konstatiert, dass der zweite Arbeitsmarkt zu günstigen Preisen Aufbauarbeit geleistet hätte.[56] Auch deshalb lehnte Ringstorff Taktieren mit ABM ab.

Das war beim Transrapid anders. In SPD und CDU wurde erwogen, den geplanten Haltepunkt der zukünftigen Magnetschwebebahn zwischen Berlin und Hamburg von Schwerin in das näher an der Strecke Berlin-Hamburg liegende Parchim zu verlegen. Begründung:

Der frühere Militärflughafen Parchim sollte zu einem internationalen Flughafen ausgebaut und mit dem Transrapid an die Metropolen Berlin und Hamburg angeschlossen werden. Ringstorff war wichtig, dass das technische Zentrum der Magnetschwebebahn nicht in Hennigsdorf bei Berlin, sondern in Mecklenburg-Vorpommern stationiert werden sollte. Ringstorff, ursprünglich ein Freund des Transrapid, sagte Anfang 1997 jedoch plötzlich:»Es kann nicht sein, dass man sich zu Lasten der A 20 und anderer Verkehrsprojekte für den Transrapid entscheidet«. Sein Ja sei immer konditioniert gewesen. Große Verkehrsprojekte wie die Bahnverbindung Hamburg-Berlin oder Stralsund-Lübeck sollten nicht unter dem Transrapid-Bau leiden.[57] Ringstorffs Präferenz für die von ihm als Lebensadern des Landes betrachteten Autobahnen gegenüber einer von Vielen als überflüssig und unwirtschaftlich angesehenen Transrapid-Trasse trat offen zutage.

Infrastrukturfragen gehörten zu seinen politischen Lieblingsthemen. Der Bau der A 14 zwischen Schwerin und Magdeburg geht auch auf eine Kooperation zwischen dem späteren Bundeskanzler Gerhard Schröder und Harald Ringstorff zurück. Bund und Land zogen bereits zuvor beim Bau der Ostseeautobahn A 20 an einem Strang. Otto Ebnet meint, dass Günther Krause die A 20 politisch ermöglicht hätte, Ringstorff aber sukzessiv die Widerstände gegen sie beseitigen musste. Zur Peene-Querung bei Jarmen, der strittigsten Passage des Neubaus, standen beispielsweise fünf mögliche Varianten im Raum. Sie war der letzte Streitpunkt bei der Planung der Trassenführung. Ringstorff war in dieser Sache mehrfach engagiert vor Ort. Für die neue Rügen-Brücke suchte die Bundesregierung außerdem private Investoren. Die Bundesregierung fahndete europaweit nach Geldgebern, die parallel zum alten Damm eine vierspurige neue mautpflichtige Brücke über zweieinhalb Kilometer nicht nur planen, sondern auch bauen und betreiben sollten. Ursprünglich sollte sogar offenbleiben, ob ein Tunnel oder eine Brücke gebaut würde. Die Suche nach einem privaten Investor scheiterte und nach der Regierungsübernahme von Rot-Grün im Bund im Jahr 1998 wurde die neue Rügen-Brücke aus öffentlichen Mitteln finanziert.

Ringstorff war durchaus kein Gegner von Automobilität. Er kritisierte die Mineralölkonzerne wegen der überhöhten Benzinpreise in Ostdeutschland und drohte ihnen sogar mit kartellrechtlichen

Verfahren. Es dürfe nämlich nicht sein, dass ein Liter Benzin in Nähe der polnischen Grenze 0,15 Mark teurer sei als in Schwerin. Aus welchem Grund man in Westdeutschland überdies billiger tanken könne als in Ostdeutschland, würde er auch nicht verstehen. Harald Ringstorff sprach sich auch für eine gesetzliche Geschwindigkeitsbegrenzung auf Autobahnen von 150 Stundenkilometern aus. Zwar würde dieser Punkt nicht im SPD-Parteiprogramm stehen, sei aber trotzdem richtig. Das Extreme, das einem ungehinderten Rasen innewohnt, war ihm fremd. »Maß und Mitte« hingegen waren zwar nicht Ringstorffs Wortschöpfung, aber sein Stil. Gerade in Fragen von Landwirtschaft und Umwelt.

Fand Ringstorff, das Kind vom Land, doch hier seine Ruhe und Erfüllung. Viele ehemalige Mitarbeiter berichten von seiner dauernden Teilhabe an der ihn umgebenden Flora und Fauna. Nikolaus Voss erinnert sich, dass er während der Dienstfahrten regelmäßig von ihm auf die unterschiedlichsten Vögel links und rechts der Straße hingewiesen wurde. Die Landtagsabgeordnete Heidemarie Beyer beschreibt den Naturburschen Ringstorff mit den Worten: »Harald unterbrach eine Vorstandssitzung wegen des Gesangs eines Zilpzalp.« Voss erzählt auch von einer Dienstfahrt im Auto Richtung Rostock während der Ringstorff bedürfnishalber im Wald verschwinden musste. Die Pause dauerte etwas länger als üblich, weil der Chef mit zwei großen Steinpilzen wiederkam. All dies neben seinem fast täglichen morgendlichen Bad im See hinterm Haus. Nicht jeder Personenschützer des späteren Ministerpräsidenten mochte noch im Oktober im Freien schwimmen.

Aufarbeitung und Versöhnung

Während der Koalitionsverhandlungen kam es zum Streit über die von der SPD geforderte gemeinsame Arbeitsgruppe zur Aufarbeitung der DDR-Vergangenheit. Gottfried Timm forderte die CDU auf, sich bewusst ihrer Funktion in der DDR zu stellen und »mit ihrem pharisäerhaften Herangehen an die Vergangenheit aufhören«.[58] CDU-Generalsekretär Klaus Preschle hingegen verwies auf die bereits seit 1991 geführte CDU-interne historische Debatte. Die SPD solle damit aufhören, die Vergangenheit der CDU beleuchten

zu wollen. Im Koalitionsvertrag war einige Wochen später stattdessen zu lesen:

»1. Die Koalitionspartner treten dafür ein, dass alle Voraussetzungen
geschaffen werden, dass sich die Menschen aus der ehemaligen DDR
versöhnen können. Dies kann nur durch eine wahrheitsgemäße Aufarbeitung des Geschehenen erfolgen und nicht durch Verdrängung.
Zur umfassenden Aufarbeitung gehört alles, was die Bürgerinnen
und Bürger des Landes mit dem Geschehenen konfrontiert. Nur
dieses gibt dann die Möglichkeit einzusehen, zu bedauern, fehlendes
Unrechtsbewusstsein wieder herzustellen. Nur so kann Versöhnung
und innerer Frieden zwischen ›Tätern und Opfern‹ erreicht werden.
Die Koalitionspartner begrüßen es, dass es im Ergebnis der Koalitionsvereinbarung zu einem offenen Dialog über die Geschichte in
den neuen Ländern in Deutschland nach dem Zweiten Weltkrieg
kommt. Dieser Dialog könnte zu einer stärkeren gesellschaftlichen
und politischen Befriedung im Land beitragen und darüber hinaus
vorhandene Wissenslücken über die tatsächliche historische Entwicklung schließen. Dabei darf das Hauptziel nicht verkannt und
außer Acht gelassen werden, den berechtigten Interessen der Opfer
von 40 Jahren SED-Diktatur gerecht zu werden und Regelungsme-
chanismen zu finden, die ungerechtfertigte Ausgrenzungen vermeiden. Eine unnötige Polarisierung schadet politischer Kultur. Ziel
muss es sein, Brücken zu bauen und nicht Menschen auszugrenzen,
die die Zukunft demokratisch und ehrlich mitgestalten möchten.
Dazu gehört auch die Klärung des Umgangs mit dem Extremis-
mus-Begriff in der politischen Auseinandersetzung. 2. Daher wird
ein parteienübergreifendes Projekt mit dem Arbeitstitel ›Leben in
der DDR, Leben nach 1989 – Aufarbeitung und Versöhnung‹, das
eine gesamtgesellschaftliche Diskussion anstößt, ins Leben gerufen.
Gemeinsames Ziel unserer Politik ist es, Tendenzen obrigkeitsstaat-
lichen Denkens und Politikverdrossenheit entgegenzuwirken und
den einzelnen Bürger zur Mitgestaltung des demokratischen Staates
zu ermutigen, um mehr Integration in den demokratischen Staat und
mehr Identifikation mit dem demokratischen Staat zu erreichen und
Spannungen und Spaltungen in der Gesellschaft, die auch Folge von
alten Spaltungen sein können, zu überwinden.«

Im Protokoll der ersten Sitzung des Koalitionsausschusses von Anfang 1995 ist dementsprechend zu lesen:

»Beide Seiten vereinbaren, ihre Vorstellungen zur Umsetzung des Kapitels Opfer und Versöhnung des Koalitionsvertrages bis zum 06.02.1995 der jeweils anderen Seite ausführlich schriftlich bekanntzumachen (z. B. Arbeitsaufträge für eine Enquetekommission).«[59]

Diese Enquetekommission wurde in den folgenden Jahren Hauptinstanz des vergangenheitspolitischen Diskurses im Land.

Ringstorffs Thema blieb die Versöhnung, nicht die Aufarbeitung. Trotzdem berichtet der Rostocker Geschichtsprofessor Kersten Krüger aus dieser Zeit über das Gebäude am Demmlerplatz in Schwerin:

»Meine Vorstellung war immer ein Dokumentationszentrum für die Geschichte des Sozialismus der DDR. Es ergab sich – da bekamen wir einen Tipp aus Schwerin –, dass die Justiz dieses Gebäude, das ehemalige Untersuchungsgefängnis der Staatssicherheit, loswerden wollte. Das Gefängnis war ja, am Beginn der 1990er Jahre nach Bützow verlegt worden, dann war hier das Grundbuchamt eingezogen und als das Grundbuchamt ein neues Gebäude hatte, stand dieses also leer. Der Justizminister wollte es ganz gerne abgeben. Sehr bald haben Werner Müller und ich uns auf Reisen nach Schwerin begeben. Als Harald Ringstorff noch Wirtschaftsminister war, wurden wir bei ihm vorstellig. Wir brauchen das Gebäude und wir brauchen diesen Schwerpunkt und wir brauchen natürlich Personal, argumentierten wir. Ja, sagte Harald Ringstorff, die Kultusministerin – Regine Marquardt – solle eine Stelle geben, der Justizminister – Rolf Eggert – ebenso, und dann seien wir am Ziel. Als er Ministerpräsident war, ging es ja auch in etwa in Erfüllung. Wir sprachen – unter Vermittlung von Ingo Richter – dann mit Joachim Gauck, dem Bundesbeauftragten für die Unterlagen des Staatssicherheitsdienstes der ehemaligen DDR (BStU). Bei ihm konnten wir erreichen, dass seine Behörde die Präsentation einer ständigen Ausstellung im Gefängnis übernahm.«[60]

Wenn Ringstorff auch selbst nicht Aufarbeitung betrieb, förderte er die durch andere. Wenn auch nicht unkritisch jeden und alles. Entschiedener ging er beim Thema »Stasi-Verstrickte« vor. Fuhr er gegen Sozialdemokraten oder andere Politiker mit Stasi-Vergangenheit eher einen harten Kurs, war Ringstorff gegenüber Verstrickten ohne Parteibuch oder Mandat zunehmend rücksichtsvoller. Er hatte im Wahlkampf versprochen, dass im Fall seines Wahlsieges die Anfrage bei der Gauck-Behörde für Bewerber im öffentlichen Dienst abgeschafft würde. Die große Koalition ließ zwar weiter überprüfen, die SPD hatte aber erreicht, dass sich wegen ihrer Stasi-Vergangenheit Entlassene wieder bewerben könnten, um in diesem Fall nach »Eignung, Befähigung und fachlicher Leistung« geprüft zu werden. Ringstorff, nach der Friedlichen Revolution rigoros gegenüber Stasi-Verstrickten, kämpfte nun um ihre zweite Chance. Eine der wenigen Entwicklungen des Politikers Ringstorff, der in den allermeisten Themen und Haltungen Konstanz und Kontinuität verkörperte.

Debatten um Rot-Rot

Ringstorffs Koalitionsabsichten wurden 1995 durch die Wahl Oskar Lafontaines zum neuen Parteivorsitzenden enorm befördert. Sie ermöglichte Spielräume. Ringstorff war der Ansicht, »dass die Beschäftigung der SPD mit sich selbst nun ein Ende findet.«[61] Führende ostdeutsche Sozialdemokraten wie Wolfgang Thierse, Christine Bergmann, Karl-Heinz Kunkel und Harald Ringstorff berieten sich Ende November 1995 mit Lafontaine in Bonn. In einer gemeinsamen »Bonner Erklärung« begrüßten sie einerseits die Initiative von Bundespräsident Richard von Weizsäcker, die PDS-Diskussion zu versachlichen, andererseits setzten sie zukünftig mehr auf Streit mit der PDS als Streit über die PDS. In Absetzung von der »Dresdner Erklärung« aus dem August 1994 enthielt das Papier keinerlei förmliche Ablehnung einer Zusammenarbeit mit den Linkssozialisten mehr. Lafontaine suchte eher die Nähe zur PDS, als dass er die zur Union pflegte. Ziel war eine Mehrheit für das linke Lager auf Bundesebene. Nach seiner Wahl zum Vorsitzenden auf dem Mannheimer Parteitag besuchte er Ende 1995 Mecklenburg-Vorpommern. Außerdem kam Lafontaine offiziell mit dem PDS-Frontmann Gregor Gysi zusammen. Ostdeutsche SPD-Politiker folgten bald diesem Vorbild.

So trafen nur wenige Tage nach Lafontaine Harald Ringstorff und die von ihm hinzugezogene Gegnerin einer Kooperation mit der PDS, die stellvertretende SPD-Landesvorsitzende Rosemarie Wilcken, am 14. Dezember 1995 in einem leergeräumten Zimmer des Hotels »Mueßer Bucht« am Rande Schwerins Helmut Holter und Gregor Gysi. Vor dem Treffen sagte Ringstorff, die SPD in Mecklenburg-Vorpommern sei Manns genug, um zu wissen, was sie hier im Land zu tun hat. Bei mecklenburgischer Kartoffelsuppe gab es trotz des andauernden Widerstands von Wilcken gegen eine Kooperation mit der PDS in vielen Fragen Einvernehmen. Die Wismarer Oberbürgermeisterin selbst stellte anschließend fest, dass trotz vielerlei Übereinstimmung eine Koalition mit der PDS ausgeschlossen sei: »Unser Gespräch markierte hoffentlich den Schlusspunkt für diese unsägliche Diskussion.«[62] Kam man sich auch in Punkten wie der Bewertung der Zwangsvereinigung von KPD und SPD zur SED im Frühjahr 1946 näher, bestand weiterhin Streit über konkrete Sachfragen wie den Bau der A 20. Gregor Gysi schreibt in seiner Biografie:

»Nach dem Gespräch trafen wir auf Presseleute, und ich wurde gefragt, wer am häufigsten das Wort genommen hätte. Ich antwortete, wir beide hätten, als Mecklenburger und Berliner, jeweils ein anderes Redetempo. Also habe Harald Ringstorff deutlich länger gesprochen, ich aber in kürzerer Zeit deutlich mehr gesagt. Auch der Ministerpräsident freute sich über diese Bemerkung.«[63]

Kurze Zeit später sagte Harald Ringstorff dem PDS-nahen Blatt »Neues Deutschland«:

»Wir sind in der Koalition mit der CDU durchaus nicht untergegangen, sondern haben eigene Konturen deutlich gemacht. Andererseits sind wir natürlich mit der CDU nicht auf ewig verheiratet. Eine große Koalition ist nicht das Beste für ein Land. Darüber geht die Diskussion in unserer Partei weiter, auch über Entwicklungen, die sich nach 1998 ergeben. Spekulationen, dass noch in diesem

Jahr die große Koalition in Mecklenburg-Vorpommern fertig ist, kann ich allerdings nicht bestätigen. [...] Sie kann durchaus vier Jahre halten, muss es aber nicht. Das hängt schließlich von beiden Partnern ab. [...] Für eine Koalition mit der PDS müsste diese Partei erst einmal selbst Farbe bekennen. Es gibt derzeit keine Bereitschaft der PDS, in die Verantwortung zu gehen. Auch von unserer Seite ist eine solche Koalition nicht geplant. Sollte es aber zu einem Bruch der Koalition kommen, werden sicherlich Verhandlungen geführt werden müssen.«[64]

Keiner seiner Gegner konnte ihm diese Worte vorwerfen, obwohl er seine Absichten deutlich erklärt hatte. In Mecklenburg-Vorpommern häuften sich bereits zuvor, befeuert durch mehrere ähnliche Äußerungen Ringstorffs, Medienberichte über ein Zusammengehen der SPD mit der PDS noch vor dem Ende der Legislaturperiode. So konnte PDS-Chef Helmut Holter anschließend seine Partei auf dem PDS-Parteitag in Stralsund zu einem Bekenntnis zur Machtausübung bewegen. Arnold Schoenenburg hatte diesen Kurs torpediert, der 2. Vizepräsident des Landtages Johann Scheringer hingegen unterstützt. Hatte doch nach einem Jahr Regierungszeit die SPD bereits dreimal im Landtag mit der PDS gegen die CDU gestimmt.

Die Landesparteichefs Ringstorff und Holter waren derweil schon länger im Gespräch. Während Ringstorff Wirtschaftsminister war, fungierte Holter als wirtschaftspolitischer Sprecher seiner Fraktion. Sie nahmen die sie verbindenden Themen zum Anlass, sich regelmäßig zu treffen. Man sprach aber vor allem über die Situation in den Parteien, die Arbeit der Fraktionen oder die allgemeine politische Lage. Manchmal waren andere Politiker dabei, fast immer Otto Ebnet. Der redete auch hin und wieder, ohne Ringstorff, ausführlich mit Holter. So rückversichert ermahnte Ringstorff die CDU Ende November 1995 in der »taz«, die Sozialdemokraten als gleichberechtigte Partner anzuerkennen. Anderenfalls würden sich Mitglieder der PDS-Landtagsfraktion als gut vorbereitete und kompetente Abgeordnete erweisen. Seite aber kämpfte »gegen die wachsende Anerkennung Ringstorffs im Lande. Eine Emnid-Umfrage sah Ringstorff im Oktober in der Popularität sogar leicht vor dem zwar umgänglichen, aber sachpolitisch blassen Seite.«[65]

Nachdem der sozialdemokratische Historiker Heinrich August Winkler in einem »Zeit«-Gastbeitrag die SPD vor einer Zusammenarbeit mit der PDS warnte, antwortete ihm der Bündnis '90-Politiker Jens Reich gegen Ende des Jahres 1995 im selben Blatt. Er schrieb unter anderem:

> »Viele Menschen winken ab, wenn sie das Wort Demokratie hören und sagen: ›Was immer ich am Wahltag mache, es wird alles beim alten bleiben! Das kennen wir schon von Ulbricht und Honecker!‹ [...] Politiker wie Christoph Bergner (CDU) oder Harald Ringstorff (SPD) reagieren gerade wegen der DDR-Biographie (die keineswegs SED-nah gewesen sein muss) glaubwürdig, wenn sie sich sträuben, die Auseinandersetzung mit der PDS als Propaganda-Kreuzzug zu führen. Wer langfristig an einem Ausgleich der Mentalitäten arbeitet, darf nicht ständig den Osten in eigenen Angelegenheiten mit geballter Westerfahrung und 4:1-Mehrheit überstimmen wollen.«[66]

Den auf Reichs Text folgenden Bundesparteitag der PDS in Magdeburg, der auch das Verhältnis zur SPD diskutierte, kommentierte Ringstorff mit den Worten, dass er bei der PDS zunehmend Regierungsfähigkeit sehe. Die stellvertretende CDU-Vorsitzende Angela Merkel forderte unterdessen ihre Partei auf, die PDS ernster zu nehmen. Mitte Dezember 1995 löste der SPD-Partei- und Fraktionschef in Sachsen-Anhalt, Rüdiger Fikentscher, Harald Ringstorff im Amt des SPD-Parteiratsvorsitzenden ab. Er hatte auf eine erneute Kandidatur verzichtet und konzentrierte sich auf die Landespolitik. Und die entwickelte sich rasant.

In einem Papier stellte der SPD-Landtagsabgeordnete Siegfried Friese ein Jahr nach der Landtagswahl und in Folge der für die Berliner SPD verlorenen Abgeordnetenhauswahl (was auf ihre Rolle als Juniorpartner der CDU zurückgeführt wurde) das Bündnis mit der CDU für die Zukunft infrage. Es würde Sozialdemokraten ihren Zielen nicht näher bringen lautete sein Fazit. Bis 1998 wäre die große Koalition aushaltbar, aber dann müsste es in Schwerin und Bonn einen Machtwechsel geben! Friese sah die Zukunft rot-grün. Mit der PDS wollte er gegebenenfalls aber nicht nur reden, sondern auch zusammenarbeiten. Bedingung: Wenn sich bei ihr der Reformflügel durchsetzt und die Aufarbeitung der kommunistischen Vergangenheit stattfinden sollte. Der »Warener Kreis«, eine Gruppe von Parteilinken innerhalb der SPD Mecklenburg-Vorpommerns, veröffentlichte ebenfalls ein Thesenpapier, in dem die Große Koalition abgelehnt und die Pilotfunktion einer SPD-Regierung unter PDS-Tolerierung betont wurde. SPD-Fraktionssprecher Julius Geise, Nachfolger von Thomas Freund, der stellvertretender Regierungssprecher geworden war, sagte angesichts einiger Vertreter des »Warener Kreises« unter den Abgeordneten: »Nur ein Krach in der Koalition, und sie platzt.« Im Parteirat Mecklenburg-Vorpommerns hatten ebenfalls alle 18 Kreisvorsitzenden gegen eine Fortsetzung der großen Koalition in Mecklenburg-Vorpommern gestimmt. Sein Vorsitzender, Jochen Köhler, meinte, man müsse alle Varianten, auch Kontakte zur PDS, ausloten. Zuvor war die SPD auch in Mecklenburg-Vorpommern in Umfragen um 2,5 Prozent im Vergleich zum Landtagswahlergebnis eingebrochen. Dem wollte die Parteispitze mit Regionalkonferenzen im Frühjahr 1996 begegnen. In Sachfragen sah Harald Ringstorff nämlich noch erhebliche Differenzen mit der PDS: Keinen Konsens gab es beispielsweise bei der Autobahn A 20, deren Bau die PDS noch immer ablehnte. Bedingungslos wollte Ringstorff Rot-Rot auf gar keinen Fall.

Auf der Regionalkonferenz in Rostock führte Ringstorff laut Redemanuskript aus, dass das Thema seiner Rede der politische Weg der Sozialdemokratie in Mecklenburg-Vorpommern sei.

> »Wenn ich diesen Weg beschreiben soll, so möchte ich drei Punkte nennen. Erstens: Die SPD in Mecklenburg-Vorpommern geht einen Weg der Eigenständigkeit. Zweitens: die SPD in Mecklenburg-Vorpommern ist auf dem Weg zur deutschen Einheit weiter vorangekommen als konkurrierende Parteien. Drittens: Die SPD in Mecklenburg-Vorpommern hält fest an dem alten sozialdemokratischen Ziel der sozialen Gerechtigkeit. Gerechtigkeit steht bei uns an erster Stelle.«

Nach einer Beschreibung der Situation der anderen Parteien führt er weiter aus:

»Ich will nun nicht behaupten, dass in der SPD zwischen West und Ost nur Friede, Freude, Eierkuchen herrschen würde. Konflikte gibt es genug. Wenn uns der Kurs der westdeutschen SPD schadet, halten wir dagegen. So zum Beispiel unser Umgang mit der PDS. Dadurch, dass wir die Ausgrenzung der PDS beendet haben, musste sie ihre Wagenburg verlassen. Darüber herrscht unter den westdeutschen Sozialdemokraten zunächst Aufregung. Inzwischen ist die Aufregung verflogen. Und mit dem Wechsel von Scharping zu Lafontaine haben wir uns endgültig durchgesetzt.«[67]

Der Sound für die kommenden Monate war vorgegeben.

Auch Unionspolitiker begannen zumindest verbal, den Umgang mit der PDS zu flexibilisieren. Harald Ringstorff sagte dazu in einem Interview:

»Inzwischen wirbt ja selbst der Ministerpräsident von Mecklenburg-Vorpommern um die PDS. Ich freue mich, dass eine Reihe von Stimmen im konservativen Lager die gleiche Auffassung wie ich vertritt. [...] Die Behauptung, die PDS wäre die alte SED, greift einfach zu kurz. Sicher hat die PDS mit einer ganzen Reihe von Nostalgikern auch Elemente der alten SED fortgeführt. Aber es gibt in ihr auch viele Sozialreformer, die sozialdemokratisches Gedankengut vertreten. [...] Gräfin Dönhoff hat ja schon zu Koalitionen mit der PDS aufgerufen. In der Politik ist doch nichts statisch: Man kann heute keine Aussagen für eine Zeit in vier, fünf Jahren tun. Sie sehen an den Diskussionen in der PDS, dass sie sich weiterentwickelt, keine homogene Partei ist. Auf jeden Fall geht es nicht an, dass die CDU mit 35 Prozent der Wählerstimmen automatisch in einigen Ländern die Mehrheit hat, obwohl eine Mehrheit der Wähler eine andere Politik will.«[68]

Die Frage einer zukünftigen Zusammenarbeit mit der PDS sollte sich aber fürs Erste nicht parteipolitisch stellen.

Regierungskrise und wieder Fraktionsvorsitzender

Bis in die gegenwärtige Zeit hinein ist die Kernproblematik der Werftenpolitik in Mecklenburg-Vorpommern: Sind die Schiffbauer, wenn es um Bürgschaften geht, allein ein Problem des Landes Mecklenburg-Vorpommern oder auch des Bundes?! So stellte sich die Frage auch Ende Dezember 1995, als die Lage beim Bremer Vulkan eskalierte. Der Konzern schuldete laut einem Bericht des »Stern« seinen ostdeutschen Töchtern mehrere 100 Millionen Mark, darunter Treuhand-Subventionen. Harald Ringstorff ging davon aus, dass die Fördergelder für die Ostwerften in vielstelliger Millionenhöhe nach Bremen abgeflossen seien. Anfang Dezember erklärte Ringstorff, dass er eine Landesbeteiligung an einem übergreifenden Auffangkonzept für die ostdeutschen Vulkan-Töchter ablehne. Später forderte er den Vulkan auf, die abgezogene Summe wieder zurückzuzahlen. Außerdem kritisierte Ringstorff die Treuhand sowie die Bundesanstalt für vereinigungsbedingte Sonderaufgaben (BvS) dafür, ihrer Aufsichtspflicht nicht nachgekommen zu sein. Die Bundesregierung müsse als Aufsichtsbehörde der BvS, welche die korrekte Mittelverwendung nicht kontrolliert hatte, das Problem lösen und notfalls auch die finanziellen Forderungen übernehmen. CDU-Landeschefin Angela Merkel forderte Wirtschaftsminister Ringstorff hingegen zuständigkeitshalber auf, zwecks Erhalt des ostdeutschen Schiffbaus ein Werftenkonzept zu erstellen.

Die Regierung Mecklenburg-Vorpommerns wandte sich mit der Bitte an Helmut Kohl, die ostdeutschen Werften zur Chefsache zu machen. Ende Februar 1996 wurde eine Dachgesellschaft diskutiert, an der sich Mecklenburg-Vorpommern und der Bund beteiligen und die den Ausbau der halb fertigen Schiffe sicherstellen sollte. Neben 57 Millionen Mark Deckungslücke sollten auch die auflaufenden Verluste getragen werden. Ringstorff sagte an Bundesfinanzminister Theo Waigel gewandt, es sei seine Pflicht und Schuldigkeit, für Fehler finanziell geradezustehen. Er fügte hinzu, dass es viele kleine Vulkane gebe und allein 16 der von der Treuhand als bedeutsam eingestuften 31 Ankerunternehmen in Mecklenburg-Vorpommern gefährdet oder in Gesamtvollstreckung seien. Nicht nur Tausende Schiffbauer und Einwohner Stralsunds demonstrierten mittlerweile für den Erhalt der Volkswerft. Ringstorff verhinderte in Bonn mit seinem Veto die Schließung der Werft.

Ringstorff sah in der Herausnahme der ostdeutschen Werften aus dem Vulkanverbund eine Voraussetzung für die Sicherung der Betriebe. Er lud den zuständigen EU-Kommissar Karel van Miert ein, um ihn für die Genehmigung der dafür nötigen nationalen Beihilfen zu gewinnen. Ringstorff sah die BvS in der Pflicht, die Werften ein zweites Mal zu privatisieren und solange die Funktion des Eigentümers wahrzunehmen. Auf der Kabinettssitzung am 26. März 1996 erreichte Ringstorff, dass die BvS und die Landesregierung vorläufig die Verantwortung für die Betriebe in Rostock, Stralsund Wismar übernehmen würden. Ende März 1996 gingen so nacheinander die Neptun Werft Rostock, die Volkswerft Stralsund und die MTW Schiffswerft Wismar zum symbolischen Preis von einer Mark in Staatsbesitz zurück. Die BvS verzichtete auf Vertragsstrafen gegen den Vulkan wie auch auf den Eigenanteil an Investitionen. Die schwierige Lage schien vorerst bereinigt.

Zur Koalitionskrise kam es aber dennoch. Finanzministerin Bärbel Kleedehn hatte am 4. April 1996, an der Landesregierung, vor allem aber dem Wirtschaftsminister vorbei, mit der Bundesregierung ein Finanzierungskonzept zur Abkopplung der ostdeutschen Werften von der Vulkan AG vereinbart und eine Landesbeteiligung über 350 Millionen Mark zugesagt. Die übrigen zwei Drittel der Sanierungskosten wollte der Bund übernehmen. Die Landesregierung hatte jedoch zuvor beschlossen, sich finanziell nicht zu beteiligen. Ringstorff warf Kleedehn vor, von Finanzminister Waigel über den Tisch gezogen worden zu sein. Sie habe einer Vereinbarung zugestimmt, bei der die Höhe des auf das Land entfallenen Drittels letztendlich nicht fixiert oder berechenbar sei, weil der Finanzbedarf zur Privatisierung noch nicht feststehe. Er sagte, dass Kleedehn keine Prokura gehabt hätte und es deshalb keine Vereinbarung mit Waigel gebe. Eine kleinteilige Auseinandersetzung begann. Ringstorff führte parallel Gespräche mit den einzelnen SPD-Abgeordneten über die Möglichkeit, den Koalitionspartner zu wechseln.

In deren Folge lud Ringstorff Oppositionsführer Helmut Holter am 15. April öffentlich zu einem Gespräch ins Wirtschaftsministerium ein. Einziges Thema: gemeinsames Vorgehen gegen die Regierung, der er selbst angehörte. Die CDU wusste, was die Stunde geschlagen hatte. In der Nacht zuvor hatte die SPD-Fraktion auf Drängen Ringstorffs nach vierstündiger Sitzung beschlossen, den Rücktritt der CDU-Ministerin zu fordern. Ringstorffs folgenschwerster Schachzug in diesem Spiel. Die Oppositionspartei PDS, aber auch der CDU-Koalitionspartner SPD forderten Kleedehn daraufhin am 16. April im Landtag auf, ihr Amt zur Verfügung zu stellen, weil einerseits der vom Land Mecklenburg-Vorpommern beizubringende Betrag viel zu hoch und ihr Vorgehen generell inakzeptabel sei. In Ringstorffs Redeentwurf für die Landtagssondersitzung am 16. April ist zu lesen:

»Diese Verhandlung von Frau Kleedehn am Gründonnerstag ist ohne Beteiligung der SPD erfolgt. Schon allein dies ist ein offener Koalitionsbruch. Ich darf es deshalb hier ganz deutlich sagen: Wir fühlen uns von unserem Koalitionspartner getäuscht. Nur auf massiven Druck im Kabinett konnten wir die CDU dazu bewegen, die Verhandlungen wieder aufzunehmen. Den Ministerpräsidenten musste man geradezu nötigen, mit nach Bonn zu fahren, um noch einen Versuch zu unternehmen, das Verhandlungsergebnis zu verbessern. [...] Die Ereignisse der letzten Woche, meine sehr verehrten Damen und Herren, bringen die Koalition in schweres Fahrwasser. Wenn die CDU diesen Kurs weiterfährt, wird es spätestens 1998 in der gesamten SPD Mecklenburg-Vorpommerns heißen: ›Bloß nicht wieder mit der CDU!‹«[69]

Anschließend stimmten SPD- und PDS-Abgeordnete einem von der SPD eingebrachten Acht-Punkte-Antrag zu. Er wurde mit 37 zu 31 Stimmen angenommen. Die SPD setzte der CDU eine Frist: Bis zur nächsten Sitzung des Koalitionsausschusses müsse in der Causa Kleedehn eine Entscheidung gefallen sein.

Am 17. April 1996 kam der SPD-Landeschef mit dem Landesvorstand zusammen. Ringstorff hoffte, dass der Vorstand die Linie der SPD-Landtagsfraktion, den Rücktritt von Kleedehn zu fordern, unterstützen werde. Diese Zusage erhielt er. Der Landesvorstand forderte die SPD Mitglieder im Koalitionsausschuss außerdem auf, mit dem Koalitionspartner über die Voraussetzungen für eine Fortführung der Koalition zu verhandeln. Wenn dies aber ohne akzeptables Ergebnis enden sollte, so der Landesvorstand, würde er einen außerordentlichen Landesparteitag einberufen, der über die Zukunft der Koalition zu entscheiden hätte. Der Parteilinke Rudolf Borchert, Frontmann des »Warener Kreises«, wollte direkt über den Ausstieg aus der großen Koalition diskutieren. PDS-Landeschef Helmut Holter sagte derweil in einem Radiointerview, dass die PDS koalitionsfähig sei und es Übereinstimmungen mit den Sozialdemokraten nicht nur in der Kultur und Bildungspolitik gebe. Während sich CDU und SPD voneinander entfernten, rasten PDS und SPD aufeinander zu.

Die CDU geriet ob dieser Einigkeit zwischen SPD und PDS unter Druck. Am 18. April sagte Berndt Seite kurzfristig alle Landestermine ab und fuhr zu Beratungen mit Bundeskanzler Kohl sowie dem CDU-Präsidium nach Bonn. Am selben Tag verlautbarte er per Pressemitteilung:

> »Diese Koalition wurde gebildet, in vollem Bewusstsein um die Probleme des Landes und auch um die Schwierigkeiten des Umganges miteinander. Die beiden sie tragenden Partner, CDU und SPD, sind große und demokratische Parteien. Zur Demokratie gehört die Fähigkeit zur Berechenbarkeit und zum Aufeinander-Zugehen. Ich bin deshalb bereit und erkläre das hiermit offen, dass ich an dieser Koalition festhalte. Ich rufe den Partner auf, mit mir auch in atmosphärischer Hinsicht einen Neuanfang zu machen. Zu diesem Neuanfang gehören Stetigkeit, Ehrlichkeit und der Wille zum partnerschaftlichen Kompromiss.«[70]

Der war noch lange nicht in Sicht. Einen Tag später besuchte vielmehr der Bundesparteivorsitzende Oskar Lafontaine die in Aufruhr befindliche Volkswerft in Stralsund und appellierte an die CDU, mit der SPD zusammenzuarbeiten. Er begrüßte, dass der ebenfalls in Stralsund anwesende Wirtschaftsminister Ringstorff trotz der Eigenmächtigkeiten der Finanzministerin die Regierungsbeschlüsse zur Werftenrettung mittrage. In einem westlichen Bundesland wäre in einer ähnlichen Situation die Koalition längst beendet gewesen. In dieser Zeit sprach Lafontaine am Rande einer Bundesratssitzung aber auch mit Ringstorffs größtem innerparteilichen Gegner auf Landesebene, Justizminister Rolf Eggert. Der Bundesparteivorsitzende sagte laut Eggert, er hätte mit der PDS kein Problem. Kritisch sehe er aber, dass Ringstorff Probleme der von Arbeitslosigkeit bedrohten Werftarbeiter nutze, um an die Macht zu gelangen.[71]

Der Rücktritt der Finanzministerin reichte Harald Ringstorff mittlerweile aber nicht mehr. Er forderte nun auch öffentlich etwas mehr Bewegung bei der CDU, vor allem ein Angebot zu »anderen Formen der Zusammenarbeit«. Sollte Seite das Kabinett umbilden, werde man »über alles reden müssen«. Das Rücktrittsultimatum gegenüber der Finanzministerin bekräftigte er und verwies auf den Koalitionsausschuss am Montag: »Warten wir die Gespräche ab.«[72] Ob Ringstorff zu diesem Zeitpunkt eher einen viel größeren Machtanteil in der Großen Koalition oder das Ministerpräsidentenamt mit Hilfe der PDS anstrebte, bleibt letztendlich unklar. Berndt Seite jedenfalls wirkte auf Otto Ebnet nicht nur in dieser Situation wie »ferngesteuert«. Harald Ringstorff empfand wohl ähnlich und konnte in Seite keinen verlässlichen Partner gerade für schwierige Situationen wie diese finden.[73] Ringstorff meinte, er habe bei Seite das Gefühl, »immer nur auf ein Milchbrötchen zu beißen«.

In diese Zeit fiel die zweite SPD-Regionalkonferenz, diesmal am 19. April im Stralsunder Rathaus. Hier griff Ringstorff eine Gruppe innerhalb der CDU frontal an:

»Ihr Anführer ist der CDU-Fraktionsvorsitzende Rehberg. Zu ihm gesellen sich Abgeordnete wie Brandt, Nolte, Born, Bollinger und zunehmend auch der Rostocker Kreisvorsitzende Krause. [...] Sie fühlen sich in der Koalition mit der SPD sichtlich unwohl. Wie viele Christdemokraten im Land haben sie nie gelernt, mit anderen Parteien partnerschaftlich zusammenzuarbeiten. [...] Ich vermute, dass noch ein weiteres Motiv hinter den Hardlinern der CDU steckt. Sie sind sowohl mit dem Ministerpräsidenten wie auch mit der CDU-Landesvorsitzende Angela Merkel unzufrieden. Im Grunde möchten sie beide ausgewechselt sehen – und Vertreter ihres eigenen Lagers an ihre Stelle setzen. [...] Ob Berndt Seite bis zum Ende der Wahlperiode Ministerpräsident einer großen Koalition bleibt, erscheint mir zunehmend zweifelhaft.«[74]

Ringstorff schob die alleinige Schuld an der verfahrenen Situation der CDU zu, aber seine innerparteiliche Unterstützung bröckelte. Dieter Schröder erinnert sich:

»In einer Sondersitzung des SPD-Landesvorstands, die eilig nach Rostock einberufen worden war, versuchte Peter Kauffold abzuwiegeln, aber die Mehrheit wollte es wissen. Als ich davon sprach, dass öffentliche Erwartungen geweckt worden sind, die man ohne Schaden nicht mehr enttäuschen könne, ergab sich eine klare Mehrheit für eine Kraftprobe. Die Entscheidung lag aber bei der Fraktion, und deren Stimmung hatte sich bis zur nächsten Zusammenkunft im Schweriner Schloss schon merklich gewandelt. Es war nicht mehr sicher, ob eine ausreichende Zahl der SPD-Abgeordneten mit der PDS zusammen Harald Ringstorff zum neuen Ministerpräsidenten wählen würde.«[75]

Rainer Beckmann berichtet über eine Fraktionssitzung, in der er klar zu verstehen gab, dass er Berndt Seite unterstützen würde, wenn Ringstorff mit Hilfe der PDS gegen den Ministerpräsidenten antreten sollte. Andere wären anschließend zu ihm gekommen und hätten gesagt, sie wären seiner Meinung, aber würden sich nicht trauen sie so offen zu sagen. Ringstorff, so Beckmann, hatte eine Autorität, der man sich nicht so schnell entgegenstellte.[76]
Dieter Schröder schreibt:

»Inzwischen war auch der SPD-Bundesvorstand munter geworden. Hatte Oskar Lafontaine bei einer Rede in Stralsund noch Verständnis geäußert, forderte nun der SPD-Bundesgeschäftsführer Franz Müntefering knallhart eine Kursänderung.«[77]

Am 20. April 1996 sagte auch Reinhard Höppner anlässlich des 50. Jahrestages der Zwangsvereinigung von SPD und KPD in der »Berliner Zeitung« in Richtung Ringstorff:

»Ich sehe auch ziemlich deutlich, dass ein Ende der großen Koalition in Mecklenburg-Vorpommern in absehbarer Zeit zu Neuwahlen führen würde. Und das ist eine Sache, die man sich sehr genau überlegen muss. Wenn die Koalition so zerrüttet ist – wären nicht Neuwahlen die beste und ehrlichste Lösung? Neuwahlen haben nur dann Sinn, wenn man realistische Chancen darauf hat, dass eine andere Konstellation grundsätzlich entsteht. Wir haben es aber mit einem Dreiparteiensystem in Mecklenburg-Vorpommern zu tun, das nach den Neuwahlen auch wieder da sein würde. Wenn da keiner eine absolute Mehrheit hat, ist die gleiche Situation wie jetzt wieder gegeben. Das bedeutet aber, dass jetzt alle Versuche unternommen werden müssen, mit den jetzigen Mehrheitsverhältnissen zu vernünftigen Lösungen zu kommen. Das heißt, die Große Koalition darf nicht platzen? Das ist ja eine Frage an die CDU, ob sie bereit ist, auf ihren Koalitionspartner wirklich mal zuzugehen.«[78]

Das tat sie einen Tag später. Am 21. April 1996, einen Tag nachdem Seite und Ringstorff länger miteinander telefoniert hatten, erschien die CDU-Landesvorsitzende Angela Merkel plötzlich und unerwartet in einer Sondersitzung der SPD-Landtagsfraktion zu einem freundlichen Gespräch. Das Ergebnis dieser Fraktionssitzung war, dass Erhalt und Fortsetzung der großen Koalition Vorrang eingeräumt wurde. Ringstorff sagte aber auch, Merkel sei verdeutlicht worden, dass die Fraktion in Übereinstimmung mit dem Landesvorstand auf einem Rücktritt Kleedehns beharre. Ansonsten könnte ein konstruktives Misstrauensvotum eingeleitet und Verhandlungen mit der PDS aufgenommen werden. Trotzdem ging man mittlerweile von sechs SPD-Abgeordneten aus, die Ringstorff nicht zum Ministerpräsidenten in einer von der PDS gestützten Regierung wählen wollten.

Aber auch die Bundesebene der SPD griff noch einmal öffentlich ein. Das SPD-Bundespräsidium forderte am 22. April von der CDU

»Rückkehr zur sachgemäßen Zusammenarbeit. […] Die SPD-Spitze äußerte Verständnis für den aufgestauten Ärger der Sozialdemokraten in Mecklenburg-Vorpommern. Die dortige CDU habe immer wieder rücksichtslos Absprachen gebrochen und unakzeptable Alleingänge gemacht. ›Damit hat die dortige CDU das Koalitionsklima mutwillig ramponiert‹, erklärte das Präsidium. Man erwarte, dass die CDU in Mecklenburg-Vorpommern sich endlich bereitfindet, als koalitionsfähiger und verlässlicher Partner zu agieren.«[79]

Die CDU wollte im Fall des Koalitionsbruchs Neuwahlen herbeiführen. Weil sie dazu aber die Zustimmung aller 18 PDS-Abgeordneten brauchte, traf sich Eckhardt Rehberg mehr oder weniger geheim am 22. April mit PDS-Fraktionschefin Caterina Muth in der Autobahnraststätte Pritzwalk. Muths damalige Pressesprecherin Marita Moritz hingegen meint aber auch, das Treffen hätte die CDU eingefädelt, um der SPD zu demonstrieren, welch ein unsicherer Kantonist die PDS wäre.[80]

Nahezu unwirklich erscheint, dass am selben Tag das Kabinett den von Bärbel Kleedehn und Theo Waigel ausgehandelten Sanierungskompromiss für die Ostseewerften, den Grund der Koalitionskrise, mit den Stimmen der SPD-Minister beschloss. Ringstorff erklärte, dass die SPD-Minister zugestimmt hätten, weil es keine Zeit für weitere Verhandlungen gegeben hätte. Außerdem überreichte er Seite zu dessen 56. Geburtstag einen Strauß roter Nelken. Seite solle sich an diese Farbe gewöhnen. Noch am selben Tag traf sich der Koalitionsausschuss, der anschließend in einer gemeinsamen Erklärung verlautbarte:

»3. Aufgrund der Diskussion kann festgestellt werden, dass beide Partner angesichts der denkbaren politischen Konstellationen die Fortführung der Großen Koalition wünschen. Die Koalitionsvereinbarung zwischen CDU und SPD ist auch weiterhin eine geeignete Grundlage für die Regierungsarbeit zur Lösung der Probleme in Mecklenburg-Vorpommern. 4. Für die SPD ist es entscheidend, dass der Ministerpräsident die Einhaltung von Kabinettsbeschlüssen durchsetzt. Im Zweifel müssen Kabinettsbeschlüsse neu gefasst werden. 5. Für die CDU ist die Erklärung der SPD ausschlaggebend, dass es keine Fristsetzung für die Rücktrittsforderung gibt. 6. Die Erarbeitung einer gemeinsamen tragfähigen Geschäftsgrundlage erfordert folgendes: – für die SPD die Lösung der personellen Probleme; – für die CDU, dass die Verantwortung für die Personalangelegenheiten beim jeweiligen Koalitionspartner liegt; – Klärung des Abstimmungsverhaltens der Koalitionspartner in Bezug auf die Opposition; –

Umsetzung der Beschlüsse des Koalitionsausschusses; – Wahrung der Vertraulichkeit von Gesprächen und Absprachen; – Umgang mit strittigen Kabinettsangelegenheiten; – Frühwarnsystem zum Erkennen und Lösen von Problemen.«[81]

Am 23. April beschloss der SPD-Landesvorstand, dass er die Fortsetzung der Verhandlungen im Koalitionsausschuss akzeptiere. Er verkündete aber auch im Gegensatz zum Beschluss des Koalitionsausschusses, dass, wenn die CDU am 25. April im Koalitionsausschuss nicht den Rücktritt der Finanzministerin vermeldet, er für den 5. Mai einen außerordentlichen Landesparteitag einberuft. Einziges Thema: die Zukunft der Regierungsbeteiligung der SPD. Der SPD-Landesvorsitzende Harald Ringstorff, der im Koalitionsausschuss wie auch im Landesvorstand mitverhandelt hatte, erklärte relativierend zu dem nahezu einstimmig und gegen den Ausschussbeschluss erneuerten Ultimatum, dass ein Sonderparteitag nicht automatisch eine SPD-Regierung unter Duldung oder Beteiligung der PDS bedeute. Ringstorff entglitten aber offensichtlich die Zügel. PDS-Politiker nannten ihn mittlerweile »Weichwurst«. Die Koalition stand auf Messers Schneide. Heribert Prantl kommentierte am 24. April in der Süddeutschen Zeitung:

»Und deshalb ist Harald Ringstorff ein politischer Hasardeur. Er spielt nicht das Spiel der SPD, sondern sein eigenes – und das handelt von gekränkter Eitelkeit sowie von einem trotzigen Mann, der, koste es was es wolle, Ministerpräsident von Mecklenburg-Vorpommern werden will.«

Andere nannten Ringstorffs Vorgehen wohlmeinender die »Kunst der kontrollierten Krise«. Sein Vertrauter Dieter Schröder schreibt über die eskalierende Situation:

»Zur Beratung mit der SPD-Führung von Mecklenburg-Vorpommern kam Franz Müntefering [am Abend des 24. Mai] nach Schwerin. Um die Koalition zu stabilisieren, solle Harald Ringstorff als Wirtschaftsminister zurücktreten und seine ganze Kraft der Stärkung der Partei widmen. Das war scheinheilig. Öffentlich hätte das als

Demontage der anerkannten sozialdemokratischen Führungsfigur im Land gewirkt. Das war nicht hinzunehmen. Ich forderte deshalb, dass dann wenigstens auch die Finanzministerin auszuscheiden habe und Harald Ringstorff als Fraktionsvorsitzender am Kabinettstisch bleibt. So geschah es. Der Schaden war dennoch beträchtlich. In der Landespartei öffnete sich eine Kluft zur Bonner Zentrale. Endlich, denn die Bundespartei musste lernen, sich mit uns offen auseinanderzusetzen.«[82]

Nikolaus Voss erinnert sich an eine »Nacht-und-Nebel-Aktion« in diesen Tagen, während der Ringstorff spät abends Sigrid Keler anrief, die nachts mit dem Taxi vorfuhr. Anschließend wurde in größerer Runde und bei Cognac in den SPD-Fraktionsräumen Ringstorffs Wechsel an die Fraktionsspitze sowie Sigrid Kelers Aufstieg ins Finanzministeramt besprochen.[83]

Dem Koalitionsausschuss bot Ringstorff am 25. April als Gegenleistung für einen Ressortwechsel von Bärbel Kleedehn, dem dienstältesten Kabinettsmitglied, seinen Rücktritt an. Angela Merkel drängte die zögernde Kleedehn und am frühen Morgen des 26. April beschloss der Koalitionsausschuss.

»I. Beide Seiten der Koalition verstehen sich als gleichberechtigte Partner für die politische Zusammenarbeit zur Lösung der Probleme des Landes Mecklenburg-Vorpommern. II. Beide Partner wünschen angesichts der denkbaren politischen Konstellationen die Fortführung der großen Koalition. Die Koalitionsvereinbarung zwischen CDU und SPD ist auch weiterhin eine geeignete Grundlage für die Regierungsarbeit zur Lösung der Probleme in Mecklenburg-Vorpommern. III. Als tragfähige Geschäftsgrundlage für die gemeinsame Arbeit wird bekräftigt: 1. Beschlüsse des Koalitionsausschusses (!) werden von beiden Partnern akzeptiert. Sofern Beschlüsse des Koalitionsausschusses sachlich oder politisch nicht durchzuhalten sind, tagt der Koalitionsausschuss vor einer anderen Entscheidung erneut. Im Zweifel wird die Angelegenheit vertagt. 2. Der Ministerpräsident setzt die Einhaltung von Kabinettsbeschlüssen durch. Im Zweifel müssen Kabinettsbeschlüsse neu gefasst werden. 3. Die Fraktionsvorsitzenden können an Kabinettsberatungen teilnehmen. 4. Strittige Kabinettsangelegenheiten werden nicht einseitig durch einzelne Regierungsmitglieder oder durch die Fraktionen vor Entscheidung der Landesregierung ›gelöst‹. 5. Im Landtag und in seinen Ausschüssen stimmen die Koalitionsfraktionen nicht mit wechselnden Mehrheiten ab. 6. Ein Frühwarnsystem zum Erkennen und Lösen von Problemen beinhaltet, dass strittige Landtagsangelegenheiten zwischen den Fraktionsvorsitzenden und strittige Kabinettsangelegenheiten durch den Ministerpräsidenten und die Staatskanzlei mit den jeweiligen Ressortchefs einer Lösung zugeführt werden. Gelingt dies nicht, tagt der Koalitionsausschuss. 7. Die Verantwortung für die Personalangelegenheiten liegt beim jeweiligen Koalitionspartner; dies betrifft auch die heute durch die jeweiligen Koalitionsparteien unterbreiteten Personalvorschläge zur Lösung der personellen Probleme. 8. Beide Koalitionspartner kommen überein, die Anlage 13. zur Koalitionsvereinbarung vom 18. November 1994 wie folgt zu ändern: Die SPD erhält das Ressort Finanzen. Die CDU erhält das Ressort Wirtschaft. Die Ressortverteilung im Übrigen bleibt unverändert. Diese Vereinbarung wird wirksam, wenn die zuständigen Gremien beider Koalitionspartner zugestimmt haben.«[84]

Als Ringstorff diese Sitzung verließ, wartete sein Sprecher Detlef Lindemann vor der Tür auf ihn und blickte in dessen zufrieden entspanntes Gesicht. Er dachte bei sich, was für ein starker Typ! Standen doch alle unter großem Druck und hatte ein »RTL«-Journalist Ringstorff sogar bis aufs Landtagsklo verfolgt.[85]
Ministerpräsident Seite erklärte wenig später:

»Mit dieser Kabinettsumbildung sind beide Koalitionspartner entschlossen, bis zum Ende der Legislaturperiode partnerschaftlich zusammenzuarbeiten, zum Wohle der Bürger unseres Landes. Die Krise ist vorbei. Wir gehen wieder an die Arbeit.«[86]

Noch am 26. April stimmten die SPD- und CDU-Landtagsfraktion dem Kompromiss zu. Der SPD-Landesvorstand teilte den Genossinnen und Genossen in einem mehrseitigen Schreiben mit, dass die Krise der großen Koalition beigelegt, aber noch nicht überwunden sei. Sozialminister Hinrich Kuessner wurde anschließend stellvertretender Ministerpräsident. Otto Ebnet wechselte als Staatssekretär zur neuen Finanzministerin Sigrid Keler. Und Harald Ringstorff ließ die Öffentlichkeit wissen, dass er bei den Landtagswahlen im Herbst 1998 andere Mehrheiten anstrebe. Er konzedierte aber auch: »Die SPD war kein Punktsieger in diesem Scharmützel. Sie hat eine knappe Niederlage erlitten.«

Ringstorff verließ das Kabinett und nahm noch am 26. April wieder auf dem Stuhl des Vorsitzenden der sozialdemokratischen Regierungsfraktion Platz. Die Abgeordneten wählten ihn in geheimer Wahl mit nur einer Gegenstimme zu ihrem Frontmann. Detlef Lindemann löste Julius Geise als Fraktionssprecher ab, der ins Finanzministerium zu Sigrid Keler wechselte. Ringstorff agierte fortan wie ein Oppositionsführer und kommentiert rückblickend: »Ich brauchte ein Fundament und habe dabei den Weg zurück in die Fraktion als den besseren Weg angesehen.«[87] Otto Ebnet meint ergänzend, es gab im Frühjahr 1996 zu viel Gegenwind aus dem Landesverband für den Kurs von Harald Ringstorff in Richtung Rot-Rot. Aber kaum Unterstützung. Auch langjährige Verbündete aus den Gründungstagen von Partei und Land wie Hinrich Kuessner und Gottfried Timm stützten Ringstorff in dieser Zeit nicht.[88] Ebnet ist der Ansicht, dass die Guerillataktik von Ringstorffs innerparteilichen Gegnern einen offenen, klärenden Schlagabtausch über das Für und Wider von Rot-Rot verhindert hätte.[89] Gegenüber dem hier siegreichen Justizminister Rolf Eggert verhielt sich Ringstorff in der folgenden Zeit aber fair. Dieser stand beispielsweise wegen diverser Ausbrüche aus den Justizvollzugsanstalten in den folgenden Monaten unter dem Druck von CDU und PDS. Ringstorff ließ ihn trotz innerparteilicher Gegnerschaft nicht fallen, sondern sorgte dafür, dass die Fraktion ihn stützte. Die schnelle Wahl zum Fraktionsvorsitzenden wie auch sein Umgang mit den innerparteilichen Gegnern minderten den Gesichtsverlust Ringstorffs nach seiner Niederlage. Indem er Partei- und Fraktionsführung nun wieder in seiner Hand vereinte, hatte er formal sogar innerparteilich an Macht gewonnen.

Aber auch aus der Bundesebene der SPD kam zuvor erheblicher Widerstand gegen Ringstorffs Kollisionsabsichten. Johannes Rau drohte im Fall einer Kooperation mit den Linkssozialisten, seine

Parteiämter niederzulegen. Wieder waren es westdeutsche SPD-Mitglieder, die diesmal, unterstützt von großen Teilen der SPD Mecklenburg-Vorpommerns, eine Kooperation von SPD und PDS verhinderten. So zahlte Ringstorff den Preis für die aus der Werftenpleite hervorgegangene Regierungskrise. Es ist eine interessante Frage, was passiert wäre, wenn Ringstorff 1996 Wirtschaftsminister geblieben wäre. Die Landtagswahl 1998 hätte sicher einen anderen Ausgang gehabt.

Der Kühlungsborner Parteitag stellt die Weichen

Thomas Freund sagt, es begann die für Ringstorff gefährlichste Zeit seiner politischen Karriere. Die Partei hatte ihrem Vorsitzenden seine Grenzen aufgezeigt. Er war geschwächt. Würde sich jemand finden, der erfolgreich an seinem Stuhl sägt? Der SPD-Landesvorstand beschloss unter Ringstorffs Leitung einen Sonderparteitag für Ende November, in dem man sich mit der Positionierung der SPD, vor allem auch im Hinblick auf eine mögliche Kooperation mit der PDS beschäftigen wollte. Dieser Sonderparteitag sollte mit einer programmatischen Diskussion und wieder einigen Regionalkonferenzen vorbereitet werden. Anfang Juni trafen sich in Schwerin 150 Sozialdemokraten Mecklenburg-Vorpommerns zu einer solchen. Unter dem Titel »Gerechtigkeit an erster Stelle« wurde ausschließlich der Umgang mit der PDS diskutiert. Ringstorff machte hier keinen Hehl daraus, dass er die Zeit für gekommen halte, die Einstellung zur PDS zu verändern. Bei der Lösung der Probleme des Landes könne man nicht auf 30 Prozent der Mitbürger verzichten. Was nützten sonst all die schönen Programme, wenn auch das PDS-Tabu ihre Umsetzung verhindere? Der als persönliche Niederlage empfundene Rücktritt hatte nichts an seinem Kampfeswillen geändert. Ende Juli 1996 forderte Harald Ringstorff außerdem, sicher aus der Erfahrung mit gegen Rot-Rot kämpfenden SPD-Funktionären genährt, dass der nächste Spitzenkandidat zur Landtagswahl von der Parteibasis per Urwahl bestimmt werden sollte. Obwohl diese sehr unterschiedlich zu ihm stand. Während der schwache Kreisverband Rügen ihn durchgehend stützte, forderte der starke Kreisverband Wismar im Laufe der Auseinandersetzungen des Jahres 1996 auf einem Kreisparteitag in Gägelow seinen Rücktritt. Der anwesende Ringstorff durchbohrte Rolf Eggert daraufhin mit seinem Blick, ihr Verhältnis blieb beeinträchtigt.[90]

Gottfried Timm wiederum legte Anfang August 1996 den Gremien der Landes-SPD ein Thesen- und Diskussionspapier vor. In diesem stellte er fest, dass die PDS es nicht geschafft habe, ihr Verhältnis zur Demokratie zu klären und auch nicht, kommunistische Einflüsse und Traditionen zu beenden. Als Rechtsnachfolger der SED hätte sie selbst sich eines glaubwürdigen Neuanfangs beraubt. Er empfahl der SPD, mittels einer reformorientierten Politik in den Kampf um die linke Vorherrschaft im Osten einzugreifen. Dabei müsse man sich auch mit den PDS-Wählern konstruktiv und differenziert auseinandersetzen. Die Berliner Zeitung kommentierte:

»[…] wie es aussieht, wird der Spielraum für Harald Ringstorff enger. Sein bisher treuer Gefolgsmann Timm hat die besseren Karten. Er begreift die Koalition mit der CDU als Chance, ohne der PDS die Tür für immer zu versperren. Wenn die irgendwann mitregieren will, muss sie durch Läuterung selbst die Voraussetzungen schaffen. Geschickter kann die SPD den Schwarzen Peter nicht loswerden.«[91]

Timm positionierte sich nicht öffentlich als Gegner Ringstorffs, verfolgte aber auch nicht entschieden dessen Kurs. Auch in der PDS gab es Zweifel. Der PDS-Ehrenvorsitzende Hans Modrow sagte, Holter hätte »mit Herrn Ringstorff einen Gesprächspartner, über dessen Position in der SPD heftig diskutiert wird. Wer will denn wissen, ob 1998 nicht jemand anderes an der Spitze der Sozialdemokraten steht.«[92]

Ringstorffs Frau Dagmar war seit 1992, sie sagt wegen Lichtenhagen, SPD-Mitglied. Bei ihr holte sich Ringstorff nicht nur in schwierigen Zeiten den ein oder anderen Rat. Sigrid Keler erinnert sich, dass Ringstorff des Öfteren Sätze mit »Dagmar hat mich darauf hingewiesen …« begann.[93] Die in Dresden aufgewachsene Tochter eines Ingenieurs und gelernte Bauzeichnerin widmete sich neben ihrer Arbeit im Dresdner Transformatoren- und Röntgenwerk mehr und mehr der Kultur und Kunst. Nachdem der französische Pantomime Marcel Marceau 1966 in Dresden gastiert hatte, reiste sie mit anderen Begeisterten, soweit sie konnten, dessen Auftritten hinterher, um so dessen neue pantomimische Technik zu studieren. Unmittelbar nach dem Gastspiel von Marceau gründete der an der Hochschule für Theater in Leipzig ausgebildete Gerd Glanze das Amateurensemble »Theater ohne Worte«, deren Mitglied sie wurde. Glanze hatte in Leipzig bei Hanna Berger studiert, die Ende der 1960er-Jahre das erste pädagogische Diplom bei Marcel Marceau erwarb. Im Jahr 1967 wurde der Intendant des Volkstheaters Rostock, Hanns Anselm Perten, auf das Pantomimenensemble aus Dresden aufmerksam. Um diese noch weitgehend unbekannte Körpersprache in seine Inszenierungen integrieren zu können, holte er nicht nur Gerd Glanze, sondern auch zwei weitere Pantomimen des Ensembles an sein Theater und gründete so 1968 das erste professionelle Pantomimentheater der DDR an seinem Haus. Aus diesem Anlass wurde aus Dagmar Müller die Pantomimin Dagmar DARK. Am Strand in Warnemünde, ein wenig in Richtung Stoltera, lernte sie im Sommer 1968 Harald Ringstorff kennen. Die zierliche, lebendige sächsische Künstlerin und der mittlerweile promovierte stattliche Mecklenburger Chemiker heirateten 1971 in Leipzig. Denn »Dagmar Dark« hatte inzwischen einen Vertrag bei Joachim Herz, Intendant der Städtischen Bühnen Leipzig, unterzeichnet. Hier arbeitete sie auch als pantomimische Beraterin in Wagners Oper »Rheingold«. Wegen Harald Ringstorff kehrte sie aber nach wenigen Jahren wieder nach Rostock zurück. Für den Mecklenburger war es unvorstellbar nach Leipzig zu ziehen. Dagmar Ringstorff gab nun Unterricht an der Schauspielschule Rostock, war aber auch als selbstständige Pantomimin und zunehmend als Clown erfolgreich. Sie hatte den Schweizer Clown Dimitri auf der Bühne gesehen und war von seiner kindlichen Naivität derart berührt, dass sie eine Geschichte für Kinder mit der Clownfigur »Dag« erfand. Die Aufträge der Konzert- und Gastspieldirektion in Ferienheimen und Kindergärten nahmen zu, sodass im Jahr 1985 der später als »NDR«-Radiomoderator in Mecklenburg-Vorpommern bekannte André Kuchenbecker ihr Assistent wurde. Gemeinsam bewältigten sie in der Hochsaison bis zu drei Auftritte am Tag. Auch ihr Mann half mit, bastelte Bühnenausstattungen und Requisiten. Wenn der Assistent ausfiel, musste er sie auch zu Auftritten begleiten. Die Friedliche Revolution änderte alles. Harald Ringstorff ging in die Politik, Kuchenbecker zum Radio, die Gastspieldirektion gab es nicht mehr. »Dagmar Dark« tourte auf eigene Rechnung weiter, gab aber auch Pantomimenkurse im kleinen Theater TiK am Schweriner Pfaffenteich. Sie entwickelte ein Programm gegen Rechtsextremismus, mit dem sie in Schulen und andernorts auftrat, und genoss alle künstlerischen Freiheiten, bis die Rolle der Landesmutter sie dieser beraubte. Zwei Jahre zuvor unterstützte sie aber noch ihren Mann bei seinem Kampf um den innerparteilichen Kurs.

Am 27. August 1996 faxte Landesgeschäftsführer Nikolaus Voss Harald Ringstorff seine Gedanken zur Vorbereitung des Leitantrags für den Sonderparteitag in Kühlungsborn Ende November. In diesem Rohentwurf für den Leitantrag war über das weitgefasste Prozedere der Vorbereitung des Parteitags zu lesen:

»Der Landesvorstand möge beschließen: 1. Der Leitantrag wird als Diskussionsentwurf an den Landesparteirat weitergeleitet. Der Landesparteirat möge den Leitantrag als Diskussionsentwurf verabschieden. 2. Der Diskussionsentwurf des Leitantrages wird allen Kreisverbänden und Ortsvereinen umgehend zugeleitet. 3. Der Landesvorstand führt zum Diskussionsentwurf zum Leitantrag in jedem Kreisverband bis zum 24.10.1996 ein Forum durch.«[94]

Mehr Basisdemokratie war nicht möglich! Wörtlich sagte Ringstorff laut Redemanuskript auf den nun folgenden Foren in den Kreisverbänden:

»Seit der Werftenkrise weiß Seite jedoch: Wenn die CDU dem Koalitionspartner noch mehr auf den Nerven rumtrampelt, dann ist die Regierung ernsthaft in Gefahr. Und eine weitere Koalitionskrise könnte für die CDU den Ausschluss von der Macht bedeuten. Das wird sie, zumindest bis Ende 1997, Anfang 1998 nicht riskieren. [...] Wir sollten uns nicht beständig mit Koalitionsfragen beschäftigen. Es kommt jetzt darauf an, die Sachpolitik in den Mittelpunkt zu rücken. [...] Erst nach der Wahl sollten wir also prüfen, mit wem wir zusammen gehen. [...] Darüber entscheidet dann ein Parteitag in freier Abstimmung. Ich glaube. Das ist eine ehrliche Lösung. [...] Vor den letzten Landtagswahlen war das anders. Da haben wir gesagt: Wir wollen eine rot-grüne Koalition, oder wenn dazu die Mehrheit nicht reicht, dann eventuell eine Ampel. Und wenn die Mehrheit dafür auch nicht reicht, dann eventuell eine große Koalition. Aber lieber noch als eine große Koalition hätten wir eine Minderheitsregierung, so wie in Sachsen-Anhalt. Am Ende hat niemand mehr verstanden, was wir eigentlich wollten. Nur eine Koalition mit der PDS haben wir ausgeschlossen. Das haben viele auch nicht verstanden. […] Ich bitte euch, mich nicht miss zu verstehen (!). Ich bin im Umgang mit der PDS nicht für das Verdrängen und nicht für das Vergessen. Ich bin für eine gerechte Beurteilung. So wie wir es 1994 in der Schlussphase des Wahlkampfs plakatiert haben: Gerechtigkeit an erster Stelle. Im Kern ging es damals um die Frage, wie wir in Ostdeutschland mit der Tatsache umgehen, dass die allermeisten von uns in der DDR aufgewachsen sind und hier gearbeitet und gelebt haben.«[95]

Aber erst einmal entschieden die innerparteilichen Gegner von Ringstorffs Kurs, sich zu formieren. Ende Juni 1996 wurde infolge der Regierungskrise vom Frühjahr der »Güstrower Kreis« gegründet. Rund 30 teilweise führende Sozialdemokraten folgten einem entsprechenden Aufruf von Initiator und Sprecher Rolf Eggert. Das »Haus der Kirche« in der Barlach-Stadt wurde regelmäßiger Treffpunkt der Gleichgesinnten. Ziel war es, »innere Reserven« der an der Basis schwachen Partei zu mobilisieren. Damit sollte ein Gegenpol zum »Warener Kreis« geschaffen werden.[96] Man lud beispielsweise Ringstorffs ehemaligen Volkskammerfraktionsvorsitzenden Richard Schröder ein, der seine PDS-kritischen Positionen darlegte. »Güstrower Kreis«-Mitglied Peter Schulz meinte, dass die PDS nicht Schiedsrichter oder Maßstab für die SPD sein könne. Ringstorff wiederum warnte bezüglich der Vorhaben des »Güstrower Kreises« vor Ausgrenzung von Teilen der Gesellschaft. Zu keinem Zeitpunkt bekannte sich Ringstorff zu einem der beiden innerparteilichen Kreise aus Waren oder Güstrow. Er grenzte sie aber auch nicht aus.

Rolf Eggert beschreibt, dass vor allem Peter Schulz dafür sorgte, dass der »Güstrower Kreis« sich nicht zum Schaden der Partei radikalisierte. Neben diesen beiden gehörten zum »Güstrower Kreis« unter anderem auch die Landtagsabgeordneten Rainer Beckmann und Claus Gerloff. Diese, wie auch Gottfried Timm und Hinrich Kuessner, die nicht dem »Güstrower Kreis« angehörten, lud Rolf

Eggert in sein Justizministerium ein, um ein gemeinsames Vorgehen innerhalb der Parteineupositionierung zu besprechen. Einige Gäste baten Eggert während des Gesprächs, gegen Ringstorff um das Amt des Parteivorsitzenden anzutreten. Der lehnte ab. Er stecke über beide Ohren in Problemen mit den Justizvollzugsanstalten, Geiselnahmen und nicht funktionierenden Grundbuchämtern. Er wolle sich eine noch forderndere politische Karriere auch physisch nicht zumuten und wäre vor allem kein Netzwerker.[97] Zog sich die innerparteiliche Opposition selbst die Zähne?

Nachdem Landesgeschäftsführer Nikolaus Voss Mitte August erklärte, dass die SPD ohne Koalitionsaussage in die Landtagswahl 1998 gehen wolle und die SPD-Landesführung die PDS-Debatte als beendet ansehe, fixierten Hans-Joachim Hacker, Rolf Eggert, Bruno Schuckmann und andere unter dem Titel »Eine Positionsbestimmung der SPD in Mecklenburg-Vorpommern im Verhältnis zur PDS« ihre ablehnende Haltung zu einer Kooperation mit der PDS.

> »Eine Zusammenarbeit mit der PDS, ja sogar ihre bloße Existenz hindert uns Sozialdemokraten an einer erfolgreichen demokratischen Auseinandersetzung mit den konservativen Parteien in Deutschland. Sie kann deshalb nur als unser politischer Hauptgegner angesehen werden. Deshalb befinden gerade wir Sozialdemokraten in den neuen Bundesländern uns gegenüber der gesamten deutschen Sozialdemokratie in der Verantwortung, die PDS als das zu entlarven, was sie eigentlich ist: eine den Rechtsstaat und das Grundgesetz ablehnende, die europäische Einigung und die innere Einheit Deutschlands behindernde Sektierer-Partei, die sich vor ihrer geschichtlichen Verantwortung zu drücken versucht.«[98]

Aber auch der linke »Warener Kreis« ließ nicht lange auf sich warten und schrieb am 24. September an ausgewählte Sozialdemokraten:

> »Liebe Genossin, lieber Genosse, Du wirst Dich vielleicht wundern, dass Du vom ›Warener Kreis‹ Post bekommst, aber wir möchten Dir zur Information unser Politikangebot ›Für eine Offensive der Sozialdemokratie in Mecklenburg-Vorpommern‹ zuschicken. Es ist den im ›Warener Kreis‹ tätigen SPD-Mitgliedern wichtig, in

Vorbereitung auf den Sonderparteitag im November 1996 einen Vorschlag für eine offensive sozialdemokratische Politik in Mecklenburg-Vorpommern zu unterbreiten.«[99]

Im beigefügten Diskussionspapier des »Warener Kreises« war unter anderem zu lesen:

»Wir meinen, dass sich nach 1998 unsere politischen Vorstellungen im Bundesrat widerspiegeln müssen. Eine Fortsetzung der Großen Koalition über die nächsten Landtagswahlen hinaus hätte nicht nur für das Land katastrophale Auswirkungen, sondern auch für die SPD.«[100]

Die beiden organisierten Parteiflügel hatten sich somit positioniert. Der Leitantrag wurde derweil diskutiert und formuliert. Mit der »Kühlungsborner Erklärung«, wie der Leitantrag letztendlich genannt wurde, wollte die SPD endlich die geforderte Standortbestimmung vornehmen. In 52 Punkten sollten die Weichen für die Landtagswahl gestellt werden, vor allem in Richtung PDS. Im Anschreiben des Landesverbandes an die Parteitagsdelegierten vom 18. November heißt es:

»Zu betonen ist noch einmal, dass die ›Kühlungsborner Erklärung‹ nicht ein Regierungsprogramm, sondern eine Verständigung auf Schwerpunkte sein will. Demzufolge hat auch die Antragskommission ihre Empfehlung erarbeitet.«[101]

Der »Güstrower Kreis« lehnte aber weiterhin eine Zusammenarbeit mit der PDS ab, während der Landesvorstand ohne Koalitionsaussage in den Wahlkampf gehen wollte. Auch Ringstorffs Vorschlag, den Spitzenkandidaten in einer Urwahl zu bestimmen, wenn mindestens zwei Kandidaten zur Verfügung stehen, war strittig. Der »Güstrower Kreis« war der Ansicht, dass der Spitzenkandidat auf einem Wahlparteitag, das heißt, von Funktionären bestimmt werden solle. Im Zeichen dieser und anderer die Partei spaltenden Kontroversen begann am 30. November 1996 der Sonderparteitag in Kühlungsborn der unter dem Motto »Besinnt euch auf eure Kraft« stand.

Das Grußwort hielt der Thüringer SPD-Landesvorsitzende Richard Dewes, Ringstorffs Bruder im Geiste in Fragen Rot-Rot. Mit seiner Grundsatzrede arbeitete Ringstorff die Krise vom Frühjahr auf, indem er das Fehlverhalten des Vulkan und der BvS darstellte, der Finanzministerin und dem Ministerpräsidenten Misswirtschaft vorwarf, um fortzufahren:

»Die Entscheidung von Frau Kleedehn veranlasste den SPD-Landesvorstand und die SPD-Landtagsfraktion, den Rücktritt der Finanzministerin zu fordern. Diese Forderung haben alle SPD-Fraktionsmitglieder in der Landtagssitzung mitgetragen. Daran möchte ich in diesem Zusammenhang noch einmal erinnern. Richtig ist aber auch, dass wir der Öffentlichkeit die Zusammenhänge nicht vermitteln konnten. In der Presse sind wir nicht durchgedrungen. Dies hat in unseren Reihen zu erheblicher Verunsicherung geführt. Der Unsicherheit folgte die Uneinigkeit auf dem Fuße. Bald bekam die CDU Oberwasser. Die Abstimmung zwischen Partei und Fraktion lief nicht reibungslos. Da haben wir, da habe ich persönlich Fehler gemacht. Das gestehe ich ein. Die Folgen sind Euch bekannt: Wir schlitterten in die Regierungskrise. [...] In den letzten Monaten wurde ich immer wieder einmal aufgefordert, nicht mehr als Spitzenkandidat und als Landesvorsitzender zu kandidieren. Ich habe die Kritik sehr wohl vernommen. Und ich nehme sie auch ernst. Dennoch sage ich hier ganz deutlich: Ich stehe zu meinem Kurs. Er war immer von einer großen Mehrheit in Vorstand und Fraktion gedeckt. Ich stehe zu meinen Auffassungen auch dann, wenn mir einmal der Wind entgegen bläst. Und deshalb möchte ich wieder Spitzenkandidat werden. Und wenn die Kritiker meinen Kurs für falsch halten, dann ist es doch nur demokratisch, wenn sie sich auf einen Gegenkandidaten einigen. Er soll mit offenem Visier, im ehrlichen Zweikampf gegen mich antreten! Ich stelle mich jeder fairen Konkurrenz. Und wenn ich unterliege, dann bin ich gegenüber dem gewählten Spitzenkandidaten loyal. Ich verstehe mich als Diener der Partei. Nur so, liebe Genossinnen und Genossen, kommt die SPD voran!«[102]

Reinhard Meyer, Ringstorffs ehemaliger Büroleiter im Wirtschaftsministerium und nunmehr im Finanzministerium, stand mit Journalisten in einem Seitenraum, als es nach Ringstorffs Rede hieß: Rolf Eggert, der profilierteste innerparteiliche Gegner von Ringstorffs Kurs im Landesverband redet gleich. Die Journalisten begaben sich flugs in den Tagungsraum und trauten ihren Ohren nicht: Eggert warf keinen Fehdehandschuh hin, keinerlei Angriffslust. Eine versöhnliche Rede des Führers der innerparteilichen Opposition überraschte die meisten Zuhörer. Nur Hans-Joachim Hacker hielt, Meyer sagt, um sich treu zu bleiben, eine Rede gegen Rot-Rot.[103] Das Ausbleiben eines Gegenkandidaten zu Ringstorff wurde dem »Güstrower Kreis« als Schwäche ausgelegt. Ringstorffs energische Gegenspielerin Rosemarie Wilcken wiederum konstatierte salomonisch: »Er hat alle Forderungen erfüllt.« Ringstorff siegte so auf ganzer Linie. Der Landesvorstand setzte sich mit seinen Anträgen zu Urwahl und Koalitionsaussage bei der Abstimmung letztendlich durch. Der im Frühjahr wie nie zuvor geschwächte Landesvorsitzende hatte die Partei innerhalb eines halben Jahres nicht nur hinter sich gebracht, sondern auch auf seinen Kurs eingeschworen. Die Partei war geeint und Ringstorffs ehemals umstrittene Vorstellungen Programm.

Einige Tage nach dem Parteitag kündigte der 29-jährige arbeitslose Immobilienkaufmann Bruno Schuckmann, Mitglied des Schweriner Stadtparlaments, früherer Juso-Vorsitzender und ehemaliger politischer Gefangener in der DDR, seine Kandidatur um das Amt des Spitzenkandidaten an. Damit war eine Urwahl beschlossen. Schuckmann sagte: »Für mich geht es in erster Linie darum, eine politische Position deutlich zu machen. [...] Das heißt, keine Koalition mit der PDS.«[104] Später warf auch der Güstrower Diplomökonom Gerhard Keipke, ein früheres SED-Mitglied, seinen Hut in den Ring.

Noch vor der Urwahl solidarisierten sich die ostdeutschen SPD-Landesvorsitzenden Steffen Reiche, Richard Dewes, Harald Ringstorff und Rüdiger Fikentscher mit dem SPD-Bundesvize Wolfgang Thierse, der in einem Papier eine Kooperation mit der PDS auf kommunaler und Landesebene nicht prinzipiell ablehnte. Sie waren Thierse dafür dankbar, dass er aufgezeigt hatte, in welch schwieriger Situation sich die SPD im Hinblick auf ihr Verhältnis zu den Sozialisten im Vorfeld der Bundestagswahlen befand. Die jeweils unterschiedlichen Landesverbände müssten unterschiedliche Strategien verfolgen dürfen. Die vier Landeschefs baten die SPD-Führung, »diese Haltung zu akzeptieren und bei künftigen öffentlichen Äußerungen zu berücksichtigen«.[105] Ringstorff wusste, wie man öffentliche Unterstützung organisiert, beziehungsweise nutzt.

Denn Ende Februar 1997 setzte er sich in der Urwahl, an der etwa die Hälfte der Stimmberechtigten teilnahm, mit rund 80 Prozent der Stimmen gegen beide Mitbewerber durch. Ringstorff sagte später in einem Interview mit der Berliner Zeitung:

> »Nicht die Urwahl war der entscheidende Schritt, sondern der Sonderparteitag in Kühlungsborn. Ich habe der Partei deutlich machen können, dass wir bei den Wahlen nur erfolgreich sein werden, wenn wir inhaltlich arbeiten und nicht mehr darüber streiten, wie wir es mit der PDS halten. [...] Es spricht doch für die Stärke und für das Selbstbewusstsein unseres Landesverbandes, dass ich mich letztendlich durchgesetzt habe. In der SPD kann nicht von oben bestimmt werden, wer die Partei in den Wahlkampf führt. Von wesentlichen Teilen der SPD, auch von Oskar Lafontaine, werde ich inzwischen unterstützt.«[106]

Ende Mai 1997 sprach sich ein SPD-Landesparteitag in Sternberg mit 77,7 Prozent der Stimmen für weitere zwei Jahre Harald Ringstorff an der SPD-Landesspitze aus. Im Jahr 1995 hatte er nur 70,7 Prozent erreicht. Seine Entschlossenheit hatte sich ausgezahlt. Im Sommer 1997 lagen CDU und SPD in Umfragen gleichauf. Landesgeschäftsführer Nikolaus Voss stellte später fest, dass der »Warener« und der »Güstrower Kreis« nicht mehr öffentlich agieren, sondern inhaltlich arbeiten würden. Zu Ringstorff, laut Voss der »Baum unter Büschen« fehlten im Landesverband schlicht die Alternativen.[107] Aus dem SPD-Landeschef, dem 1990 der Westimport Klingner als Spitzenkandidat vor die Nase gesetzt wurde, und der 1994 sowie während der Regierungskrise 1996 auf Druck der Bundesspitze nicht mit der PDS koalieren konnte, war ein wenig umstrittener Alleinherrscher geworden.

Wahlkampf ohne Koalitionsaussage, aber mit Ziel

Das Wahlprogramm, Regierungsprogramm '98 genannt, beschloss der Landesvorstand am 16. und 17. Januar 1998 in Leezen. Es wurde in der Öffentlichkeit überspielt von der im Frühjahr 1998 beginnenden Aufbruchstimmung in der gesamten SPD. Sie galt der Verwirklichung des sich für die Bundestagswahl im Herbst abzeichnenden rot-grünen Projekts. Auf dem SPD-Bundesparteitag im April 1998 in Leipzig marschierten Gerhard Schröder und Oskar Lafontaine mit den Landtagswahlkämpfern des Jahres 1998 Renate Schmidt aus Bayern, Reinhard Höppner und Harald Ringstorff händeschüttelnd in die Veranstaltungshalle ein. Anschließend verkündete Ringstorff kein Projekt, sondern ein interpretierbares Ziel:»Die Küste wird rot.« Der niedersächsische Ministerpräsident und Kanzlerkandidat Schröder sagte auf dem Parteitag unterstützend:

>>Alles, auch die Reformfähigkeit in Westdeutschland, hängt davon ab, dass die Wirtschaft im Osten Deutschlands auf Touren kommt. Die Menschen im Westen geben das Geld lieber, wenn sie es sinnvoll investiert sehen. Nach fast 10 Jahren deutscher Wiedervereinigung ist es auch hier Zeit für die Kraft des Neuen! Wir stehen hier in der Stadt der Montagsdemonstrationen. Und wir rufen die Bürger in den neuen Bundesländern auf: Es ist jetzt wieder die Zeit für eine Entscheidung. Es ist Zeit für den Wechsel!«

Altkanzler Helmut Schmidt führte später aus:

>>Jedwede westdeutsche Beckmesserei gegenüber den Landsleuten im Osten ist nur zum Kotzen. Die Bürger der DDR haben fünfmal so lange unter Diktaturen leben müssen wie die Westdeutschen, die nur zwölf Nazijahre ertragen mussten.«

Innerhalb der Bundes-SPD war Ringstorffs Projekt der Anerkennung der Lebensleistungen der Ostdeutschen partiell durchgesetzt. Im sich an den Parteitag anschließenden Frühjahr überholte Ringstorff erstmals Berndt Seite auf der Skala der beliebtesten Politiker in Mecklenburg-Vorpommern. Im März ergab eine Emnid-Umfrage, dass zwei Drittel der Mecklenburger und Vorpommern die PDS als normale Volkspartei betrachteten. Knapp zwei Drittel befürworteten eine Regierung unter Duldung oder direkter Beteiligung der PDS.

Zur gleichen Zeit gab es seltene Einigkeit zwischen den Koalitions-parteien bei der Kritik an der Bundeslandwirtschaftspolitik, vor allem den Bodenreformfolgen. Nachdem eine Arbeitsgruppe der Bundes-CDU um Rupert Scholz Alteigentümern den Kauf von Landwirt-schaftsliegenschaften erleichtern wollte, kam Kritik auch von den ostdeutschen CDU-Fraktionen. Die SPD in Mecklenburg-Vorpommern wiederum legte eine »Schweriner Resolution« vor, in der sie vom Verrat ostdeutscher Interessen sprach. Sie kritisierte, dass das Papier Bestrebungen erkennen lasse, Regelungen der Bodenreform zuguns-ten der Alteigentümer umzuschreiben.

»Eine Besserstellung der zwischen 1945 und 1949 enteigneten Alt-eigentümer lehnen wir ab, weil sich damit zugleich die Frage nach einer Gesamtrevision der Enteignungsmaßnahmen 1945/1949 stellt, die heute nicht mehr aufgeworfen werden kann.«[108]

Harald Ringstorff rief alle ostdeutschen Landtagsabgeordneten auf, dieses Papier zu unterzeichnen. Außerdem schloss er eine Demons-tration in Bonn nicht aus. Landwirtschaftsminister Brick von der CDU unterstützte die Kritik und nannte die Absicht des Papiers der CDU-Bundesebene instinktlos und schädlich. Einer der seltenen Momente öffentlicher Kooperation von Ringstorff mit einem CDU-Mann.

SPD-Bundesgeschäftsführer Franz Müntefering, zu dem Ringstorff ein gutes Verhältnis hatte, war dieser Angriff auf die Bundesregierung recht. Er lobte Mitte Mai 1998 plötzlich das »Magdeburger Modell« und konnte sich vorstellen, dass es zukünftig auch in anderen ost-deutschen Ländern von der PDS tolerierte Minderheitsregierungen geben würde. Ringstorff begrüßte diese Sätze. Wenige Wochen spä-ter, am 6. und 7. Juni, nominierte ein Landesparteitag in Torgelow Ringstorff mit 95 Prozent Zustimmung zum Spitzenkandidaten auf Listenplatz 1 der Landesliste. Kultusministerin Regine Marquardt hingegen scheiterte überraschend mit ihrer Kandidatur auf einen aussichtsreichen Listenplatz gegen Heike Polzin aus Warin. In seiner Rede warf Ringstorff Berndt Seite wirtschaftspolitischen Dilettantis-mus vor. Er kritisierte den Ministerpräsidenten außerdem dafür, dass dieser ständig gegenüber Bundeskanzler Kohl einknicke: »Das hat er schon bei Honecker so gemacht, und das macht er bei Kohl immer

noch.«[109] Ringstorff sagte weiter, dass sich die SPD in Sachen Demo-
kratie von der Blockflöten-CDU keine Vorschriften machen lassen
werde. »Diese Leute wollten vergessen machen, dass die CDU in der
DDR ›hundertprozentiges Tochterunternehmen der SED‹ war.«[110]
Noch am Wahlabend sollte er diese Formulierung wiederholen. Der
Wahlkampf hatte begonnen.

Unterstützung kam anschließend von unerwarteter Seite. Als
Helmut Kohl anlässlich des »Wirtschaftstages Ost«, mitten im Landtagswahlkampf des Jahres 1998 in Schwerin zu Gast war, kritisierte
Harald Ringstorff die seines Erachtens unzureichenden Bemühungen
von Ministerpräsident Seite, den Montagestandort des Super Airbus A3XX nach Rostock zu holen. Umgehend reagierte Seites Parteifreund Kohl, sprach sich für Rostock als möglichen Produktions-
standort aus und sagte ausdrücklich: Ich bin dafür! Während das
ebenfalls um den Standort werbende Hamburg über seinen SPD-
Bürgermeister Ortwin Runde Kohls Parteinahme kritisierte, lobte
Harald Ringstorff die Unterstützung des Kanzlers und sagte, dass
Mecklenburg-Vorpommern die geringste Industriedichte in Deutschland hätte. Und die CDU Mecklenburg-Vorpommerns plakatierte
kurzum im Wahlkampf 1998 »A3XX: Nur mit uns! CDU«.

In Umfragen lag die SPD spätestens seit dem Kühlungsborner
Parteitag regelmäßig vor der CDU. Trotzdem enthielt sich die SPD
jeglicher Koalitionsaussage. Hatte Ringstorff bis zum Wahlkampf
mit seinen Koalitionspräferenzen nicht hinter dem Berg gehalten,
behielt er sie im Vorfeld der Wahl für sich. Anfang September sagte
Ringstorff im »ZDF« immerhin, dass er nach der Wahl auch mit der
PDS verhandeln wolle. Kurze Zeit später wurden jedoch unter dem
Titel »Zuarbeiten für Verhandlungen mit der SPD« PDS-interne
Papiere an die Presse durchgestochen. Von Fachreferenten und Politikern aus Mecklenburg-Vorpommern wurde dort über »bürgerliche
Kunst und Kultur in der Bundesrepublik« genauso hergezogen wie
eine Verfassungsreform hin zu plebiszitären Elementen und strikter
Trennung von Kirche und Staat gefordert. Eine ehemalige Mitarbeit
beim Ministerium für Staatssicherheit dürfe außerdem kein Aus-
schlussgrund mehr für eine Beschäftigung im öffentlichen Dienst
sein und ein Drittel des Wohnungsneubaus solle Sozialwohnungen
dienen. Papiere wie eine Kampfansage.

In diesem Umfeld musste die SPD in der Aufarbeitungsfrage Farbe bekennen. Mitte Juni 1997 war die Amtszeit des ersten Landesbeauftragten für Stasi-Unterlagen, Peter Sense, ausgelaufen. CDU und SPD konnten sich nicht auf eine Verlängerung seiner Amtszeit oder einen neuen Kandidaten einigen. Die SPD lehnte den ursprünglich von der CDU nominierten Theologen Sense ab. Unmittelbar vor den Landtagswahlen kommentierte ein Sprecher von Ringstorff: »Ohne Vorschlag kann auch nicht abgestimmt werden.« Das Justizministerium, dem der Stasi-Beauftragte unterstellt war, pflegte die Ansicht: Die Behörde soll vorerst »weiterarbeiten wie bisher, nur ohne Landesbeauftragten.«[111] Senses Stellvertreter Jörn Mothes werde die Geschäfte weiterführen. Da diese Praxis im Stasi-Unterlagengesetz nicht vorgesehen war, sagte Fraktionschef Eckhardt Rehberg: »Die ganze Behörde hat keinerlei Legitimation mehr und ist arbeitsunfähig.« Die SPD wolle das Amt ohnehin abschaffen, um eine Koalition mit der PDS zu ermöglichen. Tatsächlich sagte der Geschäftsführer der PDS-Fraktion, Arnold Schoenenburg: »Wir wollen keinen Stasi-Beauftragten.«[112] Ringstorff trat in diesem Zusammenhang an den Bürgerrechtler Heiko Lietz heran und fragte ihn, ob er als Kandidat für die SPD ins Rennen um die Amtsnachfolge von Sense gehen wolle. Der sagte zu, es entstand ein Patt zwischen beiden Kandidaten, woraufhin Jörn Mothes als Kompromisslösung neuer Landesbeauftragter wurde. Keine der drei Landtagsparteien konnte sich offensichtlich problemlos mit einer der anderen auf den institutionellen Umgang mit der DDR-Vergangenheit einigen.

Die CDU bekämpfte im Wahlkampf nicht nur die SPD, sondern auch die PDS, von der sie zu Recht annahm, dass die SPD sie mit ihrer Hilfe von der Regierungsmacht verdrängen würde. Fraktionschef Rehberg hatte zu diesem Zweck im Frühjahr 1996 ein Strategiepapier vorgelegt, in dem er die regionale Identität und das Gemeinschaftsgefühl ansprach, und sich damit von der Rote-Socken-Kampagne des Adenauer-Hauses distanzierte. Ein Schachzug, der ihm viel überregionale Aufmerksamkeit einbrachte, aber auch innerparteilichen Misskredit. Den handelte sich später auch Ministerpräsident Seite ein. Auf einer USA-Reise im Frühjahr 1998 hatte er in Washington öffentlich von einem Bodensatz an sozial Schwachen in Mecklenburg gesprochen, die etwa 20 Prozent der Bevölkerung ausmachen würden. Später entschuldigte er sich für diesen Ausdruck, führte aber weiterhin aus, dass die Türkei nie Mitglied der Europäischen Gemeinschaft werden könne, weil sie islamisch geprägt sei. Für linke Parteien ein gefundenes Wahlkampffressen. Ringstorff nannte Seites Worte in einem Gespräch mit potenziellen Investoren peinlich und tölpelhaft. Mit seinen Worten hätte Seite Antiwerbung gemacht. Die PDS-Fraktion wiederum beschloss, ein Misstrauensvotum gegen Seite zu beantragen. Ihr Kandidatenvorschlag zur Wahl eines neuen Regierungschefs: Harald Ringstorff. Der wiederum sprach von taktischen Manövern der PDS und der Unzumutbarkeit eines Regierungswechsels unmittelbar vor der Landtagswahl. Mitten im für die SPD aussichtsreichen Bundestagswahlkampf wollte Ringstorff nicht die erste rot-rote Koalition Deutschlands bilden.

Nachdem Ringstorff ein von der CDU vorgeschlagenes »Bündnis gegen Extreme« abgelehnt hatte, weil es sich nicht nur gegen die im Wahlkampf auftrumpfende rechte Deutsche Volksunion (DVU), sondern auch die PDS richtete, sagte die CDU-Landesvorsitzende Angela Merkel in einem Pressegespräch am 17. August 1998:

> »Wir befinden uns in der heißen Phase des Wahlkampfes. Für die CDU ist das Motto klar: ›Volle Kraft voraus‹. Unsere Werbelinie verdeutlicht sowohl optisch als auch inhaltlich den Anspruch der CDU, als stärkste Volkspartei in unserem Land auch in Zukunft Regierungsverantwortung zu übernehmen.«[113]

Auf einer gemeinsamen Klausurtagung des PDS-Landesvorstandes und der PDS-Landtagsfraktion in Schwarzenhof bei Waren (Müritz) wiederum legten beide Gremien Mitte August 1998 sogenannte »Maßstäbe für eine neue Politik in Mecklenburg-Vorpommern« fest. Die PDS verstand sie ausdrücklich als Angebot an die SPD, nach den Wahlen vom 27. September gemeinsam die Geschicke des Landes zu gestalten. Ringstorff reagierte zurückhaltend. »Die SPD nehme die Offerte ›zur Kenntnis‹, werde sich aber auf keinen Koalitionswahlkampf einlassen.«[114] Ein Mitarbeiter schrieb Ringstorff außerdem unter dem Titel »SPD-Reaktion zum Angebot der PDS, eine Koalition mit der SPD einzugehen« folgende Redebausteine auf:

Abb. 11 Wahlkampfplakate für Harald Ringstorff im Sommer 1998 in Vorpommern.

»Es gibt kaum noch einen politischen Konkurrenten im Land, der nicht mit uns eine Koalition eingehen möchte. Die reißen sich ja gerade um uns. Das zeigt mir: Die Chancen, dass die SPD die stärkste Fraktion wird und den Auftrag zur Regierungsbildung bekommt, sind gut. Aber ich sage den Konkurrenten auch: Stellt Euch doch erst einmal dem Wähler! Bevor irgendwelche Vereinbarungen getroffen werden, sollte erst mal der Wähler das Wort haben! Wir Sozialdemokraten jedenfalls führen keinen Koalitionswahlkampf. Wir kämpfen für unsere eigene Politik und wollen so viel wie möglich davon durchsetzen.«[115]

Ringstorff beschloss auch deshalb mit Franz Müntefering, dem SPD-Bundesgeschäftsführer, dass die Bundestagswahlkampagne mit der Landtagswahlkampagne abgestimmt werden müsse. Die notwendigen Absprachen liefen über den Kampagnenleiter der Bundes-SPD, Matthias Machnig, und Landesgeschäftsführer Nikolaus Voss. Letzterer fuhr ungefähr alle zwei Wochen nach Bonn und besprach dort die gemeinsame Strategie.[116] Eventuell auch wegen dieser Absprachen fuhr Ringstorff in einem Doppeldeckerbus durch den Wahlkampf, der mit einem Porträt Gerhard Schröders beklebt war. In der Süddeutschen Zeitung schrieb Axel Hacke:

»Gestern rollten wir mit Harald Ringstorff übers Land, in einem roten Riesenbus, die Fenster überklebt mit einem Kanzlerkandidatengesicht, durch das man nicht hindurchgucken konnte. So saßen wir hinter zugeschrödertem Glas. Ab und zu besichtigten wir eine Polizeistation oder eine Blindenschule. Danach fragte ein Reporter, ob die Blindenschule mehr Geld bekomme nach der Wahl. Ringstorff wand sich und stieg wieder in den großen Schröder.«[117]

Unzählige Kilometer legte Ringstorff im Wahlkampf im Bus oder auf dem Fahrrad zurück. In Güstrow sprach er vor Tausenden Menschen. Gleichzeitig kreiste ein dröhnendes Flugzeug über der Menge, auf dessen nachgeschleppter Banderole zu lesen war: »Wählt DVU«. In Wolgast belagerte außerdem die NPD eine Wahlkampfveranstaltung der Jusos. Die Berliner Zeitung berichtete über einen Wahlkampfauftritt Ringstorffs in Binz:

»Ob bei der Kundgebung auf der Kurpromenade oder beim anschließenden ›Bad in der Menge‹, egal ob Passanten ihn ermuntern, mit der PDS zusammenarbeiten oder vor den Kommunisten warnen, regungslos, ohne Murren, ohne Lachen nimmt er die Ratschläge entgegen. ›Manchmal ist es wie ein Pokerspiel‹, beschreibt Ringstorff seine Vorstellung von Politik, ›in Verhandlungen muß ich wissen, welche Trümpfe ich habe.‹«[118]

Während Medien berichteten, dass Ringstorff zum Ende der Wahlperiode nicht mehr mit Ministerpräsident Seite redete, erinnert sich Nikolaus Voss, wie Ringstorff Seite wiederholt und bis zum Ende der Legislaturperiode aufforderte, Rehberg »einzufangen«. Dazu war dieser aber zu schwach, was Voss zu der These führt, dass Rehberg Ringstorff unbewusst in die Arme der PDS trieb.[119]

Die rot-rote Koalition

Wahltag

Als einziges Bundesland wählte Mecklenburg-Vorpommern am 27. September 1998 gleichzeitig Bundes- und Landtag. »Mehr Kraft. Besonders im Osten.« Links darüber der Kopf Gerhard Schröders, rechts Harald Ringstorffs Konterfei. Riesige Plakataufsteller begrüßten im Namen der SPD den Wähler am Wahltagsmorgen an zentralen Knotenpunkten seiner Wege im Nordosten der Republik. Fast alle Wahlplakate hatte die SPD bereits in den Wochen zuvor mit dem Porträt Ringstorffs versehen. Der Erfolg sollte durch Präsenz erzwungen werden.

Ringstorff und die Seinen konnten ihren Umfragevorsprung erstmals bis zum Wahlsonntag halten. Am Vormittag begleitete ihn Thomas Freund ins Wahllokal nach Blankenberg. Dort warteten Pressevertreter und filmten bei strahlendem Sonnenschein den angehenden Wahlsieger und seine Frau. Später fuhren Ringstorff und Freund gemeinsam nach Schwerin und warteten auf die ersten Hochrechnungen. Die Wahlbeteiligung war unterdessen hoch. Bereits am Nachmittag war klar, dass sie deutlich über der von 1994 lag. In Städten wie Schwerin, Neubrandenburg oder Rostock bildeten sich kurzzeitig Schlangen vor einzelnen Wahllokalen.

Ob für den Wahlsieg die allgemeine Kohl-Abwahlstimmung verantwortlich war, die sich auf Mecklenburg übertrug, der Schröder-Effekt oder der auf den Wahlplakaten omnipräsente Ringstorff, bleibt offen. Festzuhalten ist: Die SPD legte 4,8 Punkte auf 34,3 Prozent zu, während CDU und PDS dahinter 30,2 beziehungsweise 24,4 Prozent erreichten. Nahezu sensationell: die 20 Direktmandate für die SPD. 13 mehr als 1994 und sechs mehr als die CDU – allerdings weiterhin vor allem im Westteil des Landes gewonnen. Die CDU behauptete Vorpommern noch immer und fuhr auch an diesem Tag rund zwei Prozentpunkte mehr ein als die Bundes-CDU.

Die »Opposition in der Regierung« namens SPD konnte nun endlich selbst den Regierungschef stellen. Der Alte musste gehen. Ringstorff werde doch bald 59, hatte Staatskanzleichef Thomas de Maizière noch kurz zuvor despektierlich gesagt. Die Wahl sei dessen letzte Chance. Da war der Ministerpräsidentenbonus für seinen Chef Berndt Seite längst aufgebraucht und in einen persönlichen Umfragevorsprung für den Herausforderer Ringstorff umgeschlagen. Dieser personalisierte zurück und nannte den Ministerpräsidenten eine »Marionette« Kohls, der das »Einknicken zum Leistungssport« gemacht habe.

Um 18 Uhr gingen bei der SPD-Wahlparty in Schwerin zuerst die Bundestagswahlprognosen über den Bildschirm. Sieg für Schröder! Jubel. Dann wieder Ruhe bis zur ersten Prognose für Mecklenburg-Vorpommern. »Die SPD ist stärkste Fraktion«, sagt der Moderator und der SPD-Abgeordnete Henning Klostermann strahlt: »Das ist ein Doppelsieg.«[1] Wieder waren nur drei Parteien im Landtag vertreten.

Gleich nach der ersten Prognose des »Norddeutschen Rundfunks« um 18 Uhr verlangte der parlamentarische Geschäftsführer der PDS-Landtagsfraktion, Arnold Schoenenburg, vor dem provisorischen Fernsehstudio im Landtag und laufenden Diktiergeräten drei Ministerien für seine Partei: Soziales, Wirtschaft und Inneres. Gegen eine Koalition gab es bei der PDS jedoch weiterhin Vorbehalte. PDS-Fraktionschefin Caterina Muth, gelernte Rohrverlegerin, studierte Wasserbauerin mit eigener Schneiderei noch zu DDR-Zeiten, die für eine Tolerierung warb, trug noch am Wahlabend ihre Meinungsunterschiede mit Landeschef Holter aus. Der stritt weiter für eine rot-rote Koalition und sagte in die »NDR«-Kameras:

»Mit dem Wahlergebnis haben sich die politischen Verhältnisse in Mecklenburg-Vorpommern verändert und die SPD ist aufgefordert, mit einem entsprechenden Partner und deswegen mit uns eine neue Politik auf den Weg zu bringen.«

Bei diesen Worten im »NDR«-Wahlstudio steht Ringstorff neben Holter, die Hände vor dem Wasserglas, den Blick auf beide gerichtet. Sein parlamentarischer Geschäftsführer Volker Schlotmann geht derweil nach der ersten Prognose nicht wie sein PDS-Kollege mit Forderungen vor die Medien, sondern telefoniert. Positionen abstimmen, Meinungen einholen. Anschließend sagt der Parteilinke »Wir haben unser Etappenziel erreicht, wir werden den Ministerpräsidenten von Mecklenburg-Vorpommern stellen und der wird Harald Ringstorff heißen.«[2] Er war im zweiten Anlauf und zwei Tage nach seinem 59. Geburtstag am Ziel.

Ringstorff trat anderthalb Stunden nach Schließung der Wahllokale mit weißem Hemd, in dunklem Anzug und umringt von Thomas Freund, Detlef Lindemann und anderen vor seine feiernden Parteifreunde, die »wegen Gerhard und wegen Harald« jubelten. Ringstorff sagte: »Mit uns gibt es nur eine verantwortungsvolle Politik, wir werden mit beiden Parteien Sondierungsgespräche führen.«[3] Er werde aber mit keiner Partei zusammenarbeiten, die die Ostseeautobahn A 20 stoppen wolle. Maßstab sei in jedem Fall das SPD-Programm. »Es wird nicht einfach.«

Fraktionsvize Heidemarie Beyer, politisch eher eine Parteirechte, verwies bezüglich einer rot-roten Koalition auf die am kommenden Montag tagenden Gremien Parteirat und Landesvorstand. Auch ihr Flügelfreund Rolf Eggert hielt eine Tolerierung durch die PDS nun für möglich. Sein »Güstrower Kreis« favorisierte ein Tolerierungsmodell mit Vertrag, »Toalition« genannt. Siegfried Friese wiederum stellte fest: »Es hat einen deutlichen Ruck nach links gegeben«, während Gottfried Timm eine »Anbindung« der PDS an die Regierungsarbeit in Aussicht stellte. Der »Mecklenburger Weg«, ein Tolerierungsvertrag zwischen PDS und SPD mit von der PDS entsandten parteilosen Ministern, stand weiter im Raum. Spät am Abend bot Caterina Muth Verhandlungen über einen Politikwechsel an, wobei sie die Frage »koalieren oder tolerieren« offenließ. Die Details wollte die PDS auf einem Landesparteitag am 10. Oktober beraten.

CDU-Generalsekretär Peter Hintze, der den Bundestagswahlkampf mit Plakaten wie»Wir sind bereit. SPD-PDS. Aufpassen Deutschland. CDU« bereichert hatte, hoffte plötzlich auf»demokratische Traditionen« in der SPD und den Verzicht einer Koalition mit der PDS. Nachdem sich abzeichnete, dass die SPD der PDS den Vorrang geben würde, nannte Hintze dies»Verrat an der Freiheitsbewegung der DDR«. Der SPD-Vorsitzende Oskar Lafontaine hingegen stellte am Wahlabend in der»Bonner Runde« der ARD fest, dass das»alberne Theater« um eine Regierungsbeteiligung der PDS in den neuen Ländern beendet sei und Ringstorff freie Hand bei der Regierungsbildung habe.»Die Heuchelei« müsse ein Ende haben. Dem protestierenden FDP-Chef Wolfgang Gerhardt sagte er, dass Union und Liberale acht Jahre lang als»Blockparteien« mit der PDS in Städten oder Landkreisen zusammengearbeitet und gleichzeitig behauptet hätten, im Lande gehe das nicht. Noch-Kanzler Helmut Kohl antwortete: Die »Konsequenzen« werde man ja sehen, eine SPD-PDS-Zusammenarbeit im Bundesrat sei»ein Dammbruch, der die Republik erschüttert«.[4]

Überhaupt, die Bundespolitik in Bonn: Wahlsieger Gerhard Schröder ließ sich im»Friesenkeller« seiner Bonner Landesvertretung feiern, während Lafontaine in der saarländischen Vertretung mit Grünen-Anführer Joschka Fischer zusammentraf. Neben Rot-Grün im Bund ging Rot-Rot in Mecklenburg-Vorpommern medial ein wenig unter. Für Harald Ringstorff und die gesamte SPD wird die Sitzung des Parteivorstandes am Montag nach der Bundestagswahl trotzdem zu einem historischen Datum. Ringstorff und Schröder werden einerseits mit großen Blumensträußen gefeiert. Lafontaine erwirkt aber auch einen Beschluss, der den östlichen Landesverbänden tatsächlich freie Hand für eine Regierungsbildung mit der PDS einräumt. Niemand widerspricht. Im Bund sollten Allianzen mit der PDS tabu bleiben. Diese Differenzierung wurde zur offiziellen SPD-Linie. Die Ausgrenzungsstrategie von 1990, der»Konsens aller Demokraten«, war abgelöst. Noch am Montagabend kehrte ein freudiger Harald Ringstorff aus Bonn zurück und verkündete:»Das wird allein in Mecklenburg entschieden!«[5]

Und die Wahlverlierer? Berndt Seite, flankiert von Angela Merkel und Eckhardt Rehberg, sagt noch am Wahlabend vor einem CDU-Plakat in Mecklenburg-Farben:»Für mich selbst entscheidet sich die

Sache so, dass ich keine weiteren Ämter anstreben werde. Herzlichen Dank.« Sein Landtagsmandat behielt er und Angela Merkel bot an, »falls nötig« eine Funktion für die Landespartei zu übernehmen, »ob in der Opposition oder anderweitig«. Fraktionschef Eckhardt Rehberg wollte direkt in die Opposition, um sich für die nächsten Wahlen zu profilieren. Am Montag nach der Wahl jedoch war von ihm zu hören: Gestalten sei immer besser, als für den Papierkorb zu arbeiten. Man stehe für Gespräche bereit. Die Initiative müsse von Ringstorff ausgehen.

Zwei Sondierungen, eine Koalition

Die kam, nachdem Landesvorstand und Landesparteirat am Montag nach der Wahl getagt hatten, in Form eines Gesprächsangebotes. CDU-Landeschefin Angela Merkel nahm es »aus staatsbürgerlicher Verantwortung« an während Ex-Ministerpräsident Alfred Gomolka meinte, dass die CDU nicht »Juniorpartner der SPD werden« will. SPD-Landesgeschäftsführer Nikolaus Voss empfahl, zuerst mit der zweitstärksten Partei, der CDU, zu reden. Mit Blick auf die kritischen SPD-Mitglieder forderte er außerdem, ein »möglichst transparentes Verhandlungsverfahren« mit allen Parteien. PDS-Mann Arnold Schoenenburg bemängelte das »seltsame Demokratieverständnis«, mit einer »abgewählten Partei« zuerst zu sprechen. Am Donnerstag nach der Wahl, dem 1. Oktober, begann Ringstorff trotzdem gemeinsam mit fünf anderen Sozialdemokraten die Sondierungen mit der sechsköpfigen CDU-Delegation unter Leitung der Landesvorsitzenden Angela Merkel, die im roten Blazer erschien. Im Laufe der diesmal entspannter verlaufenden Verhandlungen sollte Ringstorff ihr die Mitgliedschaft in der SPD anbieten. Mehrere Stunden lang sprach man im Raum 357 des Schweriner Schlosses. Wohl auch, um dem Eindruck entgegenzuwirken, es handele sich um Alibigespräche. Und so redete Ringstorff mit den Konservativen sowohl über die Höhe der Müllgebühren in Mecklenburg-Vorpommern als auch die Steuerreform im Bund. Strittig war vor allem das Abstimmungsverhalten im Bundesrat. Ringstorff wollte künftig im Bundesrat mitreden und sich nicht mehr in umstrittenen Fällen der Stimme enthalten. Rot-grüne Regierungen hatten zu diesem Zeitpunkt in der Länderkammer mit 35 von 69 Stimmen die Mehrheit. Mit den drei Mecklenburger Stimmen hätte er sie gern stabiler gemacht. Die Ergebnisse dieser ersten Sondierungsrunde lauteten:

»1. Maßnahmen im Rahmen eines Bündnisses für Arbeit werden von der CDU mitgetragen, soweit sich Arbeitgeber- und Arbeitnehmerseite auf gemeinsame Maßnahmen verständigen. 2. CDU will die Grenze der Neuverschuldung in der mittelfristigen Finanzplanung ›grundsätzlich‹ einhalten. 3. CDU zeigt Gesprächsbereitschaft über Landesabfallplan. 4. Zum Thema ›Hilfspolizei‹ schlägt die CDU zwei Modellprojekte vor: Brandenburger Modell und ehrenamtliche Polizei. 5. Im Bereich der Infrastruktur bestand Einigkeit beim zügigen Bau der A 20. Beim Transrapid wurde eine Annäherung dahingehend erzielt, dass keine Landesmittel eingesetzt werden sollen. 6. Einen öffentlich geförderten Beschäftigungssektor lehnt die CDU ab. Bei ihr wurden auch Schwierigkeiten mit dem 2. Arbeitsmarkt insgesamt deutlich. 7. Die Verbandsklage wird von der CDU entschieden abgelehnt. 8. Beim Vorgehen gegen politischen Extremismus lehnt die CDU eine aktive Zusammenarbeit mit der PDS ab. 9. Die CDU verlangt, daß größere Gesetzesvorhaben nicht wieder aufgemacht werden, außer wenn dies durch bundesgesetzliche Vorgaben notwendig sei (SOG, Naturschutzgesetz, Schulgesetz).«[6]

Ringstorff und Merkel lobten anschließend Inhalt und Klima des Gesprächs, an dem Berndt Seite schon nicht mehr teilgenommen hatte.

Durch das Gespräch mit der CDU erhöhte Ringstorff den Druck auf die PDS, die er am Tag darauf, dem 2. Oktober, zum ersten Sondierungsgespräch traf. Hinrich Kuessner war schon zuvor auf sie zugegangen und hatte die Bekämpfung der Arbeitslosigkeit öffentlich zum Gesprächsthema Nummer 1 erhoben. Der von der PDS gewünschte »geförderte Beschäftigungssektor« schien in greifbarer Nähe. Holter wiederum stellte fest, dass es keine »unabdingbaren Forderungen« der PDS geben werde. Sie hatte aber einen Sechs-Punkte-Plan, in dem sie vor allem den öffentlichen Beschäftigungssektor, einen garantierten Ausbildungsplatz für alle Jugendlichen und eine bessere Finanzausstattung der Kommunen forderte. Bis auf

Abb. 12 Harald Ringstorff und Angela Merkel während der Abschlusspressekonferenz zu den Sondierungsverhandlungen im Oktober 1998.

die Fraktionsvorsitzende Caterina Muth, die weiterhin ein Tolerierungsmodell bevorzugte, war die gesamte PDS-Spitze für eine rotrote Koalition. »Solidität geht vor Schnelligkeit«, sagte Ringstorff nach dem ersten Gespräch mit der PDS, welches mit den folgenden Worten protokolliert wurde.

> »1. Geklärt waren nach dem ersten Sondierungsgespräch folgende Probleme: Bekenntnis zum Grundgesetz und Landesverfassung, Aufarbeitung der Vergangenheit, Beibehaltung des Religionsunterrichts, Beibehaltung der Kirchenstaatsverträge, Erhalt des Verfassungsschutzes, Beibehaltung des Stasi-Beauftragten für diese Legislaturperiode. 2. Die A 20 wird von der PDS nicht grundsätzlich in Frage gestellt, allerdings soll der Trassen-Verlauf in Vorpommern noch einmal überprüft werden.«[7]

Dies war ein großer programmatischer Schritt für die PDS. Manche meinen Rückschritt, aber es war eine elementare Bedingung Ringstorffs, dass die A 20 nicht infrage gestellt würde.

Im zweiten Sondierungsgespräch mit der CDU am 7. Oktober 1998, das etwa zwei Stunden dauerte, wurden dagegen folgenden Klärungen erzielt:

»10. Die CDU wendet sich gegen eine Erhöhung der Mineralölsteuer im Rahmen der Steuerreform. 11. Die CDU verlangt, dass über bundespolitische Maßnahmen im Bereich der Sozialgesetzgebung über jeden Einzelpunkt geredet werden muss. Definitiv abgelehnt wird von ihr die Rückgängigmachung der Rentenkürzungen und die Wiederherstellung des früheren Kündigungsschutzes. (Dazu Merkel: ›Wir können doch nicht alles zurücknehmen, was wir vor einem Jahr gemacht haben.‹) 11. Die CDU ist bereit, 520 DM-Arbeitsverhältnisse einzuschränken. 12. Beim Landeserziehungsgeld besteht die CDU darauf, dass dies bei ihrer Prioritätenliste ganz oben steht. Die Finanzierungsvorstellungen der CDU (Einsparungen bei Krippenplätzen, Absenkung der Zinsausgaben im Landeshaushalt) wurden von der SPD für nicht tragfähig erachtet. 13. Zur Bundesratsklausel legt die CDU eine Formulierung vor [...]. Im Fall der Nichteinigung besteht sie auf Enthaltung im Bundesrat. 14. Zum Abstimmungsverhalten im Landtag legt CDU ebenfalls eine Formulierung vor [...]. Diese wird von der SPD grundsätzlich akzeptiert mit dem Zusatz, dass Kabinettsbeschlüsse nur gefasst werden dürfen, wenn vorher in den Fraktionen eine Mehrheit gesichert ist.«[8]

Der Dissens war klar formuliert. Rehberg sagte schon am Dienstag auf einem Parteiabend in Hamburg, »Rot-Rot macht im Osten genauso wenig Angst wie Rot-Grün im Westen.«[9] Klimatisch waren die Würfel tatsächlich schon gefallen. Nur in der Sache musste noch Ordnung geschaffen werden. Das zweite Sondierungsgespräch mit der PDS am darauffolgenden Donnerstag, den 8. Oktober, dauerte deshalb fast sechs Stunden und brachte die Fixierung von Programmen zur Bekämpfung der Arbeitslosigkeit, eine Ausbildungsplatzgarantie sowie die Aussicht auf die Stärkung der Finanzkraft von Kommunen. Strittig blieb die Finanzpolitik, konkret: die Höhe der Nettoneuverschuldung. Sigrid Keler wollte im Jahr 2000 nicht mehr als 600 Millionen Mark aufnehmen, Holter 50 bis 100 Millionen Mark mehr. Außerdem einigte man sich in folgenden Punkten:

»3. Beim Verbandsklagerecht sind sich beide Parteien im Grundsatz einig, aber über die Reichweite muss verhandelt werden. 4. Einigkeit besteht beim Privatisierungsverbot für Naturschutzflächen. 5. Im Bereich der Landwirtschaft bestand Einvernehmen, dass die Bodenreform gesichert und die Altschuldenfrage geklärt werden muss – bei unterschiedlichen Ansichten über die Art des Vorgehens. Zur Agenda 2000 bestand Einvernehmen, dass die Flächenobergrenzen das Hauptproblem seien. Differenzen gab es in der Frage, ob deshalb die Agenda insgesamt abzulehnen ist. 6. Einigkeit besteht bei den Zielen, dass für alle Jugendlichen Ausbildungsplätze zur Verfügung gestellt werden sollen, alle Jugendlichen nach der Ausbildung eine Beschäftigung erhalten sollen und im Rahmen eines Bündnisses für Arbeit die Arbeitslosigkeit deutlich gesenkt werden soll (mindestens 10 Prozent). 7. Beim öffentlich geförderten Beschäftigungssektor wurde folgender Gesprächsstand erreicht: Verstetigung der Arbeitsplätze im soziokulturellen Bereich durch verstärkte Nutzung vorhandener Instrumente. Die Landesregierung wird darauf hinwirken, dass auf Bundesebene mittelfristig Bedingungen für dauerhafte Arbeitsverhältnisse im Rahmen eines öffentlich geförderten Beschäftigungssektors geschaffen werden. 8. Bei der Finanzausstattung der Kommunen bestand Einvernehmen, dass die Finanzmittel für die Kommunen gerechter verteilt werden sollten. 9. Im Kommunalbereich wurde Übereinstimmung erzielt, dass die 5 Prozent-Klausel beibehalten werden soll. Beim Wahlalter für Kommunalwahlen könnte die SPD mit einer Absenkung auf 16 Jahre einverstanden sein. 10. Klärungsbedarf gibt es bei der PDS noch bei der Begrenzung der Neuverschuldung in den 4 Jahren 1999 bis 2002 auf insgesamt 2,5 Milliarden Mark. (Der SPD Vorschlag lautete: 1999: 900 Millionen Mark, 2000: 600 Millionen Mark, 2001: 500 Millionen Mark und 2002: 500 Millionen Mark mit der Möglichkeit von Verschiebungen innerhalb des Vier-Jahres-Zeitraumes.) 11. Für das Abstimmungsverhalten im Bundesrat ist nach Auffassung der PDS, im Falle einer Koalition, Einvernehmlichkeit anzustreben.«[10]

Die PDS erkannte in der unter Punkt 10 genannten »Begrenzung der Neuverschuldung« eine erhebliche Behinderung ihrer Vorhaben und hatte Diskussionsbedarf. Am Wochenende tagten nicht nur ihre

Spitzengremien, sondern auch die von CDU und SPD. In einem für den SPD-Landesvorsitzenden Ringstorff verfassten »Argumentationsvorschlag für die Beratung mit den Ortsvereinsvorsitzenden«, die am Tag zuvor stattfinden sollte, war zu lesen:

>»Liebe Genossinnen und Genossen! Am morgigen Sonntag werden hier in Güstrow der Landesvorstand, der Parteirat und die neue Fraktion der SPD Mecklenburg-Vorpommerns zu einer wichtigen Sitzung zusammenkommen. Sie werden entscheiden, mit welcher der beiden anderen Parteien im Landtag Gespräche über die Regierungsbildung aufgenommen werden sollen. [...] Euer Rat ist mir wichtig, und ich will ihn selber hören. Die Grundlage für die Entscheidung, die morgen getroffen wird, ist der Beschluss unseres Kühlungsborner Parteitags vom 30. November 1996. Ich darf noch einmal aus der Kühlungsborner Erklärung zitieren. Unter Punkt 54 heißt es dort: ›Die SPD will in der Landesregierung die führende, sozial engagierte und modernisierende Kraft sein. Daher arbeiten wir für das Ziel, stärkste politische Kraft zu werden und kämpfen um jede Wählerstimme.‹ Ich kann heute mit Freude feststellen: Dieses Ziel haben wir erreicht. Die SPD ist die stärkste politische Kraft im Landtag von Mecklenburg-Vorpommern. Wir haben im neuen Landtag 27 Mandate; vorher waren es 23. Die CDU hat sechs Mandate verloren und ist mit 24 Mandaten jetzt nur noch zweitstärkste Kraft. Und die PDS hat 20 Mandate, zwei mehr als 1994. Die CDU ist also abgewählt worden. So schwach war die rechte Seite des Landtags noch nie seit den ersten freien Wahlen im Jahr 1990. [...] Wir haben uns je zweimal mit der CDU und der PDS im Schweriner Schloss getroffen. Und so wie es der Parteitag beschlossen hat, standen ganz konkrete politische Fragen im Mittelpunkt. [...] Nun ist es an Euch, Eure Meinung zu äußern und Fragen zu stellen. Lasst mich zum Schluss noch eines sagen. Es hat in den vergangenen zwei Jahren und insbesondere in den letzten zwei Wochen nicht an Ratschlägen in Richtung Mecklenburg-Vorpommern gefehlt. Man solle doch dieses tun oder jenes lassen, so hieß es immer wieder. Zuletzt hat sich Oskar Lafontaine zu Wort gemeldet und uns angeraten, eine Koalition mit der PDS einzugehen. Davon habt ihr vielleicht in der Zeitung gelesen. Alle

diese Ratschläge sollten wir in unseren Herzen bewegen. Doch wie wir uns am Ende entscheiden, das liegt allein an uns. Und ich als Euer Landesvorsitzender werde jede Entscheidung, die morgen fällt, respektieren. Was hier geschieht, das entscheiden wir.«[11]

Nachdem sich nach dieser Rede die SPD-Ortsvereinsvorsitzenden für Gespräche mit der PDS ausgesprochen hatten, plädierten am Sonntag den 11. Oktober, auch Landesparteirat, Landesvorstand und Landtagsfraktion der SPD auf einer gemeinsamen Sitzung in einem Güstrower Hotel für Koalitionsgespräche mit der PDS. Mit einer Gegenstimme, der des SPD-Kreisvorsitzenden von Stralsund, Thomas Haack, und einer Enthaltung. Ob die Verhandlungen in einer Koalition oder einer von der PDS tolerierten Minderheitsregierung münden würden, sollte vom Verlauf der Verhandlungen mit der PDS abhängig gemacht werden. Harald Ringstorff verkündete anschließend vor vielen Kameras: »Landesvorstand, Landesparteirat und Landtagsfraktion beschließen, Verhandlungen mit der PDS aufzunehmen. Sie haben zum Ziel, ein stabiles Regierungshandeln für vier Jahre zu ermöglichen.« Deutlich war aber schon zu diesem Zeitpunkt, dass stabiles Regierungshandeln nicht Tolerierung, sondern Koalition bedeutete. Und vor allem sagte Ringstorff: »Ich war überrascht, wie eindeutig das Votum war.«[12] Bemerkenswert war aber auch, dass die Sondierungsgespräche mit der CDU harmonischer verliefen als die vier Jahre Koalition zuvor.

Helmut Holter, den Ringstorff im Laufe der Verhandlungen einen »lupenreinen Sozialdemokraten« nannte, hatte es am Tag zuvor schwerer. Er bat den PDS-Landesparteitag in Sternberg um ein uneingeschränktes Mandat für Koalitionsverhandlungen mit der SPD und sagte. »Wir müssen uns wandeln von einer Forderungspartei zur Gestaltungspartei.«[13] Das wurde mit einer Stimme Mehrheit abgelehnt. Die Entscheidung zwischen Tolerierung und Koalition sollte auch hier vorerst offenbleiben. Unterstützt wurde aber ein vom PDS-Vorstand vorgelegtes Sieben-Punkte-Papier für Bündnisverhandlungen mit der SPD.

Am Montag verständigten sich SPD und PDS auf einen Verhandlungszeitplan. Ende Oktober, wenn in Bonn Gerhard Schröder zum Kanzler gewählt werden würde, sollte auch in Mecklenburg-Vorpommern Harald Ringstorff zum Ministerpräsidenten ernannt werden. Nikolaus Voss gab zu verstehen: »Jetzt muss es Ruck-Zuck gehen, wir segeln schön im Wind von Bonn.«[14] In Bonn aber nannte der CDU-Politiker Wolfgang Schäuble die Entscheidung der SPD noch immer einen »gewollten Schritt über die Tabu-Grenze. [...] Damit gibt die SPD der Vereinigung der Linken aller Schattierungen den Vorrang vor der Gemeinschaft der Demokraten.«[15] Kurze Zeit später sagte aber auch Schäuble »Wir müssen uns den früheren SED-Mitgliedern öffnen.«

Am 13. Oktober begannen die Koalitionsverhandlungen mit der PDS. Drei Tage später erzielten die Unterhändler Einigkeit in der Agrar- und Umweltpolitik während am 19. Arbeit und Soziales besprochen wurden. Bisky, Gysi und Bundesgeschäftsführer Dietmar Bartsch trafen sich zuvor am 17. Oktober mit der Verhandlungsgruppe. Immerhin sollten Holter und andere die ersten sozialistischen Minister der Bundesrepublik werden. Die PDS wollte keine Koalition »Zweiter Klasse« eingehen und forderte so viele Ministerien, wie sie Anteil an Landtagssitzen hatte, und ein gemeinsames Abstimmungsverhalten im Bundesrat. Ringstorff lobte die Bereitschaft, gemeinsam über alles nachzudenken. »Das ist ein neuer Stil.«[16] Trotzdem sprach er lange nicht von »Koalitionsverhandlungen«, worin Holter ihm recht bald zuvorkam.

Nachdem die SPD einen Präambelentwurf für den Koalitionsvertrag eingebracht hatte, den die PDS wohl auch wegen des für die DDR verwendeten Begriffs »Unrechtsstaat« nicht hinnahm, einigten sich die Beteiligten auf die Formulierung: »Die Menschen können sich durch die wahrheitsgemäße Aufarbeitung der Geschichte versöhnen und nicht durch Verdrängung.«[17] Weitere sozialdemokratische Zugeständnisse waren die Erhöhung der Kommunalfinanzen, eine Ablehnung des Transrapid sowie der Verzicht auf die Zwangsüberprüfung von Landtagsabgeordneten und Angestellten des öffentlichen Dienstes wegen einer früheren Tätigkeit für das Ministerium für Staatssicherheit. Vom Öffentlichen Beschäftigungssektor (ÖBS), für den die PDS 5.000 geförderte Stellen gefordert hatte, blieb letztendlich ein Modellversuch mit 500 Beschäftigten übrig. Für Unmut sorgte bei der PDS außerdem Harald Ringstorff, der auf einer SPD-Fraktionssitzung die PDS-Verhandler als »pflegeleicht« bezeichnet hatte.

Am vorletzten Oktoberwochenende trafen sich noch einmal Fraktion, Landesvorstand und Parteirat der SPD. Wieder wurden die Verhandlungsergebnisse gelobt, aber offengelassen, ob diese zu einer Koalition oder einer PDS-tolerierten Minderheitsregierung führen würden. Ringstorff war mehr oder weniger offen gegen eine Tolerierung und meinte:»Es darf nicht sein, daß die PDS nur für das schöne Wetter da ist und wir nur für die Regenschauer zuständig sind.« Aber erst auf einem Landesparteitag am 31. Oktober sollte die Basis über die Form der Zusammenarbeit entscheiden. Dem»Güstrower Kreis«, der schon seit über einem Jahr nicht mehr getagt hatte, blieb also noch eine Woche Zeit, einzugreifen. Auf einem Treffen verabschiedeten deshalb 30 Teilnehmer einen»Schweriner Aufruf«, in dem sie Landes- und Bundes-SPD aufforderten,»jetzt zu verhindern, was noch zu verhindern ist«. Vergeblich. Ringstorff nannte den Güstrower Kreis»ein Rudiment«, der sich»demokratischen Beschlüssen eines Landesparteitags« beugen müsse.[18] Am Abend des 27. Oktober verkündeten Ringstorff und Helmut Holter die Bildung einer neuen Landesregierung. Ringstorff sagte:»Wir haben uns in allen inhaltlichen Fragen verständigt.«

Auf dem PDS-Landesparteitag in Parchim stimmten die nötigen zwei Drittel (100 zu sechs) der Delegierten am 31. Oktober nach einer »für Holter'sche Verhältnisse feurigen Rede« (so Gregor Gysi) dem Koalitionsvertrag mit der SPD zu. Ringstorff erfuhr beim parallel tagenden SPD-Parteitag um 15.20 Uhr im Güstrower Bürgerhaus von diesem Abstimmungsergebnis. Eine halbe Stunde früher hatten auch die SPD-Delegierten mit etwas weniger als zwei Dritteln (63 zu 22, bei sechs Enthaltungen) dem Koalitionsvertrag zugestimmt. Unter anderem Claus Gerloff, aber auch andere Landtagsabgeordnete hatten»Nein« gesagt. Der Landtagsabgeordnete Michael Körner fragte:»Wie soll ich jetzt den Angehörigen der Mauertoten in die Augen blicken?«[19] Rolf Eggert hingegen führte aus, dass sich die PDS zum politischen Unrecht in der DDR bekenne und die Stasi-Anfrage für Mitarbeiter des Öffentlichen Dienstes in Mecklenburg-Vorpommern zukünftig so gehandhabt werde, wie in den SPD-regierten Ländern Brandenburg und Sachsen-Anhalt auch. Harald Ringstorff bat die Gegner, das Vorhaben»kritisch zu begleiten« und sagte laut Redemanuskript:

»Wir haben um 4,8 Prozentpunkte zugelegt, unsere Fraktion ist mit 27 Stimmen die stärkste Fraktion im Land. Wir haben nun die Chance, die Politik in unserem Land maßgeblich zu prägen. Darauf haben wir vier Jahre hingearbeitet. Und auch im Bundestag haben wir eine stärkere Landesgruppe als zuvor. Dort vertreten inzwischen sieben Abgeordnete die Interessen Mecklenburg-Vorpommerns; vorher waren es vier. [...] Einige Ergebnisse der Landtagswahl möchte ich hier besonders hervorheben: In Ludwigslust haben wir alle drei Wahlkreise erobert. Das ist ein Erfolg nicht nur unserer drei Kandidaten, mit dem Kreisvorsitzenden Till Backhaus an der Spitze, sondern auch ein Erfolg der guten Kommunalpolitik im Landkreis. In Wismar hat Rolf Eggert das beste Erststimmenergebnis des Landes erzielt. Im Müritzkreis hat Rudolf Borchert den Ministerpräsidenten Berndt Seite direkt geschlagen. In Parchim hat Claus Gerloff den Wirtschaftsminister Seidel besiegt. Und die Rostocker SPD steht so gut da wie bei noch keiner Landtagswahl. Und ich persönlich freue mich auch darüber, dass ich meinen Wahlkreis gegen Steffie Schnoor erobert habe. Und dies, obwohl ich wahlkampfbedingt nicht so häufig im Wahlkreis sein konnte wie sie. Besonders freue ich mich jedoch über das Ergebnis der SPD in Vorpommern. Dort liegen die Stimmenzuwächse ganz erheblich über dem Landesdurchschnitt. Auch wenn es noch nicht gereicht hat, Wahlkreise direkt zu erobern, so hat doch die vorpommersche SPD ganz erheblich zu unserem Wahlsieg beigetragen. Stellvertretend für alle Vorpommern möchte ich deshalb hier Hinrich Kuessner meinen herzlichen Dank sagen. Hinrich, du bist am Montag mit breiter Mehrheit zum Landtagspräsidenten gewählt worden. Das Amt des Landtagspräsidenten, manche hier im Saal wissen es vielleicht noch nicht, ist das höchste Amt, das in unserem Land zu vergeben ist. Es ist eine Art Wächteramt über die Demokratie. Dass Du es nun innehast, das symbolisiert ein Stück des Machtwechsels, der nun möglich ist. [...] Liebe Genossinnen und Genossen! Ich weiß, dass manche in unserer Partei vorsichtig sind, was die Zusammenarbeit mit der PDS betrifft. Denen kann ich sagen: Vorsichtig bin ich auch. Aber ich habe auch keine Angst vor dieser Truppe. In den Gesprächen mit der PDS hat sich uns allen deutlich gezeigt: Auch die kochen nur mit Wasser. Kritiker möchte ich bitten, sich die Verhandlungsergebnisse einmal genau anzusehen.

Die PDS hat weder Einfluss auf die Schule, noch auf die Polizei, die Justiz oder die Kommunalpolitik im Innenministerium. Überall dort hat die SPD das Sagen. […] Ihr erinnert Euch vielleicht noch an die ›Notwendigen Klarstellungen‹, die wir nach den Wahlen 1994 der PDS als Bedingungen für eine Zusammenarbeit übergeben haben. Damals war diese Partei mit diesen Punkten überfordert. Der Euch vorliegende Vertrag enthält das, was wir damals gefordert haben. Ich finde, das ist eine bemerkenswerte Sache. Noch ein Wort zum Thema Stasi-Überprüfungen im öffentlichen Dienst. Wir haben vereinbart, bei der Überprüfung genau so zu verfahren, wie es das SPD-geführte Land Brandenburg schon seit geraumer Zeit macht. Das heißt: es wird nicht regelmäßig, aber immer dann überprüft, wenn ein Verdacht auf Stasi-Tätigkeit besteht. Und SPD und PDS vereinbaren, alle Abgeordneten im Landtag zu einer freiwilligen Stasi-Überprüfung anzuhalten. […] Nun vertreten einige die Ansicht, man solle über die Frage der Regierungsbildung eine Urabstimmung durchführen. Diese Ansicht ist schon im Parteirat vertreten worden. Für einen solchen Antrag sprach aber nur eine Stimme. Nach unserer Satzung ist es auch heute möglich, einen solchen Antrag zu stellen. Ich finde jedoch, dass heute die Stunde der Entscheidung da ist. Alle Gremien haben ausführlich beraten, die Ortsvereinsvorsitzenden wurden gehört. Ihr als Delegierte habt das Vertrauen der Basis, also könnt ihr auch entscheiden. Alle Argumente sind ausgetauscht.«[20]

Sensible Ressorts wie Justiz, Finanzen, Inneres oder Wirtschaft wurden der PDS vorenthalten. Das Justizministerium wohl auch deshalb vorübergehend Ringstorffs Staatskanzlei zugeordnet. Das Finanzministerium führte weiterhin Sigrid Keler, während der SPD-Landesvize Peter Kauffold das Kultusministerium übernahm. Wirtschaftsminister wurde der bisherige Justizminister Rolf Eggert. Er bedachte lange das »Einbindungsangebot« von Ringstorff, willigte letztlich aber ein. Landwirtschaftsminister wurde Till Backhaus und Gottfried Timm neuer Innenminister. Helmut Holters Arbeitsministerium wurde mit den Bereichen Arbeit, Bau und Landesplanung aufgewertet während Minister für Umwelt, Natur- und Strahlenschutz der Rostocker Professor für Agrarökologie, Wolfgang Methling, wurde. Martina Bunge erhielt das Ministerium für Familie, Jugend und Soziales. Weil die PDS kaum regierungserfahrenes Personal hatte, waren zwei Staatssekretäre in von ihr besetzten Ministerien SPD-Genossen. Sozialministerin Bunge übernahm außerdem den Büroleiter ihres SPD-Vorgängers, und Holters Grundsatzreferent war Stipendiat der Friedrich-Ebert-Stiftung. Entgegen verschiedensten Befürchtungen brachte die PDS in den Landesministerien auch kaum eigenes Personal unter. Die allermeisten Planstellen waren bereits besetzt und neue kosteten zu viel Geld.[21] Trotzdem war die PDS im Gegensatz zu den Sozialdemokraten in ihren Milieus fest verankert und hatte dreimal so viele Mitglieder.

Die Landesvorsitzende der Arbeitsgemeinschaft sozialdemokratischer Frauen (AsF), Margret Kuhlmann, warf Ringstorff vor, dass im Vergleich zum vorherigen Kabinett mit zwei Frauen eine weniger am Kabinettstisch sitze, von denen nur eine aus der SPD komme. Auch Ringstorffs engster Führungszirkel bestand aus Männern. Der langjährige Landesgeschäftsführer der SPD, Nikolaus Voss, wurde sein Büroleiter in der Staatskanzlei. Otto Ebnet sollte Chef der Staatskanzlei werden. Ringstorffs langjähriger Weggefährte Reinhard Meyer wurde außerdem Abteilungsleiter für Koordinierung der Landes- und Bundespolitik im selben Haus. Nachdem Reinhard Meyer im Laufe der Legislaturperiode nach Hamburg ging, wurde Nikolaus Voss sein Nachfolger. Detlef Lindemann erhielt in der Staatskanzlei das Amt des Kabinettsreferenten.

Am 2. November unterzeichneten Ringstorff für die SPD und Helmut Holter sowie Fraktionschefin Caterina Muth für die PDS im Plenarsaal des Landtags den Koalitionsvertrag. Beim morgendlichen Gottesdienst des darauffolgenden Tages schlossen die CDU-Abgeordneten Harald Ringstorff namentlich in ihr Gebet mit ein. Anschließend wurde er, begleitet von einem riesigen Medienaufgebot, vom Landtag in dunklem Anzug, weißem Hemd und mit roter Krawatte zum bundesweit ersten Ministerpräsidenten einer rot-roten Koalition gewählt. Aber lediglich 39 der 71 Abgeordneten hatten für ihn gestimmt. Acht Stimmen aus dem rot-roten Lager fehlten. Nach der Vereidigung des Ministerpräsidenten und seiner Minister, bei der sich bis auf Sigrid Keler und Harald Ringstorff die Sozialdemokraten auf Gottes Hilfe beriefen, wechselten unzählige Blumensträuße den Besitzer. Viele in Rot.

In seiner Antrittsrede räumte Ringstorff ein, dass die Koalition in besonderem Maße um Vertrauen werben müsse. »Wenn zwei das Gleiche tun, ist es nicht unbedingt immer das Gleiche.«[22] Trotzdem galten er und der stellvertretende Ministerpräsident Holter bald als »Dream-Team«. Nach der Amtsübergabe von Berndt Seite an Ringstorff tagte am Abend erstmalig das neue Kabinett. Journalisten formulierten bald »Prima-Klima-Regierungsklub«. Ringstorff und Holter wussten aber auch, dass der eine den anderen nicht betrügen dürfe, sonst wäre es schnell mit der Koalition vorbei. Holter sagt:

> »Dinge, die wir unter vier Augen besprochen hatten, versuchten wir in unseren Parteien und Fraktionen selbst dann durchzukämpfen, wenn einer oder beide am Widerstand ihres Lagers zu scheitern drohten.«[23]

Den Sozialdemokraten Markus Meckel, Erhard Eppler und Richard Schröder genügten Ringstorffs Erklärungen zur Zusammenarbeit mit der PDS nicht. Sie veröffentlichten ein Memorandum, mit dem sie eine innerparteiliche Diskussion über Folgen und Voraussetzungen einer Kooperation mit den Linkssozialisten forderten. Kernsatz: »Wenn sich die PDS in ganz Deutschland links von der SPD als sozialistische Partei etabliert, gefährdet dies die Mehrheitsfähigkeit der jetzigen Koalition« auf Bundesebene.« Im »Seeheimer Kreis« fanden sie einen starken Partner für ihr Anliegen. CDU-Generalsekretär Peter Hintze hielt außerdem fest: »Nie zuvor haben Sozialdemokraten die Tabulinie zu einer linksradikalen Partei so weit überschritten« und Guido Westerwelle sah die PDS auf dem Weg zur »strategischen Machtreserve« für die SPD auch auf Bundesebene. Harald Ringstorff erwiderte am 17. November: »Die PDS hat sich für die Vergangenheit entschuldigt bei den Opfern des SED-Regimes, bei der SPD für die Zwangsvereinigung. Ich wünsche mir solche Worte des Bedauerns auch von der CDU.«[24] Reinhard Höppner, innerparteilicher Vorreiter einer Kooperation mit der postkommunistischen Partei, vermerkte:

> »Harald Ringstorff konnte dank unserer Vorarbeit einen Schritt weitergehen und eine Koalition mit der PDS bilden. Die Aufregung darüber hielt sich in Deutschland in Grenzen, war jedenfalls nicht

Abb. 13 Harald Ringstorff und Nikolaus Voss am 6. Juni 1999 auf dem Friedensfest »Bunt statt braun« in Rostock-Dierkow.

mit dem vergleichbar, was wir auszuhalten hatten. Wäre die SPD bei einer Festlegung geblieben, die eine Zusammenarbeit mit der PDS ausschließt, so wäre sie noch lange auf Gedeih und Verderb auf die CDU als Partner angewiesen geblieben. Das war ja auch der tiefere Sinn der Verteufelung der PDS durch die CDU, wie ich sie bei unserer Regierungsbildung erlebt hatte. Dadurch aber, dass die PDS koalitionsfähig wurde, verlor die CDU im Osten deutlich an Macht.«

Rückte die Bundespolitik durch den Wahlsieg von Rot-Grün nach links, war noch nicht abzusehen, wie weit diese Bewegung in der Landespolitik gehen sollte.

Regieren von der Spitze aus

In der nun von Ringstorff geführten Staatskanzlei, über die Schlossbrücke vom Landtag aus in drei Minuten erreichbar, begann der Arbeitstag morgens um 8 beziehungsweise 8.30 Uhr mit einer Besprechung des Führungsstabes. Zu ihm gehörten neben Ringstorff

Regierungssprecher Thomas Freund, Nikolaus Voss und auch die zwei wichtigsten Abteilungsleiter: der aus Greifswald nach Schwerin geholte Verwaltungsrichter Erwin Sellering und Reinhard Meyer. Eingangs wurde gemeinsam eine Presselage angehört, anschließend das Tagesprogramm diskutiert. Danach ging jeder an seine Arbeit. Über Ringstorffs Terminkalender entschied Nikolaus Voss. Der Ministerpräsident empfing gern Vertreter aus dem Wirtschaftsbereich. »Weichere« Themen trafen weniger seine Leidenschaft. Er meinte laut Voss, dass er das Kindertagesstätten-Förderungsgesetz noch so sehr verbessern könne, er werde immer Protest ernten.[25] Ringstorff mochte Termine, bei denen er auf Land und Leute traf, wie das Landeserntedankfest oder ganz besonders Veranstaltungen mit Shantychören. Wo Platt gesprochen wurde, fühlte er sich ohnehin zu Hause. Abend- und Wochenendterminen ging er gern aus dem Weg und konnte sie auch oft vermeiden. Es gelang ihm sogar des Öfteren, ganze Wochenenden zu Hause verbringen zu können.[26] Der private Preis für das Politikerleben sollte nicht zu groß sein.

Berufliche Anstrengungen und Überlastungen kompensierte Ringstorff sportlich. Mit Detlef Lindemann trug er Kopfstandwettbewerbe aus, die Ringstorff regelmäßig gewann. Bereits in den Jahrzehnten zuvor hatte sich der Sportler Ringstorff erfolgreich in Mannschaftsspielen wie Volleyball und Handball ausprobiert. Sportartenübergreifend ist festzustellen: Er wollte immer gewinnen! Unabhängig voneinander und unaufgefordert erzählen Zeitzeugen, wie er als Politiker auf Landpartie gelegentlich spontan an dem einen oder anderen Fußballspiel teilnahm und dort im Eifer des Gefechts, vor allem aber durchdrungen vom Siegeswillen, mehr als einmal gegnerische Spieler schlicht umschoss. Auch seine Personenschützer waren ihm beim morgendlichen Bad im See oder anderen Herausforderungen willkommene Wettbewerber. Waldwanderungen und gelegentliches Radfahren dürften allein der Erholung und Entspannung gedient haben.

Ringstorff amtierte eher widerwillig bis zum September des Jahres 2000 in Personalunion auch als Justizminister. Nachdem Sozialministerin Martina Bunge von der PDS erhebliche Probleme mit der ihr unterstellten Gefängnispsychiatrie bekam, übernahm der Greifswalder Sozialdemokrat Erwin Sellering das nun um die Gefängnispsychiatrie erweiterte Justizministerium, was die SPD-Mehrheit am Kabinettstisch ausbaute. Bestimmende Debatten der kommenden vier Jahre waren die um den Haushalt, die Einführung der schulartenunabhängigen Orientierungsstufe, die Senkung des Kommunalwahlalters auf 16 Jahre und die Arbeitslosigkeit. Zum Fraktionschef wählten die SPD-Abgeordneten Volker Schlotmann. Er hatte sich in einer Kampfabstimmung gegen den Innenpolitiker Siegfried Friese durchgesetzt.

Während die Große Koalition am länglichen Kabinettstisch in der Staatskanzlei quasi noch gegeneinander saß – am Kopfende Berndt Seite und der Chef der Staatskanzlei, Thomas de Maizière, an den Langseiten die Minister nach Parteien sortiert –, änderte Ringstorff dies nach seiner Amtsübernahme. Er saß nun in der Mitte einer Langseite dem stellvertretenden Ministerpräsidenten gegenüber und ringsherum gemischt die Minister.[27] Aber nicht nur die Sitzordnung, auch die Zusammensetzung des Kabinetts trug zu einer anderen Atmosphäre bei. Im rot-roten Kabinett hatten viele Mitglieder akademische Titel, was Otto Ebnet als positiven Einfluss auf die Qualität der Politik wertet.[28] So gab es laut Reinhard Meyer intellektuell hochstehende Debatten. Stundenlang wurde beispielsweise über die für das Land beste Bildungspolitik diskutiert oder Grundsätzliches konstruktiv verhandelt.[29] Kam es zu Problemen, gab es noch immer den Koalitionsausschuss, in dem Reinhard Meyer Protokoll führte. Auf den traditionellen Weihnachtsfeiern für die Kabinettsmitglieder in ausgewählten Restaurants ließ Ringstorff regelmäßig Weihnachtslieder singen. Oft gingen diese in gemeinsam gesungene Arbeiterlieder über.[30] Dass Rot-Rot so lange so gut funktionierte, hatte auch wesentlich damit zu tun, dass Schwarz-Rot all dies so nie praktizierte und die zwischenparteilichen Kontakte auch ansonsten nicht funktioniert hatten.

Dagmar Ringstorff berichtet, dass sie als Ehefrau des Fraktionsvorsitzenden beziehungsweise Wirtschaftsministers ungezwungen ihrem Beruf nachgehen konnte. Dies endete schlagartig mit der Wahl ihres Mannes zum Ministerpräsidenten. Ringstorff hatte bereits während der Machtübernahme seinen Sprecher Lindemann gebeten, aufzupassen, dass seine Frau bei dem einen oder anderen Interview nicht in eine Falle tappt. Nicht nur, dass Dagmar Ringstorff spürte, dass auch die Dorfbewohner in Weiße Krug nun etwas auf Distanz gingen. Auch die »Bild«-Zeitung druckte ein Foto von ihr in Clownskostüm und fragte: »Darf sie das?« Sie rief den Redakteur an und bat ihn, zukünftig solche Bilder nicht mehr zu drucken, sie könne sich vor Anfragen kaum retten. Dagmar Ringstorff zog sich ohne Protest von der Bühne zurück, taugte aber genauso wenig zur schillernden First Lady wie ihr Mann zum Medienliebling. Als Landesmutter kümmerte sie sich hingegen um ihre schon als Künstlerin begonnenen sozialen Anliegen erfolgreich weiter.

Am 2. Dezember 1998 gab Ringstorff seine erste Regierungserklärung unter der Überschrift »Arbeit, Gerechtigkeit, Versöhnung – ein neuer Anfang für Mecklenburg-Vorpommern« ab. 80 Minuten lang sprach er darüber, dass Trennendes überwunden und Brücken gebaut werden müssten. »Die Kraft, die wir zum Aufbruch brauchen, gewinnen wir nur, indem wir aufeinander zugehen und uns gemeinsam an die Arbeit machen.« Die rot-rote Koalition sei keine nachträgliche Legitimierung der DDR, aber die gespaltene Gesellschaft müsste zusammengeführt werden:

> »Wir alle wissen, welche Gräben unser Land durchziehen – Gräben zwischen Menschen, die einen Arbeitsplatz haben, und solchen, die vergeblich Arbeit suchen, zwischen Gewinnern der Wende und Wendeverlierern [...] zwischen Bürgern ostdeutscher und Bürgern westdeutscher Herkunft [...].«

Der Sparkurs im Land werde außerdem weiterverfolgt und die A 20 weitergebaut. Er sprach aber auch die bevorzugten Anliegen des Koalitionspartners an und nannte die Bekämpfung der Arbeitslosigkeit Hauptaufgabe der Regierung. Noch vor Weihnachten werde über ein »Bündnis für Arbeit« auf Landesebene gesprochen. Im Kampf gegen Arbeitslosigkeit hätte aber, so der Regierungschef, »der erste Arbeitsmarkt eindeutig Vorrang gegenüber dem zweiten Arbeitsmarkt und der Schaffung eines öffentlichen Beschäftigungssektors.«[31] Nicht nur unterschiedliche Medien, auch Gewerkschaftsvertreter und andere sahen in der Rede kein Aufbruchsignal.

Dieses war auch schwierig zu setzen! Mit dem Thema Arbeit und Polemiken gegen die Kohl/CDU-FDP-Regierung hatte sich Ringstorff im Wahlkampf behauptet. Im Bund regierte jetzt aber Gerhard Schröder und etwa ein Drittel der 4.000 SPD-Mitglieder standen der Zusammenarbeit mit der PDS weiterhin kritisch gegenüber. Auch in der Landtagsfraktion gab es Kritiker von Rot-Rot.[32] Der Grat für Ringstorff blieb schmal. Bald wurde aber deutlich, dass die PDS auf den angekündigten und nicht nur von Anhängern erwarteten grundlegenden Politikwechsel verzichten würde. Systemopposition war einmal. Ein PDSler sagte:

>Im Moment sind unsere drei Minister noch stolz, auch von CDU-Abteilungsleitern angelächelt zu werden. [...]. Die Entzauberung ist in vollem Gang. Das hat sich die SPD nicht träumen lassen, dass das so einfach geht.<[33]

Ringstorff hatte die PDS auf die Regierungsbühne gebracht, Macht konnte sie dort aber nur sehr bedingt entfalten.

Entgegen verschiedenster Befürchtungen aus Bayern war auch nach 100 Tagen rot-roter Regierung in Mecklenburg-Vorpommern nicht mit Steuergeldern der Kommunismus eingeführt worden. Die PDS steckte aber in vielen Problemen. Fraktionsvorsitzende Caterina Muth hatte in einem Drogeriemarkt in Neubrandenburg Kosmetik gestohlen, woraufhin sie vom Fraktionsvorsitz zurücktrat. Landtagsvizepräsidentin Gabriele Schulz gab außerdem wegen Stasi-Kontakten ihr Amt zurück. Der Abgeordnete Torsten Koplin hatte in den 1980er-Jahren in Neubrandenburg für die Stasi gespitzelt, was ihm ständige Rücktrittsforderungen eintrug. Nun ermittelte die Staatsanwaltschaft Stralsund auch noch gegen die Abgeordnete Kerstin Kassner wegen des Verdachts der Steuerhinterziehung. Gegen den Abgeordneten Monty Schädel lief zudem ein Revisionsverfahren wegen Fahnenflucht.

Nach 100 Tagen Regierung sagte Harald Ringstorff trotzdem: >Wir haben in den ersten hundert Tagen sachbezogen, zielgerichtet und produktiv gearbeitet.< CDU-Landeschefin Angela Merkel hingegen konstatierte eine diffuse Landesregierung, die von Personalquerelen geplagt sei. Ringstorff bemerkte außerdem zur Lage der SPD, dass einige Mitglieder wegen der rot-roten Koalition ausgetreten seien, wollte aber im Gegenzug wissen, >wie viele eingetreten sind und wie viele ausgetreten wären, wenn wir die Große Koalition fortgesetzt hätten.«[34]

Der Ost-SPD mit ihren zu diesem Zeitpunkt weniger als 30.000 Mitgliedern waren Austritte wegen der Zusammenarbeit mit der PDS schmerzhafte Erlebnisse. Ringstorff kommentierte:

> »Häufig spielt Unkenntnis eine Rolle, wenn aus der Ferne die Verhältnisse in Mecklenburg-Vorpommern beurteilt werden. Teilweise ist es auch tief verinnerlichter rheinischer Antikommunismus, der den Blick für die Realitäten trübt. Aber der Kommunismus ist tot, und niemand weckt ihn wieder auf. Wir haben die Nase davon voll. Für Kommunismus ließe sich nicht einmal in den hintersten Ortsvereinen der PDS eine Mehrheit finden.«[35]

Reinhard Meyer erklärte in Westdeutschland nun regelmäßig, dass Rot-Rot in Mecklenburg-Vorpommern nichts weiter sei als eine Koalition zwischen dem rechten und linken Flügel der SPD. Der eher mittige Landesverband Mecklenburg-Vorpommern verkörpere hierbei die Seeheimer, während die PDS die Rolle des linken Flügels der Sozialdemokratie übernehme.[36] Ringstorff und andere wiederholten außerdem des Öfteren, dass Holter wie ein Sozialdemokrat agiere und viele Sozialdemokraten links von ihm stünden. Ringstorff blieb dabei, dass man mit der PDS »mehr sozialdemokratische Politik« durchsetzen könne als in einer Großen Koalition. Und nur das zählte.

Von den etwa 3.500 bis 4.000 SPD-Mitgliedern in Mecklenburg-Vorpommern traten nach der Regierungsaufnahme etwa 70 aus der Partei aus. Der Ortsverein Schwaan löste sich auf und in Schönberg verließen zehn von 13 Sozialdemokraten die Partei. Ringstorff lud einige der Abtrünnigen zum Gespräch, das aber wegen ausbleibender Rückmeldungen nie stattfand. Der neue SPD-Landesgeschäftsführer Volker Jennerjahn sagte dazu: »Immerhin gab es seit dem Sommer auch 150 Eintritte.« Hans-Joachim Hacker befürchtete hingegen: »Man hat sich über die Konsequenzen der Koalition nicht genügend Gedanken gemacht.« Der Kreis um Markus Meckel verfolgte nach der Veröffentlichung des Memorandums gegen die Koalition immer konkretere Pläne für eine landesübergreifende Konferenz für das Frühjahr 1999 in Rostock. Idealerweise sollte sie weitere rot-rote Koalitionen verhindern. Im Januar 1999 wurde deshalb auch in Mecklenburg-Vorpommern der Arbeitskreis »Neue Mitte« von Hans-Joachim Hacker gegründet. Bruno Schuckmann hingegen hatte die Partei verlassen und kündigte für den 23. Januar die Gründung einer später erfolglosen »Sozialliberalen Partei« an. Rolf Eggert, ehemals inoffizieller Anführer der innerparteilichen Opposition gegen Ringstorff, war mittlerweile in die Regierung eingebundener Wirtschaftsminister und hatte sich gegen eine Wiederbelebung des »Güstrower Kreises« ausgesprochen. Auf Bundesebene hingegen war man noch nicht ganz so weit. Anfang des Jahres 1999 tagte das rot-grüne Bundeskabinett von Gerhard Schröder in Schwerin. Der Kanzler veranlasste, dass es zu keinem gemeinsamen Auftritt Holters mit ihm auf einer bereits geplanten Pressekonferenz kam. Ringstorff hingegen schloss mittlerweile selbst eine Kooperation von SPD und PDS im Bund nicht mehr für alle Zeit aus.

Saß er doch fest im Sattel und brauchte auch die Protektion Oskar Lafontaines nicht mehr, der am 11. März 1999 unerwartet alle politischen Ämter niederlegte. Den dadurch erwarteten Rechtsruck in der Bundes-SPD kommentierte Ringstorff mit den Worten:

> »Die SPD ist nur mehrheitsfähig, wenn sie eine gerechte Politik, eine Linke-Mitte-Politik betreibt. Wir müssen deutlicher machen, dass wir Politik für kleine und mittelständische Betriebe machen. Sie sind das Rückgrat der Wirtschaft. Die global players müssen ihren gerechten Beitrag leisten. Das untere Drittel der Gesellschaft muss an deren Reichtum teilhaben können.«[37]

Auf dem ersten Parteitag nach der Regierungsübernahme, im Kurhaus Warnemünde Mitte April 1999, standen unter dem Tagungsmotto »Wir sind hier zu Hause« Leitanträge zur Kommunal- und Europawahl im Juni im Mittelpunkt. Hans-Joachim Hacker, Sprecher des SPD-Arbeitskreises »Neue Mitte« hatte zuvor beschwichtigend gesagt: »Wir wollen keine Grundsatzdebatte.« Kurz vor dem Parteitag bewarb sich mit dem frisch gewählten Neustrelitzer Bundestagsabgeordneten Frank Hempel immerhin noch ein Gründungsmitglied des Gesprächskreises für den Landesvorstand. Landesgeschäftsführer Volker Jennerjahn sah dennoch einen ruhigen Ablauf voraus.

Ringstorff bewarb sich zum fünften Mal um den Landesvorsitz. Einen Gegenkandidaten gab es nicht und so erhielt er 80,5 Prozent Zustimmung. Seine Stellvertreter Peter Kauffold und Christine Lucyga hingegen wollten nicht mehr antreten. Ringstorff nutzte dies, um die Führungsspitze zu verjüngen. Es bewarben sich Gottfried Timm und Sylvia Bretschneider. Während Timm klar gewählt wurde, schaffte dies die Parteilinke Bretschneider erst im zweiten Anlauf. Frank Hempel erhielt nur 25 Stimmen und scheiterte, auch stellvertretend für seinen Gesprächskreis. Dem 15-köpfigen Parteivorstand gehörte fortan kein Mitglied der »Neuen Mitte«, aber auch keines des »Warener Kreises« an. Außerdem stützten die Anwesenden Ringstorffs innerparteilichen Kosovo-Kriegskurs, indem ein Antrag der Parteilinken, ein Ende der NATO-Luftangriffe zu verlangen, mit zwei Dritteln abgelehnt wurde. Dies entsprach nicht einer Forderung der PDS, die zeitgleich wegen der Haltung der SPD zum Kosovo-Krieg die Koalition vor dem Scheitern sah. Es sollte nicht die letzte Krise bleiben. Bei der Kommunalwahl Mitte Juni blieb die SPD wieder schwach und weit hinter der CDU zurück. Ringstorff führte dies auf den Bundestrend zurück.

Die PDS bekam aber auch Genugtuung. CDU-Mitglied und Generalstaatsanwalt Alexander Prechtel, seit neun Jahren im Amt, kam Anfang August 1999 gerade aus dem Urlaub, als er in die Staatskanzlei einbestellt wurde. Dort erhielt er von Ringstorff, Ministerpräsident und Justizminister in Personalunion, seine Entlassungsurkunde in den »einstweiligen Ruhestand«. Die PDS wollte schon während der Koalitionsverhandlungen Prechtel entlassen. Dieser hatte den Diebstahl Caterina Muths nachteilig in einem Radiointerview kommentiert. Danach aber erging gegen Prechtels scharfe Kritik der »Eierdieb-Erlass«, laut dem Ladendiebe in Mecklenburg-Vorpommern erst ab 100 Mark Schadenssumme verfolgt werden sollten. Die Medien waren gefüttert. Prechtel hatte sich auch für die Strafverfolgung von Kerstin Kassner und Monty Schädel in oben genannten Fällen ausgesprochen. Das Maß war voll. Aus Protest gegen die Entlassung Prechtels trat der Vorsitzende Richter des Anwaltsgerichtshofes, Hans-Fritz Gelpcke, zurück. Der Deutsche Richterbund kritisierte: »Die politische Spitze des Landes hat jegliches Gespür für die Bedeutung der Justiz in einem Rechtsstaat verloren.« Eckhardt Rehberg kommentierte: Erst hätte Ringstorff das Justizministerium abgeschafft, nun würde er sich eine unterwürfige Justiz zusammenbasteln. Gegen den Willen des Koalitionspartners zog Ringstorff Anfang Februar 2000 immerhin den »Eierdieb-Erlass« zurück. Weil, so Ringstorff, in der Öffentlichkeit der Eindruck entstanden sei, dass mit dem Erlass eine Einladung zum Ladendiebstahl ausgesprochen worden sei.

Der Bundesrat wird immer wieder zum Problem

Mecklenburg-Vorpommern stellte im Bundesrat drei von 69 Mitgliedern: Harald Ringstorff, Helmut Holter und Innenminister Gottfried Timm. Schnell gab es Probleme mit dem Abstimmungsverhalten. Holter forderte im Juli 1999 Nachbesserungen am Sparpaket der rot-grünen Bundesregierung. Anderenfalls würde er den Begleitgesetzen im Bundesrat nicht zustimmen, was laut Koalitionsvertrag eine Enthaltung des Landes Mecklenburg-Vorpommerns bedeuten würde. Zuvor hatte sich Mecklenburg-Vorpommern schon auf Druck der PDS bei der Abstimmung über die Novelle zur Neuregelung der 630-Mark-Jobs im Bundesrat enthalten. Damals kam es auf die Stimmen aus dem Nordosten nicht an. Nach der für die CDU unter Roland Koch erfolgreichen Hessen-Wahl war dies anders.

Ein Jahr später, vor der entscheidenden Bundesratssitzung zur Steuerreform der rot-grünen Bundesregierung, wollte sich die Regierung Mecklenburg-Vorpommerns erst kurz vor der Sitzung auf ihr Abstimmungsverhalten einigen. Harald Ringstorff hatte versucht, die PDS-Fraktion zu einem »Ja« zu bewegen. Erfolglos. Als Bedingung für ihre mögliche Zustimmung bat sich die PDS-Führung in Mecklenburg-Vorpommern ein Treffen mit Kanzler Gerhard Schröder aus. Der griff zu und lud Holter und Begleiter für den Donnerstagnachmittag vor der Bundesratssitzung ins Kanzleramt, das sich damals wegen der sich hinziehenden Fertigstellung des Baus am Spreebogen noch im ehemaligen Gebäude des Zentralkomitees der SED befand. Reinhard Meyer berichtet, dass Holter, Gramkow und Schoenenburg gemeinsam mit Ringstorff beim Bundeskanzler saßen und Schoenenburg beim Hinausgehen feststellte, dass er seinen Pfeifenbeutel vergessen hätte. Er ging zurück, kam lange nicht wieder und erzählte später, dass der Bundeskanzler ihm noch seine Räume zeigen wollte.

Der ehemalige Mitarbeiter im Zentralkomitee der SED, Arnold Schoenenburg, antwortete ihm stattdessen:»Herr Bundeskanzler, das ist nicht nötig, ich habe hier mal gearbeitet.«[38] Anschließend telefonierten die ostdeutschen PDS-Landes- und Fraktionsvorsitzenden in Schaltkonferenzen über das Abstimmungsverhalten von Mecklenburg-Vorpommern im Bundesrat und sagten Holter für jede Entscheidung Unterstützung zu, sollte er dabei etwas für die neuen Länder gewinnen. Der aus Mecklenburg stammende Bundesgeschäftsführer Bartsch telefonierte parallel mit den PDS-Landtagsabgeordneten und so standen am frühen Freitagmorgen zwölf Landtagsabgeordnete hinter Holter, sechs gegen ihn. Angelika Gramkow ließ sich auch von Kanzler Schröder nicht beeindrucken und sagte:»Diese Entscheidung wird uns im Land noch lange nachhängen!«[39] Mecklenburg-Vorpommern stimmte zu und Sahra Wagenknecht sah ihre Partei »zum Mehrheitsbeschaffer der SPD degradiert«.

Schröder hatte Holter bei seinem Treffen zur Steuerreform auch eine Beteiligung der PDS an den Rentenkonsensgesprächen zugesagt. Ein Jahr später traf Schröder deshalb die gesamte PDS-Spitze in seinem Gästehaus in der Pücklerstraße in Berlin-Dahlem, um sie für seine Rentenreform zu gewinnen. Es war die erste Einladung eines Bundeskanzlers an die Führung der PDS. Mit dabei neben Schröders Amtschef Frank-Walter Steinmeier, Arbeitsminister Walter Riester sowie der PDS-Spitze aus Gabi Zimmer, Roland Claus und Gregor Gysi waren auch Helmut Holter und Harald Ringstorff. Die PDS war jedoch auch nach dem siebenstündigen Gespräch gegen die Rentenreform, solange sie die zusätzliche Privatvorsorge für jedermann vorsah. Ringstorff sagte deshalb:»Ich hoffe, dass es die Zustimmung der PDS noch gibt. Ich kann mir nicht vorstellen, dass sie gerade jenen Teil der Rentenreform ablehnt, der dazu gedacht ist, Geringverdienende besser zu stellen.« Eine Einigung wurde nicht erreicht. Die Süddeutsche Zeitung notierte am 11. Mai, dem Tag der Bundesratsabstimmung über das »Gesetz zur Reform der gesetzlichen Rentenversicherung und zur Förderung eines kapitalgedeckten Altersvorsorgevermögens«:

»In Mecklenburg-Vorpommern weigert sich der Koalitionspartner PDS, Regierungschef Harald Ringstorff (SPD) zustimmen zu lassen. PDS-Größen versichern aber, sie würden die Koalition deshalb nicht platzen lassen. Also rät ein Schröder-Mann Ringstorff, im Bundesrat einfach die Hand für die Reform zu heben und der PDS nachher zu sagen, er habe nur beim Kellner ein Wasser bestellen wollen.«[40]

Die »FAZ« berichtete anschließend:

> »›Alles klar, Helmut‹, hatte Ringstorff per Autotelefon seinem Stellvertreter, dem PDS-Landesvorsitzenden Helmut Holter, damals noch vor der Abstimmung im Bundesrat mitgeteilt. Angesichts des Neins der PDS zur Rentenreform werde man sich entsprechend den Usancen im Bundesrat verhalten, hatte Ringstorff betont und hinzugefügt: ›Wir enthalten uns.‹«[41]

Als Mecklenburg-Vorpommern aufgerufen wurde, sagte Ringstorff jedoch »Ja« und verließ schnurstracks das Gebäude. Holter erfuhr davon in Lübeck auf einer Veranstaltung anlässlich der Gründung von Verdi-Nord. Er und die ihn begleitende Angelika Gramkow waren konsterniert. Hatte der neue PDS-Fraktionschef im Bundestag, Roland Claus, doch noch am selben Morgen in einem Interview verkündet: »Es wird eine Enthaltung geben. Die PDS sei nicht Schröders ›Westentaschenreserve‹.« Die PDS-Führung in Bund und Land war durch Ringstorff bloßgestellt. Gramkows erste Reaktion: Wenn er dafür gestimmt hat, war's das. Sie fühlte sich »verarscht«. Arnold Schoenenburg sagte, nachdem ihn die Nachricht erreicht hatte: »Das ist der Sündenfall in dieser Koalition und eine politische Schweinerei.« Einzelne PDS-Politiker forderten den Rücktritt Ringstorffs. Vor allem auch, weil die Stimmen aus Mecklenburg-Vorpommern für die Mehrheit im Bundesrat gar nicht benötigt wurden.

Die Spekulationen über Ringstorffs Gründe begannen. War die Berliner Regierungs- und Parteispitze eingeweiht? Oder gar Holter? Gab es die Zusage des Kanzlers, bei Zustimmung die Bahnstrecke Rostock-Berlin auszubauen? Die genauen Gründe für das Abstimmungsverhalten von Ringstorff sind nirgends dokumentiert. Es gibt lediglich sich wiederholende beziehungsweise verhärtende Spekulationen. Eine Herausragende lautet, dass Ringstorff am Abend vor der Abstimmung die Ortsumgehung Crivitz vom Bund zugesagt bekommen hatte.

Am Wochenende nach der Bundesratsabstimmung erklärte Ringstorff auf einer Sitzung des PDS-Landesvorstandes sein Abstimmungsverhalten. Die Landesregierung tagte am darauffolgenden Dienstag kürzer als üblich. Später erklärte Ringstorff der Landtagsfraktion der SPD, er hätte zwischen Koalitionsvertrag und Landesinteressen abwägen müssen und sich eben so entschieden. Am Abend tagten SPD-Landesvorstand und Parteirat gemeinsam wegen der ausufernden Krise. Die Partei stand hinter ihm. Am darauffolgenden Mittwoch tagten die Spitzen von PDS und SPD in Mecklenburg-Vorpommern. Hier räumte Ringstorff einen Bruch des Koalitionsvertrags ein. Die PDS erzwang außerdem, dass Ringstorff sich für seine Missachtung des Koalitionsvertrags entschuldigte. Das tat er auch ganz offiziell auf einem Kleinen Parteitag der Linkssozialisten. Während die einen darin eine Niederlage Ringstorffs sehen, sagt Holter, es wäre eher ein schwerer Canossagang gewesen. Nikolaus Voss wiederum meint, dass Ringstorffs Entschuldigung nicht die Revision seiner Meinung dokumentierte, sondern dem Erhalt der Koalition diente.[42] Ringstorff selbst sagt, dass er seine Rentenzustimmung nicht als Verstoß gegen den Koalitionsvertrag sehen würde, die Linken wären da eben anderer Meinung gewesen. Gut möglich, dass er die im Bundesrat beschlossenen Rentenreformkomponenten schlicht für nötig hielt.

Der Streit zwischen SPD und PDS über das Abstimmungsverhalten heizte den innerparteilichen Streit der Linkssozialisten zwischen der Parteispitze und den Landesverbänden sowie Dogmatikern und Reformern an. Die diskutierte Problematik lief auf die Frage hinaus, wie viel Profil durch Kompromisse in einer Koalitionsregierung verloren gehen darf! Ringstorff war das recht. Der Auftakt zum Wahljahr 2002, in dem wieder Bundestags- und Landtagswahl zusammenfielen, war ihm mit einer furiosen Unabhängigkeitserklärung gegenüber der PDS gelungen. Er hatte nach seiner ungewöhnlich schwachen Wiederwahl als SPD-Landeschef wenige Tage zuvor nicht nur seiner Partei gezeigt, wer Koch und wer Kellner ist.

Finanz- und Wirtschaftspolitik entwickeln sich zäh

Finanzministerin Sigrid Keler und ihr Staatssekretär Jost Mediger, ein promovierter Jurist aus Hamburg, legten die finanziellen Eckdaten für die Politik in Mecklenburg-Vorpommern fest. In deren Rahmen bewegte sich die Landespolitik. Die Koalitionäre hatten beschlossen, den Kommunen zusätzliche Mittel für Investitionen zur Verfügung zu stellen. Deren finanzielle Lage verbesserte sich ohnehin durch den verstärkten Ausbau des Tourismus. Er brachte neben den Arbeitsplätzen auch immer mehr Einnahmen aus Steuern und Abgaben.

Harald Ringstorff hoffte außerdem auf die neue Bundesregierung unter sozialdemokratischer Führung, welche den ostdeutschen Ländern mehr finanzielle Spielräume eröffnen sollte. Aber schon die von den Grünen durchgesetzte Ökosteuer war innerhalb der Landesregierung strittig. Während Ringstorff meinte, dass Mecklenburg-Vorpommern mit der Steuer leben könne, sagte Holter, sie sei »weder ökologisch noch sozial«. Die PDS-Fraktionsvorsitzende Angelika Gramkow verlangte im Jahr 2001 außerdem eine Bundesratsinitiative zur Wiedereinführung der Vermögenssteuer. Als Gerhard Schröder später zur Eröffnung der 11. Rostocker Hanse Sail auf dem Marinetender »Donau« zu Besuch war, wehrte er ab: Das stehe jetzt nicht auf der Agenda. Die finanzpolitischen Vorstellungen der Koalitionspartner lagen während der gesamten Legislaturperiode in vielen Fragen weit auseinander. Gemeinsame Erwartungen an den Bund wurden auch nicht immer eingelöst.

Bundespolitisch problematisch blieb durchgehend der Länderfinanzausgleich. Nachdem bereits unmittelbar nach der Landtagswahl der bayerische Ministerpräsident Stoiber die Finanzpolitik der Koalition einen »Rückfall in DDR-Zeiten« genannt hatte und er »diesen Unsinn auf Dauer nicht über den Finanzausgleich finanzieren« wollte, forderte kurz nach seiner Amtsübernahme im Frühjahr 1999 der neu gewählte hessische Ministerpräsident Roland Koch, eine »politische Erfolgshaftung« durch Nehmerländer. Dort wo er SPD und PDS gemeinsam regieren sah, würden nach seiner Auffassung sehr schnell die Personalkostenquote und die Staatsverschuldung steigen. Harald Ringstorff entgegnete, Koch betreibe »ganz unverhohlen eine parteipolitische Erpressung zugunsten der CDU«.[43] Der bayerische Finanzminister Kurt Faltlhauser von der CSU und Sigrid Keler hingegen verstanden sich gut. Faltlhauser fragte die Sozialdemokratin am Rande einer Finanzministerkonferenz und unter vier Augen, wie er ihr helfen könne. Sie sagte, in dem ihr uns ein paar Jahre mit Diskussionen über den Länderfinanzausgleich und ähnliche Themen in Ruhe lasst.[44] Das gelang nicht. Vor den Wahlen des Jahres 2002 wurde der neue Länderfinanzausgleich verhandelt. Geberländer und andere wollten in der heißen Phase der Verhandlungen die Stimme von Rheinland-Pfalz kaufen, was Harald Ringstorff nach einem diskreten Hinweis von Sigrid Keler verhinderte.[45] Eines der Grundprinzipien von Ringstorff wurde, Keler beim Schuldenabbau den Rücken zu stärken. Im Sparen sah er eine Voraussetzung für soziale Politik.

Martin Rosenfeld, Regionalexperte im Hallenser Institut für Wirtschaftsforschung, konstatierte im Jahr 2002:»Nirgends in Deutschland gibt es so wenige Industriebeschäftigte pro Kopf der Bevölkerung wie in Mecklenburg-Vorpommern.« Deshalb sprachen Ringstorff und später Otto Ebnet von Mecklenburg-Vorpommern nicht als einem Industriestandort, sondern von einem »jungen Tigerstaat«, der mit allen Mitteln gefördert werden müsse, während die Förderung boomender Branchen zurückgefahren werden könne. Wirtschaftsminister Rolf Eggert sagt hingegen, dass Harald Ringstorff im Kabinett zunehmend die grünen Positionen des PDS-Ministers Methling gegen seine Wirtschaftspolitik stützte. Er frustrierte und nahm im April 2001 die Chance wahr, zur Hauptverwaltung Hamburg der Deutschen Bundesbank, zuvor Landeszentralbank, zu wechseln. Otto Ebnet, der Eggerts Wirken zuvor kritisch sah, folgte ihm als Wirtschaftsminister nach und machte Detlef Lindemann zu seinem Stabschef. Ringstorff nannte Ebnet einen erfahrenen Politiker, der das Amt des Wirtschaftsministers ohne Einarbeitung antreten könne. Nun taten Ringstorff und sein alter Fahrensmann viel dafür, mehr Geld in die Wirtschaft zu stecken und weniger in den zweiten Arbeitsmarkt. Ebnet war sowohl an der längerfristigen Ansiedlung von Industrieunternehmen interessiert wie auch der schnellen Schaffung von Arbeitsplätzen. Er holte gemeinsam mit Ringstorff den Baumaschinenhersteller Liebherr nach Rostock, legte aber auch Wert auf die Entwicklung der schneller anzusiedelnden und arbeitsintensiven Callcenterbranche. Am Ende seiner Dienstzeit arbeiteten mehrere Tausend Mecklenburger und Vorpommern in diesem Dienstleistungszweig und entlasteten so die Arbeitsämter. Ebnet rückte auch die Ostseeanrainerstaaten in den Mittelpunkt seiner Aufmerksamkeit. Schon zuvor wickelte das

Abb. 14 Harald Ringstorff mit (von links) Otto Ebnet, Angelika Mertens (Parlamentarische Staatssekretärin im Bundesverkehrsministerium) und Bernd Rohwer (Wirtschaftsminister in Schleswig-Holstein) beim Baubeginn zum A 20-Lückenschluss.

Küstenland etwa ein Drittel seiner Exporte, rund eine Milliarde Mark, mit diesen Ländern ab. In den Häfen stammten außerdem Dreiviertel der Waren aus Ostseeländern. Otto Ebnet forcierte deshalb das Vorhaben, den Seehafen Wismar bis 2005 an die Autobahn anzuschließen. Als Alleinstellungsmerkmal Mecklenburg-Vorpommerns identifizierte Ebnet Industrieflächen am Wasser. So ließ er viele Häfen vom Umschlagplatz zum Industriestandort entwickeln. Dies führte zu Ansiedlungserfolgen wie den der Holzindustrie in Wismar. Um bedeutende Wirtschaftsthemen, wie die Ansiedlung des Motorenherstellers Caterpillar, des Kranherstellers Liebherr oder der Windkraftfirma Nordex in Rostock, kümmerte sich Ringstorff nahezu ausnahmslos persönlich.[46]

Noch unter der Vorgängerregierung Seite begann die Bewerbung um den Bau des neuen Airbus A3XX in Rostock-Laage. Anfangs war nicht klar, ob das Flugzeug in Deutschland oder einem anderen europäischen Land gebaut werden sollte. Die Bundesebene machte sich für einen deutschen Standort stark, was nicht unmittelbar Rostock-Laage bedeutete. Denn auch Hamburg wollte im bereits bestehenden Airbus Werk das neue Flugzeug montieren. Ursprünglich kämpfte man gegeneinander, dann wollten Mecklenburg-Vorpommern und Hamburg kooperieren. Kurz nach der Regierungsübernahme der SPD im Bund und in Mecklenburg-Vorpommern Ende 1998 sprach sich der neue Bundesfinanzminister Oskar Lafontaine laut Harald Ringstorff für Rostock als Montagestandort aus. Zwischenzeitlich verschob Airbus den Projektstart, im Rennen waren aber noch immer das spanische Sevilla, St. Nazaire und Toulouse in Frankreich, Rostock und Hamburg. Toulouse erhielt im Dezember 1999 den Zuschlag. Die Innenausstattung des Airbus' erfolgte in Hamburg. Rostock-Laage ging leer aus. Es wäre ein erster großer Ansiedlungserfolg für Harald Ringstorff gewesen.

Die Landesregierung scheiterte aber auch mit dem Versuch, ein neues BMW-Werk nach Schwerin zu holen. Mit dem Slogan »Dort arbeiten, wo andere Urlaub machen« warb Ringstorff unter anderem im Berliner Hotel Adlon um die Zwei-Milliarden-Investition, die aus der Landeshauptstadt einen Automobilstandort machen würde. Eines seiner Argumente war die in Schwerin mögliche Zahlung der höchstzulässigen Beihilfen. Dies wäre der von der EU genehmigte Höchstfördersatz von 35 Prozent der Gesamtinvestition, eine halbe Milliarde Mark. Exakt der Jahresetat Mecklenburg-Vorpommerns für Investitionszuschüsse. Gut angelegtes Geld, ging es doch um rund 2.500 Arbeitsplätze im Werk und bei Zulieferern im Großraum Schwerin. Man kam in die Endrunde und konkurrierte dort mit Kolin in Tschechien, Arras in Frankreich, Leipzig und Augsburg. Während des Schweriner Drachenbootfestes im Jahr 2001 formten Teilnehmer mit ihren Körpern den Schriftzug: BMW. Ringstorff kommentierte dies und ähnliche Maßnahmen mit: »Bei uns kämpfen Bürgerinitiativen nicht gegen, sondern für Großprojekte.« Kurze Zeit später fiel die Entscheidung für Leipzig. Ringstorff sagte gegenüber der »Welt«:

»In dem Kopf-an-Kopf-Rennen zwischen Schwerin und Leipzig war die größere Nähe Leipzigs zu den übrigen BMW-Werken offenbar ausschlaggebend. Leipzig liegt nun einmal näher an den bayerischen Werken als Schwerin. Wir haben mit unserer Bewerbung alles möglich gemacht, was möglich zu machen war. Aber eines können wir leider nicht: Schwerin 500 Kilometer nach Süden versetzen. Ansonsten war unsere Bewerbung perfekt, wie uns BMW auch bestätigt hat.«[47]

Der EU-Wettbewerbskommissar verlangte noch 1999 von der Kværner Warnow Werft in Warnemünde Beihilfen zurück. Sie hatte 1997 und 1998 mehr Schiffe gebaut, als sie hätte bauen dürfen. Zwei Wochen vorher hatte der norwegische Kværner-Konzern seinen Ausstieg aus dem Schiffbau angekündigt. Im Oktober 2001 stimmte die EU-Kommission immerhin einer flexibleren Gestaltung der Schiffbauquote zu. Ostdeutsche Werften durften nun ungenutzte cgt-Volumen (Compensated Gross Ton, ein Maß zum weltweiten Vergleich der Schiffsproduktion) auf das nächste Jahr übertragen beziehungsweise einer anderen Ostwerft zur Verfügung stellen. Ringstorff sagte: »Für unsere Werften in Mecklenburg-Vorpommern bedeutet dies einen erheblichen Wettbewerbsvorteil.« Der genügte immerhin, die Werften am Leben zu erhalten, wenn auch nicht über längere Zeiträume in den Händen eines Eigentümers.

Arbeits- und Gesundheitsmarkt kommen unterschiedlich voran

Die Bekämpfung der Arbeitslosigkeit war wesentlicher Kern des Koalitionsvertrages. Als »Rückgrat der Arbeitsmarktpolitik« sollte das Arbeitsfördergesetz dienen. Dessen Handhabung lag in der Hand des neuen Arbeitsministers, Helmut Holter, von der PDS. Der Betoningenieur, der seine berufliche Karriere Ende der 1970er-Jahre im VEB Beton Nord in Milmersdorf begann, wo Anfang des Jahrzehnts die Schülerin Angela Merkel in sozialistischer Produktion unterrichtet wurde, gründete noch in der ersten Hälfte der Legislaturperiode die »Denkwerkstatt 2020«. In ihr sollten Fachleute aus Politik und Gesellschaft im weitesten Sinne über die Zukunft der Arbeit nachdenken. Unter ihnen auch der ehemalige CDU-Arbeitsminister Norbert Blüm. Oppositionsführer Eckhardt Rehberg nannte das akzeptabel, weil es wichtig sei, dass dort kritische Geister mitarbeiten.

Die DGB-Bezirke Nord (Hamburg/Schleswig-Holstein) und Mecklenburg-Vorpommern fusionierten innerhalb der Legislaturperiode zum neuen Landesbezirk Nord. Neuer Vorsitzender wurde Peter Deutschland. Die zentrale DGB-Kundgebung zum Tag der Arbeit fand am 1. Mai 2001 in Rostock statt. Während Harald Ringstorff viele Metaller mit Handschlag begrüßte, konnte Kanzler Gerhard Schröder eher missliebige Plakate mit Forderungen mecklenburgischer Werftarbeiter lesen. Ende desselben Monats wollte das Bündnis für Arbeit Mecklenburg-Vorpommern außerdem effizienter werden und stärker gegen Schwarzarbeit vorgehen. Ringstorff sagte:

»Teilweise sehr kontrovers haben wir die neuen Schwerpunkte der Arbeit des Bündnisses festgelegt. [...] Zur Bekämpfung der Schwarzarbeit wollen wir die Kräfte bündeln, eventuell eine Koordinierungsstelle schaffen.«[48]

Aber auch Erwerbslosen, welche Arbeitsangebote ausschlugen, wollte Ringstorff die Unterstützung entziehen. Er sagte:»Offenbar gibt es eine Reihe von Menschen, die eine angebotene Stelle ablehnen, weil sie mit Sozialhilfe und Schwarzarbeit über die Runden kommen.« Dieser Satz, wie auch die dahinterstehende Haltung, wurde ihm vom Koalitionspartner wie auch innerparteilich noch des Öfteren vorgeworfen. Zuvor hatte Ringstorff bereits das Schröder-Blair-Papier unterstützt, welches die europäische Sozialdemokratie in einem ähnlich»liberalen«Sinne modernisieren sollte. Ringstorff sagte:»Ich erkenne in dem Papier vieles aus dem Bundestagswahl Programm wieder.« Er, wie auch seine Parteifreunde Matthias Platzeck und Wolfgang Tiefensee waren in den folgenden Monaten der Ansicht, dass eine»spezifisch ostdeutsche Sicht«auf den Hartz-Vorschlag fehle. Die ostdeutsche Sicht sollte zukünftig auf den Demonstrationen gegen Hartz IV deutlich werden. Spannungen wegen sozialer Leistungen oder Tarifen gab es jedoch schon vorher.

5.000 Bauarbeiter aus dem ganzen Land demonstrierten beispielsweise Anfang September 2001 in Schwerin gegen die Billiglöhne in ihrer Branche. Wirtschaftsminister Otto Ebnet hatte zuvor erklärt, dass sich die von der IG Bau organisierte Demonstration gegen die Interessen der Bauarbeiter richte. Ein Gewerkschafter hatte jedoch folgende Worte von Harald Ringstorff im Internet gefunden:

»Tarife und Arbeitsverträge werden den betrieblichen Anforderungen angepasst. Die Nettojahresarbeitszeit in den Industriebetrieben liegt mit 1.540 Stunden höher als im Westen mit 1.270 Stunden. Die effektiven Löhne liegen noch bis zu 27 Prozent unter Westniveau.«

Der Gewerkschaftschef adressierte:

»Lieber sozialdemokratischer Ministerpräsident Harald Ringstorff, lieber stellvertretender sozialistischer Ministerpräsident Helmut Holter, wisst ihr eigentlich, was für traurige Schicksale eurer Landeskinder sich hinter diesen angeblichen Vorzügen verbergen? Wisst ihr, was es bedeutet, für die gleiche Arbeit 30 Prozent weniger Lohn zu erhalten.«[49]

Der so angesprochene Arbeitsminister Holter bekam jedoch viel gravierendere Probleme innerhalb seiner Partei und seines Hauses. Die Fördermittelvergabe zugunsten einer Schweriner Weiterbildungsfirma, als deren Geschäftsführerin Veronika Wegrad-Paul tätig war, brachte ihn in Bedrängnis. War sie doch die Ehefrau von Holters Staatssekretär Joachim Wegrad. Pikant, dass auch Holters Ehefrau bei der Firma als Dolmetscherin arbeitete. Die kündigte, Holter entließ den Staatssekretär und war vorübergehend aus dem Schneider. Bis ihm der Landesrechnungshof nachwies, dass er schon zuvor den Minister auf diese unglückliche Verquickung hingewiesen hatte, ohne dass der in der Sache reagiert hätte. Ende Mai 2002 entschied das Arbeitsgericht Schwerin außerdem, dass der Arbeitsvertrag von Ronald Klinger, Referent im Arbeitsministerium, weiterhin gültig sei. Holter hatte ihm gekündigt, weil er ihn über das Ausmaß seiner Stasi-Tätigkeit getäuscht haben sollte. Der Richter erkannte jedoch darauf, dass Holter beim Thema Stasi bewusst weggeschaut habe. Ringstorff hatte damals mit den Worten »Die SPD/PDS-Regierung vertrete bewusst einen differenzierten Umgang mit Bürgern, die in die SED-Herrschaft verstrickt gewesen sein. [...] Dies bedeute jedoch nicht, dass pauschal ›Persilscheine‹ vergeben würden«[50] auf Klingers Entlassung gedrängt. Er fügte hinzu: »Ich werde nicht zulassen, daß das PDS-Problem zu einem SPD-Problem wird.«

Während bei Amtsübernahme der rot-roten Regierung im Jahr 1998 etwa 160.000 Menschen in Mecklenburg-Vorpommern arbeitslos waren, musste die Regierung gegen Ende der Legislaturperiode feststellen, dass diese Zahl um 6.000 auf 166.000 angestiegen war. Als Grund gab die Regierung die Schrumpfung der ABM durch die Bundesanstalt für Arbeit seit November 1998 von 35.000 auf 12.000 und die allgemeine Konjunktur an. Die Arbeitslosigkeit wurde auch im kommenden Wahlkampf wieder wichtigstes Thema.

Das Netzwerk BioRegio, das 1996 gegründet wurde, firmierte ab September 2000 unter dem Namen BioCon Valley Mecklenburg-Vorpommern. Wie im skandinavischen MediCon Valley sollte im Städtedreieck Greifswald, Rostock und Teterow das BioCon Valley mit Fördermillionen entwickelt werden. Kernzentren wurden das Zentrum für Lebensmitteltechnologie in Neubrandenburg, das Biotechnikum in Greifswald, das BMTT Biomedizin-Technikum in Teterow und das Forschungszentrum für Biosystemtechnik und Biomaterialien in Rostock. Dies ging mit einer interessanten Personalie einher. Horst Klinkmann, begabter Mediziner mit Stasi-Vergangenheit, wurde von Harald Ringstorff öffentlich rehabilitiert. Er hatte seine Stasiakte gelesen und fand, dass diese ihn nicht belaste. Auf einer Grundsteinlegung in Teterow im Rahmen des BioCon Valley sagte Ringstorff über den anwesenden Klinkmann, dass er ihn für einen ehrlichen Menschen halte. Daraufhin brach dieser in Tränen aus.[51] Klinkmann sagte selbst:

»Zurückgekommen nach Mecklenburg bin ich vor allem auch wegen der Erklärung unseres Ministerpräsidenten Dr. Harald Ringstorff, das Ziel seiner Regierung sei Versöhnen statt Spalten. Die Landesregierung hat sich bei mir offiziell durch zwei ihrer Minister entschuldigt, die Universität hat sich durch ihren Rektor wieder zu mir bekannt und in der Zwischenzeit bin ich nun 2004 als Berater der Bundesregierung für den Aufbau Ost berufen worden. Hier im Lande bin ich der Vorsitzende des Kuratoriums für Gesundheitswirtschaft, das ist jenes Gremium, welches für das Land Mecklenburg-Vorpommern, das sich auf die Fahne geschrieben hat, Gesundheitsland Nr. 1 zu werden, dieses Ziel umsetzen soll. Ich bin weiterhin Vorsitzender des BioCon Valley-Verbundes, das große Netzwerk, das wir in der Biotechnologie in unserer Heimat aufgebaut haben.«[52]

Tatsächlich legte Klinkmann Ringstorff das später verwirklichte Konzept des Gesundheitslandes Mecklenburg-Vorpommern nahe. Einschließlich der Gesundheitsbranchenkonferenz in Warnemünde.[53]

Die Landwirtschaft macht Probleme

Die CDU prophezeite, dass wegen der rot-roten Regierung zukünftig die Urlauber ausbleiben würden. Aber nicht deshalb kündigte Harald Ringstorff im Januar 1999 auf der achten Tourismustagung in Warnemünde stärkere Anstrengungen beim Ausbau der Verkehrswege wie auch der touristischen Infrastruktur an. Ein neues Informations- und Buchungssystem stand hier im Mittelpunkt. Im folgenden Sommer stiegen die Übernachtungen in Mecklenburg-Vorpommern bereits um 16 Prozent. Im Mai des anschließenden Jahres weihte Kanzler Gerhard Schröder die nach eigenen Angaben größte Ferienanlage Nordeuropas, Fleesensee im Landkreis Müritz, ein. Ringstorff sah in ihm ein Vorzeigeprojekt des deutschen Tourismus. Noch im selben Jahr wurde der erste Spatenstich für den Umbau des Nobelbads Heiligendamm gemacht. Ringstorff bekannte sich hier zu dem Ziel, in Mecklenburg-Vorpommern für jede Brieftasche ein angemessenes touristisches Angebot anzubieten. Der Tourismus wurde wirtschaftliches Schwungbein. Auch für die Gewerke rund um Kulturinteressierte und Gesundheitsbewusste.

Als Ministerpräsident konnte Harald Ringstorff viele der zerschlagenen ehemaligen Landwirtschaftlichen Produktionsgenossenschaften (LPG) nicht mehr retten. In ihren großflächigen Strukturen sah er ihre Wettbewerbsfähigkeit begründet, die er unterstützen wollte.[54] Die Landwirtschaft blieb ihm Herzensanliegen. Anfang 2001 sagte Ringstorff im Zusammenhang mit der BSE-Krise:

»Mecklenburg-Vorpommern hat eine sehr weitläufige Landschaft, es ist das am dünnsten besiedelte Bundesland. Das schafft natürlich andere Möglichkeiten als in dichter besiedelten Regionen. Wir haben, wenn Sie auf die Landwirtschaft anspielen, in Deutschland den größten Anteil an ökologisch bewirtschafteter Fläche, bezogen auf unsere gesamte landwirtschaftliche Fläche. Aber auch konventionell wirtschaftende Landwirte haben aufgrund der besseren

Flächenausstattung Möglichkeiten, eher auf Forderungen des Umweltschutzes einzugehen, beispielsweise durch Nichtdüngungen von Gewässerlandstreifen.«

Im Rahmen konventioneller Landwirtschaft war Ringstorff ein Förderer ökologischer Anliegen. Er verwies aber regelmäßig auf den, bezogen auf die gesamte landwirtschaftliche Fläche, vergleichsweise größten Anteil an ökologisch bewirtschafteter Fläche in Mecklenburg-Vorpommern.

Anfang Februar 2001 demonstrierten 600 Landwirte in Schwerin gegen die Politik, die das Land zur Eindämmung der Rinderseuche BSE betrieb. Der Präsident des Landesbauernverbandes, Gerd-Heinrich Kröchert, sagte, die Medien hätten eine Hysterie entfacht, die nicht dem Schutz der Verbraucher diene. Die konventionelle Landwirtschaft werde diskriminiert. Harald Ringstorff wurde von den demonstrierenden Bauern mit Trillerpfeifen begrüßt. Er verwies auf Fehler der CDU-Vorgängerregierungen auf Länder- und Bundesebene und forderte verstärkte Forschungen, »um über Entstehung, Verbreitung und Ausmaß der Seuche besser Bescheid zu wissen«. Die Landesregierung jedenfalls wolle alles tun, um die Tierbestände in Mecklenburg-Vorpommern zu erhalten. Aber auch an die SPD-geführte Bundesregierung richtete er den Appell: »Nur ein kleiner Betrieb ist ein guter Betrieb – so simpel ist die Wahrheit leider nicht.«

Der Rechtsextremismus bestimmt die Wahrnehmung des Landes

Die Deutsche Volksunion (DVU) des Münchner Verlegers Gerhard Frey trat mit großen Hoffnungen zur Landtagswahl 1998 an, scheiterte aber trotz millionenschwerem Wahlkampfetat deutlich an der Fünf-Prozent-Hürde. Harald Ringstorff freute sich darüber, dass es wieder keine rechte Partei in den Landtag geschafft hatte und verwies als Grund auf den engagierten Wahlkampf der Sozialdemokraten. Auch den gegen Rechts. Der nächste Hoffnungsträger der Rechten hieß »Partei Rechtsstaatlicher Offensive« (PRO). »Infratest dimap« sah die sogenannte Schill-Partei lange bei fünf Prozent, während sich etwa 18 Prozent der Befragten in Mecklenburg-Vorpommern zumindest vorstellen konnten, sie zu wählen.

Nachdem Anfang Mai des Jahres 2000 rechtsextreme Jugendliche in Lassan in Vorpommern Vietnamesen aus Greifswald, Grimmen und Berlin überfallen hatten, die an einem See den 25. Jahrestag des Endes des Vietnam-Krieges gefeiert hatten und in Eggesin Jugendliche sich Schlägereien mit der Polizei lieferten, war das »rechtsextreme Vorpommern« auch überregional wieder medial im Fokus. Ringstorff berief eine Sondersitzung des Kabinetts ein und sagte anschließend: »Unnachsichtige Härte ist die einzige Sprache, die rechtsextremistische Gewalttäter verstehen.« Nachdem Landesinnenminister Gottfried Timm ein Konzept der Arbeitsgemeinschaft »Extremismus in Mecklenburg-Vorpommern« vorgestellt hatte, kritisierten Bundespolitiker das Vorhaben, unter dem Motto »Kritische Integration« öffentlichen Gemeinderaum für rechte Jugendgruppen zur Verfügung zu stellen. Ziel war, durch die Bindung rechter Jugendlicher an einen Ort diese besser unter Kontrolle zu bringen. Auch Harald Ringstorff hatte Bedenken gegen diesen Ansatz. Insgesamt sah das Konzept der Landesregierung laut Innenminister Timm aber vor, dass Rechtsextreme »die Härte des wehrhaften Staats« spüren sollten. Die Behörden beobachteten in Mecklenburg-Vorpommern zu diesem Zeitpunkt 49 Skinheadkameradschaften und etwa 800 gewaltbereite Extremisten. Harald Ringstorff versprach »Härte und Konsequenz gegen Terror und Gewalt von rechts« und wies die Polizei an, »alle rechtlichen Möglichkeiten vollständig auszuschöpfen, um rechtsextremistische Straftaten zu verhindern und konsequent zu verfolgen«. Rehberg bemängelte, dass in der Kabinettsvorlage von »rechten Gewalttaten in Vorpommern« zu lesen war. Vorpommern wäre ja wohl kein besonderer Hort brauner Horden. Die neu gewählte CDU-Landeschefin Steffie Schnoor sprach sich außerdem gegen ein »Bündnis gegen Rechts« aus. Studien jener Zeit legen nahe, dass etwa 30 Prozent aller Jugendlichen in Mecklenburg-Vorpommern Sympathie für rechtsradikales Gedankengut hegten. Etwa so viele wie im Bundesdurchschnitt.

Anfang August 2000 hielt Ringstorff in gedecktem Anzug und neben einer drapierten Landesfahne eine vom »NDR«-Fernsehen übertragene Ansprache gegen Rechtsextremismus unter dem Titel »Aufruf gegen Gewalt in Mecklenburg-Vorpommern«. Er führte aus:

»Jede dieser Straftaten ist nicht nur verabscheuungswürdig, sondern beschädigt zugleich das Ansehen unseres Landes und jedes einzelnen von uns. [...] Als Ministerpräsident rufe ich alle Mecklenburger und Vorpommern dazu auf, nicht die Augen vor Gewalttätigkeiten zu verschließen.«

Ringstorff ermunterte Eltern: »Erziehen Sie Ihre Kinder zu Respekt vor anderen Menschen« und Unternehmern empfahl er: »Machen Sie Ihren Auszubildenden deutlich, dass sie damit ihren Arbeitsplatz gefährden.« Bürgermeistern legte der Ministerpräsident nahe: »Nehmen Sie sich in Ihren Gemeinden ganz besonders der jungen Leute an, und behalten Sie die Treffpunkte im Auge, an denen sich gewaltbereite Jugendliche zusammenrotten.« Er forderte die gesamte Bevölkerung auf, »dafür zu sorgen, dass Hass und Gewalt erst gar nicht entstehen. Machen Sie mit, schließen Sie sich an; wir sind gemeinsam in der Pflicht, der Gewalt im Nordosten den Nährboden zu entziehen.«[55]

Zuvor waren in Greifswald, Wismar und Ahlbeck Obdachlose von Jugendlichen erschlagen worden. Die Fraktion der Grünen im Berliner Abgeordnetenhaus hatte auch deshalb an den Tourismusverband Usedom geschrieben: »Wir fragen uns, ob wir und unsere Mitbürger ausländischer Herkunft es noch wagen können, heute und in Zukunft auf Usedom Urlaub zu machen.« Der Vorsitzende des mecklenburgischen Tourismusverbandes, der vormalige CDU-Wirtschaftsminister Jürgen Seidel, beklagte, dass auf auswärtigen Messen und in Wirtschaftskreisen vom »Radikalismus-Land« im Nordosten die Rede sei. »Mit ihren Anschlägen« so Seidel, »hauen uns die Extremisten die Beine weg«. Tatsächlich warnten bereits ausländische Reiseführer Touristen vor rechtsextremen Fanatikern und Gewalttaten in Ostdeutschland. Ringstorff hingegen sah diese nicht unbedingt gefährdet.

DDR-Aufarbeitung schreitet fort

Bereits am 3. Dezember 1998 tagte der Schweriner Landtag nach Antrag der Koalitionsfraktionen zum Thema Stasi-Überprüfung von Abgeordneten. Als Ergebnis wurde eine Änderung des Abgeordnetengesetzes dahingehend beschlossen, Überprüfungsergebnisse künftig als Landtagsdrucksache zu veröffentlichen. Im Gegenzug war die Überprüfung freiwillig. Angestellte und Beamte der Landesverwaltung sollten außerdem lediglich nur in herausgehobenen Positionen oder sicherheitspolitischen Bereichen der Polizei wie auch bei Vorliegen von konkreten Anhaltspunkten überprüft werden. Es war einer der ersten Punkte des Koalitionsvertrages, die eingelöst wurden.

Der Fortbestand der Behörde des Landesbeauftragten für die Stasi-Unterlagen wurde anschließend genauso wiederkehrendes Thema wie der zögerliche Ausbau der Gedenkstätte am Demmlerplatz in Schwerin, die erst im Frühsommer 2001 eingeweiht wurde. Im Juli 1999 gelangte Harald Ringstorff mit der Forderung, den Forschungsetat der Gauck-Behörde lieber den Hochschulen in Ostdeutschland zugutekommen zu lassen, in die überregionalen Schlagzeilen. Zuvor hatte Hubertus Knabe, Forscher in der Gauck-Behörde, eine Studie zur Westarbeit der Staatssicherheit nicht nur im Hausverlag der Behörde, sondern andernorts veröffentlichen wollen. Während der Vorsitzende des Beirates der Gauck-Behörde, Ringstorffs alter Gegner Richard Schröder, Ringstorffs Forderungen »Unsinn« nannte, blieb dieser bei seiner Haltung.

Wenige Wochen später ließ die Landeszentrale für politische Bildung Mecklenburg-Vorpommerns das Sachbuch »Ende einer Illusion – Hoffnungen und Enttäuschungen aus 40 Jahren DDR« von Klaus Schwabe nur in gekürzter Form erscheinen. Die Streichungen betrafen Bewertungen der regierenden SPD/PDS-Koalition vor dem Hintergrund historischer Erfahrungen. Schwabe schrieb beispielsweise:

> »Es sind primär machtpolitische Überlegungen, die in Mecklenburg-Vorpommern im Herbst 1998 zu einer Regierungsbeteiligung (der PDS) geführt haben, denn alle anderen Argumente bis hin zu der gewandelten PDS sind nachgewiesener Maßen nicht hinreichend begründbar.«

Die neue Leiterin der Landeszentrale, Regine Marquardt, sagte, ihre Institution habe die Kürzung vorgenommen, weil der Autor in dem Kapitel einseitig Partei für eine Position innerhalb der SPD nehme. Die CDU befand: »Ringstorff schreckt auch vor Zensur nicht zurück, um keinen Schatten auf seine Koalition fallen zu lassen«, während Angela Merkel von einem »schlimmen Rückfall in die Vergangenheit« sprach. Ringstorff, bei der Buchvorstellung selbst anwesend, ging auf Distanz zu Marquardt und sagte: »Ich hätte in dem Punkt eine andere Entscheidung getroffen.«

Im Oktober des Jahres 2000 sagte Ringstorff in seiner Regierungserklärung zum zehnjährigen Bestehen von Mecklenburg-Vorpommern, dass die Bevölkerung im Umbruch von Diktatur und Planwirtschaft zu Marktwirtschaft und Demokratie zu einer beispiellosen Aufbauleistung bereit gewesen sei. PDS-Fraktionschefin Angelika Gramkow bekannte in der Debatte ihre Scham, noch im Oktober 1989 freiwillig an einer Demonstration gegen die Demokratiebewegung teilgenommen zu haben. Es gab laut Gramkow zur deutschen Einheit keine Alternative, doch hätte es Alternativen zum Weg dorthin gegeben.

Schulpolitik und die Demografie sorgen für Streit

Die Koalition einigte sich auf eine Novellierung des zwei Jahre zuvor von der großen Koalition verabschiedeten Schulgesetzes. Eine schulartenunabhängige Orientierungsstufe mit einheitlichen Lehrplänen sollte eingeführt und in der Legislaturperiode die Voraussetzung für eine sechsjährige Grundschule geschaffen werden. Holter sagte: »Das ist ein Schritt in Richtung Abschaffung des dreigliedrigen Schulsystems.« Die SPD verhinderte im Gegenzug den Wunsch der PDS, den Religionsunterricht als ordentliches Lehrfach abzuschaffen und stattdessen ein Fach »Lebenskunde/Ethik« einzuführen. Im November 1999 rückte die SPD-Fraktion jedoch von der Orientierungsstufe ab. Ein Schulstreit entzündete sich. Der linke SPD-Abgeordnete Rudolf Borchert warf seiner Partei »Wortbruch und Wahlbetrug« vor. Im Ergebnis des Streits sollte das Gymnasium erst ab der siebten Klasse beginnen. Nach einer zweijährigen Orientierungsstufe könnten dann Eltern in Klasse sechs über die schulische Laufbahn ihrer Kinder entscheiden. Strittig blieb weiterhin, ob Klassen nach vierjähriger Grundschule geschlossen in die Orientierungsstufe wechseln, wie die PDS es wünschte. Das Elternwahlrecht nach der vierten Klasse blieb erhalten. Ringstorff sah die Koalition nicht in Gefahr und betonte, dass die Zusammenarbeit weiterhin gut sei. Es sei ein normaler Konflikt in einem Regierungsbündnis. In einem schwach besiedelten Land wäre eben nicht jede pädagogische Idealvorstellung umsetzbar.

Im Vergleich zu 1990 war im Jahr 2001 die Bevölkerung Mecklenburg-Vorpommerns durch Geburtenrückgang und Wegzug um 150.000 Menschen geschrumpft. Allein im ersten Quartal 2001 verließen 9.500 Menschen Mecklenburg-Vorpommern, die meisten Richtung Hamburg und Schleswig-Holstein. Die Einwohnerzahl erreichte mit 1,77 Millionen einen neuen Tiefststand. Demografen wie Professor Reiner Dinkel vom Demographischen Institut der Universität Rostock schlugen Alarm. »Es gibt zu wenig Ausbildungsplätze, zu wenig qualifizierte Jobs.« Vor allem junge Frauen würden das Land verlassen. Harald Ringstorff und Helmut Holter sprachen von normalen Wanderungen, während die Opposition verfehlte Wirtschafts-, Sozial- und Bildungspolitik diagnostizierte. Stattdessen würden junge Menschen mit Hilfe des vom Arbeitsamt geförderten Mobilitätsprogramms einen Ausbildungsplatz im Westen suchen.

Im Mai 2002 meinte Ringstorff gegenüber der »Ostsee- Zeitung«:

»Das Land ist schon attraktiv für viele. Seit der Wiedervereinigung fanden 305.000 Menschen Mecklenburg-Vorpommern so attraktiv, dass sie zu uns gezogen sind, darunter besonders viele jüngere Leute. Im gleichen Zeitraum meinten aber 361.000 Menschen, ihr Glück woanders eher zu finden. Zwischen 1990 und 2001 hat Mecklenburg-Vorpommern rund 8,4 Prozent seiner Einwohner verloren. Sachsen verlor etwa denselben Anteil, Thüringen leicht darunter, Sachsen-Anhalt darüber. Nur Brandenburg kann eine Zunahme ausweisen. Die Ursache für den Bevölkerungsrückgang liegt auch in unseren Gebietsabtretungen an Brandenburg und Niedersachsen, vor allem aber am Geburtenknick. Gab es in Mecklenburg-Vorpommern 1990 noch 12,2 Geburten auf 1.000 Einwohner, waren es 1994 nur noch 4,9. Glücklicherweise steigt die Zahl wieder. Heute sind es 7,5 Geburten auf 1.000 Einwohner.«

In der überregionalen Presse überdeckte das Demografieproblem trotz dieser Erklärungen zunehmend das Image vom rechtsradikalen Bundesland.

Der politische Hauptgegner sortiert sich neu

Angela Merkel wollte, dass Mecklenburg-Vorpommern zum Bayern des Nordens würde. Vielleicht hatte sie auch deshalb den politischen Aschermittwoch in ihrem Wahlkreis eingeführt. Nachdem im Zuge der CDU-Parteispendenaffäre auch die CDU Mecklenburg-Vorpommerns wegen Bezuschussungen aus schwarzen Kassen in die Kritik geraten war, sah Harald Ringstorff eine Nähe der CDU zur ehemaligen SED gegeben. Durch ihr jahrelanges Agieren an Recht und Gesetz vorbei würde sie der ehemaligen DDR-Staatspartei SED ähneln. Eckhardt Rehberg nannte das abwegig. Nachdem Angela Merkel infolge dieser Affäre der Bundes-CDU am 20. März 2000 vom CDU-Bundesvorstand für das Amt der Parteivorsitzenden nominiert worden war, bereitete sie in ihrem brandenburgischen Ferienhaus die ihr traditionell vom nordvorpommerschen Landrat Wolfhardt Molkentin geschenkte Weihnachtsgans mit Rotkohl zu. Später fuhr sie mit ihren wichtigsten Mitarbeitern zu einer zweitägigen Klausur nach Dierhagen an die Ostsee. Nachdem sie anschließend die Leitung der Bundespartei übernommen hatte, wurde Steffi Schnoor im Mai 2000 ihre Nachfolgerin als CDU-Chefin in Mecklenburg-Vorpommern. Jeder vierte Parteitagsdelegierte jedoch wählte sie nicht. Es sollte eine kurze Amtszeit werden. Eckhardt Rehberg wurde bereits im Herbst 2001 ihr Nachfolger. Ringstorff meinte, mit der Entscheidung für Rehberg hätte sich die CDU auf Dauer für die Opposition entschieden. Über allem schwebte ein mögliches Comeback von Günther Krause, was Rehberg und Merkel zu verhindern wussten.

Wie und vor allem mit wem aber wollte die CDU in die anstehende Landtagswahl des Jahres 2002 gehen? Natürlich hatte die neue CDU-Bundesvorsitzende Ambitionen zur zeitgleich stattfindenden Bundestagswahl als Spitzenkandidatin anzutreten. Aber inoffiziell hatte sie auch das erste Zugriffsrecht auf die Spitzenkandidatur bei der Landtagswahl. Merkel hielt sich bedeckt und dem CDU-Landesverband lief die Zeit davon, eine Alternative zu Merkel aufzubauen. Die Wahlchancen der CDU Mecklenburg-Vorpommerns ordnete Merkel ihren eigenen Absichten unter.

Am 3. November 2001 wurde letztendlich Ringstorffs Intimfeind, Eckhardt Rehberg mit 94,5 Prozent zum Spitzenkandidaten der CDU in Mecklenburg-Vorpommern für die Landtagswahlen und Merkel mit 98,6 Prozent auf Platz 1 der Landesliste für die Bundestagswahl gewählt. Rehberg kritisierte Ringstorffs Regierung als »willen- und mutlos«. Ringstorff solle sich für Mecklenburg-Vorpommern genauso einsetzen wie es Unionskanzlerkandidat Edmund Stoiber, in dessen Team Rehberg als Ostbeauftragter arbeitete, für Bayern tue. Rehberg war sich sicher, dass es Mecklenburg-Vorpommern guttäte, wenn Ringstorff zur nächsten Landtagswahl gar nicht antreten würde. Merkel wiederum sagte: »Ringstorff wird in die Geschichte eingehen als Ministerpräsident, der nie ernsthaft Widerstand gegen die parteitaktischen Manöver der SPD gezeigt hat.« Nach einer personalisierten Infratest-Umfrage aus dieser Zeit hätte Ringstorff Rehberg mit 51 zu 29 Prozent geschlagen.

Die regierende Sozialdemokratie zieht mit Amtsbonus in den Wahlkampf

Ende 2000 ergab eine von der Landesregierung in Auftrag gegebene »Emnid«-Umfrage, dass fast alle der 1.000 befragten Mecklenburger und Vorpommern mit ihrem Leben und ihrer Regierung zufrieden waren. Harald Ringstorff führte weiter die Beliebtheitsskala an, gefolgt von Till Backhaus und Wolfgang Methling. Gleichzeitig war die SPD-Mitgliedschaft in Mecklenburg-Vorpommern auf rund 3.500 Mitglieder gesunken. Anfang Mai 2001 wurde Ringstorff auf dem Landesparteitag in Stralsund, der unter dem Motto »Die Richtung stimmt« stattfand, zum sechsten Mal, aber mit seinem bislang schlechtesten Ergebnis von nur 62,2 Prozent nach mittlerweile elf Jahren Amtszeit wieder zum Landesvorsitzenden gewählt. Das waren fast 20 Prozent weniger Zuspruch als zwei Jahre zuvor. Sylvia Brettschneider und Gottfried Timm wurden als Ringstorffs Stellvertreter bestätigt. Der Juso Mathias Brodkorb unterlag Timm dabei mit nur sieben Stimmen. Bundeskanzler Schröder selbst war in Stralsund anwesend und hatte den Delegierten erklärt, dass die Bundesregierung durch eine Neuauflage des Solidarpakts Ostdeutschland weiter unterstützen wolle. Außerdem kündigte Ringstorff an, sich wieder für die Spitzenkandidatur bei den anstehenden Landtagswahlen zu bewerben. Die Delegierten verabschiedeten auch den Entwurf eines Regierungs-

Abb. 15 SPD-Bundesparteitag 2002. Vordere Reihe von links nach rechts: Gerhard Schröder, Reinhard Höppner, Harald Ringstorff, Wolfgang Thierse, Matthias Platzeck.

programms für die Zeit nach 2002, in denen weiter die Bekämpfung der Arbeitslosigkeit, aber auch das Abitur nach Klasse zwölf zentrale Aussagen waren. Abgelehnt wurde der Antrag, künftig wegen der Gleichberechtigung das Wort »Abgeordnetinnen« zu verwenden. Noch auf der Heimfahrt war Ringstorff von seinem schlechten Wahlergebnis betroffen und sagte zu Gottfried Timm, dass er auch hinschmeißen könne.[56] Holter wurde auf dem ersten PDS-Parteitag nach der Regierungsübernahme mit schwachen 57,7 Prozent in seinem Landesvorsitzenden-Amt bestätigt. Später gab er es auf.

Im April 2002 verlor die SPD in Sachsen-Anhalt auf dramatische Weise ihre von der PDS gewährte Regierungsmehrheit. Ringstorff verwies deshalb auf dem Listenparteitag in Ludwigslust Ende Mai 2002 darauf, dass Mecklenburg-Vorpommern nicht Sachsen-Anhalt sei. Anschließend wurden, wieder im Beisein von Bundeskanzler Schröder, die Landeslisten für den Landtag und den Bundestag gewählt. Auf Platz 5 des Listenvorschlags stand mit Mathias Brodkorb ein Kritiker von Ringstorffs eher wirtschaftsfreundlichem Regierungskurs. Der wiederum erhielt mit 90,8 Prozent ein überraschend gutes

Ergebnis. Außerdem sagte er: »Eine Koalition, die erfolgreich ist, wird man nicht wechseln.« Die CDU stehe für soziale Kälte und »eine Politik gegen den Osten. [...] Im Wahlkampf werden wir deutlich machen, wofür demgegenüber die CDU steht: für Ent-Solidarisierung, das Ellbogen-Prinzip und eine Politik gegen den Osten.«

Der Nachfolger von Nikolaus Voss als Büroleiter des Ministerpräsidenten Ringstorff, Andreas Timm, berichtet, dass der anschließende Wahlkampf der SPD im Jahr 2002 drei strategischen Maßgaben folgte. Er wurde auf den Spitzenkandidaten Ringstorff zugeschnitten, die Themen soziale Gerechtigkeit, Wirtschaft und Arbeit in den Fokus gerückt und auch die CDU angegriffen. Vor Beginn des Wahlkampfs gab die SPD zur Entscheidungsfindung eine Meinungsumfrage in Auftrag. Mit ihr wurde das Image der Spitzenkandidaten von Union und SPD bei den Wählern abgefragt. Wenn Ringstorff hier gegenüber Herausforderer Rehberg in puncto Heimatverbundenheit oder Solidität auch besser abschnitt, verfügten beide jedoch über dieselbe Führungsstärke. Daraufhin wurde Ringstorff im Wahlkampf als heimatverbundener Landesvater, der anpackt und dem man vertraut, »verkauft«.[57] Auf dem Wahlparteitag musste Ringstorff deshalb an einem extra herangeschafften Maschinentelegrafen den Hebel auf »Volle Fahrt voraus« legen. Ein kalkuliertes Bild, das half und eventuell auch deshalb von Erwin Sellering im Wahlkampf 2011 wiederholt wurde. Allenthalben konnte man auf SPD-Plakaten nun lesen »Die Kraft des Landes«.

Auf dem Alten Garten in Schwerin stimmten sich Ringstorff gemeinsam mit Gerhard Schröder und Manfred Stolpe auf den Endspurt im Wahlkampf ein. Ringstorff bekannte sich deutlich zur Fortsetzung der rot-roten Koalition. Später fuhr Ringstorff im roten Bus durch die Lande, gelegentlich in prominenter Begleitung wie in Greifswald mit dem Vorsitzenden der SPD-Bundestagsfraktion, Ludwig Stiegler. Arne Boeker schrieb in der »Süddeutschen Zeitung« über dessen Auftritt:

»Der Bayer poltert eine halbe Stunde lang auf das Publikum ein, einmal nennt er Edmund Stoiber ›den größten Angeber aller Zeiten‹. Flaneure halten sich die Ohren zu, Besucher gehen kopfschüttelnd weg, Stiegler merkt es nicht. Wir lernen: Harald Ringstorff muss wohl der Gegenentwurf zu dem lärmenden, ätzenden Ludwig Stiegler sein,

Abb. 16 Der Wahlkampfbus von Harald Ringstorff im September 2002.

der hier, nahe der polnischen Grenze, Politik so verkörpert, wie er es in der alten Bundesrepublik gelernt hat. Nach ein paar Minuten wagt ein Männlein schüchtern einzuwerfen, die Arbeitslosigkeit sei aber doch auch unter Ringsto... – ›Du zurückgebliebener PDSer, geh' doch ins Museum!‹, krakeelt Stiegler. Trotz der Spätsommersonne vereist Harald Ringstorffs Miene. Schließlich ist die Sache mit der PDS hier oben im Nordosten doch ein bisschen vielschichtiger, als man sich das in Bayern vorstellt. Harald Ringstorff hält die ereignisarme Rede, die er immer hält. Er sagt, das Land sei unter ihm ›ein schönes Stück‹ vorangekommen, obwohl viele Statistiken diese Behauptung widerlegen. Aber die Rede legt sich trotzdem wie ein Pflaster auf die Wunde, die Stiegler gerissen hat.«[58]

Auf den Wahlplakaten posierte Ringstorff mit Aufnahmen der A 20 und dem Titel »Die Kraft des Landes«. Trotz allem war es kein kämpferischer Wahlkampf, den der Ministerpräsident dort führte. Verglichen mit dem von 1998 gab er eher den präsidialen Landesvater, und das mit Erfolg. Dabei kam ihm auch die Elbeflut des Sommers 2002 mit Dammbrüchen und Zwangsevakuierungen zugute.

Zwar wurden in Mecklenburg-Vorpommern so gut wie nie Angriffswahlkämpfe geführt, das Duell Ringstorff gegen Rehberg hatte aber Potenzial für einen solchen. Rehberg war gleichzeitig Mitglied im Kompetenzteam des Kanzlerkandidaten Edmund Stoiber und Anführer eines weiteren Kompetenzteams in Mecklenburg-Vorpommern. Dieses errang aber kaum Bedeutung, zumal die Mitglieder, alles Männer, kaum bekannt waren. Für die FDP wiederum warben »Glücksrad«-Moderator Peter Bond und Pornostar Dolly Buster. Die PDS hatte das Wahlziel »25 XXL« ausgegeben. Aber schon früh prophezeiten ihr die Umfragen ein Ergebnis weit unter 20 Prozent.

Das politische Mecklenburg fieberte dem TV-Duell zwischen Amtsinhaber Ringstorff und Herausforderer Rehberg am 18. September 2002 entgegen. Die 45 vom »NDR« übertragenen Minuten aus dem Landesfunkhaus des »Norddeutschen Rundfunks« in Schwerin unter der Moderation von Volker Herres sollten für die CDU das Ruder herumreißen. Rehberg, im dunklen Jackett und mit blauer Krawatte, gab sein Bestes. Er wollte die Wirtschaftsförderung straffen, die Schulreform kippen und zwei Ministerien abschaffen. Vergeblich. Den SPD-Wahlkampf beschloss am 21. September eine Kundgebung mit Gerhard Schröder in Rostock. Man war siegessicher.

Was war die Bilanz der Legislaturperiode? Das Wirtschaftswachstum Mecklenburg-Vorpommerns lag wie stets unter dem ostdeutschen Mittel. Der Unternehmerverband kooperierte trotz aller Prophezeiungen eng mit Rot-Rot. Der Wirtschaftspolitik von Ebnet und Eggert gab er aber nur die Note »ausreichend«. Ebnet selbst räumte eine »geringe gesamtwirtschaftliche Dynamik« ein, verwies aber auf das starke Industriewachstum, das seit 1998 um ein Fünftel zugelegt hatte. Die Neuverschuldung konnte gesenkt werden, der Zuwachs in der Tourismusbranche war sogar der größte deutschlandweit. Mit 18 Prozent war die Arbeitslosenquote überdurchschnittlich hoch und kaum gesunken. Etwa 54 Prozent der Bevölkerung waren mit der Regierung eher unzufrieden. Die Abwanderung aus dem Lande hielt an. Laut »Berliner Zeitung« bescheinigten trotzdem 60 Prozent der Wähler Ringstorff gute Arbeit. Der Landesregierung waren laut der Zeitung aus der Bundeshauptstadt zwei Dinge gelungen: In Mecklenburg-Vorpommern Sozialismus und Chaos zu verhindern.[59]

Die Koalition 2002 bis 2006 bleibt rot

Regierungskontinuität

Am Wahltag, dem 22. September 2002, fuhr Ringstorff mit dem Fahrrad zum Wahllokal nach Blankenberg. Umringt von Mitarbeitern erwartete er später am Tag im Raum 100 der Staatskanzlei die erste Hochrechnung.

»Ein Triptychon aus schwarzen Fernsehern thront am Kopfende des Raumes. Der rechte überträgt die ARD, der mittlere das ZDF, der linke den NDR. Noch am Vortag hat die Abteilung I der Staatskanzlei überprüft, ob sich die Fernbedienungen gegenseitig stören. Zwei Dutzend Mitarbeiter und SPD-Funktionäre hat Mecklenburg-Vorpommerns Ministerpräsident Harald Ringstorff in den Raum 100 eingeladen, um auf das Urteil des Wählers zu warten. Als der NDR um Punkt 18 Uhr eine Prognose über den Sender schickt, sind die Schnittchen nicht mehr wichtig, und der Kaffee erkaltet in den Tassen.«[1]

Wieder waren nur drei Parteien in den Landtag gewählt worden. Mit 40,6 Prozent gewann die SPD am 22. September 2002 mit ihrem bis dahin besten Ergebnis die Landtagswahl. Ein Plus von 6,3 Prozent hatten ihr nur wenige zugetraut. Aber auch die CDU hatte 1,2 Prozent zugelegt und war mit 31,4 Prozent zweitstärkste Kraft geworden. Eingebrochen war nur die PDS. Deutlich. Sie verlor acht Prozent, erhielt insgesamt 16,4 Prozent und büßte knapp ein Drittel ihrer Sitze ein. Die SPD erzielte nach dem endgültigen Wahlergebnis 32, die CDU 26 und die PDS 13 der 71 Landtagssitze. Ringstorff gewann seinen Wahlkreis Parchim II souverän wie nie zuvor mit 48,5 Prozent der Erststimmen gegen die stellvertretende Vorsitzende des CDU-Landesverbandes, Karin Strenz. Er sagte:»Das ist ein großer Erfolg. Vor allem ist auch das Regierungsbündnis aus SPD und PDS bestätigt worden.« Deshalb hielt er mögliche Sondierungsgespräche mit der CDU für überflüssig.

Erstmalig wurde in der Nachwendegeschichte des Landes eine Regierungskoalition vom Wähler bestätigt. Einerseits schätzten laut einer Umfrage 90 Prozent der Wähler Mecklenburg-Vorpommerns in diesen Tagen die Lage als eher schlecht ein, aber 58 Prozent votierten gegen einen Regierungswechsel. Obwohl die PDS abgestraft wurde. Sie hatte auch mit ihrer neuen und nicht immer ganz einigen Bundesführungsriege aus Gabi Zimmer, der Berliner Landesvorsitzenden Petra Pau, Fraktionschef Roland Claus und Wahlkampfmanager Dietmar Bartsch in Mecklenburg-Vorpommern nichts erreicht. In Berlin war sie sogar aus dem Bundestag geflogen. Nur zwei Frauen mit Berliner Direktmandat waren ihr geblieben. Fraktionsvorsitzende Angelika Gramkow nannte zwar noch am Wahlabend auf der Wahlparty der PDS in der »Ritterstube« ihre Kandidaten eine »Tolle Mannschaft«, befand aber später:»Offenbar war die SPD in der Lage, die guten Leistungen unserer Regierung für sich zu verbuchen.« Mit Tränen in den Augen sagte sie in die Kameras:»Es wird zu bewerten sein, ob wir in einer Landesregierung unsere Inhalte überzeugend einbringen können.« Ein PDS-Sonderparteitag beschloss jedoch noch Ende September Koalitionsgespräche mit der SPD und bestätigte Peter Ritter im Amt des Parteivorsitzenden. In den Tagen zuvor waren Rücktrittsforderungen gegen ihn und Holter aus der Partei laut geworden. Angelika Gramkow wurde bereits zuvor trotz vereinzelter Kritik als Fraktionsvorsitzende bestätigt. Innerparteiliche Stabilität war das Gebot der Stunde. Ringstorff Strategie, die PDS durch Regierungseinbindung zu »entzaubern«, war aufgegangen.

Was würde sich nach diesem ungleichen Wahlsieg aber für die Koalition ändern? Die Kluft zwischen SPD und PDS war immerhin deutlich größer geworden. Nichts! Die PDS behielt ihre drei Ministerposten, nur löste Wolfgang Methling Helmut Holter als stellvertretender Regierungschef ab. Der blieb Bauminister und Marianne Linke wurde Sozialministerin. Ringstorff erklärte, er müsse der PDS »Luft zum Atmen lassen«.

Während man auf der CDU-Wahlparty noch das vorläufige Berliner Ergebnis feierte, schickte der geschlagene Rehberg seinen Vize Ulrich Adam in die ersten Interviews. Rehberg sagte später selbst:

> »Je mehr es auf die Bundestagswahl zuging, umso weniger kamen wir mit unseren Themen durch. Die Themen Flut, Irak und Anti-Stoiber-Kampagne haben uns die Beine weggerissen. Die Wechselstimmung hat gefehlt.«[2]

Eines war klar: Rehberg würde wohl keine große Zukunft mehr in Schwerin haben.

Im Januar 2003 sagte aber sein erbittertster Gegner, Harald Ringstorff, dass er das Amt des SPD-Landesvorsitzenden auf einem Parteitag am 5. April in Neustrelitz an Till Backhaus übergeben werde. Gottfried Timm, der von Ringstorff ebenfalls als Kandidat erwogen worden war, hatte aus persönlichen Gründen abgelehnt. Ringstorff wies anschließend Spekulationen darüber zurück, dass er noch im Laufe der Legislaturperiode auch das Amt des Ministerpräsidenten aufgeben werde. Er wolle nicht so lange im Amt bleiben wie Konrad Adenauer, aber bis dahin bleibe ja noch Zeit. Für die Stellvertreterposten kandidierten in Neustrelitz Justizminister Erwin Sellering, der Juso-Chef Mathias Brodkorb und die Landtagsabgeordnete Ute Schildt. Gottfried Timm und Sylvia Bretschneider traten nicht mehr an. Backhaus wurde mit 82,6 Prozent ohne Gegenkandidaten zum Landesvorsitzenden gewählt und erhielt von seinem 19 Jahre älteren Amtsvorgänger ein Fernrohr und einen Kompass für den richtigen Kurs. Ringstorff verdeutlichte auch in Neustrelitz noch einmal, dass er die Legislaturperiode als Ministerpräsident beenden wolle: »Das Amt macht mir nach wie vor Spaß.«[3] Außerdem wolle er noch Gerhard Schröder unterstützen: »Mit Angela Merkel als Regierungschefin wären deutsche Soldaten jetzt wahrscheinlich mit dabei im Irak.«

Wenige Tage nach der Wahl von Backhaus zum SPD-Landesvorsitzenden, nach den sozialdemokratischen Wahlniederlagen in Hes-

Abb. 17 Harald Ringstorff mit Agrarminister Till Backhaus auf einer Veranstaltung im Jahr 2002.

sen und Niedersachsen, veröffentlichten Mathias Brodkorb und Rudolf Borchert ein Papier mit dem Titel »Rettet die Sozialdemokratie in der SPD«. Sie kritisierten den Kurs von SPD und der Bundesregierung unter Gerhard Schröder als Ursache für das Einbrechen der SPD. Zu diesem Zeitpunkt begann aber vor allem die Auseinandersetzung über die Agenda 2010-Politik des Kanzlers. Sie sollte auch die SPD in Mecklenburg-Vorpommern beschäftigen und teilweise spalten. Mitte April 2005 wurde Backhaus trotzdem auf einem Landesparteitag in Gägelow, der unter dem Motto »Zukunft gewinnen – aus eigener Kraft« stand, mit 92,5 Prozent der Stimmen im Amt des Landesvorsitzenden bestätigt. Parteichef Backhaus stand aber auch als Chef noch im Schatten des starken Mannes der mecklenburgischen SPD, Harald Ringstorff. Manche erwarteten, dass der zu seinem 65. Geburtstag in den Ruhestand treten würde. Am 30. September 2005 informierte Ringstorff die Parteigremien jedoch darüber, erneut für das Ministerpräsidentenamt kandidieren zu wollen. Später ging er mit Till Backhaus vor die Presse und verkündete seine vierte Kandidatur. Reinhard Meyer berichtet, dass aus der Sozialdemokratie

Mecklenburg-Vorpommerns heraus auf Berlin Einfluss genommen wurde zu erwirken, dass von dort aus Ringstorff gedrängt werde, 2006 noch einmal anzutreten.[4] Die Mehrheit, die Backhaus als Landesvorsitzender im Landesverband hatte, blieb ihm bei seinen Spitzenkandidatenambitionen versagt. Er sollte bald die Konsequenzen daraus ziehen.

Die CDU, Finanzpolitik, Hartz IV, Gesundheitsland Nummer 1

Im August 2003 forderten verschiedene Funktionäre und Abgeordnete der CDU die Demission von Fraktionschef Rehberg. Nicht programmatische Auffassungen, sondern Rehbergs Charakter und Typ wurden kritisiert. Er sei »ein größeres Hindernis als der politische Gegner« meinten Parteifreunde. Das schwere Jahr nach der Landtagswahl und die Wahlniederlage schrieben sie Rehbergs »konfrontativem Politikstil« zu.[5] Anfang September 2003 verkündete der Partei- und Fraktionschef, dass er zur Landtagswahl 2006 nicht mehr antreten wolle. Dies sei die Schlussfolgerung aus der verlorenen Wahl von 2002. Er hätte seine Entscheidung bereits nach der verlorenen Wahl getroffen und denke, dass jeder im politischen Leben seinen Platz rechtzeitig räumen solle. Fraktionschef und Landesvorsitzender der CDU wolle er aber bleiben. Der einst von der SPD zur CDU konvertierte Landtagsabgeordnete Rainer Thomas schrieb in einem Brief an die CDU-Landesführung, dass der Fisch vom Kopf an zu stinken anfangen würde. Rehberg sei das Hauptproblem der CDU Mecklenburg-Vorpommerns. Rehbergs stellvertretende Landesvorsitzende Karin Strenz warf ihm Wort- und Vertrauensbruch vor. Die Landtagsabgeordnete Ilka Lochner-Borst verlangte nach einer »Integrationsfigur«, die über »soziale Kompetenzen« verfüge. Trotz der Kritik konnten alle versammelten Widersacher keinen Gegenkandidaten aufbieten, der es mit Rehberg aufzunehmen vermochte.[6] So ging Rehberg in die Offensive und lud in einem Brief an die Landtagsabgeordneten, aber auch den CDU-Landesvorstand, die Kreisverbände und die Vorsitzenden der Landesvereinigungen zu einer gemeinsamen Sitzung mit der Parteivorsitzenden Angela Merkel am 17. Oktober 2003 ein. In Vorbereitung seiner erhofften Wiederwahl zum Fraktionschef am 28. Oktober und zum Landesvorsitzenden am

15. November versuchte er, seine Unterstützer hinter sich zu sammeln. Am Tag vor seiner knappen Wiederwahl zum Landtagsfraktionsvorsitzenden traf sich die Fraktion im Gutshof Sparow mit Angela Merkel, um die innerparteilichen Schieflagen zu bereinigen, in deren Zentrum nach wie vor Eckhardt Rehberg stand. Die Probleme wurden nicht gelöst, nur verschoben und eine gespaltene Fraktion wählte ihn einen Tag später mit 15 Ja- gegen zehn Neinstimmen erneut zum Fraktionsvorsitzenden. Ähnlich knapp verlief wenige Wochen später die Wahl zum Landesvorsitzenden, als kurzfristig vom CDU-Kreisverband Rostock der Landtagsabgeordnete Harry Glawe als Gegenkandidat aufgestellt wurde. Der erhielt 80 Stimmen des Parteitages, während Rehberg auf 86 Stimmen kam. Unbekannte hatten zuvor in der Nähe des Heringsdorfer Tagungsortes plakatiert: »Mit Rehberg verlieren wir auch die Wahl 2006. Neue Köpfe braucht das Land!«[7] Den Plakatierern kam Rehberg auf dem Parteitag immerhin so weit entgegen, dass er ankündigte, das Amt des Landesvorsitzenden 2005 abgeben zu wollen. Eine Findungskommission, die von einem Unternehmer, einem Landtagsabgeordneten und einer Kreisvorsitzenden gebildet und vom ehemaligen Ministerpräsidenten Alfred Gomolka geleitet wurde, sollte rasch seinen Nachfolger auswählen und vorschlagen.

Am 2. Mai 2005 beschloss der CDU Landesvorstand auf Gut Sparow, dass der ehemalige Wirtschaftsminister und jetzige Landrat sowie Präsident des Tourismusverbandes Mecklenburg-Vorpommern, Jürgen Seidel, Eckhardt Rehberg als Landesparteivorsitzender beerben sollte. Dieser hatte sich nicht unbedingt aufgedrängt. Die Findungskommission entschied sich trotzdem nach langen Gesprächen mit ihm gegen die ebenfalls für dieses Amt hoch gehandelten Paul Krüger oder Steffi Schnorr, die bereits Rehbergs Amtsvorgängerin gewesen war. Seidels einzige Bedingung war die Wiedereinführung des Amtes des CDU-Generalsekretärs. Der parlamentarische Geschäftsführer der Fraktion, Lorenz Caffier, übernahm später diese Funktion. Im Oktober sollte Seidel ins Amt gewählt werden. Till Backhaus kommentierte: »Seidel wird als Nachfolger von Eckhardt Rehberg kein leichtes Erbe antreten, zumal Rehberg als starker Mann der Union weiter agiert.«[8] Auf diesem Parteitag in Güstrow, der schon im Juli stattfand, fuhr der ehemalige SPD-Landtagsabgeordnete

Rainer Thomas noch einmal schweres Geschütz auf. Er fühlte sich in manchen CDU-Sitzungen an die DDR der 1970er-Jahre erinnert. Trotzdem stimmten 150 der 152 Landtagsdelegierten für Jürgen Seidel. Der arbeitete während seiner Jahre in der DDR im Metallgusswerk Waren, später im dortigen Rat des Kreises. Er war zuständig für Umwelt und später Tourismus. Parallel nahm er unterschiedliche Funktionen für die CDU der DDR im Kreisgebiet wahr. Für sie gehörte er auch der letzten Volkskammer der DDR an. Während Seidel Spitzenkandidat für die Landtagswahl wurde, stellte die CDU Angela Merkel mit 99,3 Prozent wieder an die Spitze der Bundestagswahlliste als aussichtsreiche Kanzlerkandidatin. Auf Listenplatz Nummer zwei folgte ihr mit 70,3 Prozent der Delegiertenstimmen Eckhardt Rehberg. Der Weg nach Berlin war für Ringstorffs politischen Erzfeind geebnet. Noch im Jahr 2005 trafen sich der neue Fraktionschef Armin Jäger, zwischen 1995 und 1997 Seidels Staatssekretär im Bau- und später Wirtschaftsministerium, und Ministerpräsident Ringstorff zu einem Gespräch, das Rehberg und Ringstorff in dieser Form nie zustande gebracht hatten. Sigrid Keler meint rückblickend, seitdem Rehberg im Bundestag war, hätte sich ein akzeptabler Kontakt zwischen SPD und CDU eingestellt.[9]

Was aber machten Sigrid Kelers eigentliche Geschäfte? Im Januar 2003 befürchteten die ostdeutschen Landesregierungen Standortnachteile, sollten sie nach der Erweiterung der Europäischen Union nicht mehr die EU-Höchstförderung erhalten. Ringstorff forderte Übergangszahlungen in etwa derselben Höhe wie bisher für weitere sieben Jahre. Aber schon während der Koalitionsgespräche wenige Monate zuvor offenbarte sich für das anstehende Haushaltsjahr 2003 ein Finanzierungsloch von etwa 300 Millionen Euro. Während Ringstorff daraufhin eine Absenkung der Neuverschuldung ausschloss, forderten SPD und PDS, dass es bei den Einsparungen keine Tabus geben dürfe. Ein gutes Jahr später, im Dezember 2003 legte Ringstorffs Kabinett wegen Steuermindereinnahmen einen Nachtragshaushalt vor. Die Neuverschuldung sollte sich um 225 Millionen Euro auf 1,05 Milliarden Euro erhöhen. Zwei Monate später verabschiedete der Landtag den Doppelhaushalt 2003 und 2004, der letztendlich nicht verfassungskonform war. Da parallel auch eine Senkung der Gemeinschaftsaufgabe Ost für die ostdeutschen Länder diskutiert

Abb. 18 Harald Ringstorff und Sigrid Keler im Landtagswahlkampf 2002.

wurde, protestierten die ostdeutschen Ministerpräsidenten unisono. Westdeutsche Ministerpräsidenten wie Peer Steinbrück oder Edmund Stoiber hingegen forderten eine Überprüfung der Osthilfen.

Aufgrund einer sich langsam, aber stetig entwickelnden besseren Konjunktur wurde auch die Wirtschaftspolitik unter Ringstorff zunehmend erfolgreicher. In seinem Beisein unterzeichneten beispielsweise am 9. Dezember 2004 Airbus Deutschland und die Aachener Flamm AG in der mecklenburgischen Staatskanzlei einen Vertrag über die Produktion von Teilen für den Airbus 380. Ende August 2006, wenige Wochen vor der Landtagswahl, attestierte »Die Vereinigung der Unternehmensverbände für Mecklenburg-Vorpommern (VUMV)« Ringstorffs Regierung zwar eine durchwachsene Bilanz, aber auch Teilerfolge. Wichtige Reformen wurden angeschoben und teilweise auch gute Ergebnisse bei der Ansiedlung von Unternehmen erzielt.[10]

Es ist möglich, dass diese Bewertung etwas mit der Agenda-Politik von Bundeskanzler Gerhard Schröder zu tun hatte. Ringstorff ernannte ausgerechnet Arbeitsminister Holter von der PDS zum Koordinator der Umsetzung der Hartz-IV-Gesetze in Mecklenburg-Vorpommern. Der musste nun dafür sorgen, dass die Zusammenlegung von Arbeitslosen- und Sozialhilfe auch kurzfristig praktiziert würde. Holter fügte sich, demonstrierte aber am Aschermittwoch des Jahres 2003 gemeinsam mit vielen Arbeitslosen gegen diese Politik der Bundesregierung vor der mecklenburgischen Staatskanzlei von Harald Ringstorff. Als der Zug den Regierungssitz erreichte, scherte Holter aus der Masse heraus und stellte sich neben den Regierungschef, der von der Freitreppe aus die Demonstration verfolgte. Anschließend bat Ringstorff Holter um ein Gespräch, in welchem er ihm deutlich machte, dass man so nicht miteinander umgehen könne. Holter meinte nämlich gemäß der Parteilinie zu den Reformen:

>Richtig ist, dass Sozialhilfeempfänger und Alleinerziehende geringfügige Verbesserungen erfahren, viele andere Hilfeempfänger und deren Lebenspartner aber schlechter gestellt werden, als bisher. Eine Chance für das Land wäre das Gesetz, wenn möglichst viele Menschen in eine Dauerbeschäftigung kämen. Daran haben wir erhebliche Zweifel. Sicher ist, dass die Bundesagentur zumindest 2005 nicht einmal alle unter 25-Jährigen in Arbeit, Ausbildung oder Arbeitsgelegenheit bringen wird, obwohl diese einen gesetzlichen Anspruch darauf haben. Dafür reicht das Geld einfach nicht.«[11]

PDS-Landeschef Ritter bat Ringstorff deshalb inständig, Holter von seiner Zuständigkeit für Hartz IV zu entbinden. Der entgegnete:

>Wer mitregieren will, muss bereit sein, Bundesgesetze umzusetzen. Die PDS hat von Anfang an gegen die Hartz-Gesetze Front gemacht. Daher überrascht mich diese Haltung nicht. Anders als die der CDU, die Hartz IV zugestimmt und noch schärfere Regelungen gefordert hat und jetzt den Kopf einzieht. Das ist Heuchelei und Opportunismus. Es hat sich in der Praxis erwiesen, sowohl in Berlin als auch in Schwerin, dass die PDS durchaus in der Lage ist, Realpolitik mitzutragen.«[12]

Holter musste anschließend die seit Anfang 2005 wirksamen Hartz-IV-Arbeitsmarktreformen auch gegen den Protest seiner Bundespartei durchsetzen. Während diese die Öffentlichkeit gegen die Agenda 2010 mobilisierte, verabschiedete der Landtag Mecklenburg-Vorpommern am 30. September 2004 als erstes Landesparlament das von Holter eingebrachte Hartz-IV-Ausführungsgesetz.

Im Sommer 2002 formierten sich am Strand bei Rostock 29.000 Menschen zu einem rot-blauen Olympialogo. Sie unterstützten Bemühungen, bei möglichen Olympischen Spielen in Berlin das olympische Segelrevier bereitstellen zu dürfen. Ende Mai 2003 wurden Stralsund und Wismar außerdem offiziell in das UNESCO-Weltkulturerbe aufgenommen. Ringstorff sah darin einen Ritterschlag, der im Werben um Besucher Gold wert sei. Er wollte aber den Tourismus nachhaltiger gestalten und mit dem Thema Gesundheit verknüpfen. Das Land Mecklenburg-Vorpommern beauftragte deshalb eine Berliner Werbeagentur, für das Bundesland eine Dachmarke zu entwickeln. Harald Ringstorff sagte: »Es geht um eine einheitliche Darstellung unseres Landes nach innen wie nach außen.« Aus dem Wirtschaftsministerium wurde bereits Jahre zuvor der Slogan »MV tut gut« lanciert. Da lag der zukünftige Name »Gesundheitsland« nicht weit.

In der erweiterten Gesundheitswirtschaft wie Tourismus, Ernährungsindustrie und ähnlichen Branchen arbeiteten 2005 etwa 100.000 Mecklenburger und Vorpommern. In der Hochsaison ungefähr 190.000. Ringstorff sah darin eine Chance für die Außenwerbung von Mecklenburg-Vorpommern. Da Bundesregierung und ostdeutsche Länder sich aber nicht auf förderungswürdige Branchenkerne festlegen konnten, wurden Branchenkonferenzen beschlossen, die in unterschiedlichen Bundesländern zu unterschiedlichen Themen tagen sollten. In Sachsen beispielsweise tagte so eine Konferenz zum Automobil. Ringstorff hingegen setzte auf die Gesundheitswirtschaft. 35 Krankenhäuser und 67 Rehabilitationskliniken waren 2005 in Mecklenburg-Vorpommern in Betrieb. Im Februar 2005 genehmigte die Bundesregierung dem Land Mecklenburg-Vorpommern, eine bundesweite Branchenkonferenz zur Gesundheit auszurichten. Der Aufsichtsratsvorsitzende des Netzwerkes BioCon Valley, Horst Klinkmann, wurde zum Chefkoordinator ernannt und legte Themen wie Medizintechnik, Telemedizin und Ernährung fest. Würde sich Rostock als Standort der Konferenz bewähren, sollten dort regelmäßig deutsche Gesundheitsmessen stattfinden. Klinkmann meinte: »Nach der Olympia-Bewerbung ist diese Konferenz die zweite große Chance für das Land, sich nach außen zu präsentieren.« Man sei auf dem Weg zum Gesundheitsland Nummer 1. Im Dezember 2005 tagten erstmals 600 Experten in der Yachthafenresidenz »Hohe Düne« in Rostock-Warnemünde zu unterschiedlichsten Gesundheitsthemen. Aber auch das Leben in der Fläche blieb nicht unproblematisch. Im Jahr 2005 fand der deutsche Bauerntag in Rostock statt. In einer »Rostocker Erklärung« bekannten sich die Landwirtschaftsvertreter Deutschlands zur immer wieder auch in Mecklenburg-Vorpommern heftig kritisierten EU-Agrarpolitik. Zu Beginn des Wahljahres 2006 stellte sich außerdem Mitte Februar heraus, dass auf Rügen zwei verendete Schwäne vom Vogelgrippevirus infiziert waren. Es wurde Katastrophenalarm ausgelöst, eine Kabinettssitzung abgehalten. Harald Ringstorff war im Urlaub in Ägypten und CDU-Generalsekretär Lorenz Caffier kritisierte:

> »Es ist aber nicht nachvollziehbar, dass der Ministerpräsident trotz des Auftretens der ersten Fälle von Vogelgrippe und des Ausrufens des Katastrophenfalles seinen Urlaub nicht unterbrochen hat. Der Ministerpräsident hätte der erste sein müssen, der sich über die Situation informiert und mit Nachdruck das Heft des Handelns übernimmt. Stattdessen schoben sich Landkreis und Landwirtschaftsministerium gegenseitig die Verantwortung zu.«[13]

Ringstorff erwiderte, dass er seine Ferien abgebrochen und zwei Tage früher als geplant nach Schwerin zurückgekehrt sei. Außerdem wäre er fortlaufend über die Lage informiert worden. Wenige Wochen zuvor, am 8. Dezember 2005 druckte die »Schweriner Volkszeitung« ein Foto, das Harald Ringstorff mit seinem schleswig-holsteinischen Amtskollegen Peter Harry Carstensen und Angela Merkel beim Eröffnungsbanddurchschneiden zeigte. Die A 20 war nun durchgehend befahrbar und damit der längste Autobahnneubau in Deutschland seit 1945 fertiggestellt. Selten lächelte Ringstorff auf einem Foto so wie auf diesem.

Kommunalreform, Europäische Verfassung, WASG, Rechtsextremismus

Der Bevölkerungsschwund in Mecklenburg-Vorpommern konnte auch damit erklärt werden, dass die durch die SED betriebene künstliche Industrialisierung des Landes, wie beispielsweise das KKW Lubmin, nach der Friedlichen Revolution gestoppt wurde. Vielfältig wurde versucht, diesem Abzugstrend entgegenzuwirken. Das Arbeitsministerium unter Helmut Holter beispielsweise war mittels der Agentur »mv4you« bemüht, zur Rückkehr entschlossenen ehemaligen Landeskindern bei ihrer Suche nach Arbeit in der alten Heimat zu helfen. Doch keine Maßnahme konnte den Trend umkehren. Nicht nur deshalb wurde wieder über eine Neustrukturierung der Gebietskörperschaften nachgedacht. Innenminister Gottfried Timm stellte innerhalb der Wahlperiode fest: »Beim Schulsystem haben wir uns an Bayern orientiert, bei der Polizei an Niedersachsen, beim Aufbau der Kommunen an Schleswig-Holstein.«[14] Im Jahr 2003 kamen in Mecklenburg dennoch auf 1.000 Einwohner 25 Angestellte der Landesverwaltung, während es in Westdeutschland durchschnittlich nur 19 waren. Finanzministerin Keler musste über ein Viertel ihres Haushalts für Personalkosten vorhalten. Im Januar 2003 präsentierte Innenminister Timm dem Landeskabinett auch deshalb sein Modell der zukünftigen Kreiseinteilung. Er wollte die sechs kreisfreien Städte und zwölf Landkreise in die vier Großkreise Westmecklenburg, Mittleres Mecklenburg, Mecklenburger Seenplatte und Vorpommern umwandeln. Diese sollten im Rahmen einer zeitgleich implementierten Funktionalreform zahlreiche zusätzliche Aufgaben vom Land erhalten, dessen Bevölkerung drastisch schrumpfte. Je kleiner die Bevölkerung desto obsoleter werde die Kleinstaaterei, war eine weit geteilte Ansicht. Die PDS hingegen zeigte sich überrascht von Timms Vorschlag, hielt sich eine Zustimmung zu nur vier Kreisen offen und fand sechs bis neun Kreise angemessener. Eine beim Innenministerium angesiedelte interministerielle Arbeitsgruppe nahm anschließend ihre Arbeit auf.

Die Meinungsverschiedenheiten zwischen SPD und PDS zogen sich innerhalb der Regierung bis in den November 2003, in dem das Kabinett eigentlich die Reform beschließen sollte. Die Regierung befand sich insgesamt unter Zugzwang, denn im Juni 2004 standen schließlich Kommunalwahlen ins Haus. Der Novembertermin platzte und der Koalitionsausschuss musste noch einmal beraten. Kurz vor Weihnachten beschloss er ein Modell mit fünf Kreisen. Trotzdem lehnte die PDS-Basis auf einem Landesparteitag in Sternberg Mitte Januar 2004 auch dieses Modell mit fünf Landkreisen ab. Ringstorff sagte anschließend:

>Wir werden gemeinsam versuchen, der PDS-Basis deutlich zu machen, dass eine umfangreiche Verwaltungsreform, die auch die gewünschten Einsparungen und mehr Demokratie mit sich bringt, nur mit einer umfassenden Kreisgebietsreform möglich ist.«[15]

Aber nicht die PDS, die CDU war die entschiedenste Gegnerin der kommunalen Verwaltungsreform. Sahen doch viele in ihr einen Großangriff auf die Vorherrschaft der Christdemokraten in den Kommunen.

Die CDU profitierte als Erste vom Streit um die kommunale Neuregelung. Am Tag der Europawahl 2004 fanden in Mecklenburg auch Kommunalwahlen statt. Die SPD verlor knapp fünf Prozent auf 19,1 Prozent und war damit in der Mehrheit der Kreise und kreisfreien Städte lediglich dritte Kraft. Die PDS kam auf 20,2 Prozent und die CDU auf 38,8 Prozent. Harald Ringstorff kündigte trotzdem noch am Wahlabend die konsequente Durchsetzung der Reform an. Die öffentliche Auseinandersetzung um die Kreisgebietsreform ging auch deshalb weiter und nahm an Schärfe zu. Die Kritik richtete sich überwiegend gegen Innenminister Timm. Der fühlte sich von Ministerpräsident Ringstorff zwar in der Sache generell unterstützt, gelegentlich aber auch hängen gelassen. Es gab jedoch kein Zerwürfnis.[16] Sigrid Keler räumt ein, dass nicht nur Timm, sondern auch sie selbst bei der Verwaltungsreform »getrieben« hätten[17] – gegen den Widerstand von Otto Ebnet. Der zweifelte unter anderem an der Sinnhaftigkeit der Übertragung von Kompetenzen an die Landkreise. Ringstorff aber schloss sich Keler und Timm an.

In diesem Jahr 2004 ging Gottfried Timm außerdem zu Ringstorff und sagte ihm in einem persönlichen Gespräch, dass seine »politische Zeit« vorbei sei. Er würde 2006 nicht mehr zur Wahl antreten, seine nachpolitische Lebensphase beginne nun. Ringstorff antwortete: Gottfried, wir brauchen dich. Sicher nicht nur, weil Parteiliebling Timm auf Parteitagen allerhöchste Zustimmung der Parteibasis erfuhr. Timm kandidierte folglich noch einmal, schied aber aus dem Kabinett aus und machte als Landtagsabgeordneter für eine Legislaturperiode weiter.[18] Ringstorff erwähnte bei den folgenden ausufernden Spekulationen über seine Nachfolge nie direkt dieses Gespräch.

Mitte März 2006 verhinderte die PDS-Führung auf einem Landesparteitag in Sternberg, dass die Parteibasis die Verwaltungsreform stoppte. Diese stimmte mit 59 gegen 37 Stimmen letztendlich dafür, dass die Regierung die Verwaltungsreform mit fünf Kreisen im Landtag zur Abstimmung stellen durfte. Anfang April beschloss der Landtag nach zehnstündiger Beratung die Verwaltungsmodernisierung. Mit der nächsten Kommunalwahl im Jahr 2009 sollte es nur noch drei mecklenburgische und zwei vorpommersche Landkreise geben. Etwa 40 staatliche Behörden sollten im Zuge dieser Modernisierung aufgelöst werden. Trotzdem lehnten sämtliche Kreistage und kreisfreien Städte wie auch die Kommunalverbände das Gesetz ab. Die Landkreise klagten, die CDU-Landtagsfraktion unterstützte sie, und das Verfassungsgericht des Landes stoppte die Reform im Jahr 2007. Anschließend wurde von der mittlerweile regierenden Großen Koalition ein neuer Anlauf gestartet.

Auch die Europäische Union sollte sich regional und strukturell verändern. Bezüglich ihrer Erweiterung am 1. Mai 2004 sagte Harald Ringstorff im Landtag, er sehe darin eine Chance, aus einer europäischen Rand- in eine Mittellage zu gelangen. Die maximale Förderung bleibe für Mecklenburg-Vorpommern erhalten und Staus an der Grenze würden abgebaut. Die erwartete Zuwanderung aus den östlichen Staaten sei außerdem steuerbar. Im selben Jahr wurde jedoch von Ringstorffs Regierung das Kooperationsbüro Mecklenburg-Vorpommerns im estnischen Tallinn geschlossen.

Der auch durch die Erweiterung nötig gewordenen europäischen Neugründung versagte die PDS Mecklenburg-Vorpommerns die Zustimmung. Durch ihren Druck enthielt sich Mecklenburg-Vorpommern als einziges Bundesland am 27. Mai 2005 im Bundesrat der Stimme, als über die europäische Verfassung abgestimmt wurde. Die

Abb. 19 Harald Ringstorff mit Sebastian Schröder (Mitte) bei einer Eisbärentaufe im Rostocker Zoo am 11. Februar 2005.

PDS erzwang dies vom Koalitionspartner vor allem wegen der Artikel 1 bis 40, Absatz 3;»Die Mitgliedstaaten verpflichten sich, ihre militärischen Fähigkeiten schrittweise zu verbessern.« Zum anderen soll dieser Militärapparat allein durch den EU-Ministerrat dirigiert und der Kontrolle des EU-Parlaments entzogen werden. Artikel 1 bis 40, Absatz 5:»Der Ministerrat kann zur Wahrung der Werte der Union und im Dienste ihrer Interessen eine Gruppe von Mitgliedsstaaten mit der Durchführung einer Mission im Rahmen der Union beauftragen.« Zuvor hatte die gesamte PDS an Bundespräsident Horst Köhler eine Resolution unter dem Titel»Ja zur EU – Nein zur Verfassung« geschickt. Ministerpräsident Ringstorff hielt die letztendlich gescheiterte europäische Verfassung für nicht wichtig genug, um wegen ihr einen veritablen Koalitionskrach zu riskieren und enthielt sich im Bundesrat der Stimme.

Als sich Mitte 2005, kurz nach dem Streit um den EU-Verfassungsvertrag die Kontakte zwischen dem Koalitionspartner Linkspartei und der neu gegründeten»Wahlalternative Arbeit und soziale Gerechtigkeit« (WASG) verstärkten, nannte SPD-Parteichef Backhaus dies »blanken Populismus«. Die PDS betreibe »Etikettenschwindel« und wäre irgendwie noch die alte SED. Wolfgang Methling, immerhin stellvertretender Bundesvorsitzender, nahm diese Worte als persönliche Beleidigung und konterte, dass Backhaus »weder eine ausreichende politische Bildung auf diesem Gebiet noch ausreichende politische Reife« besäße.[19] Letztendlich war die WASG in Mecklenburg-Vorpommern noch recht unorganisiert und blieb dies auch bis zum komplizierten organisatorischen Zusammenschluss mit der Linkspartei/PDS zur Partei Die Linke im Jahr 2007. Ringstorff enthielt sich weitgehend der öffentlichen Kommentierung dieses neuen Linksbündnisses.

Bundestagswahl 2005 und Landtagswahl 2006

Als Ende Mai 2005 im Bund Neuwahlen ausgerufen wurden, war klar, dass die nächsten Landtagswahlen erstmals seit 1994 nicht parallel zur Bundestagswahl ablaufen würden. Diese Gleichzeitigkeit hatte sich aber in der Regel für die den Ministerpräsidenten stellende Partei ausgezahlt. Da PDS und SPD gerade über ihr Abstimmungsverhalten im Bundesrat bezüglich der europäischen Verfassung stritten, erwogen verschiedene Landespolitiker die kleine Krise zu nutzen, um ebenfalls Neuwahlen auszuschreiben. Letztendlich war die Krise aber keine wirkliche, und man verwarf die Idee schnell. Durch die regelmäßige Kopplung von Landtagswahlen an Bundestagswahlen gingen die Landtagswahlen in Mecklenburg-Vorpommern in der öffentlichen Wahrnehmung immer etwas unter. Dies könnte nun anders werden.

Bei der Bundestagswahl am 18. September 2005 zahlte sich die Entkopplung für die SPD nicht aus. Sie verlor sogar das Direktmandat in Neubrandenburg/Mecklenburg-Strelitz an die CDU. Außerdem schnitt die PDS mit einem Plus von 7,4 Prozent so gut ab, dass nicht nur im Bundestag wieder eine richtige Fraktion Platz nehmen konnte, sondern auch die Stimmung der nordostdeutschen Linken sich deutlich hob. Für die CDU in Mecklenburg-Vorpommern hingegen gab es trotz gewonnener Wahl keinen Merkel-Effekt. Zwar lag sie über dem ostdeutschen Durchschnitt, ihr Vorsprung in Vorpommern jedoch schmolz. Rehberg zog über die Landesliste in den Bundestag ein.

Hier war Angela Merkel am selben Tag an ihrem Ziel angekommen. Sie wurde die erste Kanzlerin der Bundesrepublik Deutschland. Nicht nur Medien, auch viele Politiker fragten sich, ob nicht nur die erste Frau, sondern auch die erste Ostdeutsche an der Spitze der deutschen Regierung einen besonders prägenden Einfluss auf die Politik nehmen würde. Harald Ringstorff äußerte sich bezüglich der zukünftigen Koordinierung der Problemlösungen für Ostdeutschland gegenüber der Zeitung »Die Welt«:

»Braucht es eine Koordinierungsstelle im Kanzleramt? Ringstorff: Nein, denn die Bundeskanzlerin ist selbst aus dem Osten und wird dieses Problem im Auge behalten. Es gibt also keinen Grund, die bisher zuständige Stelle ins Kanzleramt zu verlegen. Sie ist in einem Infrastrukturministerium gut aufgehoben.«[20]

Bei einem Neujahrsempfang Anfang 2006 in Greifswald sagte Ringstorff: Wir haben allen Grund, stolz zu sein. Das Wahljahr 2006 rief er als Jahr der Zuversicht aus. Anfang März forderten Abgeordnete, die Landesverfassung dahingehend zu ändern, dass die Legislaturperiode zukünftig anstatt vier fünf Jahre dauern sollte. Ringstorff lobte dieses Ansinnen und sah darin eine »Vergrößerung der Chance, umfangreiche Reformvorhaben durchzusetzen«.[21] Die Abgeordneten aller drei Landtagsparteien stimmten später mehrheitlich dafür. Mitte März wählte außerdem ein CDU-Landesparteitag in Güstrow, belagert von NPD-Demonstranten, Jürgen Seidel mit 99,2 Prozent zum Spitzenkandidaten für die Landtagswahl. Auf den weiteren Plätzen folgten ihm der amtierende Fraktionsvorsitzende Armin Jäger und Renate Holznagel. Das Wahlprogramm konzentrierte sich auf Bildung, Familienpolitik und Arbeit. Anfang April wurde auch Ringstorff mit 95 Prozent der Delegiertenstimmen vom Landesparteitag zum Spitzenkandidaten für die Landtagswahl nominiert. Auf der Landesliste folgten ihm Sylvia Bretschneider und Till Backhaus, der sich mit einem schlechten Ergebnis von nur 69,1 Prozent Zustimmung begnügen musste. Ringstorff sagte, dass er für die volle Legislaturperiode antrete und nichts anders machen wolle. Wieder war der Wahlkampf auf ihn zugeschnitten. Sein tausendfach plakatiertes Motto: »Den Erfolg fortsetzen«. Ringstorff enthielt sich aber einer

Koalitionsaussage und meinte: Sollte die Linkspartei als Koalitionspartner ausfallen, müsse man den Wählerwillen respektieren. Im
Mittelpunkt des Wahlkampfes standen nach Arbeit und Wirtschaftsthemen auch Kinder, Familie und Bildung.

Seidel, der in einer Rockband Gitarre spielte, sagte wenige Tage
später über seinen Hauptgegner:

»Ringstorff spricht gut Plattdeutsch und das kommt bei den Leuten an. Das muss man ihm zugestehen. Was mich nicht gerade für
ihn einnimmt, ist, dass Ringstorff der Erfinder von Rot-Rot ist. Es
wäre schwer, ihm Begeisterung für eine andere Konstellation ab-
zunehmen.«[22]

Sollten Plattdeutsch und Gitarrenrock so unvereinbar sein? Die SPD
verwies im Wahlkampf ohne allzu großen Erfolg auf Seidels Vergangenheit als Blockparteifunktionär und Angestellter des Rates
des Kreises. Schon diese Zitate und Maßnahmen zeigen, dass es
kaum entscheidende Wahlkampfthemen oder gar eine Wechsel-
stimmung gab. Klar war nur, dass die SPD wohl nicht ihr Ergebnis
von über 40 Prozent von der letzten Landtagswahl wiederholen
würde.

Umweltminister Methling wurde Spitzenkandidat der Linken
und gewann später auch seinen Rostocker Wahlkreis. Seine Partei
plakatierte in Mecklenburg-Vorpommern flächendeckend den Slogan
»Unsere Heimat, das sind nicht nur die Städte und Dörfer«. Er stamm-
te aus einem jedem DDR-Bürger bekannten Kinderlied. Obwohl
Linkspartei und WASG im Bundestag seit dem Herbst 2005 eine
gemeinsame Bundestagsfraktion stellten, wählte die WASG Mecklenburg-Vorpommerns eine eigene Landesliste, die Philipp Zühlke aus
Malchow in die Landtagswahl führen wollte. Zwar hatte der WASG-
Bundesparteitag das alleinige Antreten bei Wahlen verboten, viele
WASGler fühlten sich aber durch die »neoliberale Politik« der Linkspartei in Mecklenburg-Vorpommern herausgefordert. Der Landesvorstand wurde daraufhin abgesetzt und der kommissarische Leiter
meldete die WASG von der Landtagswahl ab. Was aber noch nicht
das Ende der WASG in Mecklenburg-Vorpommern bedeutete, die
mit neuem Vorsitzenden trotzdem zur Landtagswahl antrat.

Die WASG beteiligte sich auch an den Demonstrationen gegen den Besuch des US-Präsidenten George W. Bush Mitte Juli 2006 in Stralsund und Trinwillershagen. Auf seinem Weg zum G-8-Gipfel nach St. Petersburg machte er im Wahlkreis und Wahlkampf der Bundeskanzlerin Station. Diese revanchierte sich damit für ihre vorzügliche Behandlung bei einem vorhergehenden Besuch in Washington. Harald Ringstorff war lediglich zu einzelnen Stationen der Visite eingeladen, sah in dem Besuch aber ohnehin nur einen Wahlkampfauftritt des US-Präsidenten in Merkels Wahlkreis und stand ihm auch deshalb ablehnend gegenüber. Er empfing Bush eher mürrisch auf dem Flughafen Rostock-Laage. Dieser trug sich in Stralsund ins Goldene Buch der Stadt ein, bevor er auf einer gemeinsamen Veranstaltung mit Angela Merkel auf dem Alten Markt über die Kanzlerin sagte:»Ich habe Achtung vor ihrem Urteilsvermögen und lege Wert auf ihre Meinung.« Mitglieder der das Land mitregierenden Linkspartei und andere demonstrierten lautstark. Rund 12.500 Polizisten schützten den US-Präsidenten. Höhepunkt des Besuchs jedoch war die laut Harald Ringstorff »teuerste Grillparty der Welt«. Am Nachmittag und Abend des 13. Juli empfingen Merkel und viele weitere CDU-Landes- und Regionalpolitiker Bush und seine Entourage im Gasthaus »Zur Linde« in Trinwillershagen. Warum die Christdemokraten den mächtigsten Mann der Welt in ein ehemaliges sozialistisches Musterdorf ohne Kirche einluden, ist im Rückblick nicht klar. Aber es ging vor allem um die Bilder im Wahlkampf. Wohl auch deshalb hatte Ringstorff erst am 12. Juli eine Einladung nach Trinwillershagen erhalten, die er nicht annahm. In einer Infratest dimap Umfrage antworteten 45 Prozent der Befragten, dass der Besuch das Ansehen der CDU fördere, 47 Prozent sahen das nicht so. Das eigentliche Wahlkampfthema war aber ein anderes.

Wurde in den Wahlkämpfen zuvor darüber debattiert, ob es zu einer rot-roten Regierung kommen würde, stand diesmal der mögliche Einzug der NPD in den Landtag im Zentrum der Aufmerksamkeit. Wie schon während der letzten Großen Koalition auf Bundesebene zuvor, Ende 1960er Jahre, feierte diese Partei Erfolge bei regionalen Wahlen. Im Jahr 2004 war sie bereits in den sächsischen Landtag eingezogen. Die NPD-Landesliste in Mecklenburg-Vorpommern führte Udo Pastörs, ein 53-jähriger Juwelier aus Lübtheen an.

Auf Platz zwei folgte Timo Müller, ein Vertreter der rechten Kameradschaftsszene. Die DVU verzichtete zugunsten der NPD auf eine Wahlbeteiligung und Pastörs erklärte programmatisch:»Damit das ganz klar ist: Wir verstehen uns nicht als Ergänzung dessen, was ist, sondern als politische Kraft, die das, was die Menschen und unser Land kaputtgemacht hat, beiseiteschieben will.«»Sieben plus X« war überall in Mecklenburg-Vorpommern auf den NPD-Plakaten zu lesen.

Auch andere Extreme lehnten Ringstorff rigoros ab und griffen ihn sogar an. Ende August 2006 bewarfen Gegner der deutschen Asylpolitik wie auch des kommenden G-8-Gipfels in Heiligendamm, die sich»Peuple de Seattle« nannten, das Privathaus von Ringstorffs in Weiße Krug nachts mit Steinen und mit schwarzer Farbe gefüllten Farbbeuteln. Im von Hamburg aus verschickten Bekennerschreiben warfen sie dem Ministerpräsidenten vor, Asylbewerber zwangsweise in Lagern zu halten und sie gewaltsam abzuschieben. Ein weiterer Vorwurf war, den G-8-Gipfel im kommenden Jahr nach Heiligendamm geholt zu haben. Wer so etwas tue, solle auch zu Hause keinen Frieden finden. Die Militanten drohten mit den Worten:

»[…] wir wissen, dass nicht alle wichtigen Funktionsträger und Institutionen in Mecklenburg-Vorpommern in den nächsten Monaten geschützt werden können, auch wenn PDS und SPD im Landeshaushalt bereits 10 Mio. für Sicherheitskosten beim G-8-Gipfel bewilligt haben. […] Hotels, Gastronomie und die Fremdenverkehrsbetriebe von Mecklenburg-Vorpommern sollten sich genau überlegen, ob sie an dem Herrschaftsspektakel Anfang Juni 2007 partizipieren wollen. […] Denn MV tut nicht allen gut.«[23]

Bereits zuvor war es zu Problemen mit den Polizisten gekommen, die Ringstorffs Haus bewachten. Während einer der Polizisten beim Reinigen seiner Pistole aus Versehen durch seine Wohnwagenwand gegen das Nachbarhaus Ringstorffs schoss, brachte sich ein anderer im Dienst bei Ringstorffs Haus um.

Einen Tag vor dem SPD-Wahlkampfauftakt, am 21. August, gab das von Otto Ebnet geführte Wirtschaftsministerium eine Pressemitteilung unter dem Titel»Anhaltender Aufschwung in der Industrie« heraus. In dieser stellte der Minister fest, dass Mecklenburg-Vorpommern mit »2,8 Prozent Beschäftigungszuwachs im Industriebereich« im ersten Halbjahr 2006 bundesweit auf Platz 1 lag. Damit hätte das nordöstlichste Bundesland gegen den Bundestrend kräftig zugelegt.[24] Hatten diese Zahlen Auswirkungen auf den Wahlerfolg? Blühten etwa nicht nur in den touristischen Gebieten die Landschaften und damit den Sozialdemokraten Wahlerfolge? Die Umfrageergebnisse der SPD lagen regelmäßig unter den Sympathiewerten des Ministerpräsidenten Ringstorff. Die stiegen aber nicht mehr. Vor der Wahl bewerteten 46 Prozent der Befragten in einer Umfrage die Arbeit von Ringstorff mit »gut«. »Forsa«-Chef Manfred Güllner sagte dazu: »Das ist ein sehr mittelmäßiger Wert im Vergleich der Ministerpräsidenten.« Trotzdem gehörte Ringstorff mittlerweile zum Inventar des Landes und war wie sein parallel kandidierender sozialdemokratischer Amtskollege Klaus Wowereit in Berlin das unverkennbare Gesicht des Landes nach außen! Ende August 2006 tagte in Schwerin das SPD-Bundespräsidium, natürlich um den Ministerpräsidenten im Wahlkampf zu unterstützen.

Beim SPD-Wahlkampfauftakt am 22. August auf dem Universitätsplatz in Rostock gellten Ringstorff, seinen Mitstreitern Kurt Beck und Till Backhaus wie auch den wenigen Hundert Zuhörern Pfiffe entgegen. Einige Hundert Studenten demonstrieren so gegen die kurz zuvor von der Landesregierung verabschiedete Schließung der juristischen Fakultät der Universität. Daneben demonstrierten wütende Menschen gegen Hartz IV. Einige der Zuhörer schwenkten WASG-Fahnen. Der rote Bus wurde anschließend wieder zu Ringstorffs Wahlkampfgefährt durch Mecklenburg und Vorpommern. Rote Rosen in Fußgängerzonen zu verteilen war seine eher widerwillig vorgenommene Hauptbeschäftigung.

Bundeskanzlerin Merkel sollte noch mehrmals nach dem CDU-Wahlauftakt am Stadthafen in Waren in ihrem politischen Heimatland im Wahlkampf auftreten. Die SPD nannte Herausforderer Seidel auch deshalb einen »Filialleiter Merkels«. Dieser versprach im Wahlkampf, nicht nur das Ladenschlussgesetz zu streichen, sondern auch die Verbandsklage wieder abzuschaffen. Er wollte außerdem den Hochschulen mehr Autonomie geben, vor allem aber die fortwährende Novellierung des Schulgesetzes beenden. Den Kindergartenbesuch wollte die CDU kostenlos machen. Die CDU setzte mit ihrer Kampagne auf ihre Alternativpositionen, die sie auf Plakaten mit dem Wort »statt« verdeutlichte: Bildung statt Schulsterben, Seidel statt Ringstorff oder Handeln statt Aufgeben waren die gängigen Slogans. Kurz vor der Wahl glaubte die CDU, bei Ringstorff Nervosität ausmachen zu können. Hatte er doch ihrer jahrealten Forderung nach einem Rauchverbot an Schulen entsprochen.

Mitten im Wahlkampf startete der Deutsche Gewerkschaftsbund einen Aufruf gegen die niedrigen Löhne in Mecklenburg-Vorpommern. Unter dem Titel »Von Arbeit muss man leben können!« wurde unter anderem die Bundesregierung zum Kampf gegen Lohndumping aufgerufen. Zu den prominenten Unterzeichnern aus Mecklenburg-Vorpommern gehörten neben dem katholischen und dem evangelischen Bischof auch Horst Klinkmann und Harald Ringstorff.[25] Kurz vor der Wahl besuchte Ringstorff die Eröffnung einer Niederlassung von Diehl Aerospace in Rostock. Er war zu diesem Zeitpunkt mit 96 Prozent der mit Abstand bekannteste Politiker Mecklenburg-Vorpommerns vor SPD-Chef Till Backhaus mit 89 Prozent. Trotzdem gab es noch immer innerparteilichen Widerspruch gegen seinen Stil. Der ehemalige parlamentarische Geschäftsführer der SPD-Fraktion, Claus Gerloff, sagte über Ringstorff: »Wer nicht williger Gefolgsmann ist, wird abgesägt oder runtergemacht, nur die Vasallen bleiben übrig.« Weniger diesen Gegnern, eher einigen Medien fiel auf, dass der sozialdemokratische »Wahlkampf-Trumpf« Ringstorff sich bei vielen Wahlkampfterminen vom Leiter der Staatskanzlei oder dem Wirtschaftsminister vertreten ließ.

Am Mittwoch vor der Wahl stand Ringstorff aber am persönlich im Studio des »Norddeutschen Rundfunks« seinem Kontrahenten Jürgen Seidel gegenüber. Andreas Cichowicz moderierte das von einigen Medien später als blutleer beschriebene TV-Duell der Spitzenkandidaten der beiden größten Parteien. Die Einschaltquoten sprachen für großes Interesse der Wahlbevölkerung. Ringstorff verwies auf die A 20 und die Erfolge des verarbeitenden Gewerbes, Seidel beklagte unter anderem die Abwanderung. Ringstorff wiederholte mehrmals den Satz »Es gibt keinen Königsweg zur Lösung dieser Probleme.« Anschließend trafen sich die beiden Kontrahenten noch auf ein Bier. Drei Tage vor der Wahl stellte Seidel ein Regierungsprogramm mit 25 Punkten und sein »Schattenkabinett« vor.

Neben dem für das Innenministerium vorgesehenen Lorenz Caffier gehörten ihm auch Armin Jäger, Ex-Bundesfamilienministerin Claudia Nolte und der spätere Bildungsminister Henry Tesch an. Kurz vor der Wahl sprachen sich 48 Prozent für Ringstorff und 31 Prozent für Jürgen Seidel als Regierungschef aus. Das SPD-Schlussphasenplakat zeigte unter dem Titel »Auf den Ministerpräsidenten kommt es an« Ringstorff umringt von verschiedenen Menschen. Unter ihnen die junge Schweriner SPD-Genossin Manuela Schwesig.

Einen echten Angriffswahlkampf aber führten letztendlich alle etablierten Parteien gegen die auch bundesweite Kräfte in Mecklenburg-Vorpommern massierende NPD. Weil deren Erfolg mutmaßlich von einer hohen Wahlbeteiligung beschränkt werden konnte, starteten unterschiedliche Institutionen die landesweite Kampagne »Wir sind wählerisch! Bürgerbündnis für Wahlbeteiligung in MV«. Auch, weil eine Forsa-Umfrage Ende August eine Wahlbeteiligung von nur 37 Prozent in Aussicht stellte. Ob die Absichtserklärung der im Sommer in Warnemünde tagenden Fraktionschefs der SPD aus Bund und Ländern, die NPD verbieten zu wollen, der Sache half, bleibt offen. Der SPD-Landesverband jedenfalls ging programmatisch vor und versuchte sich in besonderer Weise als Kämpfer gegen die NPD hervorzutun. So schalteten beispielsweise die Jusos eine Internetseite mit detaillierten Informationen über die NPD. Dieses unter dem Titel »Endstation Rechts« bekannt gewordene Projekt brachte zwei Jahre später das »Satireprojekt« Storch Heinar hervor. Bei den der Landtagswahl vorausgehenden »Schülerwahlen« in Rostock gewann die SPD zwar alle Wahlkreise, die NPD jedoch auch 13,4 Prozent. Nicht nur SPD-Landtagsabgeordnete wurden an ihren Wahlständen bedroht. Ringstorff meinte, die NPD komme wie der Wolf im Schafspelz daher.

Die Legislaturperiode von 2006 bis 2011

Ein knappes Wahlergebnis und kaum Sondierungen

Erstmals seit 1990 wählte Mecklenburg-Vorpommern nicht parallel zur Bundestagswahl seinen Landtag. Die Wahlbeteiligung brach prompt von 70,6 Prozent im Jahr 2002 auf 59,2 Prozent ein. Ähnlich stark die SPD. Sie fiel um 10,4 Prozent auf 30,2 Prozent, blieb aber zum dritten Mal in Folge Wahlsieger. Vor allem, weil die CDU noch einmal hinter ihr bereits schwaches Ergebnis von 2002 zurückfiel. Ein Kanzlerbonus durch Angela Merkel war ausgeblieben. Die FDP zog mit 9,6 Prozent nach zwölf Jahren Abstinenz wieder in den Landtag ein, während sich die Linkspartei leicht auf 16,8 Prozent steigerte. Die NPD erhielt 7,3 Prozent.

Inmitten roter Luftballons feierten die Sozialdemokraten ihren auf den letzten Metern errungenen Wahlsieg. Im Vergleich zur Bundestagswahl des Jahres 2005, wo sie 31,7 Prozent erreichte, war sie sogar stabil geblieben und konnte als einziger sozialdemokratischer Landesverband neben Brandenburg in Ostdeutschland die Linkspartei deutlich auf Abstand halten. Die »Ostsee-Zeitung« berichtete über die Wahlparty:

> »Auf vielen Gesichtern zeigt sich Enttäuschung. Entsprechend schwer tun sich die Sozialdemokraten mit einer ersten Analyse dieser Wahl. Niemand findet so schnell die richtigen Worte. Selbst der Landesgeschäftsführer der Partei, Thomas Krüger, ziert sich

und lehnt dann energisch ab. Schließlich verweist er auf den Spitzenkandidaten. ›Harald Ringstorff kommt doch gleich. Der sagt bestimmt etwas‹, sagt Krüger. Auch die Landtagsabgeordneten, die hie und da in kleinen Gruppen mal laut, mal leiser über die eigene Schlappe, aber viel öfter über die NPD diskutieren, wollen erst noch warten mit einer Einschätzung.«[1]

Noch am Wahlabend wurde Ringstorff gefragt:»Sie wollen also Rot-Rot fortsetzen?« Er antwortete:»Das habe ich nicht gesagt.«[2] Meinte aber deutlich, dass er die Koalitionsfrage für offen halte. Ringstorff, selbst über die Landesliste gewählt, führte die herben Verluste primär auf fehlende Unterstützung aus Berlin zurück. Noch am Wahlabend sagte er der»Ostsee-Zeitung«:

»Wir haben das Ziel erreicht, stärkste Fraktion zu werden. Aber wir müssen berücksichtigen, dass die SPD bei der Landtagswahl 2002 starken Rückenwind aus Berlin hatte, weil die Landtagswahlen zusammen mit den Bundestagswahlen stattfanden. Da gab es das klare Nein der SPD zum Irak-Krieg, da gab es die Konstellation Schröder – Stoiber, und Stoiber hat sich ja nicht als Freund der Ostdeutschen erwiesen. Und der Einsatz der SPD bei der Oderflut wurde ebenso honoriert.«[3]

Außerdem zeigten, so Ringstorff, die Querelen um die Verwaltungsreform in Mecklenburg-Vorpommern Spuren im Wahlverhalten.
Die SPD-Fraktion blieb im Wesentlichen dieselbe, nur ein einziger Parlamentarier hatte nicht dem vorhergehenden Landtag angehört. Aber zehn Mandate waren im Vergleich zur vergangenen Legislaturperiode verloren gegangen. Darunter sieben Direktmandate. Die SPD hatte nur noch 23 Landtagsabgeordnete, die CDU 22. Die kumulierten Stimmen von SPD und Linkspartei unterschieden sich nur im einstelligen Bereich von denen der CDU und FDP. Beide Lager befanden sich fast auf Augenhöhe.
Parteichef Till Backhaus wiederholte mehrmals, dass Ringstorff natürlich nicht beschädigt sei, wobei noch nicht klar war, ob das Ergebnis eher dem Landeschef oder dem Spitzenkandidaten angerechnet werden würde. Backhaus sagte:»Die nächsten Wochen ist endlich

mal wieder was los in Schwerin.«[4] Das lag allein daran, dass die rot-rote Regierung nur noch eine Stimme Mehrheit hatte. Am Montag nach der Wahl stellte Ringstorff fest, dass er sich »diese Konstellation sehr genau angucken« werde. Immerhin gab es noch große, offene rot-rote Projekte wie die Verwaltungsreform, die Gemeinschaftsschule bis zur sechsten Klasse und die anhaltende Haushaltskonsolidierung, die beide Partner weiterführen wollten. Der parlamentarische Geschäftsführer der SPD-Fraktion, Reinhard Dankert, sprach sich trotz knapper Mehrheit offen für eine Fortführung von Rot-Rot aus.

Die sogenannte Große Koalition aus SPD und CDU hatte aber neun Stimmen über der absoluten Mehrheit. Am Montag nach der Wahl trafen sich die Spitzen von SPD und CDU separat, um die Lage zu besprechen. Bereits am Samstag nach der Wahl lud die Linkspartei zu einem Landesparteitag nach Güstrow. Einige Sozialdemokraten erwogen auch die Sondierung einer möglichen Koalition von SPD, Linkspartei und FDP. Tatsächlich sprachen SPD-Vertreter mit den Liberalen. Der Einzug der NPD hatte überkommene Verhaltensmuster obsolet gemacht. Der NPD-Bundesparteichef Udo Voigt stellte noch am Wahlabend fest, dass seine Partei in der Mitte der Gesellschaft angekommen sei.

Landeschef Till Backhaus warnte Ringstorff, den gebrochenen Arm in Gips, vor einem »Simonis-Effekt«. Damit meinte er, durch einen unbekannten Parteifreund oder anderen Koalitionsabgeordneten nicht zum Ministerpräsidenten gewählt und dadurch auch persönlich beschädigt zu werden – wie im Jahr zuvor die schleswigholsteinische Ministerpräsidentin Heide Simonis. Tatsächlich sah Ringstorff die Gefahr, in Entscheidungssituationen noch stärker als zuvor der PDS ausgeliefert zu sein. Der SPD-Landesvorstand beschloss nahezu einvernehmlich, und im Gegensatz zu 2002, Sondierungsgespräche mit CDU und Linkspartei. Der Bundestagsabgeordnete Hans-Joachim Hacker plädierte: »Wir brauchen eine stabile Mehrheit. Das ist mit einem Sitz über den Durst nicht zu machen.« Trotzdem sprach der Landesvorstand zuerst mit der Linkspartei und anschließend mit der CDU. Für beide Partner galt seitens der SPD die Bedingung, dass weder das neue Schulgesetz – laut dem bis zur sechsten Klasse gemeinsam gelernt werden sollte – noch die Verwaltungsreform geändert werden sollten. Für die SPD sondierten über eine Woche nach der Wahl Harald Ringstorff, Till Backhaus und Fraktionschef Volker Schlotmann gemeinsam mit der Linkspartei. Sie sollten sich später am Tag auch noch mit Unionsvertretern treffen. Seitens der CDU nahmen Jürgen Seidel, Armin Jäger und Lorenz Caffier an diesem und den folgenden Gesprächen teil. Schnell entschloss sich die SPD zur Großen Koalition. Harald Ringstorff sagte: »SPD und PDS haben in den vergangenen acht Jahren gemeinsam viel für das Land erreicht. Und nichts von alledem tut uns leid.« Ein neues Kapitel wurde dennoch aufgeschlagen.

Am 5. Oktober begannen die Koalitionsverhandlungen zwischen SPD und CDU. Nach jeder Runde gingen Ringstorff und Seidel in der Staatskanzlei vor die Presse. Die Parteiführung, ergänzt um die Landtagsfraktion und die Kreisvorsitzenden, beschloss später die Koalition mit der CDU. 39 Anwesende stimmten dafür, fünf dagegen und weitere fünf enthielten sich. Auch Ringstorff, dessen Name wie kein anderer mit Rot-Rot verbunden war, plädierte für eine Zusammenarbeit mit der CDU. Das Land brauche eine stabile Mehrheit, die SPD sei außerdem von einer Kooperation mit der Linkspartei nicht mehr so begeistert wie früher. Rot-Rot hätte es nur noch gegeben, wenn die CDU stärkste Kraft geworden wäre.

Die SPD hatte im Laufe ihrer nun zwölfjährigen Regierungsbeteiligung quasi sämtliche Ressorts bereits einmal besetzt, bevorzugte aber vor allem die für Landwirtschaft, Bildung, Finanzen und Soziales. Die Ministerien wurden anschließend so verteilt, dass schwierige Probleme wie die Verwaltungs- und Kreisreform bei der CDU landeten. Auch der in Heiligendamm anstehende G-8-Gipfel, wenig populär vor allem beim sozialdemokratischen Wähler und darüber hinaus als viel zu teuer eingeschätzt, musste nun von einem CDU-Innenminister abgewickelt werden. Dies wurde Lorenz Caffier, der nach einhelliger Auffassung beim G-8-Gipfel sein Gesellenstück mit Bravour ablieferte. Nikolaus Voss und Finanzstaatssekretär Jost Mediger fuhren in der kommenden Legislaturperiode jedoch noch mehrmals nach Berlin, um bei Finanzstaatssekretär Werner Gatzer für den G-8-Gipfel Geld lockerzumachen.[5]

Sylvia Bretschneider wurde wieder Landtagspräsidentin, während Volker Schlotmann noch bis Oktober 2008 als Fraktionsvorsitzender

amtierte, bevor er an die Spitze des Verkehrsministeriums wechselte. Sein Nachfolger auf dem Sessel des Fraktionsvorsitzenden wurde
Norbert Nieszery. Auch diesmal sollte die Legislaturperiode von
einer Werftenkrise aber auch dem ausgeglichenen Haushalt bestimmt
werden.

Der Umgang mit der NPD

Anfangs musste man aber einen Umgangston wie auch eine Form
gegenüber dem gemeinsamen neuen parlamentarischen Gegner, der
NPD, finden. Deren Wahlerfolg, immerhin 7,3 Prozent der Stimmen,
wurde von den übrigen Landtagsparteien als Trotzreaktion, als Pro-
testwahl interpretiert und vielleicht auch empfunden. Der stellvertretende Vorsitzende der Jungsozialisten, Christian Reinke aus Rostock, fügte zwei Monate nach dem »Sommermärchen« hinzu: »Der
fahnenschwenkende Patriotismus während der Fußball-WM war
keineswegs so friedlich wie gern behauptet.«[6] »Die Zeit« schrieb von
einer Volksfront aus ostdeutsch-militanten Kameradschaften und
westdeutsch dominierter Rechtspartei.[7] Tatsächlich schnitt die NPD
besonders dort gut ab, wo sie schon seit Jahren kommunal aktiv und
verwurzelt war. In Vorpommern. In Postlow bei Anklam erhielt die
NPD bei der Bundestagswahl 2005 beispielsweise 17,4 Prozent. Nun
hatten gar 38,2 Prozent der Wählenden des Ortes NPD gewählt.
    Ringstorff forderte im Deutschlandradio Kultur, die NPD zu ent-
larven. Letztendlich einigten sich die etablierten Landtagsparteien
darauf, der NPD geschlossen entgegenzutreten. Man wollte mit ihnen
keine gemeinsamen Anträge einbringen, ihre Initiativen prinzipiell
und geschlossen ablehnen und eine Partei sollte stellvertretend für
alle auf Redebeiträge der NPD antworten. Kurzum, die NPD wurde
von den anderen Parteien »geschnitten«, wofür sich der Begriff
»Schweriner Weg« durchsetzte.
    Die NPD zeigte auch schnell ihr radikales Gesicht. In seiner Er-
widerung auf die Regierungserklärung von Harald Ringstorff Ende
Januar 2007 sprach Pastörs beispielsweise von »gesundem Mannes-
und Frauentum« und operierte auch mit dem nationalsozialistischen
Begriffspaar »Jedem das Seine«. Mitte Juni 2007 besuchte Bundespräsident Köhler, gemeinsam mit Harald Ringstorff und dessen

Ehefrau Dagmar, den Heimatort von Udo Pastörs, die NPD-Hochburg Lübtheen. Hier unterhielt der NPD-Fraktionschef ein Bürgerbüro und demonstrierte gegen den Besuch des Staatsoberhauptes mit einem Antiglobalisierungsplakat. Zwei Tage später, am 20. Juli, legte Harald Ringstorff als amtierender Präsident des Bundesrates anlässlich des Gedenktages des Hitler-Attentates vom 20. Juli 1944 im Bendlerblock einen Kranz nieder. Im Frühjahr 2008 unterstützte Ringstorff außerdem das Ansinnen von Innenminister Caffier, auch entgegen vielen Bedenken innerhalb der Union, ein neues NPD-Verbotsverfahren in die Wege zu leiten. Die NPD sollte Ringstorffs politische Karriere um eine Legislaturperiode im Landtag überleben, verboten wurde sie am Ende des Verfahrens vor dem Bundesverfassungsgericht aber nicht.

Erfolgreiche Finanzpolitik

Mitte Januar 2007 teilte Harald Ringstorff mit, dass Mecklenburg-Vorpommern im Jahr 2006 keine neuen Kredite aufgenommen hätte. Seit ihrem Amtsantritt drängte Finanzministerin Keler darauf, die Haushaltszahlen der vergangenen Periode möglichst zeitnah, am besten monatlich zu erhalten. Kurz nach Neujahr 2007 sagten ihre Mitarbeiter, dass der Haushalt des Jahres 2006 ein ausgeglichener war. Mitte Januar waren sich die Experten sicher, dass ihr Urteil Bestand hätte und dieser günstige finanzpolitische Zustand auch 2007 und 2008 anhalten würde. Sie ging damit zum gerade aus dem Urlaub zurückgekehrten Harald Ringstorff, der dafür plädierte, den Ball flach zu halten. Trotzdem war man in Ostdeutschland nach Sachsen und bundesweit auch neben Bayern das einzige Land mit einer solchen Bilanz. Ringstorff ließ öffentlich nicht unerwähnt, dass ein solcher verantwortungsvoller Umgang mit dem anvertrauten Geld ein deutliches Signal an die alten Bundesländer sei, »deren Solidarität wir noch immer in Anspruch nehmen«. Er versicherte, dass dieser sehr gute Haushaltsabschluss dabei helfe, dass Mecklenburg-Vorpommern die eingenommenen Solidarpaktmittel zweckgerecht verwenden werde.[8] Der Hinweis auf die Solidarpaktmittel relativierte die Erfolgsmeldung. Wurde doch nur ein Bruchteil des Haushalts aus dem Steueraufkommen Mecklenburg-Vorpommerns finanziert, mindestens die Hälfte jedoch aus dem Länderfinanzausgleich, Zuweisungen des Bundes oder der EU.

Nach knapp vier Jahren Amtszeit kündigte Till Backhaus kurz vor Weihnachten 2006 an, wegen der Belastungen durch sein Ministeramt nicht mehr für das Amt des Landesvorsitzenden kandidieren zu wollen. Es lag auf der Hand, dass der stellvertretende Parteivorsitzende und Sozialminister Erwin Sellering für seine Nachfolge kandidieren würde. Er besuchte im Vorfeld der Abstimmung alle 18 Kreisverbände und wurde Mitte April 2007 auf einem Wahlparteitag in Salem am Kummerower See mit 78,5 Prozent zum neuen Landesvorsitzenden der SPD in Mecklenburg-Vorpommern gewählt. Gestützt auf Mathias Brodkorb und andere Parteimitglieder wollte er zukünftig die Partei eher links vom Kurs positionieren, den der ehemalige Bundeskanzler Schröder eingeschlagen hatte.

Harald Ringstorff stand gegen den auf die Agenda 2010-/Hartz-IV-Beschlüsse folgenden Linkstrend innerhalb der SPD. Er wurde eher dem wirtschaftsfreundlichen Flügel zugerechnet. Ausdruck dafür war unter anderem sein Engagement für den Neubau eines Kohlekraftwerks mit 1.600 Megawatt auf dem Gelände des ehemaligen Kernkraftwerks in Lubmin. Nicht nur die unterschiedlichsten Parteien, auch verschiedene Flügel innerhalb einiger Parteien, stritten miteinander wegen des Kraftwerks. Während die CDU fast einstimmig dafür war, versuchte in der SPD der energiepolitische Sprecher der Landtagsfraktion, Gottfried Timm, das Steinkohlekraftwerk ganz zu verhindern. Der starke Mann der Sozialdemokraten in Vorpommern, Erwin Sellering, hingegen wollte nur eine halb so starke Anlage mit 800 Megawatt. Zu diesem Zweck führte er einen SPD-Vorstandsbeschluss herbei, der diese Halbierung der Kapazität vorsah. Außerdem erwirkte er einen Beschluss der SPD-Landtagsfraktion, mit dem das Kohlekraftwerk zum Thema im Landtag gemacht wurde. Durch diese beiden Schachzüge sah sich Ringstorff zu einem transparenteren Vorgehen bei der Ansiedlung des Kraftwerks gezwungen, was das Investitionsverfahren nicht einfacher machte. Im Widerstreit dieser unterschiedlichen Positionen innerhalb des Führungspersonals geriet die SPD an den Rand der Spaltung. Nikolaus Voss meint, dass Ringstorff in Lubmin eigentlich ein modernes Gaskraftwerk und kein Kohlekraftwerk errichten wollte.[9] Tatsächlich war Lubmin auch der Anlandepunkt der Ostseepipeline, für den längere Zeit zwei moderne Gaskraftwerke geplant waren.

G 8 in Heiligendamm und der Festakt am Tag der Deutschen Einheit

Im Juni 2007 beherbergte das 1793 von Großherzog Friedrich Franz von Mecklenburg gegründete, älteste deutsche Seebad Heiligendamm den 33. G-8-Gipfel – das jährliche Spitzentreffen der führenden Staatsmänner der Welt. Nach der Entscheidung für diesen Veranstaltungsort durch die Regierung Gerhard Schröder sagte Ringstorff Ende 2004, dies sei eine »große Ehre und Herausforderung zugleich«, Mecklenburg-Vorpommern erhalte »eine Riesenchance, international bekannter zu werden«. Ende August 2006 zeigte die Regierung Angela Merkels endlich Bereitschaft, sich an den Kosten für den G-8-Gipfel zu beteiligen. Die Rechnung ging für Ringstorff nun noch mehr auf. Bilder der neun mächtigsten Politiker der Welt im überdimensionierten Strandkorb, einer gelungenen Werbeaktion der Staatskanzlei, gingen um die Welt. Aber auch die von Monty Schädel koordinierten Tausenden Demonstranten vor dem rund um das Seebad gezogenen etwa 13 Kilometer langen, 2,50 Meter hohen und tief in der Erde verankerten Sicherheitszaun und andere Sicherheitsmaßnahmen generierten weitverbreitete Eindrücke vom Geschehen rund um das Treffen. Die zwölf Millionen Euro für den Sicherheitszaun musste der neu gewählte Landtag in einer Sondersitzung am 15. November mit einem Gesetz bewilligen. Rund 17.400 Polizisten wie auch 1.100 Bundeswehrsoldaten mit Aufklärungsflugzeugen und Spähpanzern beschützten das Treffen und waren gemeinsam mit dem kurzfristig errichteten Lagezentrum in Dummerstorf Hauptgrund für die etwa 70 Millionen Euro, die allein Mecklenburg-Vorpommern für den Gipfel zu zahlen hatte. Geplant waren ursprünglich 92 Millionen.

Ringstorff selbst war außer beim Empfang am Flughafen während des Gipfels nicht in der Nähe der Staatsführer. Auch nicht, als diese gemeinsam mit ihren Partnern ein vom Land finanziertes Galadiner im Schloss Hohen Luckow zu sich nahmen. Ringstorff war es recht. Der große Strandkorb wurde am 15. Dezember 2007 während einer Benefizveranstaltung für »Ein Herz für Kinder« von ihm im »ZDF«

Abb. 20 Harald Ringstorff empfängt den russischen Präsidenten Wladimir Putin und seine Ehefrau zum G-8-Gipfel in Heiligendamm am 6. Juni 2007 auf dem Flughafen Rostock-Laage.

versteigert. Millionen Zuschauer gewannen ein neues Bild vom Bundesland im Nordosten. Ringstorff lobte sich selbst mit den Worten: »Weit über die Landesgrenzen hinaus konnte man erkennen: Mecklenburg-Vorpommern ist modern, weltoffen, tolerant und liebenswert.«[10]

Kurze Zeit später stand Mecklenburg wieder im Licht überregionalen Interesses. Die zentrale Festveranstaltung zum Tag der Deutschen Einheit findet jährlich in dem Bundesland statt, das zu dem Zeitpunkt die Bundesratspräsidentschaft innehat. Im Jahr 2007 war dies Mecklenburg-Vorpommern. Vier Monate nach dem G-8-Gipfel ging es am 3. Oktober im nordöstlichsten Deutschland wieder hoch her. Bereits am Vortag begann das Bürgerfest für Tausende Besucher in Schwerin. Entlang der Mecklenburgstraße präsentierten sich nicht nur die 16 Bundesländer, sondern auch zivilgesellschaftliche Organisationen und Vereine. Die fünf Häupter der Verfassungsorgane

trugen sich am Festtag ins Goldene Buch der Landeshauptstadt
Schwerin ein, woran sich ein Festakt im Mecklenburgischen Staats-
theater am Alten Garten, gegenüber dem Landtag, anschloss. Bundes-
tagspräsident Norbert Lammert von der CDU sprach hier vor Bundesratspräsident Harald Ringstorff zu den geladenen Gästen, unter
ihnen viele Diplomaten. Ringstorff sagte unter dem Titel »Demokratie braucht Erinnerung« unter anderem:

>»Unser Land ist im Sommer zur Hochburg des Tourismus in Deutsch-
land geworden. Über diesen Erfolg freuen wir uns sehr. Dieser Erfolg
gehört den Menschen hier in Mecklenburg-Vorpommern. Aber
nicht nur. Er ist auch das Ergebnis der Solidarität der Bürgerinnen
und Bürger in Deutschland. Sie alle leisten seit vielen Jahren ihren
Beitrag dazu, damit Ostdeutschland zukünftig aus eigener Kraft
bestehen kann. [...] Machen wir unsere Kinder stark, damit sie aus
ihren Chancen etwas machen und sich die Freiheit nie abkaufen
lassen für vermeintliche Gleichheit, Sicherheit oder mehr Bequem-
lichkeit. Das ist der Auftrag aus zwei deutschen Diktaturen. Es ist der
Auftrag aus 40 Jahren deutscher Teilung. Es ist unser gemeinsamer
Auftrag im vereinten Deutschland.«[11]

Nachdem der Tag mit einem Empfang im Archäologischen Landes-
museum seine Fortsetzung fand, steuerte die Dramaturgie der Ver-
anstalter, mindestens der Landeshauptstädter, dem eigentlichen
Höhepunkt des Festtages zu. Einem Drachenbootrennen der unterschiedlichen Bundesländer auf dem zentral gelegenen Pfaffenteich.
Nicht das durch Kanuolympiasieger und Weltmeister Andreas Ditt-
mer aus Neubrandenburg verstärkte und von Harald Ringstorff
angeführte Boot Mecklenburg-Vorpommerns gewann, sondern das
niedersächsische. Hamburg wurde Dritter. Hinter Mecklenburg-Vorpommern. Ein Feuerwerk am Schloss beendete die Feierlichkeiten.
Sechs Tage später, am 9. Oktober 2007, hielt Harald Ringstorff in
seiner Funktion als Bundesratspräsident anlässlich des 18. Jahrestages der entscheidenden Montagsdemonstration der 70.000 Demonstranten in Leipzig die jährliche Rede in der Nikolaikirche. Nikolaus
Voss, im Jahr 1989 Student in Leipzig, hatte an ihr mitgearbeitet. Nach
und nach schlossen sich immer mehr Kreise.

Der Abschied

Zu Beginn des Jahres 2008 war die SPD in einer schwierigen Situation. Lediglich in Brandenburg und Rheinland-Pfalz regierte sie neben Mecklenburg-Vorpommern noch in einem Flächenland. Dieses wollte man nicht riskieren. Die Gerüchte um Ringstorff baldigen Abschied mehrten sich. Klar war innerhalb der SPD Mecklenburg-Vorpommerns, dass, egal wer nächster Kandidat sein würde, er mindestens ein bis zwei Jahre im Ministerpräsidentenamt bräuchte, um durch seine eigene Gangart den Ministerpräsidentenbonus einfahren zu können.

Im Juni 2008 stürzte die SPD bei den Landrats- und Bürgermeisterwahlen in Vorpommern dramatisch ab. Auf Rügen landete sie unter fünf, ansonsten flächendeckend unter zehn Prozent. Nach Volkspartei sahen diese Ergebnisse nicht mehr aus. Der 17 Jahre zuvor wegen Stasi-Belastungen als Landtagsabgeordneter zurückgetretene und von Ringstorff damals kritisierte Jürgen Csallner, SPD-Kreischef Rügens, forderte auch deshalb Ringstorff auf, spätestens im Frühjahr 2009 sein Amt niederzulegen. Zuvor hatte der Landesvorsitzende der Jusos, Robert Hagen, öffentlich geäußert, dass er es für sinnvoll halte, wenn Ringstorff noch vor Ablauf der Legislaturperiode abtrete. Ringstorff selbst konterte mit den Worten, dass für Kommunalwahlergebnisse zuerst die Politiker vor Ort verantwortlich seien und die Wahlergebnisse des Ministerpräsidenten anders aussähen.[12]

Auch die ostdeutsche CDU war in Bewegung. Georg Milbradt war in Sachsen als Ministerpräsident zurückgetreten. Kurz nach der Kommunalwahl in Vorpommern gab es auch in der CDU Spekulationen über einen Wechsel an der Parteispitze. Innenminister und Generalsekretär Lorenz Caffier sollte im Jahr 2009 Jürgen Seidel im Amt des Landesvorsitzenden ablösen. Die Bundes-SPD diskutierte zu diesem Zeitpunkt den Parteiausschluss von Wolfgang Clement, vor allem aber, ob die hessische SPD unter Andrea Ypsilanti mit der Linkspartei koalieren solle oder nicht. In Magdeburg konnte sich Ministerpräsident Wolfgang Böhmer von der CDU in dieser Zeit vorstellen, dass seine Partei irgendwann einmal mit der Linkspartei regieren werde.

Harald Ringstorff hatte die Angewohnheit, wichtige Personalent-scheidungen überwiegend im Herbst zu treffen. Daneben bevorzug-te er die Entscheidungsfindung in Zwiesprache mit sich selbst, in äußerstem Fall mit engsten Vertrauten. Wann er die Entscheidung zu seinem Rücktritt fällte, ist nicht genau bekannt. Viele Zeitzeugen erinnern sich an unterschiedliche Augenblicke, in denen sie den Ein-druck hatten, dass Ringstorff schon weit vor dem Jahr 2008 über seinen Rückzug nachgedacht aber dessen Datum immer wieder ver-schoben hatte. Reinhard Meyer beispielsweise beschreibt einen Besuch in Finnland, in der zweiten Legislaturperiode des Ministerpräsiden-ten. Ringstorff sprach in Helsinki mit der Staatspräsidentin über einen möglichen Gegenbesuch. Im Laufe des Gesprächs wurde als Möglich-keit dafür das Jahr 2006 erwogen. Hier sah Meyer im Gesicht von Ringstorff ein bis dahin nicht gekanntes Flackern, das ihn annehmen ließ, dass der Ministerpräsident eigentlich plante, dann nicht mehr im Amt zu sein.[13] Zu Beginn der Sommerferien 2008 lud Ringstorff Reinhard Meyer tatsächlich in sein Haus nach Weiße Krug ein. Hier eröffnete er ihm, dass er am 3. Oktober 2008 zurücktreten wolle. An-schließend besprachen sie das konkrete Vorgehen: Was sind die nächsten Schritte, was wird wann bekannt gegeben.[14]

Ringstorff behielt bis zum Schluss die Fäden in der Hand. In sei-ner langen politischen Laufbahn gelang es ihm in der Regel, Perso-nalentscheidungen so lange geheim zu halten, dass sie, wenn über-haupt, erst wenige Stunden vor ihrer öffentlichen Verkündigung an die Medien durchsickerten. Bereits im Frühjahr 2008 hatte Ringstorff Otto Ebnet über sein Ausscheiden aus dem Amt im Herbst informiert. Am Tag vor der Bekanntgabe seines Rücktritts am 6. August rief Ringstorff Otto Ebnet und Sigrid Keler an. Er teilte ihnen mit, dass er am morgigen Tag seine Demission zum 3. Oktober verkünden würde und von ihnen erwarte, dass auch sie, wie bereits besprochen, sich zu diesem Tag aus ihren Ämtern zurückziehen sollten.[15] Auf der Pressekonferenz am nächsten Tag wies Ringstorff darauf hin, dass jetzt Zeit wäre, Klartext zu reden, damit sich der Wähler auf einen Wechsel einstellen könne. Der Staffelstab gehöre in jüngere Hände. Wessen Hände den Staffelstab übernehmen sollten, sagte Ringstorff nicht. Er selbst würde Ende nächsten Monats 69 Jahre alt, es wäre Zeit, ein paar Gänge zurückzuschalten und mehr Zeit mit Frau und

Familie zu verbringen. Bewusst hätte er den 3. Oktober als letzten Arbeitstag gewählt: »Ohne den Fall der Mauer und die deutsche Einheit hätte ich sicher nie politische Verantwortung übernommen.«[16]

Der seit April 2006 amtierende SPD-Vorsitzende Kurt Beck bedankte sich für Ringstorffs Arbeit mit einem persönlichen Brief, in dem er schrieb, dass er stolz auf das Erreichte sein könne. »Bei meinem Besuch in Mecklenburg-Vorpommern habe ich erneut erleben können, wie erfolgreich sich Dein Bundesland in den vergangenen Jahren entwickelt hat.« Ringstorff hätte dazu beigetragen, dass die Menschen ein Wirgefühl verbinde.

Und die anderen beiden Rücktrittskandidaten? Sigrid Keler sagte noch am selben Tag der »Schweriner Volkszeitung:«

> »Dass Harald Ringstorff eine Veränderung im Kabinett und auch für sich selbst plant, das war mir klar. Aber ich habe immer gesagt, den Zeitpunkt bestimmt er ganz alleine. Und das hat er getan. Mir hat er gestern Nachmittag mitgeteilt, dass es soweit ist. Das akzeptiere ich. […] Das einzige, worin ich mir sicher bin, ist, dass Sozialminister Erwin Sellering Ministerpräsident werden wird. Da bin ich nicht so zurückhaltend, wie es Harald Ringstorff zunächst war.«[17]

Otto Ebnet wiederum klang wie Ringstorff, als er feststellte: »Im September werde ich 64. Da darf man sich schon mal aus der Pflicht nehmen.«[18]

Einen Tag nach der Rücktrittspressekonferenz von Ringstorff nominierten der SPD-Landesvorstand und der Parteirat gemeinsam Sozialminister Erwin Sellering als SPD-Kandidaten für die Wahl des Ministerpräsidenten am 6. Oktober. Zwei Wochen später sollte ein Sonderparteitag in Güstrow diesen Beschluss mit 74 Stimmen der 87 Delegierten absegnen.

Erwin Sellering, Parteivorsitzender und damit designierter Kronprinz, sagte bereits im Mai 2008 gegenüber der »Ostsee-Zeitung«: »Ja, ich will Ministerpräsident werden!« Mit ihm lag Ringstorff noch immer im Streit um das Steinkohlekraftwerk in Lubmin. Trotzdem zeigte Sellering keine Illoyalität. Klar war auch, dass Sellering mit der seit kurzer Zeit in Ostdeutschland gängigen Praxis, dass die ostdeutschen Länder von Ostdeutschen regiert werden, brechen müsste.

Abb. 21 Verabschiedung von Harald Ringstorff aus dem Amt des Ministerpräsidenten mit Reinhard Meyer (links) und Fahrer Dieter Hutfilz (rechts).

Einen Tag vor dem tatsächlichen Rücktritt von Harald Ringstorff gab dieser gemeinsam mit seinem designierten Nachfolger der »Ostsee-Zeitung« ein Doppelinterview. Ringstorff antwortete auf die Frage, wie er sich den ersten Tag nach dem Ministerpräsidentenamt vorstelle, mit den Worten:

> »Ich werde morgens in den See steigen, und dann beginnt der normale Tagesablauf. Es ist ein Dienstag, da findet die SPD-Fraktionssitzung statt. Da bin ich gespannt, wie sich die neue Mannschaft macht. Statt vorn im Präsidium zu sitzen, werde ich als Abgeordneter stärker in der Rolle des Zuhörers sein. Und ich habe vor allen Dingen nicht mehr so viele Akten auf dem Tisch.«[19]

Am selben Tag wurde Ringstorff mit einem großen Empfang und 250 Gästen im Schweriner Rittersaal verabschiedet. Lange stehende Ovationen. Altkanzler Gerhard Schröder, Franz Müntefering und andere Prominente sprachen ausschließlich gut über den Noch-Ministerpräsidenten, der nach seiner Amtsniederlegung bis zur Amts-

Abb. 22 Harald Ringstorff mit seinen Amtsnachfolgern Erwin Sellering und Manuela Schwesig sowie dem damaligen SPD-Bundesvorsitzenden Sigmar Gabriel.

übernahme durch Erwin Sellering kommissarisch im Amt bleiben sollte. »Platt ja. Aber Plattheiten waren von Ringstorff nie zu erwarten«, meinte Helmut Holter. Am Ende seiner eigenen Rede, in der er darauf verwies, dass er sich zukünftig mehr dem Angeln widmen wolle, bedankte sich Ringstorff bei seiner Frau Dagmar für die Unterstützung in all den Jahren.

Am darauffolgenden Freitag schied Harald Ringstorff aus dem Amt. Seinen letzten öffentlichen Auftritt hatte er, ein Jahr nach der Feier zum Tag der Deutschen Einheit in Schwerin, auf der Folgeveranstaltung in Hamburg. Er zeigte sich hier optimistisch hinsichtlich der Zukunft Mecklenburg-Vorpommerns und führte rückblickend aus: »Ich habe 1989 die SDP in Rostock mit gegründet. Unser Ziel war damals die deutsche Einheit«.

Süchtig nach diesem Land

R ingstorff blieb anschließend einfacher Landtagsabgeordneter, auch um aufzupassen, dass die Fraktion gut weiterläuft.[1] Wenn er in die Fraktionssitzungen kam, packte er in der Regel Obst und sein Messer aus, schälte bedächtig, aß und hörte zu. Eine sehr defensive Form von Autoritätsdemonstration. So erlebte er im Jahr 2011 noch als Parlamentarier die nun geglückte Kreisreform. Am Abend der vom Spitzenkandidaten Erwin Sellering für die SPD gewonnenen Landtagswahl 2011 saß Ringstorff in der sozialdemokratischen Wahlparty beim Schweriner Italiener »Brinkamas«, lächelte und war zufrieden mit dem Wahlergebnis, in dem er auch ein wenig sein Werk sah. Er hatte nicht mehr kandidiert und war frei.

Nach einer langen politischen Karriere. Hatte sich Ringstorff als Chemiker mit Schiffsfarben beschäftigt, verzichtete er als Politiker auf Anstriche und wandte sich eher Getriebe und Navigation zu. Er war bis zum Rücktritt vom Ministerpräsidentenamt der starke Mann seines SPD-Landesverbandes und dessen einzige Integrationsfigur. 13 Jahre als Landesvorsitzender, sechs Jahre als Fraktionschef. Die meisten Erfolge wurden ihm zugute geschrieben. Politische Niederlagen wie die gescheiterte Kommunalreform, den Absturz der SPD bei den Kommunalwahlen oder die schwindenden SPD-Mitgliederzahlen konnte aber auch er nicht abwenden. Seine Verdienste überwogen jedoch diese Niederlagen. Enttäuschungen der Partei fing er manchmal im Alleingang auf. Manche spitzten ironisch zu: Ringstorff unser! Was aber sah Ringstorff selbst als wesentliches Ergebnis seines politischen Wirkens? Der »Ostsee-Zeitung« sagte er zwei Wochen vor seinem Rücktritt vom Ministerpräsidentenamt:

> »Stolz bin ich darauf, dass wir das Aschenputtel-Dasein abstreifen konnten, dass das Land voran kommt und dass wir in dem einen oder anderen Ranking inzwischen vordere Plätze belegen. Die Arbeitslosigkeit ist zurückgegangen, über die Erfolge in der gewerblichen Wirtschaft haben wir bereits gesprochen, und die gesamte Dynamik der sozialen Marktwirtschaft verbuche ich auf der Haben-Seite. Ein einzelnes, ganz besonderes Ereignis, will ich gar nicht hervorheben. Es ist die Gesamtentwicklung, die positiv verläuft.«

Das war bescheiden und nüchtern auf wirtschaftliche Erfolge konzentriert. Er hatte neben dem Struktur- aber auch den Demografiewandel nach der Friedlichen Revolution politisch zu gestalten gewusst. Von Ferne betrachtet, vor allem mit zeitlichem Abstand, ist sein Verdienst wohl aber ein größerer. Ihm widmet sich der umfangreichste Teil dieses Buches. Aus der Verweigerung, ja Ignoranz der ersten bürgerlichen Koalition in Mecklenburg-Vorpommern gegenüber den Mitwirkungsangeboten der Sozialdemokraten entwickelte Ringstorff erfolgreiche Strategien, um mit der auch innerparteilich verfemten PDS die Vorherrschaft der CDU zu brechen. Beruhte diese in der ersten Legislaturperiode anfangs noch auf der einen Stimme des SPD-Überläufers Wolfgang Schulz, existierte sie in der zweiten Legislaturperiode nicht mehr faktisch, sondern nur noch durch die Tabuisierung einer Zusammenarbeit mit der PDS. Diese wurde nicht nur durch die CDU angeheizt, sondern auch innerparteilich, vor allem von westdeutschen Parteimitgliedern getragen. Mit seinem persönlichen, unermüdlichen und letztlich erfolgreichen Kampf um das Ministerpräsidentenamt, der ihn Wahlniederlagen wegstecken und Demütigungen überleben ließ, überwand er auch diese Tabuisierung. Sie war nicht sein Ziel, eher ein Mittel. Wahrscheinlich, weil Ringstorff kein Parteilinker, sondern Pragmatiker war, gelang ihm gegen Widerstände die Öffnung seines Landesverbands zu einer Kooperation mit der PDS. Sie endete nicht im Debakel, sondern mit zwei erfolgreichen Regierungen.

Wie auch immer man die zwei Legislaturperioden mit Einbindung der PDS beziehungsweise der Linkspartei in die Regierungsarbeit bewertet, kann zumindest Ringstorff für sich in Anspruch nehmen, sie, wie beabsichtigt, »entzaubert« zu haben. Otto Ebnet sagt nüchterner, er gab der PDS die Chance, zu zeigen, dass sie regierungsfähig ist. Sie nutzte diese Chance. Ringstorff verhalf ihr zur Salonfähigkeit, nicht aber zur anhaltenden Machtausübung. Man konzentrierte sich gemeinsam auf Haushaltskonsolidierung und Arbeitsmarktpolitik. Befürchtungen oder Hoffnungen erfüllte Rot-Rot nicht. Ein Jahr nach dem rot-grünen Projekt im Bund endete Rot-Rot in Mecklenburg-Vorpommern. Trotzdem wurde diese Koalition sehr genau von Kollegen wie Klaus Wowereit beobachtet, der einige Jahre später in Berlin ebenfalls eine rot-rote Koalition anführte. Im Jahr 2018 reden in Brandenburg sogar CDU- und Linksparteispitzen unabhängig voneinander über eine mögliche Koalition nach den Landtagswahlen des Jahres 2019. Ringstorffs Wirken zeitigte weitreichende Wirkungen auf die Parteienlandschaft der neuen Bundesländer.

Was Ringstorffs Amtszeit überlebte, ist die günstige Mittellage der Sozialdemokratie in Mecklenburg-Vorpommern. Sie kann sich ihre Koalitionspartner links und rechts ohne ideologische Scheuklappen aussuchen. Sie tat dies auch in den beiden auf Ringstorffs Laufbahn folgenden Wahlen und erinnert so an ihn. In der Regierung, vor allem in der Staatskanzlei, erhielt die SPD durch Ringstorff jene Präsenz, die sie im Flächenland Mecklenburg-Vorpommern durch ihre dünn verstreute Parteibasis von unten her nicht entwickeln konnte. Regieren als Existenzgarantie? Es ist augenscheinlich, dass Ringstorff angesichts der eher wenigen Parteimitglieder diese erfolgreiche Strategie verfolgte. Sein größter Coup! Wohl auch deshalb bewerteten nicht nur Sozialdemokraten, sondern auch andere Mecklenburger und Vorpommern Harald Ringstorff über die Jahre immer positiver.

Was aber bleibt von ihm als Person in Erinnerung? Ein unkonventioneller Selfmadepolitiker, der eine unerwartete Chance zu seinem Beruf gemacht hat. Sein oft verkannter Machtinstinkt sowie ein Machtwille, der sich mehr in Taten als in Worten ausdrückte. Eine Bescheidenheit, die ihm über 18 Jahre in politischen Spitzenämtern half, nicht die Bodenhaftung zu verlieren. Er war demütig und gleich-

zeitig stur. Sein Verhaltensrepertoire umfasste stoisch über miss-
trauisch bis sachlich. Außerdem eine Bedächtigkeit, die wie Misstrauen
wirken konnte. Sein Politikstil ist mit dem Wort introvertiert gut zu
beschreiben. In der Regel strahlte er Ruhe aus. Je mehr er unter Druck
geriet, desto ruhiger wurde er, sagt Thomas Freund. Unruhe war ihm
wesensfremd. So war er mehr ruhender Pol als Tribun. Denn auch
wenn er sprach, dann über die Sache und nicht an einer möglichen
Zustimmung orientiert. Am allerliebsten Plattdeutsch, denn das
schafft Nähe. Weil er wenig versprach, musste er auch kaum Versprechen widerrufen. Mehrfach wurde er von Gegnern und Freunden
gründlich unterschätzt. Ringstorff war auf eigenwillige Art ein volks-
verbundener Landesvater und zehn Jahre das Gesicht des Landes.
So wie Ringstorff sich immer mit diesem Land identifizierte, identifizierte sich dieses Land zehn Jahre lang mit ihm.

Vielleicht auch deshalb war er kein sozialdemokratischer Vor-
denker für die Ostdeutschen wie Wolfgang Thierse oder beredter
Menschenfischer wie Ministerpräsidentenkollege Reinhard Höppner.
Auch ein »Macher« war Ringstorff im politischen Sinne nicht. Dazu
war er zu sehr in sich gekehrt und auch eher Diener einer Sache als
seines eigenen Fortkommens. Ehrgeizig war Ringstorff trotzdem.
Und ein Kämpfer. Informiert, in Details geradezu verliebt. Im Wissen
um diese Kompetenz hielt er sich wahrscheinlich durchgehend für
den besseren Regierungschef. Aber nie für etwas »Besseres«. Eventuell auch deshalb störte den Naturwissenschaftler Ringstorff zu-
spitzende oder nicht der Aufklärung dienende Presseberichterstattung.
Das Aufeinanderprallen von Meinungen wäre ja akzeptabel, sagte
er einmal. Ihm würde aber missfallen, dass am Ende keiner entschei-
de, »was denn nun stimmt.«[2] Das übernahm er im Rahmen seiner
Ämter und Zuständigkeiten eben selbst! Bis zur »Präsidentialisierung«.

Kritische Wegbegleiter nennen Ringstorff empfindlich und nach-
tragend. Ungerechtigkeiten konnte er schlecht wegstecken oder gar
vergessen. Manches eher Nebensächliche geriet ihm so zur »Frage
der Ehre«. Theo Waigel bezeichnete ihn als »professionellen Stänke-
rer«. Das »Ineinanderverbissene« von Ringstorff und Rehberg lag
nicht nur am Temperament des CDU-Mannes. Bei seinen überschaubaren Ausbrüchen wurde bei ihm jedoch aus dem »Arschloch« das
plattdeutsche »Morslock«. Ein wenig widersprüchlich bleibt im Rück-

blick unter anderem sein vehementes Eintreten für die Ostdeutschen, während er sich gleichzeitig sehr überwiegend mit westdeutschen Mitarbeitern und Beratern umgab. Er hatte aber auch die Größe, andere, egal aus welcher Himmelsrichtung zu unterstützen. Viele heute aktive Politiker verdanken seiner Förderung ihre Karrieren.

Politik und Familie trennte er strikt. Kaum einer der für dieses Buch befragten Weggefährten Ringstorffs kann zusammenhängende oder detaillierte Auskünfte über das Privatleben des ehemaligen Ministerpräsidenten mitteilen. Nach vielen Jahren gemeinsamer Arbeit sagt keiner: Ich kenne Harald Ringstoff sehr gut. Für die ihn begleitenden Journalisten muss er ein harter Brocken gewesen sein. Der seltene Fall eines Politikerlebens als Lob der Privatheit.

Aber was trieb ihn selbst an, dieses nach der Fläche sechstgrößte, nach Einwohnerzahl aber viertkleinste Bundesland, das ihm in seinem ruhigen Fortgang so ähnelt, zu regieren? Und woher nahm er den dazu nötigen Mut? Vielleicht, weil er sich neben einem unabdingbaren Machtwillen auch einem Gerechtigkeitsimpuls verpflichtet fühlte. Dieser hatte in der sich neu begründenden ostdeutschen Gesellschaft vergleichsweise spezifische Ausprägungen. Ringstorff sagte einmal, dass gerade Ostdeutsche eine große Sehnsucht nach Gleichheit hätten. Wenn man sie fragen würde, ob sie nur trockenes Brot essen wollten oder lieber trockenes Brot mit Margarine, wenn sich zusätzlich einige noch Kaviar draufschmieren könnten, würden sie sich für trockenes Brot und gegen Margarine entscheiden. Wer Ringstorff in seinem bescheidenen Haus besucht, merkt unmittelbar, dass hier einer sein Leben lang auf Kaviar verzichtet hat. Auch damit viele andere Margarine aufs Brot bekommen. »Mehr Gerechtigkeit, besonders im Osten« lautete 1998 folgerichtig einer seiner Wahlkampfsprüche. Dass Landesinteressen für ihn regelmäßig Parteiinteressen übertrumpften, liegt da auf der Hand. Nach einem Jahr im Ministerpräsidentenamt sagte Ringstorff dem »Tagesspiegel«:

> »Ich bin schon öfter gefragt worden, ob ich ein Schröder-Mann bin oder ein Lafontaine-Mann. Ich sage dazu schlicht und einfach, ich bin Ringstorff und habe meine eigenen Vorstellungen von Politik. Zeitweise galt ich in der SPD als rechts, sogar als sehr rechts. Beispielsweise wegen meiner Positionen in der Asyldebatte. Wegen der

Koalition mit der PDS hier in Mecklenburg-Vorpommern ordnen mich viele jetzt wieder in ein anderes Fach ein. Das beweist wohl, dass ich nicht in die eine oder andere Schublade sortiert werden kann. Aber ich bin mit Herz und Seele ein Sozialdemokrat.«

Noch viel öfter sagte Ringstorff, er sei ein »typischer Mäckelbörger«.

Detlef Lindemann meint an beides anschließend, Ringstorff sei süchtig nach diesem Land gewesen. Er wäre in jede Ecke gefahren und auch zu jeder Ecke auskunftsfähig gewesen. Am liebsten hätte er an jedem Ort zu dessen Wohl selbst Hand angelegt. Ein glaubwürdiger Weg, Landesvater zu werden. Und Ministerpräsident zu bleiben. Mehr wollte er nicht. Und das ist viel.

Anhang

Zitierte Literatur

Baumann, Christiane: Manfred »Ibrahim« Böhme. Das Prinzip Verrat, Berlin 2015.

Biedenkopf, Kurt H.: Ein neues Land entsteht. Aus meinem Tagebuch. November 1990 bis August 1992, München 2015.

Brinker, Udo: Chronik der Stadt Schwerin, Schwerin 2011.

Eisel, Stephan: Der Beitrittsbeschluss der DDR-Volkskammer. Historische Politische Mitteilungen (HPM) Konrad-Adenauer-Stiftung, 2005.

Festschrift 750 Jahre Stadt Wolgast 1257 – 2007. Geschichte und Geschichten aus unserer Stadt, Wolgast 2007.

Findeisen, Jörg-Peter: Kleine Schweriner Stadtgeschichte, Regensburg 2009.

Fischer, Ilse (Hrsg.): Von der frei gewählten Volkskammer zum vereinten Deutschland. Politik- und Alltagserfahrungen sozialdemokratischer Volkskammerabgeordneter. Dokumentation einer Tagung der Friedrich-Ebert-Stiftung am 23./24. September 2010 in Berlin, Bonn 2013.

Flügge, Timm/Hein, Benjamin: Die SPD in Mecklenburg-Vorpommern, in: Koschkar u. a., Politik in Mecklenburg-Vorpommern.

Gohle, Peter: Von der SDP-Gründung zur gesamtdeutschen SPD. Die Sozialdemokratie in der DDR und die Deutsche Einheit 1989/90, Bonn 2014.

Gysi, Gregor: Ein Leben ist zu wenig. Die Autobiographie, Berlin 2017.

Heinz, Michael: »Der Kampf um die Hirne und Herzen der Menschen tobt …": friedliche Revolution und demokratischer Übergang in den Kreisen Bad Doberan und Rostock-Land, Bad Doberan 2009.

Huchel, Philipp/Rausch, Stefan: Die CDU in Mecklenburg-Vorpommern, in: Koschkar u. a., Politik in Mecklenburg-Vorpommern.

Huck, Stephan/Klüver, Hartmut (Hgg.): Die Wende. Die Deutsche Marine auf dem Weg in die Einheit, Bochum 2007.

Kasten, Bernd/Rost, Jens-Uwe: Schwerin. Geschichte der Stadt, Schwerin 2005.

Koschkar, Martin/Nestler, Christian/Scheele, Christopher (Hgg.): Politik in Mecklenburg-Vorpommern, Wiesbaden 2013.

Lentz, Lothar: Unterhaltung – Information – Manipulation. Betrachtungen zur Rundfunkgeschichte in Rostock und Mecklenburg-Vorpommern. 80 Jahre Rundfunk in Deutschland 1923-2003, in: Zeitgeschichte Regional, 1/2003.

Leonhard, Elke: Aus der Opposition an die Macht. Wie Rudolf Scharping Kanzler werden will, Köln 1995.

Merkel, Angela: Mein Weg. Ein Gespräch mit Hugo Müller-Vogg, Hamburg 2005.

Müller, Werner/Mrotzek, Fred/Köllner, Johannes: Die Geschichte der SPD in Mecklenburg und Vorpommern, Berlin 2002.

Richter, Ingo/Müller, Werner/Grahl, Wolfgang (Hgg): Herbst 89 – Die Wende in Rostock. Zeit-
zeugen erinnern sich, Rostock 1999.
Richter, Ingo: Zeitzeugenbericht über die Besetzung der Stasi-Zentrale Rostock, in: Richter u. a.,
Wende in Rostock.
Roßberg, Klaus: Das Kreuz mit dem Kreuz. Ein Leben zwischen Staatssicherheit und Kirche,
Berlin 1996.
Scheele, Christopher: Die kommunale Ebene in Mecklenburg-Vorpommern, in: Koschkar u. a.,
Politik in Mecklenburg-Vorpommern.
Schmidt, Jochen: Politische Brandstiftung. Warum 1992 in Rostock das Ausländerwohnheim in
Flammen aufging, Berlin 2002.
Schmidtbauer, Bernhard: »Im Prinzip Hoffnung«: Die ostdeutschen Bürgerbewegungen und ihr
Beitrag zum Umbruch 1989/90. Das Beispiel Rostock, Frankfurt am Main 1996.
Schoon, Steffen/Werz, Nikolaus: Eine Frage der Legitimation. Die Landtagswahl von 1990, in:
Creuzberger, Stefan/Mrotzek, Fred/Niemann, Mario (Hgg.): Land im Umbruch. Mecklen-
burg-Vorpommern nach dem Ende der DDR, Berlin 2018.
Schröder, Dieter: Die Rostocker Initiative für einen Beitritt zur Bundesrepublik Deutschland, in:
Richter u. a., Wende in Rostock.
Schröder, Dieter: Von Politik und dummen Fragen: Beobachtungen in Deutschland, Rostock 2002.
Seibel, Wolfgang: Verwaltete Illusionen: Die Privatisierung der DDR-Wirtschaft durch die Treu-
handanstalt und ihre Nachfolger 1990-2000, Frankfurt am Main 2005.
Seite, Berndt/Seite, Annemarie/Seite, Sibylle: Gefangen im Netz der Dunkelmänner. Ein Gespräch
von Berndt, Annemarie und Sibylle Seite mit dem fiktiven Gesprächspartner Klaus Feld über
die Akten, die das MfS über die Familie Seite angelegt hatte, Weimar 2015.
Sewohl, Alexander/Dörr, Nikolas/Cecere, Fabio: Gründung und Aufbau der SPD Brandenburg
1989/90. Beteiligte Personen und Organisationen, Potsdam 2011.
Stolle, Uta: Der Aufstand der Bürger. Wie 1989 die Nachkriegszeit in Deutschland zu Ende ging,
Baden-Baden 2001.
Sturm, Daniel Friedrich: Uneinig in die Einheit. Die Sozialdemokratie und die Vereinigung Deutsch-
lands 1989/90, Bonn 2006.
Timm, Andreas: Wahlkampf und Wahlsieg der SPD in Mecklenburg-Vorpommern, Forschungs-
journal NSB, Jg. 16, Heft 1,2003, S. 104-108.
Wendland, Jörg: Rostocker Geschichten oder: Ich kam mir vor wie Robin Hood, in: Richter u. a.,
Wende in Rostock.
Wendt, Alexander: Kurt Biedenkopf. Ein politisches Porträt, Berlin 1994.
Werz, Nikolaus/Hennecke, Hans Jörg (Hgg.), Parteien und Politik in Mecklenburg-Vorpommern,
1999
Werz, Nikolaus: Die SPD in Mecklenburg-Vorpommern, in: Werz/Hennecke, Parteien und Poli-
tik.
Zeitzeugenbericht Horst Klinkmann, in: Die Universität Rostock zwischen Sozialismus und Hoch-
schulerneuerung. Zeitzeugen berichten. Teil 2., Rostock 2008.

Bildnachweis

Anmerkungen zu den Seiten 12 bis 36 (Nr. 1-45)

1   Fischer, Ilse (Hg.): Von der frei gewählten Volkskammer zum vereinten Deutsch-land. Politik- und Alltagserfahrungen sozialdemokratischer Volkskammerabge-ordneter. Dokumentation einer Tagung der Friedrich-Ebert-Stiftung am 23./24. September 2010 in Berlin, Bonn 2013, S. 152 f. (künftig: Fischer, Volkskammer).

2   Vgl. Schmidtbauer, Bernhard:»Im Prinzip Hoffnung«: Die ostdeutschen Bürger-bewegungen und ihr Beitrag zum Umbruch 1989/90. Das Beispiel Rostock, Frank-furt am Main 1996, S. 208 (künftig: Schmidtbauer, Bürgerbewegungen). oder: Richter, Ingo/Müller, Werner/Grahl, Wolfgang (Hg.): Herbst 89 – Die Wende in Rostock. Zeitzeugen erinnern sich, Rostock 1999, S. 6 (künftig: Richter et al., Herbst 89).

3   Schmidtbauer, Bürgerbewegungen, S. 208.

4   Wendland, Jörg: Rostocker Geschichten oder: Ich kam mir vor wie Robin Hood, in: Richter et al., Herbst 89, S. 99.

5   Heinz, Michael:»Der Kampf um die Hirne und Herzen der Menschen tobt ...«: Friedliche Revolution und demokratischer Übergang in den Kreisen Bad Doberan und Rostock-Land, Bad Doberan 2009, S. 33.

6   Fischer, Volkskammer, S. 69.

7   Festschrift 750 Jahre Stadt Wolgast 1257–2007. Geschichte und Geschichten aus unserer Stadt. Wolgast 2007, S. 121 f.

8   Vgl. Findeisen, Jörg-Peter: Kleine Schweriner Stadtgeschichte, Regensburg 2009, S. 150.

9   Vgl. Brinker, Udo: Chronik der Stadt Schwerin, Schwerin 2011, S. 497.

10 Vgl. Kasten, Bernd/Rost, Jens-Uwe: Schwerin. Geschichte der Stadt, Schwerin 2005, S. 346.

11 Kein Artenschutz für Wendehälse, »Weser-Kurier«, 23.11.1989.

12 Richter, Ingo: Zeitzeugenbericht über die Besetzung der Stasi-Zentrale Rostock, in: Richter et al., Herbst '89, S. 80.

13 Kein Artenschutz für Wendehälse, »Weser-Kurier«, 23.11.1989.

14 Schmidtbauer, Bürgerbewegungen, S. 209.

15 Gespräch mit Gottfried Timm am 27.3.2017.

16 Gespräch mit Markus Meckel am 5.4.2017.

17 Vgl. Kein Artenschutz für Wendehälse, »Weser-Kurier«, 23.11.1989.

18 Gohle, Peter: Von der SDP-Gründung zur gesamtdeutschen SPD. Die Sozialdemo-kratie in der DDR und die Deutsche Einheit 1989/90, Bonn 2014, S. 112 (künftig: Gohle, SDP-Gründung).

19 Ebd.

20 Gespräch mit Sigrid Keler am 26.4.2017.

21 Gespräch mit Otto Ebnet am 3.5.2017.

22 Müller, Werner/Mrotzek, Fred/Köllner, Johannes: Die Geschichte der SPD in Mecklenburg und Vorpommern, Berlin 2002, S. 232 (künftig: Müller et al., Ge-schichte der SPD).

23 Sturm, Daniel Friedrich: Uneinig in die Einheit. Die Sozialdemokratie und die Vereinigung Deutschlands 1989/90, Bonn 2006, S. 260 (künftig: Sturm, Uneinig).

24 Vgl. Müller et al., Geschichte der SPD, S. 241, Fn. 75 (☞ S. 288).

25 Gespräch mit Ingo Richter am 4.10.2017.

26 Gespräch mit Rolf Eggert am 21.8.2017.

27 »Den Haufen zusammenhalten«, »Der Spiegel«, 31.10.1994.

28 Gespräch mit Ingo Richter am 4.10.2017.

29 Müller et al., Geschichte der SPD, S. 242.

30 Gespräch mit Rolf Eggert am 21.8.2017.

31 Gespräch mit Sigrid Keler am 26.4.2017.

32 Gespräch mit Detlef Lindemann am 21.7.2017.

33 Vgl. Huck, Stephan/Klüver, Hartmut (Hg.): Die Wende. Die Deutsche Marine auf dem Weg in die Einheit, Bochum 2007, S. 56.

34 Vgl. Lentz, Lothar: Unterhaltung – Information – Manipulation. Betrachtungen zur Rundfunkgeschichte in Rostock und Mecklenburg-Vorpommern. 80 Jahre Rundfunk in Deutschland 1923–2003, in: Zeitgeschichte Regional, 1 (2003), S. 57 f.

35 Kein Artenschutz für Wendehälse, »Weser-Kurier«, 23.11.1989.

36 Sturm, Uneinig, S. 391.

37 Schmidtbauer, Bürgerbewegungen, S. 212.

38 Sturm, Uneinig, S. 421.

39 Ebd., S. 422.

40 Vgl. Schröder, Dieter: Von Politik und dummen Fragen: Beobachtungen in Deutsch-land, Rostock 2002, S. 9 (künftig: Schröder, Politik).

41 Schröder, Dieter: Die Rostocker Initiative für einen Beitritt zur Bundesrepublik Deutschland, in: Richter et al., Herbst 89, S. 74 ff.

42 Sturm, Uneinig, S. 423.

43 Vgl. Gohle, SDP-Gründung, S. 169.

44 Gespräch mit Sigrid Keler am 26.4.2017.

45 Vgl. Müller et al., Geschichte der SPD, S. 238.

Anmerkungen zu den Seiten 37 bis 48 (Nr. 1-16)

1   Sewohl, Alexander/Dörr, Nikolas/Cecere, Fabio: Gründung und Aufbau der SPD Brandenburg 1989/90. Beteiligte Personen und Organisationen, Potsdam 2011, S. 45.
2   Vgl. Schmidtbauer, Bürgerbewegungen, S. 214.
3   Ein Chemiker macht Politik, »Norddeutsche Neueste Nachrichten«, 17./18.3.1990.
4   Stolle, Uta: Der Aufstand der Bürger. Wie 1989 die Nachkriegszeit in Deutschland zu Ende ging, Baden-Baden 2001, S. 284.
5   Bodenreform, Sonderbezüge. MVZ gestern im Gespräch mit SPD-Politiker Harald Ringstorff, »Mecklenburgische Volkszeitung«, 27.4.1990.
6   Merkel, Angela: Mein Weg. Ein Gespräch mit Hugo Müller-Vogg, Hamburg 2005, S. 80.
7   Baumann, Christiane: Manfred »Ibrahim« Böhme. Das Prinzip Verrat, Berlin 2015, S. 163.
8   Gespräch mit Bert Gamerschlag am 16.10.2017.
9   Das Vermögen des armen Verwandten, »Die Zeit«, 11.8.1990.
10 Gohle, SDP-Gründung, S. 302 f.
11 Vgl. Eisel, Stephan: Der Beitrittsbeschluss der DDR-Volkskammer. Historische Politische Mitteilungen (HPM), Konrad-Adenauer-Stiftung, 2005, S. 305 f.
12 Gespräch mit Gottfried Timm am 27.3.2017.
13 Offenlegung des SED-Vermögens gefordert, »Berliner Zeitung«, 19.5.1990.
14 Parteivermögen unter Kontrolle? SPD verlangt von PDS alten Besitz zurück, »Neue Zeit«, 13.6.1990.
15 Vgl. Müller et al., Geschichte der SPD, S. 239.
16 Vgl. Sturm, Uneinig, S. 380.

Anmerkungen zu Seiten 49 bis 118 (Nr. 1-136)

1   Ebd., S. 340.
2   Rede MP a. D. Dr. Harald Ringstorff anlässlich Festveranstaltung »20 Jahre SPD-Fraktion im Landtag M-V« am 19.11.2010 in Schwerin, Hotel Speicher: http://webcache.googleusercontent.com/search?q=cache:6MTQ_mJflpgJ:www.spd-fraktion-mv.de/medien/dokumente/download/22_f910f67021da61a30ba5e95739b47342+&cd=1&hl=de&ct=clnk&gl=de&client=firefox-b
3   Gespräch mit Sigrid Keler am 26.4.2017.
4   Gespräch mit Rainer Beckmann 4.5.2017.
5   Gespräch mit Nikolaus Voss am 23.3.2017.
6   Gespräch mit Harald Ringstorff am 1.6.2017.
7   Gespräch mit Sigrid Keler am 26.4.2017.
8   Vgl. Rede von Klaus Klingner, Aufräumen und Aufbauen: Gemeinsam Zukunft sichern für ein modernes MV am 26.08.1990 in Neubrandenburg, in: Werz, Nikolaus: Die SPD in Mecklenburg-Vorpommern, in: Werz, Nikolaus/Hennecke, Hans Jörg (Hg.), Parteien und Politik in Mecklenburg-Vorpommern, 1999, S. 79.
9   Vgl. Der Wahlkampf in den Ländern hat jetzt seine ersten »Gesichter«, »Neue Zeit«, 27.8.1990.
10 Vgl. ebd.

11 SPD setzt auf Wahlsieg, »Norddeutsche Neueste Nachrichten«, 24.9.1990.
12 Schoon, Steffen/Werz, Nikolaus: Eine Frage der Legitimation. Die Landtagswahl von 1990, in: Creuzberger, Stefan/Mrotzek, Fred/Niemann, Mario (Hg.): Land im Umbruch. Mecklenburg-Vorpommern nach dem Ende der DDR, Berlin 2018, S. 95.
13 Vgl. Philipp Huchel/Stefan Rausch: Die CDU in Mecklenburg-Vorpommern, in: Koschkar, Martin/Nestler, Christian/Scheele, Christopher (Hg.): Politik in Mecklenburg-Vorpommern, Wiesbaden 2013, S. 66.
14 Gut gebrüllt ist halb gewonnen, »Schweriner Volkszeitung«, 13.10.1990.
15 Vgl. Müller et al., Geschichte der SPD, S. 243.
16 Koalitionen: Alle bekloppt, »Der Spiegel«, 22.10.1990.
17 Vgl. Müller et al., Geschichte der SPD, S. 244.
18 Wahlparty im Schloss, »Hamburger Abendblatt«, 3.12.1990.
19 Müller et al., Geschichte der SPD, S. 245.
20 Gespräch mit Reinhard Meyer am 26.9.2017.
21 Ebd.
22 Eklat im Landtag von Schwerin, »Hamburger Abendblatt«, 27.10.1990.
23 Vgl. Hundert Tage aneinander vorbeigearbeitet?, »Neue Zeit«, 2.2.1991.
24 Gespräch mit Sebastian Schröder am 6.6.2017.
25 Ebd.
26 Ministerpräsidenten: Weiß alles, kann alles, »Der Spiegel«, 6.5.1991.
27 Vgl. Flügge, Timm/Hein, Benjamin: Die SPD in Mecklenburg-Vorpommern, in: Koschkar et al., Politik in Mecklenburg-Vorpommern, S. 46.
28 Gespräch mit Nikolaus Voss am 23.3.2017.
29 Gespräch mit Harald Ringstorff am 1.6.2017.
30 SPD-Fraktionsvorsitzende: »Kardinalproblem« Finanzausstattung, »Hamburger Abendblatt«, 2.2.1991.
31 Milliarden-Defizit: Schwerin fordert mehr Geld von Bonn, »Hamburger Abendblatt«, 10.1.1990.
32 Im Landtag notiert: Die Kosten des Aufbaus im Norden wachsen, »Neue Zeit«, 30.1.1991.
33 Gespräch mit Sigrid Keler am 26.4.2017.
34 Scheele, Christopher: Die kommunale Ebene in Mecklenburg-Vorpommern, in: Koschkar et al., Politik in Mecklenburg-Vorpommern, S. 273.
35 Soziale Unruhen befürchtet, »Hamburger Abendblatt«, 28.2.1991.
36 Die schwere Rolle der Opposition im Lande, »Neue Zeit«, 25.3.1991.
37 Wir haben keine Horrorgemälde gemalt, »Schweriner Volkszeitung«, 16.3.1991.
38 MfS-Mitarbeiter beschäftigt das Schweriner Parlament, »Berliner Zeitung«, 16.5.1991.
39 Abgeordnete arbeiteten für Stasi, »Hamburger Abendblatt«, 15.5.1991.
40 Landtage: Dieser und jener, »Der Spiegel«, 17.6.1991.
41 Merkel, Angela: Mein Weg. Ein Gespräch mit Hugo Müller-Vogg, Hamburg 2005, S. 62.
42 Wendt, Alexander: Kurt Biedenkopf. Ein politisches Porträt, Berlin 1994, S. 136 (künftig: Wendt, Biedenkopf).
43 Seite, Berndt/Seite, Annemarie/Seite, Sibylle: Gefangen im Netz der Dunkelmänner. Ein Gespräch von Berndt, Annemarie und Sibylle Seite mit dem fiktiven Gesprächspartner Klaus Feld über die Akten, die das MfS über die Familie Seite angelegt hatte, Weimar 2015, S. 73.

44 Ebd., S. 178.
45 Wendt, Biedenkopf, S. 171.
46 Die große alte Dame der Ost-SPD, Käte Woltemath, hat für die Stasi gearbeitet, »Hamburger Abendblatt«, 27.11.1991.
47 SPD bereitet den Umzug ihrer Parteizentrale nach Berlin vor, »Neue Zeit«, 25.6.1991.
48 Fristenlösung mit Beratung, »Hamburger Abendblatt«, 4.9.1991.
49 Ost-Stimme gibt Ton an im SPD-Parteirat, »Neue Zeit«, 7.10.1991.
50 Rostocker wurde Vorsitzender des SPD-Parteirates, »Berliner Zeitung«, 2.10.1991.
51 Gespräch mit Otto Ebnet am 3.5.2017.
52 Gespräch mit Reinhard Meyer am 26.9.2017.
53 Gomolka (CDU) und SPD laut »Infas«-Umfrage vorn, »Neue Zeit«, 14.10.1991.
54 Käte W. – immer unterwegs nach Deutschland, »Berliner Zeitung«, 4.1.1992.
55 SPD verteidigt Ehrenvorsitzende Woltemath, »Neue Zeit«, 19.11.1991.
56 Stasi in der Bürgerschaft? Heutige Sitzung zu Überprüfungsergebnissen, »Neue Zeit«, 27.11.1991.
57 SPD bereitet den Umzug ihrer Parteizentrale nach Berlin vor, »Neue Zeit«, 25.6.1991.
58 Wirtschaft im Mittelpunkt. Die SPD vor ihrem 2. Landesparteitag in Stralsund, »Neue Zeit«, 26.11.1991.
59 Parteitag in Stralsund SPD fordert Geständnis, »Hamburger Abendblatt«, 2.12.1991.
60 Wirtschaft im Mittelpunkt. Die SPD vor ihrem 2. Landesparteitag in Stralsund, »Neue Zeit«, 26.11.1991.
61 Gespräch mit Sigrid Keler am 26.4.2017.
62 Mit Zweckoptimismus gegen Filz und Chaos, »Hamburger Abendblatt«, 13.12.1991.
63 Biedenkopf kritisiert Eigentumsregelung in Ex-DDR. »Ein schwerer Fehler«, »Hamburger Abendblatt«, 15.1.1992.
64 Schiffbauer erwarten Überlebenskonzepte, »Hamburger Abendblatt«, 11.2.1991.
65 Ministerpräsident Gomolka glänzte wieder durch Abwesenheit, »Neue Zeit«, 5.3.1992.
66 Leben an der Küste ist Schiffe bauen. Eine harte Woche liegt hinter den Werftarbeitern – doch Aktionen werden fortgesetzt, »Neue Zeit«, 6.3.1992.
67 Biedenkopf, Kurt H.: Ein neues Land entsteht. Aus meinem Tagebuch. November 1990 bis August 1992, München 2015, S. 343 (künftig: Biedenkopf, Land).
68 Vgl. Seibel, Wolfgang: Verwaltete Illusionen: Die Privatisierung der DDR-Wirtschaft durch die Treuhandanstalt und ihre Nachfolger 1990–2000, Frankfurt am Main 2005, S. 240.
69 https://www.fdp.de/files/363/Gollert.pdf, S. 3.
70 Weiß Gomolka als Dirigent nicht, was gespielt wird, »Neue Zeit«, 12.3.1992.
71 Tausende Schiffbauer protestieren gegen Werftenkompromiss. Schweriner Landtag: Eine Stimme Mehrheit für Treuhandlösung, »Neue Zeit«, 12.3.1992.
72 Kein Ende der Regierungskrise in Sicht, »Neue Zeit«, 14.3.1992.
73 Die Nachfolger scharren mit den Hufen, »Berliner Zeitung«, 16.3.1992.
74 Abgang mit leisem Lächeln, »Hamburger Abendblatt, 16.3.1992.
75 Vgl. Roßberg, Klaus: Das Kreuz mit dem Kreuz. Ein Leben zwischen Staatssicherheit und Kirche, Berlin 1996, S. 154.
76 »Wo Gott mich hinstellt«, »Der Spiegel«, 15.2.1993.
77 Koalitionspartner stehen einmütig hinter CDU-Kandidaten, »Neue Zeit«, 18.3.1992.
78 Biedenkopf, Land, S. 358 f.
79 Spätere Große Koalition nicht ausgeschlossen, »Berliner Zeitung«, 18.3.1992.

80 Der Spuk im Schloß. Regierungschef Berndt Seite will die Werften retten, »Die Zeit«, 1.4.1992.
81 Biedenkopf, Land, S. 369.
82 Ein neuer Gomolka in der Staatskanzlei?, »Neue Zeit«, 20.3.1992.
83 In schwierigem Fahrwasser, »Neue Zeit«, 7.5.1992.
84 Koalitions-Steuer fest im Griff. Seit 100 Tagen führt Berndt Seite das Schweriner Regierungsschiff, »Neue Zeit«, 27.6.1992.
85 SPD: Klein, fein, rein, »Der Spiegel«, 13.7.1992.
86 Höchste Zeit, »Neue Zeit«, 28.6.1991.
87 Nicht länger wegsehen. Schweriner Aufruf zu Montagsdemos gegen Ausländerhass, »Neue Zeit«, 25.10.1991.
88 »Ernstes Zeichen an der Wand«, »Der Spiegel«, 31.8.1992.
89 »Schande für unser Land«, »Hamburger Abendblatt«, 26.8.1992.
90 »Berechtigter Zorn der Bevölkerung«, »Die Tageszeitung«, 29.8.1992.
91 »Ernstes Zeichen an der Wand«, »Der Spiegel«, 31.8.1992.
92 Gespräch mit Sebastian Schröder am 6.6.2017.
93 Gespräch mit Reinhard Meyer am 26.9.2017.
94 Haben Verantwortliche begrenzte Eskalation riskiert?, »Neue Zeit«, 26.8.1992.
95 »Wir haben uns alle schuldig gemacht«, »Hamburger Abendblatt«, 29.8.1992.
96 Ausschuss soll Klarheit schaffen, »Neue Zeit«, 29.8.1992.
97 »Wir haben uns alle schuldig gemacht«, »Hamburger Abendblatt«, 29.8.1992.
98 Schmidt, Jochen: Politische Brandstiftung. Warum 1992 in Rostock das Ausländerwohnheim in Flammen aufging, Berlin 2002, S. 151 (künftig: Schmidt, Brandstiftung).
99 Ausschuss soll Klarheit schaffen, »Neue Zeit«, 29.8.1992.
100 Schmidt, Brandstiftung, S. 182.
101 Haben Verantwortliche begrenzte Eskalation riskiert?, »Neue Zeit«, 26.8.1992.
102 Der ungeheure Vorwurf, »Hamburger Abendblatt«, 1.9.1992.
103 Kein Konsens bei Asylrecht. Knappe Mehrheit für CDU/FDP-Antrag im Landtag, »Neue Zeit«, 10.10.1992.
104 Seite steht zu Kupfer – und gibt ihm den Laufpass, »Neue Zeit«, 12.2.1993.
105 Bonn dominiert zu sehr Schwerin, »Neue Zeit«, 4.11.1992.
106 Skandal-Minister Krause geht, »Hamburger Abendblatt«, 7.5.1993.
107 In Schwerin gab Günther Krause den CDU Landesvorsitz ab, »Die Zeit«, 21.5.1993.
108 Vgl. Liberale wollen weiter auf ihrem Kurs bleiben, »Neue Zeit, 5.4.1993.
109 Schweriner FDP spielt schon mit »Ampel«-Gedanken, »Neue Zeit«, 16.4.1993.
110 Lehrstück der Demokratie, »Neue Zeit«, 13.5.1993.
111 Mit Sprüchen ist keine Politik zu machen, »Neue Zeit«, 14.6.1993.
112 Vgl. Müller et al., Geschichte der SPD, S. 246.
113 Der neue OB-Kandidat fiel auch durch gutes Plattdeutsch auf, »Neue Zeit«, 29.11.1993.
114 Vgl. SPD: Kein Tabu bei Industrieerhalt, »Neue Zeit«, 8.1.1993.
115 Gespräch mit Sebastian Schröder am 6.6.2017.
116 Gespräch mit Otto Ebnet am 3.5.2017.
117 Lafontaines Lohnstopp-Pläne lösen Empörung aus, »Berliner Zeitung«, 8.10.1993.
118 Politiker im Fernsehduell, »Neue Zeit«, 21.1.1994.
119 SPD Mecklenburg setzt auf Einheimische, »Süddeutsche Zeitung«, 17.5.1994.
120 Gemischte Gefühle beim Techtelmechtel, »Süddeutsche Zeitung«, 25.6.1994.

121 Die Vergangenheit ehrlich beurteilen, Leserbrief von Harald Ringstorff, »Süddeutsche Zeitung«, 26.1.1994.

122 Gespräch mit Bert Gamerschlag am 16.10.2017.

123 »Spiegel«-Streitgespräch: Gysi ist ein Demagoge, 11.7.1994.

124 Harald Ringstorff, SPD-Chef in Mecklenburg-Vorpommern »PDS nicht akzeptabel«, »Hamburger Abendblatt«, 15.7.1994.

125 Lehments Wink an die SPD, »Der Spiegel«, 18.7.1994.

126 Leonhard, Elke: Aus der Opposition an die Macht. Wie Rudolf Scharping Kanzler werden will, Köln 1995, S. 188 f.

127 Dresdner Erklärung: https://www.abendblatt.de/archiv/1999/article204546321/Dresdner-Erklaerung.html, abgerufen am 1.12.2017.

128 SPD strebt in Schwerin eine Ampelkoalition an, »Süddeutsche Zeitung«, 5.9.1994.

129 Für Interview für Schweriner Volkszeitung am 8.9.1994, Privatarchiv Otto Ebnet.

130 Presseeinladung, 29.9.1994, Privatarchiv Otto Ebnet.

131 Sprechzettel zur Pressekonferenz am 30. September 1994: Aufruf zur Versöhnung, Privatarchiv Otto Ebnet.

132 Gespräch mit Reinhard Meyer am 26.9.2017.

133 Gespräch mit Otto Ebnet am 3.5.2017.

134 Musterrede für Wahlkampf 1994, Privatarchiv Otto Ebnet.

135 Zwei Unscheinbare auf Stimmenfang, »Süddeutsche Zeitung«, 8.10.1994.

136 Gespräch mit Reinhard Meyer am 26.9.2017.

Anmerkungen zu Seiten 119 bis 188 (Nr. 1-119)

1 Vgl. Magdeburg soll Modell für Schwerin sein, »Süddeutsche Zeitung«, 10.10.1994.

2 Schon jetzt streiten CDU, SPD und PDS um mögliche Koalitionen, »Die Zeit«, 14.10.1994.

3 Für Äußerungen zum Ergebnis der Landtagswahl am 16.10.1994, Privatarchiv Otto Ebnet.

4 Ebd.

5 Untiefen in Mecklenburg, »Hamburger Abendblatt«, 17.10.1994.

6 Gespräch mit Sebastian Schröder am 6.6.2017.

7 Ebd.

8 Scharping stoppt Ringstorff, »Hamburger Abendblatt«, 19.10.1994.

9 Gespräch mit Sebastian Schröder am 6.6.2017.

10 PDS lockt: Schweriner SPD fordert Scharping heraus, »Hamburger Abendblatt«, 24.10.1994.

11 Scharping stoppt Ringstorff, »Hamburger Abendblatt«, 19.10.1994.

12 Jetzt doch große Koalition? »Hamburger Abendblatt«, 20.10.1994.

13 Die Genossen scheuen die Hilfe der PDS, misstrauen aber einem Bündnis mit der CDU, »Berliner Zeitung«, 19.10.1994.

14 In Schwerin scheint eine große Koalition wahrscheinlich, »Die Zeit«, 1.11.1994.

15 Ebd.

16 Für Gespräch am 25.10.1994, 19.00 Uhr, Privatarchiv Otto Ebnet.

17 Schröder, Politik, S. 362.

18 Gespräch zwischen PDS und SPD am 25. Oktober 1994, 19.00 bis 22.00 Uhr, Privatarchiv Otto Ebnet.

19 Notwendige Klarstellungen, 25.10.1994, Privatarchiv Otto Ebnet.
20 Erklärung des PDS-Landesvorsitzenden. Helmut Holter und des Vorsitzenden der PDS-Fraktion im Landtag Mecklenburg-Vorpommern, Johann Scheringer, 27.10.1994, Privatarchiv Otto Ebnet.
21 Schröder, Politik, S. 362 f.
22 »Spiegel«-Streitgespräch: Einige groteske Fehler, 21.11.1994.
23 Gespräch mit Sebastian Schröder am 6.6.2017.
24 Die ostdeutschen Länder nach der Wahl: Große Koalition in Erfurt und ein »Schweriner Modell«? Über Gräben, »Die Zeit«, 21.10.1994.
25 Gespräch mit Otto Ebnet am 3.5.2017.
26 Protokoll des Sondierungsgespräches über den Eintritt in Koalitionsverhandlungen zur Bildung einer Regierung in Mecklenburg-Vorpommern zwischen CDU und SPD am 20. Oktober 1994 in Banzkow, Privatarchiv Otto Ebnet.
27 Protokoll des 3. Sondierungsgesprächs über die Bildung einer Regierung in Mecklenburg-Vorpommern zwischen CDU und SPD am 28. Oktober 1994 im Schweriner Schloss, Privatarchiv Otto Ebnet.
28 Arbeitspapier: Zum Thema »Gleichberechtigung und Gleichgewichtigkeit«, undatiert, Privatarchiv Otto Ebnet.
29 SPD eine neue Linke, »Der Spiegel«, 31.10.1994.
30 Das »Hamburger Abendblatt« zitierte Ringstorff: »Die grundsätzliche Entscheidung für die große Koalition hat nach seinen Worten ›einigen Mitgliedern Bauchschmerzen bereitet‹. Viele würden der CDU nicht trauen: Deshalb werde die SPD für die Koalitionsverhandlungen eine Arbeitsgruppe ›Opfer und Versöhnung‹ fordern. In der Arbeitsgruppe solle sich die CDU für ›40 Jahre ihrer Geschichte verantworten‹.« SPD peilt große Koalition an, »Hamburger Abendblatt«, 1.11.1994.
31 Sprecher der SPD-Verhandlungsgruppen: Hauptgruppe Dr. Harald Ringstorff, Untergruppe »Wirtschaft« Rainer Beckmann, Untergruppe »Landwirtschaft« Till Backhaus, Untergruppe »Innen« Prof. Dr. Rolf Eggert, Untergruppe »Justiz« Hans-Joachim Hacker, Untergruppe »Arbeit und Soziales« Hinrich Kuessner, Untergruppe »Kultus« Regine Marquardt, Untergruppe »Umwelt« Dr. Henning Klostermann, Untergruppe »Finanzen« Sigrid Keler, Untergruppe »Gleichstellung und Frauenpolitik« Karla Staszak, Untergruppe »Opfer und Versöhnung« Friedrich Schorlemmer.
32 Schröder, Politik, S. 366.
33 Protokoll über die Koalitionsverhandlung zur Bildung einer Regierung in Mecklenburg-Vorpommern zwischen CDU und SPD am 11. November 1994 im Schweriner Schloss, Blatt 1, Privatarchiv Otto Ebnet.
34 Schröder, Politik, S. 367.
35 Ebd.
36 Seite an Seite in Schwerin, »Hamburger Abendblatt«, 25.11.1994.
37 Gespräch mit Gottfried Timm am 27.3.2017.
38 Gespräch mit Sebastian Schröder am 6.6.2017.
39 Schröder, Politik, S. 366.
40 Protokoll der Sitzung des Koalitionsausschusses von CDU und SPD vom 9.1.1995, Privatarchiv Otto Ebnet.
41 Mitteilung für die Presse: Zur Stärkung der SPD in Ostdeutschland hat der SPD-Parteivorstand heute unter Vorsitz des Parteivorsitzenden Rudolf Scharping den folgenden Beschluss gefasst, 5.12.1994, Privatarchiv Otto Ebnet.

42 Tribüne,»Die Zeit«, 9.12.1994.
43 Schweriner SPD spricht weiter mit der PDS,»Süddeutsche Zeitung«, 20.2.1995.
44 Schweriner SPD empfiehlt Berliner Genossen Aufnahme. Rückenwind für Uschner,»Berliner Zeitung«, 24.3.1995.
45 Gespräch mit Sebastian Schröder am 6.6.2017.
46 Gespräch mit Reinhard Meyer am 26.9.2017.
47 Gespräch mit Michael Seidel am 1.6.2017.
48 Gespräch mit Otto Ebnet am 3.5.2017.
49 Gespräch mit Detlef Lindemann am 21.7.2017.
50 Gespräch mit Reinhard Meyer am 26.9.2017.
51 Ebd.
52 Subventionen: Taktische Zuschüsse,»Der Spiegel«, 26.12.1994.
53 Gespräch mit Sigrid Keler am 26.4.2017.
54 In Treue fest zur Muß-Ehe,»Hamburger Abendblatt«, 18.3.1995.
55 Presseinformation. Mecklenburg-Vorpommern beim Beschäftigungsaufschwung in den neuen Bundesländern führend. Erste Erfolge der beschäftigungsorientierten Wirtschaftspolitik von Wirtschaftsminister Ringstorff nach einem Jahr im Amt sichtbar, 6.12.1995, Privatarchiv Otto Ebnet.
56 Gespräch mit Detlef Lindemann 21.7.2017.
57 Mal dafür, mal dagegen,»Hamburger Abendblatt«, 9.1.1997.
58 Schwerin verhandelt»zügig und gründlich«,»Hamburger Abendblatt«, 2.11.1994.
59 Protokoll der Sitzung des Koalitionsausschusses von CDU und SPD vom 9.1.1995, Privatarchiv Otto Ebnet.
60 Zeitzeugenbericht von Herrn Prof. Dr. Kersten Krüger am 20. April 2007, in: Die Universität Rostock zwischen Sozialismus und Hochschulerneuerung. Zeitzeugen berichten. Teil 2., Rostock 2008, S. 122 f.
61 Parteien sehen in Wahl Lafontaines Schritt nach links,»Süddeutsche Zeitung«, 10.11.1995.
62 Ringstorff und Gysi schließen Koalition aus,»Hamburger Abendblatt«, 15.12.1995.
63 Gysi, Gregor: Ein Leben ist zu wenig. Die Autobiographie, Berlin 2017, S. 454.
64 Farbe bekennen,»Die Zeit«, 1.12.1995.
65 Neuer Auftrieb fürs alte Techtelmechtel,»Süddeutsche Zeitung«, 25.11.1995.
66 Am Nasenring,»Die Zeit«, 8.12.1995.
67 Rede des SPD Landesvorsitzenden Dr. Harald Ringstorff, Privatarchiv Thomas Freund.
68 Ringstorff: Koalition nicht undenkbar,»Berliner Zeitung«, 16.11.1995.
69 Rede Dr. Harald Ringstorff auf der Landtagssondersitzung am 16. April 1996, Entwurf, Privatarchiv Thomas Freund.
70 Ministerpräsident Dr. Berndt Seite: Ein Neuanfang in der Großen Koalition möglich, 18.4.1996, Privatarchiv Otto Ebnet.
71 Gespräch mit Rolf Eggert 21.8.2017.
72 SPD-Chef Lafontaine fordert von Mecklenburgs Christdemokraten Bewegung. Ringstorff kompromissbereit,»Berliner Zeitung«, 20.4.1996.
73 Gespräch mit Otto Ebnet am 26.3.2018.
74 Rede des SPD Landesvorsitzenden Dr. Harald Ringstorff auf der 2. SPD-Regionalkonferenz am 19. April 1996 in Stralsund, Rathaus, Entwurf, Privatarchiv Thomas Freund.
75 Schröder, Politik, S. 364.

76 Gespräch mit Rainer Beckmann am 4.5.2017.

77 Schröder, Politik, S. 364.

78 Der Sozialdemokrat Reinhard Höppner über die Zwangsvereinigung von SPD und KPD. »Wir waren von der Angst beseelt«, »Berliner Zeitung«, 20.4.1996.

79 Die Sprecherin des SPD-Vorstands, Dagmar Wiebusch, teilt mit: SPD-Präsidium fordert von CDU »Rückkehr zur sachgemäßen Zusammenarbeit«, 22.4.1996, Privatarchiv Otto Ebnet.

80 Gespräch mit Marita Moritz 22.5.2017.

81 Gemeinsame Erklärung der Vertreter von CDU und SPD im Koalitionsausschuss des Landes Mecklenburg-Vorpommern, 23.4.1996, Privatarchiv Otto Ebnet.

82 Schröder, Politik, S. 364.

83 Gespräch mit Nikolaus Voss am 23.3.2017.

84 Gemeinsame Erklärung der Vertreter von CDU und SPD im Koalitionsausschuss, 25.4.1996, Privatarchiv Otto Ebnet.

85 Gespräch mit Detlef Lindemann am 21.7.2017.

86 Erklärung des Ministerpräsidenten, Privatarchiv Otto Ebnet.

87 Gespräch mit Ehepaar Ringstorff am 1.6.2017.

88 Gespräch mit Otto Ebnet am 3.5.2017.

89 Ebd.

90 Gespräch mit Rolf Eggert am 21.8.2017.

91 Genug genervt, »Berliner Zeitung«, 10.8.1996.

92 Der PDS-Ehrenvorsitzende Hans Modrow über den Streit in seiner Partei, eigene Versäumnisse und die Ursachen fortdauernder Spaltung, »Berliner Zeitung«, 14.8.1996.

93 Gespräch mit Sigrid Keler am 26.4.2017.

94 Leitantrag, 27.8.1996, Privatarchiv Otto Ebnet.

95 Rede für Kreisbereisungen, Sommer 1996, Privatarchiv Thomas Freund.

96 Gespräch mit Rolf Eggert 21.8.2017.

97 Ebd.

98 Eine Positionsbestimmung der SPD in Mecklenburg-Vorpommern im Verhältnis zur PDS, 11.9.1996, Bl. 9, Privatarchiv Otto Ebnet.

99 Brief von Rudolf Borchert und Günther Pastow vom 25.9.1996, Privatarchiv Otto Ebnet.

100 Diskussionsergebnisse des Warener Kreises am 16.9.1996 in Ludwigslust – Bestandteil des Positionspapieres, Blatt 3, Privatarchiv Otto Ebnet.

101 Anschreiben des SPD Landesverbandes an die Delegierten und Berater des Kühlungsborner Sonderparteitages, 18.11.1996, Privatarchiv Otto Ebnet.

102 Rede des Landesvorsitzenden der Sozialdemokratischen Partei, Dr. Harald Ringstorff, auf dem außerordentlichen Landesparteitag in Kühlungsborn am 30. November 1996, Privatarchiv Thomas Freund.

103 Gespräch mit Reinhard Meyer am 26.9.2017.

104 Schuckmann-Kandidatur: Wer zieht die Strippen? »Hamburger Abendblatt«, 13.12.1996.

105 Berlins Landesgeschäftsführer: Wir brauchen keine Briefe, sondern harte Auseinandersetzung in der Sache Schweigen in der SPD-Spitze zum Thema PDS, »Berliner Zeitung«, 24.1.1997.

106 Mecklenburg-Vorpommerns SPD-Chef sieht seine PDS-Strategie bestätigt »Oskar Lafontaine unterstützt jetzt meinen Kurs«, »Berliner Zeitung«, 1.4.1997.

107 Wahlen – Der Countdown läuft, »Hamburger Abendblatt«, 8.10.1997.
108 Schweriner SPD gegen Bevorzugung von Alteigentümern, »Berliner Zeitung«, 24.2.1998.
109 Schweriner SPD-Landeschef für September nominier, »Berliner Zeitung«, 8.6.1998.
110 »Wechsel mit Hilfe der PDS möglich«, »Süddeutsche Zeitung«, 8.6.1998.
111 Die CDU wirft der SPD vor, das Amt mit Blick auf ein PDS-Bündnis abschaffen zu wollen, »Berliner Zeitung«, 19.6.1998.
112 Ebd.
113 Pressegespräch der CDU-Landesvorsitzenden, Dr. Angela Merkel am 17. August 1998, Privatarchiv Otto Ebnet.
114 PDS bietet der SPD Zusammenarbeit an, »Süddeutsche Zeitung«, 18.8.1998.
115 SPD-Reaktion zum Angebot der PDS, eine Koalition mit der SPD einzugehen, undatiert, Privatarchiv Otto Ebnet.
116 Gespräch mit Nikolaus Voss am 23.3.2017.
117 Germanische Sagen, stockendes Deutsch, »Süddeutsche Zeitung«, 11.11.1998.
118 Ringstorff: Ich war nie stromlinienförmig, »Berliner Zeitung«, 21.8.1998.
119 Gespräch mit Nikolaus Voss am 23.3.2017.

Anmerkungen zu Seiten 189 bis 238 (Nr. 1-59)

1 Nach acht Jahren Kampf hat es die SPD geschafft, »Hamburger Abendblatt«, 28.9.1998.
2 Harald Ringstorff will mit CDU und PDS über Regierungsbildung verhandeln, doch die Stimmung neigt sich in Richtung PDS, »Berliner Zeitung«, 28.9.1998.
3 Ebd.
4 Das rote Gespenst, »Der Spiegel«, 8.3.1999.
5 Die Zeichen in Schwerin stehen auf Rot-Rot, »Hamburger Abendblatt«, 29.9.1998.
6 Ergebnisse der Sondierungsgespräche mit der CDU, Privatarchiv Otto Ebnet.
7 Ebd.
8 Ergebnisse der Sondierungsgespräche mit der CDU, Privatarchiv Otto Ebnet.
9 Mecklenburg-Vorpommern: Saurer Apfel, »Der Spiegel«, 5.10.1998.
10 Ergebnisse der Sondierungsgespräche mit der PDS, Privatarchiv Otto Ebnet.
11 Argumentationsvorschlag für die Beratung mit den Ortsvereinsvorsitzenden, Privatarchiv Otto Ebnet.
12 In Schwerin stehen die Signale auf Rot, »Hamburger Abendblatt«, 12.10.1998.
13 Sozialdemokraten steuern eine Koalition mit der PDS an, »Berliner Zeitung«, 12.10.1998.
14 Ebd.
15 Ringstorff: »Konstruktive Zusammenarbeit« möglich, »Berliner Zeitung«, 12.10.1998.
16 Schwerin: Sorge um die sozialistische Basis, »Hamburger Abendblatt«, 24.10.1980.
17 Vergleichende Darstellung der »Maßstäbe der PDS für eine neue Politik in M-V« – Beschluss des Parteitages – und der Vereinbarung SPD und PDS, 28.10.1998, Privatarchiv Otto Ebnet.
18 Zustimmung zu SPD/PDS-Koalition, »Hamburger Abendblatt«, 26.10.1980.
19 Rot-Rotes Bündnis und die Sozialdemokraten im Land, »Berliner Zeitung«, 2.11.1998.
20 Redemanuskript für Parteitag mit handschriftlichen Korrekturen, undatiert, Privatarchiv Otto Ebnet.

21 Die rote Provinz, »Die Zeit«, 1.7.2000.
22 Rot-Rot: Das Kabinett, »Hamburger Abendblatt«, 4.11.1998.
23 Gespräch mit Helmut Holter am 31.3.2017.
24 Das rote Gespenst, »Der Spiegel«, 8.3.1999.
25 Gespräch mit Nikolaus Voss am 23.3.2017.
26 Ebd.
27 Gespräch mit Reinhard Meyer am 26.9.2017.
28 Gespräch mit Otto Ebnet am 3.5.2017.
29 Gespräch mit Reinhard Meyer am 26.9.2017.
30 Ebd.
31 Ringstorffs Versprechen, »Hamburger Abendblatt«, 3.12.1998.
32 Der Entzauberer von Schwerin, »Berliner Zeitung«, 4.11.1998.
33 PDS: Der Zauber der Genossen, »Der Spiegel«, 18.1.1999.
34 Ringstorff zufrieden mit Rot-Rot in Schwerin, »Berliner Zeitung«, 12.2.1999.
35 Bitte etwas mehr Gelassenheit. Seit rund 100 Tagen regiert in Schwerin die Rot-Rote Koalition, »Die Zeit«, 18.2.1999.
36 Gespräch mit Reinhard Meyer am 26.9.2017.
37 »Bürger erwarten wirksame Bekämpfung der Arbeitslosigkeit«, »Süddeutsche Zeitung«, 18.3.1999.
38 Gespräch mit Reinhard Meyer am 26.9.2017.
39 Gespräch mit Angelika Gramkow am 16.5.2017.
40 Alles, nur kein Kuhhandel, »Süddeutsche Zeitung«, 11.5.2001.
41 http://www.faz.net/aktuell/politik/eklat-im-bundesrat-der-fall-stolpe-der-fall-ringstorff-148072.html
42 Gespräch mit Nikolaus Voss am 23.3.2017.
43 Ost-Beauftragter nennt Koch-Vorschlag unerträglich, »Hamburger Abendblatt«, 10.4.1990.
44 Gespräch mit Sigrid Keler am 26.4.2017.
45 Ebd.
46 Gespräch mit Gottfried Timm am 27.3.2017.
47 Schwerin liegt 500 Kilometer zu weit im Norden, »Die Welt«, 19.7.2001.
48 Kräfte gegen Schwarzarbeit bündeln, »Ostsee-Zeitung«, 31.5.2001.
49 Über »Vorteile« niedriger Löhne, »Neues Deutschland«, 10.9.2001.
50 PDS-Minister entlässt umstrittenen Mitarbeiter, »Süddeutsche Zeitung«, 17.11.2001.
51 Gespräch mit Nikolaus Voss am 23.3.2017.
52 Zeitzeugenbericht Horst Klinkmann, in: Die Universität Rostock zwischen Sozialismus und Hochschulerneuerung. Zeitzeugen berichten. Teil 2., Rostock 2008, S. 243.
53 Gespräch mit Nikolaus Voss am 23.3.2017.
54 Ebd.
55 Sorgen in Schwerin um Wirtschaft und Tourismus, »Frankfurter Allgemeine Zeitung«, 10.8.2000.
56 Gespräch mit Gottfried Timm am 27.3.2017.
57 Timm, Andreas: Wahlkampf und Wahlsieg der SPD in Mecklenburg-Vorpommern, Forschungsjournal NSB, 16 (2003) 1, S. 104-108.
58 Talfahrt mit ruhiger Hand, »Süddeutsche Zeitung«, 16.9.2002.
59 In der Regierungsbeteiligung musste die Partei einige Versprechen zurücknehmen, »Berliner Zeitung«, 25.10.1999.

Anmerkungen zu Seiten 239 bis 261 (Nr. 1-25)

1 Ein Sieg, auf den man nicht prostet, »Süddeutsche Zeitung«, 23.9.2002.
2 Mecklenburg-Vorpommern Rot-Rot gewinnt! »Bild-Zeitung«, 23.9.2002.
3 Till Backhaus neuer Chef der Nordost-SPD, »Berliner Zeitung«, 7.4.2003.
4 Gespräch mit Reinhard Meyer am 26.9.2017.
5 Treffen ohne Rehberg, »Frankfurter Allgemeine Zeitung«, 29.8.2003.
6 Aufstand ohne Alternative. Nordost-CDU rebelliert gegen Eckhardt Rehberg – aber ein geeigneter Gegenkandidat fehlt, »Süddeutsche Zeitung«, 19.9.2003.
7 Rehberg nur knapp bestätigt. Kritik am CDU-Chef von Mecklenburg-Vorpommern, »Süddeutsche Zeitung«, 17.11.2003.
8 Ein Landrat als Parteivorsitzender, »Frankfurter Allgemeine Zeitung«, 2.5.2005.
9 Gespräch mit Sigrid Keler am 26.4.2017.
10 Unternehmer attestieren Landesregierung Teilerfolge in der Wirtschaftspolitik, »Ostsee-Zeitung«, 24.8.2006.
11 Holter: Reform führt zu Verwerfungen in der Gesellschaft, »Ostsee-Zeitung«, 12.8.2004.
12 Vielen wird es besser gehen. SPD-Ministerpräsident Harald Ringstorff sieht die Rot-Rote Koalition in Schwerin durch Hartz IV nicht in Gefahr, »Die Welt«, 21.8.2004.
13 22 weitere Fälle von Vogelgrippe. Kritik an Ringstorff, »Frankfurter Allgemeine Zeitung«, 22.2.2006.
14 Fast ein Viertel der Angestellten und Beamten wird eingespart, »Süddeutsche Zeitung«, 4.5.2005.
15 PDS lehnt Modell mit fünf Landkreisen ab, »Frankfurter Allgemeine Zeitung«, 19.1.2004.
16 Gespräch mit Gottfried Timm am 27.3.2017.
17 Gespräch mit Sigrid Keler am 26.4.2017.
18 Gespräch mit Gottfried Timm am 27.3.2017.
19 »Die PDS immer noch die alte SED«, »Frankfurter Allgemeine Zeitung«, 21.6.2005.
20 »Die Bundeskanzlerin ist selbst aus dem Osten«, »Die Welt«, 17.10.2005.
21 Abgeordnete wollen längere Legislatur, »Ostsee-Zeitung«, 10.3.2006.
22 »Mecklenburg-Vorpommern muss ins Fernsehen«. CDU-Spitzenkandidat Jürgen Seidel über Werbung, Sprachkenntnisse der SPD und bayerische Methoden, »Berliner Zeitung«, 13.4.2006.
23 Ringstorffs Wohnhaus mit Farbbeuteln beworfen, »Berliner Zeitung«, 30.8.2006.
24 Pressemitteilung: Anhaltender Aufschwung in der Industrie. Ebnet: MV Spitze beim Beschäftigungszuwachs, Wirtschaftsministerium Mecklenburg-Vorpommern 21.8.2006.
25 Wenig Brot, viel Spiel, »Der Spiegel«, 11.9.2006.

Anmerkungen zu Seiten 262 bis 276 (Nr. 1-19)

1 SPD bleibt vorn aber Sieger sehen anders aus, »Ostsee-Zeitung«, 18.9.2006.
2 Einsamer Ringstorff, »Frankfurter Allgemeine Zeitung«, 19.9.2006.
3 »Ich fühle mich fit für fünf Jahre im Amt«, »Ostsee-Zeitung«, 18.9.2006.
4 Schwäche der Demokraten, »Frankfurter Rundschau«, 19.9.2006.

5   Gespräch mit Nikolaus Voss am 23.3.2017.
6   Rechts, wo die Mitte ist, »Die Zeit«, 21.9.2006.
7   Ebd.
8   Der Osten in der Kreide, »Der Tagesspiegel«, 22.1.2007.
9   Gespräch mit Nikolaus Voss am 23.3.2017
10 Ein Strandkorb erobert die Welt, »Schweriner Volkszeitung«, 5.6.2008.
11 »Demokratie braucht Erinnerung«: Ringstorffs Rede in Auszügen, »Schweriner Volkszeitung.de«, 3.10.2007.
12 Rügen-SPD: Ringstorff ist müde, »Ostsee-Zeitung«, 24.6.2008.
13 Gespräch mit Reinhard Meyer am 26.9.2017.
14 Ebd.
15 Ebd.
16 Regierungschef tritt ab, »Hamburger Abendblatt«, 7.8.2008.
17 Zwölfeinhalb Jahre bleiben nicht ohne Spuren, »Schweriner Volkszeitung.de«, 6.8.2008.
18 Ringstorff tritt ab, »Schweriner Volkszeitung.de,« 7.8.2008.
19 »Schöner ist es, bei den Siegern zu sein«, »Ostsee-Zeitung«, 2.10.2008.

Anmerkungen zu Seiten 277 bis 282 (Nr. 1-2)

1   Gespräch mit Reinhard Meyer am 26.9.2017.
2   Harald Ringstorff und die Landtagswahl in Mecklenburg-Vorpommern: »Na, denn man tau«. Talfahrt mit ruhiger Hand, »Süddeutsche Zeitung«, 16.9.2002.

Personenregister

Über den Autor

Christoph Wunnicke, geb. 1971, Historiker, Mitarbeiter der Bundestagsfraktion Bündnis 90/Die Grünen, Publikationen u. a. zur Parteiengeschichte Ostdeutschlands.